统计数据分析与应用丛书

基于 SPSS Modeler 的数据挖掘
（第二版）

薛 薇 编著

STATISTICS

中国人民大学出版社
· 北京 ·

图书在版编目（CIP）数据

基于 SPSS Modeler 的数据挖掘/薛薇编著. —2 版. —北京：中国人民大学出版社，2014.10
（统计数据分析与应用丛书）
ISBN 978-7-300-20069-9

Ⅰ.①基… Ⅱ.①薛… Ⅲ.①统计分析-软件包 Ⅳ.①C819

中国版本图书馆 CIP 数据核字（2014）第 225042 号

统计数据分析与应用丛书
基于 SPSS Modeler 的数据挖掘（第二版）
薛 薇 编著
Jiyu SPSS Modeler de Shuju Wajue

出版发行	中国人民大学出版社			
社　　址	北京中关村大街 31 号	**邮政编码**	100080	
电　　话	010－62511242（总编室）	010－62511770（质管部）		
	010－82501766（邮购部）	010－62514148（门市部）		
	010－62515195（发行公司）	010－62515275（盗版举报）		
网　　址	http://www.crup.com.cn			
	http://www.ttrnet.com（人大教研网）			
经　　销	新华书店			
印　　刷	北京七色印务有限公司	**版　　次**	2012 年 3 月第 1 版	
规　　格	185 mm×260 mm　16 开本		2014 年 10 月第 2 版	
印　　张	25.25 插页 1	**印　　次**	2019 年 3 月第 5 次印刷	
字　　数	592 000	**定　　价**	49.00 元	

数据挖掘技术具有广阔的应用领域和发展前景，众多有识之士纷纷选择 SPSS Modeler 作为数据挖掘的工具软件，因此 SPSS Modeler 软件已经连续多年雄踞数据挖掘应用软件之首。

Modeler 的前身名为 Clementine，2009 年 IBM 公司收购了 SPSS 数据分析软件公司，并将其广受赞誉的 SPSS 统计分析软件和 Clementine 数据挖掘软件进行整合，将 Clementine 更名为 SPSS Modeler（简称 Modeler）后再次推向全球市场。

Modeler 充分利用计算机系统的运算处理能力和图形展现能力，将方法、应用与工具有机地融为一体，是解决数据挖掘问题的最理想工具。

Modeler 不但集成了诸多计算机科学中机器学习的优秀算法，同时也综合了一些行之有效的统计分析方法，成为内容最为全面、功能最为强大、使用最为方便的数据挖掘软件产品。

Modeler 继续保持了 SPSS 产品的一贯风格：界面友好且操作简捷。原因在于 Modeler 始终把自己的操作者定位于实际工作部门的一线人员，而不是数据分析专家。这种所谓"傻瓜型"软件成为 Modeler 不断开拓市场的利器。

本书作者一直从事计算机数据分析的教学与科研工作，并长期跟踪研究 SPSS 公司的数据分析系列产品，具有相当丰富的数据分析软件开发经验。因此深知，一个基础相对薄弱的读者应该从哪些方面入手，才能很快地使用 Modeler 开始数据分析工作，并逐步成长为一名有经验的多面手。

我们认为读者掌握 Modeler 软件应体现三个层面：首先是软件操作层面，读者通过实际操作，尽快掌握软件的使用方法和处理步骤；其次是结果分析层面，读者通过案例演示，基本明白软件的输出结果，从而得出正确的分析结论；最后是方法论层面，读者通过对某个算法基本思路的了解，进一步提高方法应用和分析水平，升华对数据挖掘方法的认识。所以，注重对每种方法的操作使用、结果分析和算法基本思路的讲解是本书最重要的特征。

本书适用于从事数据分析的各应用领域的读者，尤其是商业销售、财会金融、证券保险、经济管理、社会研究、人文教育等行业的相关人员。同时，也能够作为高等院校计算机类、财经类、管理类专业本科生和研究生的数据挖掘教材。

　　针对上述读者群，在全书的编写中我们努力体现以下特色：

　　1. 以数据挖掘过程为线索介绍 Modeler

　　目前，具备基本的计算机操作能力已经不是读者的主要障碍，数据挖掘的过程与方法才是读者关心的主题和应用的难点。所以，本书以数据挖掘的实践过程为主线，从 Modeler 数据管理入手，说明问题从浅至深，讲解方法从易到难。这样，能使读者在较短时间内掌握 Modeler 的基本功能和一般方法，并可迅速运用到实际工作中去。

　　2. 将数据挖掘方法、软件操作、案例分析有机结合

　　目前，经过消化的中文图书和资料相对短缺，Modeler 相关图书一般都比较侧重对其英文手册的翻译介绍，侧重于对计算机操作过程的描述。而对数据挖掘方法则较多地罗列数学公式，输出结果也缺少恰当的解释。本书则结合实际案例，侧重数据挖掘方法核心思想和基本原理的阐述，以使读者直观理解方法，正确掌握方法的应用范围。

　　3. 数据挖掘方法讲解全面，语言通俗

　　本书对 Modeler 的数据挖掘算法进行了全面的分析和应用，内容力求丰富翔实。同时使用通俗的语言和示例讲述算法，尽量避免使用公式和推导堆砌算法。

　　请读者到人大经管图书在线（http://www.rdjg.com.cn）下载本书案例数据和数据流文件。数据流文件需使用 Modeler 14.2 以上版本打开，执行时只需修改数据源节点中的数据文件所在目录项，即可正确执行流文件。

　　在此特别感谢中国人民大学出版社对本书出版的大力支持和各位编辑热情细致的工作。由于水平所限，书中难免出现问题和错误，敬请各位读者批评指正。

目　录

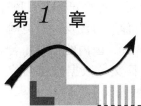

第 **1** 章

数据挖掘和 Modeler 使用概述

20 世纪 90 年代中后期以来，数据挖掘作为具有鲜明跨学科色彩的应用研究领域，已成为众多行业数据分析者瞩目的焦点。数据挖掘是一个利用各种方法，从海量数据中提取隐含和潜在的对决策有用的信息和模式的过程。因具有处理和分析海量数据的能力，注重弱化分析方法本身对数据的限制，以满足数据建模的合理性和适应性，强调与计算机技术相结合，以实现数据分析的可操作性和可实现性，数据挖掘正逐步成为数据分析应用实践的新生代和领军者。同时，随着数据挖掘方法的不断成熟及其应用的日益普及，数据挖掘软件的研发也取得了可喜的成果。目前，以 SPSS Modeler 为代表的数据挖掘软件，已行之有效地将束之高阁的数据挖掘理论成果解放到数据分析实践中，并普遍应用于商业、社会、经济、教育、金融、医学等领域，成为数据分析的主流工具。

§1.1　数据挖掘的产生背景

数据挖掘是在计算机数据库技术蓬勃发展、人工智能技术应用领域不断拓展、统计分析方法不断丰富发展的进程中，有效迎合数据分析的实际需求而逐步形成和发展起来的具有鲜明跨学科色彩的应用研究领域。

1.1.1　海量数据的分析需求催生数据挖掘

20 世纪 80 年代以来，随着计算机数据库技术和产品的日益成熟以及计算机应用的普及和深化，各行业部门的数据采集能力得到了前所未有的提高。各组织通过其内部的业务处理系统、管理信息系统以及外部网络系统，获得并积累了浩如烟海的数据。

从微观管理层面看，以商业领域为例，美国某著名连锁超市的数据库中已积累 TB[①]级以上的顾客购买行为数据和其他销售数据。而随着互联网和电子商务的普及，各类网上商城、网上书店和营业厅等积累的 Web 点击流存储容量多达 GB 级。国内的一些知名电子商务平台，全国注册用户高达几亿，日交易量超过千万笔，日交易数据量至两位TB 级。

全球著名数据挖掘咨询公司 KDnuggets 2012 年所做的调查[②]显示，被调查的 148 家公司中，2012 年大约 4% 的公司处理和分析的最大数据量超过 100PB，而这个指标 2011 年为 0，如图 1—1 所示。

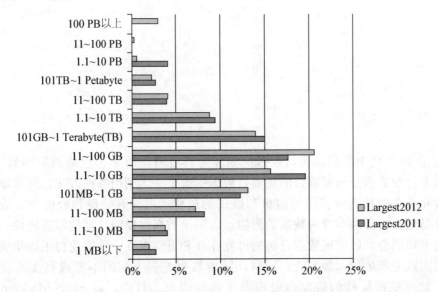

图 1—1   KDnuggets 的 2012 年数据量调查结果

在严酷的市场竞争压力下，为更客观地把握自身和市场状况，提升内部管理和决策水平，企业管理者面对如此丰富的海量数据，分析需求愈发强烈，希望借助有效的数据分析工具，更多、更有效地挖掘出"隐藏"在数据中的有助于管理和决策的有价值的信息。

例如，制造业已从过去的粗放式生产经营模式过渡到精细化的生产管理。决策者需要通过对已有数据的挖掘，了解客户偏好，设计最受市场欢迎的产品；制定合适的价格，确保企业的利润；了解市场需求，调整产销计划，优化库存结构；评估供应商质量、供应合同和订单违约率，提高产品合格率以及风险控制能力等。

再例如，电子商务盛行的今天，电子商务平台的管理者更需通过对交易数据的分析挖掘，计算各类指数（如买家指数、卖家指数、产品指数等）；了解买卖双方的特征规律，掌握产品交易的地区和行业分布特点及趋势，预测热销品牌，制定商业广告投放策略，进而实现业务优化分析及促销活动效果评估等。此外，还可为国家宏观经济决策提供依据。

---

① 1TB＝1 024GB，1PB＝1 024TB。

② 参见 http://www.kdnuggets.com/polls/2012/largest-dataset-analyzed-data-mined.html。

从宏观管理层面看，国家政府部门所积累的数据量也令人瞠目。例如，一次全国经济普查或人口普查所采集和处理的数据条目均在千万级以上。另外，在互联网的大背景下，微博、博客等新媒体已成为传递民声的不可忽视的重要渠道。目前，国内大型网站的微博注册用户数过亿。海量信息的互联网已经成为各阶层利益表达、情感宣泄、思想碰撞的舆论渠道，成为反映社会舆情的主要载体，也是政府治国理政、了解民意的新平台。因此，为保证出台政策的科学性和全面性，需要以互联网络数据为分析对象，借助有效的数据挖掘方法，剖析社会网络结构，研究热点话题的形成脉络，分析社会情绪倾向，进而为政府管理和政策制定等提供参考。

总之，引用数据仓库领域的革新者、作者、教育家和顾问，世界知名的数据仓库专家拉尔夫·金博尔（Ralph Kimball）[①] 在其 1998 年的著作 *The Data Warehouse Lifecycle Toolkit：Expert Methods for Designing，Developing，and Deploying Data Warehouses* 中的一句话："我们花了 20 多年的时间将数据放入数据库，如今是该将它们拿出来的时候了。"

然而，令人棘手的问题接踵而来。以往人们得不到想要的数据，是因为数据库中没有数据，而现在仍然无法快捷地得到想要的数据，其原因是数据库里的数据太多了。由于缺少获取数据库中利于决策的有价值数据的有效方法和操作工具，人们对规模庞大、纷繁复杂的数据显得束手无策，原本极为宝贵的数据资源反成了数据使用者的负担。于是，所谓"信息爆炸"、"数据多但知识少"成为一种普遍的怪现象。

究其原因，一方面，辅助决策的数据大多来自企业的多个业务处理系统。业务处理系统是面向特定业务问题，按照特定业务的流程和规范开发的。企业内部不同业务处理系统往往是分散独立研制的，加上规划和技术等诸多原因，使得各系统基本处于"封闭"状态，系统之间的数据交换需求不多，数据交换渠道也多不畅通，"信息（数据）孤岛"现象比比皆是。这样的客观条件必然给数据整合带来极大障碍。而如果无法有效快捷地将各系统中的数据整合到一起，就无法及时得到全面准确的数据，更无法进行分析进而做出正确决策。

另一方面，数据的定量分析是科学决策的前提。但实施定量分析需要深厚的专业知识，更需要有效的分析工具。一般业务处理系统中的数据分析功能相对简单，通常只能制作各种数据汇总报表，无法实现对数据的深层次分析，不能很好地满足决策者的定量分析需求。

> 大规模海量数据的整合处理和深层次量化分析的实际需求，直接孕育了 20 世纪 90 年代初期的两项重大技术：数据仓库和数据挖掘。

数据仓库和数据挖掘的产生和发展，使得当今的计算机网络应用体系从业务管理层逐

[①] 自 1982 年以来，拉尔夫·金博尔博士一直是数据仓库行业最主要的开拓者，目前是最知名的演讲人、咨询师与培训员之一，《智能企业》（*Intelligent Enterprise*）杂志"数据仓库设计者"（Data Warehouse Designer）专栏的撰稿人，也是最畅销的《数据仓库生命周期工具箱》（*The Data Warehouse Lifecycle Toolkit*）与《数据仓库工具箱》（*The Data Warehouse Toolkit*）两部著作的作者，被列入数据库名人堂（Database Hall of Fame）。

步跃升到决策支持层。同时，两者在技术和产品上互相补充、互相促进，逐渐形成了融合发展的可喜局面，为最终形成具有一定通用意义的决策支持系统奠定了良好的基础。

1.1.2 应用对理论的挑战催生数据挖掘

应用需求对理论研究的牵引力是巨大的，没有应用背景的理论研究是没有价值的。在海量数据管理和分析应用呼声不断的同时，相关理论研究和应用实践的脚步从未停止。

> 数据库与数据仓库、人工智能与机器学习、统计学等理论的应用是数据挖掘诞生发展的坚实理论基础。

1. 数据库和数据仓库

计算机应用从其刚刚诞生时的以数值计算为主发展到当今的以数据管理为主，数据库的理论实践起到了巨大的推动作用。从最初的文件系统研究，到后来的层次模型、网状模型，直至 1969 年科德（E. F. Codd）提出关系数据模型，可以说数据库理论开创了数据管理的新时代。数据库因其卓越的数据存储能力和数据管理能力，得到了极为广泛的应用。但随着数据库中数据的不断积累以及人们对海量数据分析的强烈需求，针对数据库的理论实践，人们开始思考这样的问题：

"是否存在更有效的存储模式以实现高维海量数据的存储管理？"

"数据库中的数据处理能力仅仅局限在简单的查询和汇总层面吗？"

应用呼唤理论的发展和理论的再实践。通过数据库研究者的不懈努力，在数据库基础上逐渐发展完善起来的数据仓库（Data Warehouse，DW）技术，已经成为一种有效的面向分析主题的数据整合、数据清洗和数据存储管理集成工具。

同时，在机器学习和统计学等领域研究成果的基础上，数据仓库也在不断吸纳经典数据分析方法的精髓。众多知名的数据库厂商已经行动起来，通过调整企业发展策略，拓展和强化产品自身的数据分析能力，将数据挖掘的理论成果完美融入到产品研发和推广中。如微软公司的 Sql Server 提供了多种典型的数据挖掘算法；甲骨文公司的 Oracle 产品包含了包括关联规则和贝叶斯算法在内的众多数据挖掘算法；IBM 公司更是斥资 12 亿美元收购了享誉业界、麾下拥有 SPSS 统计分析软件和 Clementine 数据挖掘产品的 SPSS 公司，极大扩展了 IBM 的"信息随需应变"软件组合和商业分析能力。IBM 表示，收购 SPSS 将增强公司"信息议程战略"（Information Agenda Initiative）的业务实力，帮助客户更有效地将信息转化为战略资产。

与此同时，研究者也在为实现数据仓库中数据和分析模型的"无缝"连接、不同数据仓库产品间数据挖掘算法及分析结果的共享而不懈努力。例如，1999 年，微软公司提出了 OLE（Object Linking and Embedding）DB（DataBase）for DM（Data Mining）规范，研发了模型建立、模型训练和模型预测的数据挖掘语言。其核心思想是利用 SQL 和 OLE DB 将数据库中的关系概念映射到数据挖掘中。包括 IBM，微软，甲骨文，SAS，SPSS 等大公司在内的数据挖掘协会，提出了预测模型标记语言 PMML（Predictive Model Markup Language），使常见数据挖掘算法的模型内容标准化，并以 XML 格式存储，使不同软件之间的模型交换和共享成为可能。以微软公司的 Sql Server 产品和 IBM 公司的 Clementine 产品为例，当用户在计算机中安装了 Sql Server，在 Clementine 中建立和执行数据挖掘流时，Clementine 会自动将数据挖掘流提交给数据库，并利用数据库系统所提供的各种数据管理和优化机制，直接读取数据库中的数据而不必下载到 Clementine 中，且模型结果可存储于数据库中。

数据库和数据仓库技术发展的直接应用成果是企业决策支持系统（Decision Support System，DSS）的盛行一时以及商业智能（Business Intelligence，BI）的大行其道。决策支持系统是辅助决策者通过数据、模型和知识，以人机交互方式进行半结构化或非结构化决策的计算机应用系统，是管理信息系统（Management Information System，MIS）向更高阶段发展的必然产物，能够为决策者提供分析问题、建立模型、模拟决策过程和方案的环境，通过调用各种信息资源和分析工具，帮助决策者提高决策的水平和质量。如果说早期的决策支持系统强调与专家系统相结合，那么随着数据仓库和联机分析处理（On-Line Analysis Processing，OLAP）等新技术的出现，多维报表分析则是新型决策支持系统的亮点。

1996 年，高德纳咨询公司（Gartner Group）[①] 提出了商业智能的概念。商业智能能够提供使企业迅速分析数据的技术和方法，包括收集、管理和分析数据，并将数据转化为有用的信息。数据挖掘的兴起和商业化发展，完成了商业智能中智能层次的飞跃，即从多维报表分析到问题的解决和数据的预测。

2. 人工智能和机器学习

人工智能和机器学习的理论研究一开始就具有浓厚的神秘色彩。针对如何利用计算机模拟人脑的部分思维，如何利用计算机进行实际问题的求解和优化等，人工智能和机器学习的理论研究可以说成果丰硕。然而，其理论实践的进程中却遇到了许多无法逾越的鸿沟。

以专家系统为例，作为人工智能和机器学习应用研究成果之一的专家系统，在某种意义上能够代替专家给病人看病，能够帮助人们识别矿藏，但却很难解决那些看似简单的问题。例如，专家系统建立过程中的知识获取问题。其中涉及诸如人脑是如何思维的，计算机技术人员以怎样的方式与领域专家交流，才能克服知识传递过程中的随意性和跳跃性等问题，以实现对专家领域知识的全面系统的获取。又例如，专家系统的知识表示问题。由于计算机的知识表示通常采用简单机械的"如果……那么……"方式，而专家领域的知识形式却是丰富多彩的，并不是所有知识都能够概括成"如果……那么……"的模式。再例如，专家系统存储的知识绝大部分是领域的专业知识，常识性知识很少。而没有常识的专家系统有时比傻子还傻。有"专家系统之父"之称的人工智能学家爱德华·艾伯特·费根

---

① 高德纳咨询公司，全球最具权威的 IT 研究与顾问咨询公司，成立于 1979 年，研究范围覆盖全部 IT 产业，就 IT 的研究、发展、评估、应用、市场等问题，为客户提供客观、公正的论证报告及市场调研报告。

堡姆（Edward Albert Feigenbaum）①曾估计，一般人拥有的常识存入计算机大约有 100 万条事实和抽象经验，而将如此庞大的事实和抽象经验整理、表示并存储在计算机中，难度极大。

以计算机博弈为例，计算机博弈是人工智能和机器学习的另一项重大的应用研究成果。从 20 世纪 70 年代开始，世界各地的人工智能研究学者投入大量心血对国际象棋、中国象棋、五子棋、围棋等进行研究。各种计算机开始和人类下国际象棋，其间互有胜负。1997 年 5 月，IBM 研制的"深蓝"超级智能计算机与国际象棋大师卡斯帕罗夫进行的 6 局制比赛成为计算机博弈的巅峰之战，结果计算机以两胜三平一负的成绩获胜。"深蓝"出神入化的棋艺依赖于它的评估功能，即评估每一种可能走法的利弊。而评估功能的背后除了高性能的计算机硬件系统之外，还需要拥有数千种经典对局和残局的数据库，以及由国际象棋大师乔约尔·本杰明等人组成的参谋团队。计算机博弈的最大"死穴"是不按"套路出牌"所导致的低级失败。

"深蓝"赢了卡斯帕罗夫之后，计算机下棋的热点渐渐退去，人类自然语言的理解成为人工智能研究的新焦点。IBM 制造的超级智能计算机沃森（Watson）就是其中的最高成就之一。2011 年 4 月 1 日，借助美国著名的问答节目《危险边缘》，沃森与人类的"情人节人机大战"展开。《危险边缘》是一个综合性问答节目，题目涵盖时事、历史、艺术、流行文化、哲学、体育、科学、生活常识等几乎所有已知的人类知识。与沃森同场竞技的两位人类选手绝非泛泛之辈，他们是该节目有史以来成绩最好的人类参赛者。选手肯·詹宁斯（Ken Jennings）曾经在 2004—2005 年赛季中连续赢了 74 场，创造了该节目的纪录，赢得超过 250 万美元。另一位选手布拉德·拉特（Brad Rutter）则创造了节目最高个人奖金的纪录，奖金数达到 325 万美元。然而，比赛的最终结果是沃森以近 8 万分的得分，将两位得分均在 2 万左右的人类选手远远地甩在了后面。

尽管如此，智能计算机面临的自然语言理解的挑战仍是严峻的。例如，如何克服"机械性"理解的弱点。沃森曾经错答这样一道题目："这个被信赖的朋友是一种非奶制的奶沫。"正确答案是咖啡伴侣。因为咖啡伴侣多是植物制的奶精，并非奶制品，且人类做这道题时会很快想到"朋友"对应"伴侣"。但沃森却需要在数据库里寻找"朋友"、"非奶制"、"奶沫"这几个词的关联，结果关联最多的是牛奶。当然，如何领悟双关、反讽之类的语言修辞，分析比语言理解本身更复杂的情感问题等，都是智能计算机需克服的困难。

正是这样，目前，人工智能和机器学习的应用实践开始从专家系统、博弈、自然语言理解等向更具现实意义的数据分析领域拓展。机器学习方法，如决策树、神经网络、推理规则等，能够模拟人类的学习方式，向数据案例学习，并通过学习实现对新事物所具模式的识别和判断。这种学习方式恰恰为数据挖掘提供了绝妙的研究思路。

3. 统计学

从 17 世纪中叶起源于英国古典政治经济学开创者威廉·佩蒂（William Petty,

---

① 爱德华·艾伯特·费根堡姆，计算机人工智能领域的科学家，被誉为"专家系统之父"，1994 年获得计算机科学领域最高声望奖。

1623—1687) 的《政治算术》、英国人约翰·格朗特 (John Graunt, 1620—1674) 的《关于死亡表的自然观察与政治观察》和古典概率,到 19 世纪末的古典统计学 (Classical Statistics);从 20 世纪初伴随大工业发展孕育而生的现代统计学雏形,到后续包含极大似然估计、方差分析、置信区间和假设检验等在内的现代统计学基本框架;从参数模型 (Parametric Model) 假设中的联合分布、因素独立 (Factor Independency)、线性叠加 (Linear Additivity)、数值连续数据,到非线性模型研究的丰硕成果;从古典统计与贝叶斯统计两大流派的争议,到多元统计分析、现代时间序列分析,乃至机器学习中贝叶斯分类和贝叶斯网络、神经网络和决策树模型的热捧以及统计学习理论的大发展,可以说,统计学为数据收集、整理、展现和分析过程提供了完整的理论框架和实践依据,与其他学科融合发展的轨迹,将现代数据分析的特色和需求展现得淋漓尽致。

在信息技术迅猛发展、数据量高速膨胀、数据类型日益丰富、数据管理和分析需求不断提升的过程中,统计学的理论研究和应用实践一直面临着诸多挑战。

例如,通过样本推断总体特征,经典推断统计具有极高的应用价值。但在数据采集能力极强的今天,有时摆在人们面前的不再是样本,而是海量的高维总体。此时推断不再有意义,原本较小的参数差异在大样本条件下都表现出了"显著"。再例如,经典统计分析方法往往是模型驱动式的演绎推理,是验证驱动 (verification-driven) 型分析。以统计学中应用极为广泛的线性回归分析方法为例,是首先确定模型,然后利用数据建立模型、验证模型和应用模型。这样的研究模式是建立在对模型的"先知先见"基础上的。但在数量庞大、结构复杂的海量数据面前,这种"先知先见"几乎不再可能。于是,数据驱动式的归纳分析,发现发现驱动 (discovery-driven) 型思路似乎更为现实。

为克服统计分析方法应用过程中的诸多问题,20 世纪 60 年代,稳健统计开始盛行。其通过敏感性分析、异常值诊断等手段,开创性地解决了数据与理论分布假设有偏差的分析问题。20 世纪 70 年代中期,约翰·怀尔德·图基[①] (John Wilder Tukey, 1915—2000) 提出的探索性数据分析 (Exploratory Data Analysis, EDA) 方法,打破了统计方法中分布假设的古典框架,注重从数据的特征出发研究和发现数据中有价值的信息。在此后至今的几十年发展历程中,统计方法在与数据相结合的道路上硕果累累,许多新的统计技术应运而生。在摆脱古典框架约束方面,通过马尔可夫链蒙特卡罗 (Markov Chain Monte Carlo, MCMC) 模拟以及贝叶斯统计等方法,着力解决复杂模型识别和分析问题。利用 Jack-Knife 刀切法、Cross-Validation 交叉验证、Bootstrap 等方法解决模型评价和选择问题。此外,在分析结果展示方面,除用传统的数学语言表示之外,统计也力图更多地借助现代计算机技术,实现高维数据分布特征以及分析结果的图形化展示,数据的可视化技术已成为统计和计算机界共同的热门话题。

同时,在应用实践中,一方面,数据整理是统计分析必不可少的重要环节。在数据量相对较少的过去,数据整理可以通过手工或借助简单工具实现。但随着数据量的快速膨胀,该问题已从量变转化成质变。从工作量看,数据整理的工作量已经占到整个统计分析工作量的 70%～80% 或更高;从工作方式看,手工或借助电子表格软件整理数据的方式已

---

① 约翰·怀尔德·图基,美国著名的统计学家、信息科学家、数据分析师、化学家、拓扑学家、教育家。

显得无能为力。

　　表面上，上述问题源于数据整理手段和工具效率不高，但本质上却源于数据的存储组织模式。数据整理的高效率是建立在良好的数据组织模式基础上的，只有好的数据组织模式才可能支撑高效率的数据整理。因此，过去在统计应用视野之外的数据存储和组织问题，今天成为统计应用实践的瓶颈。统计应用与计算机数据库技术相结合已是大势所趋。

　　另一方面，整体解决方案已成为统计应用实践的大趋势。过去，人们的统计应用实践往往呈现出"片段性"的特点，原本完整的统计应用却呈"割裂"状。以企事业统计为例，统计应用实践应包括建立指标体系、采集数据、存储和管理数据、分析数据和制定决策等多个相互影响和制约的环节，而将其割裂开，必然会出现各自为政、各行其是的局面。统计人员脑子中"我只负责指标框架设计而不考虑具体实施"、"你给我数据，我给你分析"的工作模式不足为奇，数据上报是基层统计人员的额外负担并非罕事。

　　没有从系统和工程的角度提供统计应用整体解决方案，是导致以上问题的根本原因。事实上，首先，企事业统计更需要的是服务于企事业决策的统计指标体系。其理论框架固然重要，但更应建立在对业务充分理解、广泛调研和可行性深入分析的基础上。指标体系的建立不仅涉及统计制度的建设，还必须考虑其可操作性，并体现在业务处理系统或信息管理系统中。其次，统计数据的采集应纳入企事业的日常管理流程中，应能够通过业务处理系统或信息管理系统自动生成所需的统计数据，并以面向主题的方式存储于统计数据库中。统计数据库支持数据不同表式和格式数据的自由转化，支持通过统计数据库的灵活查询提取分析所需的数据。最后，分析方法可以"无缝"嵌入决策支持系统中，统计建模过程可以不透明，分析结果可以用业务人员熟悉的语言陈述，且可随数据的不断更新而动态调整。

　　所以，现代统计应用实践需要依托数据库和网络技术，实现从海量数据的收集、存储管理到有效分析的整体解决方案，是统计与计算机相结合的产物。

　　总之，在海量复杂数据的存储和分析需求，数据库和数据仓库技术、人工智能和机器学习、统计学三者的理论发展和应用实践，以及各学科领域融合发展态势的大背景下，数据挖掘这个新兴的应用研究领域诞生了。

§1.2　什么是数据挖掘

　　海量数据的分析需求，理论研究的拓展和相互渗透，利用数据库、数据仓库技术存储管理数据，利用机器学习和统计方法分析数据，这种多学科交叉融合发展和实践的思想，催生了备受人们关注的新兴领域——数据挖掘。

> 　　数据挖掘是一个利用各种方法，从海量的有噪声的凌乱数据中，提取隐含和潜在的对决策有用的信息和模式的过程。

1.2.1 数据挖掘和数据库中的知识发现

1995 年，在加拿大蒙特利尔召开了第一届"知识发现和数据挖掘"国际学术会议。从此，数据挖掘（Data Mining，DM）一词很快流传开来。人们将存储在数据库中的数据比喻为"矿石"，数据挖掘则是一个从数据"矿石"中开采知识"黄金"的过程。

数据库中的知识发现（Knowledge Discovery in Database，KDD）概念是由计算机科学界提出的。顾名思义，KDD 的目的是发现数据库中的知识。完整的 KDD 过程包括数据源的建立和管理、从数据源中提取数据、数据预处理、模型建立、模型评估、模型可视化以及模型应用等一系列步骤。

早期的数据挖掘是作为 KDD 的一个重要环节提出的，特指模型建立。由于数据源通常以数据库和数据仓库的形式存在，业界大多认为数据挖掘离不开数据库和数据仓库的支撑。因此，正像巴瓦尼·图拉辛加姆（Bhavani Thuraisingham）[1] 在她 1998 年的著作 *Data Mining：Technologies，Techniques，Tools and Trends* 中指出的，数据挖掘是对存储于数据库中的海量数据，通过查询和抽取方式获得以前未知的有用信息、模式和规则的过程。

随着对数据挖掘认识和应用实践的不断深入，人们发现，模型建立仅依赖对数据库的简单查询和抽取是不够的，还需要更多的建模理论和量化分析方法。KDD 不仅需要数据库和数据仓库的研究者，也离不开机器学、统计学等其他学科领域学者的参与。同时，人们还认识到，KDD 中的模型建立（数据挖掘）环节不可能脱离数据准备和模型评价等阶段而独立存在，有效的数据准备和合理的模型评价是数据挖掘成功的基础。

为此，数据挖掘的内涵不再局限于数据建模，还囊括了模型建立过程中必不可缺的环节，即数据抽取、数据预处理以及模型评价等，如图 1—2 所示。因此，正如迈克尔·J·A·贝里（Michael J. A. Berry）[2] 和戈登·林诺夫（Gordon Linoff）[3] 在其 1997 年所著的 *Data Mining Techniques for Marketing，Sales and Customer Support* 和 1999 年所著的 *Mastering Data Mining：The Art and Science of Customer Relationship Management* 中指出的，数据挖掘是一种通过自动或半自动方式，探索和分析海量数据，以发现其中有意义的模式和规则的过程。

当数据挖掘内涵得到扩展后，KDD 的提法在一定程度上受到了影响。

---

① 巴瓦尼·图拉辛加姆，得克萨斯大学工程与计算机科学学院教授。

② 迈克尔·J·A·贝里，数据挖掘顾问，数据挖掘创始人之一，波士顿大学 Carroll 学院教授。与同事戈登·林诺夫所著的数据挖掘著作，被翻译成法语、意大利语、日语和汉语等多国语言，成为最受读者欢迎的数据挖掘图书。

③ 戈登·林诺夫，数据挖掘顾问，数据挖掘创始人之一。独立或合作出版了多部数据挖掘著作。如 *Data Analysis Using SQL and Excel*，2008；*Data Mining Techniques for Marketing，Sales，and Customer Relationship Management*，Second Edition，2004；*Mining the Web：Transforming Customer Data into Customer Value*，2001；*Mastering Data Mining：The Art and Science of Customer Relationship Management*，1999。

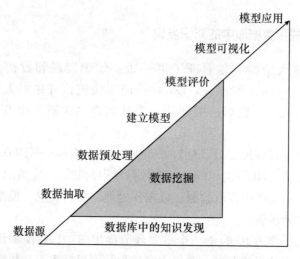

图1—2　数据挖掘和 KDD 的关系

国内外众多学科领域的学者参与到了数据挖掘的研究中，如图1—3所示，涌现出了大批学术论文、著作以及商业应用成功案例。不同学科领域学者对数据挖掘的研究有不同的出发点和侧重。例如，从数据库和数据仓库技术角度，侧重拓展数据挖掘过程中的数据管理理论和技术，以及数据挖掘产品的商业化实现；从机器学习和统计学角度，侧重探讨各种算法的精度和效率改进策略，关注建模过程的模型搜索和参数优化，以及评价函数和模型选择等问题；从可视化角度，侧重研究低维空间中高维数据的展示问题；从计算性能角度，侧重并行算法研究以提高海量数据的计算效率等。

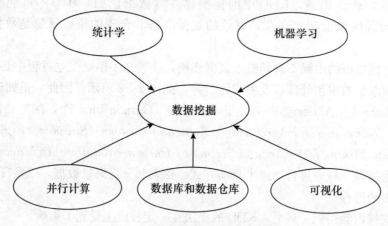

图1—3　数据挖掘涉及的研究领域

本书并非从理论角度探讨上述方面，而是从数据挖掘的应用角度，重点讲解数据挖掘模型的基本原理和案例的软件操作实现。

基于上述认识，从理论研究角度看，数据库、数据仓库与数据挖掘有这样的内在联系。首先，数据库和数据仓库是数据挖掘诞生发展的重要原因。数据仓库能够有效实现数据的集成、清洗，保证数据的完整性和一致性，为数据挖掘奠定了良好的数据基础。同时，数据仓库并不是数据挖掘的先决条件，但与数据仓库协作会大大提高数据挖掘的效率。

目前，业界对数据挖掘的理解已经达成共识，即数据挖掘是一个利用各种方法，从海量的有噪声的凌乱数据中，提取隐含和潜在的对决策有用的信息和模式的过程。

> 对数据挖掘含义的理解：数据挖掘中数据的"海量"特征一般体现为样本量庞大；或者，样本量不大但数据维度很高；或者，样本量庞大且数据维度很高。分布特征未知条件下的、高维非线性的、归纳型的分析方法，是数据挖掘方法的特色。数据挖掘得到的信息用于分类预测，模式用于对数据特征和关联性的客观刻画。

1.2.2　数据挖掘方法论

> 数据挖掘方法论是数据挖掘实施的总体指导方案，是各行业低成本、高质量地开展数据挖掘应用的行动指南。数据挖掘方法论主要包括 NCR，SPSS 和 Daimler-Benz 公司联合拟定的跨行业数据挖掘标准 CRISP-DM 及 SAS 公司的 SEMMA 数据挖掘标准等不同版本。

虽然数据挖掘方法论的不同版本在具体细节上存在一定差异，但其核心观点是一致的，即数据挖掘是一个过程，是一个以数据为中心的循序渐进的螺旋式数据探索过程。这里将重点讨论 CRISP-DM。

CRISP-DM（Cross Industry Standard Process of Data Mining）指出，数据挖掘是一个以数据为核心，多个环节紧密相连，循环反复且循序渐进的数据探索过程，如图 1—4 所示。

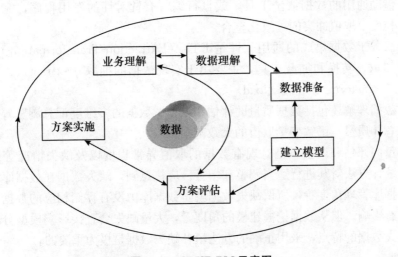

图 1—4　CRISP-DM 示意图

数据挖掘方法论的各环节的具体含义如下。

1. 业务理解

业务理解（Business Understanding）是数据挖掘的初始阶段，主要目的是：明确本次数据挖掘要解决什么问题，评估是否具备数据挖掘的主观和客观条件。

具体讲，一方面，从企业角度，通过分析业务现状，确定数据挖掘的对象和最终目标；另一方面，从投资回报率、价值取向和实施难度等方面考虑，确定数据挖掘的总体目标和具体问题。

数据挖掘从来就是面向应用的，脱离现实问题的数据挖掘是没有意义的。数据挖掘也不是万能的，并非所有问题都能够通过数据挖掘来解决。数据挖掘可以给出很多结果，但哪些是有意义的，哪些是无意义的，取决于数据挖掘者对研究问题的深入理解和敏锐洞察。不具备行业知识的数据挖掘是不可能成功的。

另外，实施数据挖掘还需要一些必备的条件，应从人力资源、数据资源、计算机资源等管理和技术角度，评价是否具备数据挖掘的主观和客观条件。

2. 数据理解

数据理解（Data Understanding）的目的是：在业务理解的基础上，围绕业务问题收集原始数据，明确数据含义，明晰数据的各种差异，并通过技术手段实现数据的一致化和集成化。

具体讲，通过数据理解要明确数据来自哪些数据源以及应如何将分散在不同数据源中的数据集成到一起。数据集成的前提是确定不同数据源之间数据的差异性，包括数据内涵和外延的差异、存储格式的差异、数据类型的差异、整合粒度的差异、取值不一致性等方面。

数据集成看似简单，但实现难度却极高，通常要借助现成的计算机软件或自行编写程序。一方面，关于不同数据源之间数据的集成，早有成熟的技术支持协议。例如，开放式数据库互联协议（Open Database Connectivity，ODBC）等。另一方面，关于数据的差异性整合，需借助通用的数据清洗工具，或自行编写有针对性的专用程序，完成数据的口径、编码、粒度、取值冲突的一致化整合。

目前，服务于数据集成的通用软件是 ETL（Extraction-Transformation-Loading）工具，即数据提取、转换和加载工具，主要用于实现数据的抽取（extract）、清洗（cleaning）、转换（transform）、装载（load）等。

另外，数据理解还包括数据质量的评估和调整、数据的多维度汇总浏览等。其目的是把握数据的总体质量，了解变量取值的大致范围。

数据质量的评估和调整，是对现有数据的取值异常程度以及缺失情况等进行综合评价，并借助统计方法对其进行适当调整和填补。应注意到，缺失数据在数据库中是普遍存在的。从数据库管理角度看，所谓缺失数据就是数据库中没有存储相应的数据内容，对数据库基本没有影响。但从数据挖掘建模的角度看，大量缺失会直接影响模型分析结果。因此，根据缺失数据的特点，采用正确的方法填补缺失数据是极为重要的。

3. 数据准备

数据准备（Data Preparation）是在数据理解的基础上，利用计算机和统计方法对数据进行预处理，以为后续的数据挖掘建模奠定良好的数据基础。数据准备在数据挖掘中有着举足轻重的地位。

具体讲，数据准备包括变量变换和派生、数据精简、数据筛选等方面。

变量变换和派生，是将现有变量变换为满足后续建模要求的类型和分布等，以及在现有数据基础上，通过数学计算得到含义更丰富的新数据。

数据精简在数据挖掘中也是至关重要的。由于数据挖掘中的数据具有海量特征，会影响数据挖掘建模的效率。为此，可通过概率抽样方式，随机选取部分数据，或筛出特定分析问题的相关数据，压缩数据量以提高建模效率；或者，对数据进行离散化处理，通过减少变量取值个数提高建模效率；或者，利用特征选择方法或统计降维方法，筛选出对问题分析有意义的变量，剔除那些不必要的变量，通过减少数据维度提高建模效率。

数据筛选，是指为服务于后续建模所进行的样本平衡处理和样本集划分等。

4. 建立模型

利用各种数据分析方法对数据进行探索性分析，目标是得到合理的数据描述模型和数据预测模型。

具体讲，建立模型（Modeling）包括选择适合于分析目标的数据模型，确定模型的评价指标和评价函数，建立模型以及不同模型的对比选择等。建立模型需要较为深厚的计算和理论基础。

5. 方案评估

方案评估（Evaluation）的主要目标是确定数据挖掘的最终分析模型。应从模型实际应用的角度，而非模型理论评价的角度，通过回顾和总结数据挖掘过程，对所得数据模型的合理性和实用性进行评价。

6. 方案实施

方案实施（Deployment）是数据挖掘的最后一个环节，主要目标是通过制定实施和监管计划，确保数据挖掘结论的合理运用范围。例如，当实际业务发生根本性变化时，以前的数据挖掘结论就不再适用了。方案实施将为下一次的数据挖掘积累经验和提供借鉴。

总之，图 1—4 中，内圈表示数据挖掘是一个循环往复、循序渐进的螺旋式上升的数据分析过程。只有经过良好的开端和严谨周密的中间环节才能最终孕育出科学的数据分析模型和决策方案。只有经过各个环节间的不断重复和相互验证，才能最终打造出切实可行的数据分析模型和决策方案。循环往复是必须的。例如，模型建立过程会尝试多种模型，而不同模型对数据的要求和限制通常是不一样的。此时，就必须再次回到准备数据阶段，对数据进行重新加工等。

图 1—4 中，外圈表示数据挖掘是一个经验学习过程。每一次挖掘都将给下一次挖掘提供宝贵经验，每一次挖掘都会受益于上一次的挖掘。所以，数据挖掘也是一个经验不断积累的大循环过程。

今后，本书将按照数据挖掘方法论的线索，逐步展开数据挖掘相关操作和理论的讲解。

1.2.3　数据挖掘的任务和应用

数据挖掘通常可以完成数据总结、分类和回归、聚类分析、关联分析等主要任务。

1. 数据总结

数据总结是对数据的基本特征进行概括总结。通过数据总结，不仅能够实现对数据多维度、多层次的汇总，还能够得到数据分布特征的精确概括。

例如，为制定不同种类商品在不同城市和不同季节的销售方案，首先可对现有销售数据进行汇总。如果数据为月度数据，那么可按季节汇总出不同种类商品在不同城市各个季度的销售量，还可按顾客类型汇总不同类型顾客在不同季度和不同城市对不同种类商品的购买情况。汇总所形成的各种统计报表能直观反映销售状况，是对原始数据的提炼和总结。可利用数据仓库的 OLAP 技术进行数据的多维汇总，如图 1—5 所示。

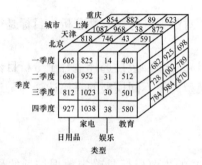

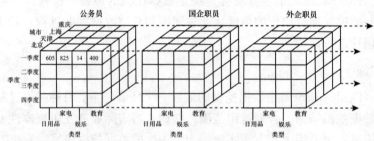

图 1—5　OLAP 分析示例

此外，可利用基本统计方法，计算和比较销售数据在季度、城市和种类上的分布特征，如集中趋势、离散程度以及分布对称性和陡缓程度等。

2. 分类和回归

分类的主要目的是通过向数据"学习"，分析数据不同属性之间的联系，得到一种能够正确区分数据所属类别的规律。即通过"学习"建立一种包含分类规律的分类模型，该模型能够对新数据所属类别进行自动预测。回归是对数值型属性的预测。

例如，一份顾客消费行为数据，包括顾客的性别、职业、收入、年龄以及消费记录。如果希望分析顾客的消费行为是否与其性别、职业、收入、年龄等属性特征有关，则可根据历史数据，视购买的顾客为一类，未购买的为另一类，建立一个分类模型，以揭示顾客特征属性与消费行为之间的联系规律，进而对新顾客的消费行为进行分类预测，如图 1—6 所示。

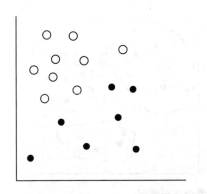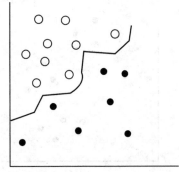

图 1—6　分类示意图

如果希望分析顾客消费金额的多少是否与其性别、职业、收入、年龄等属性特征有关，则应建立回归模型以实现预测，如图 1—7 所示。

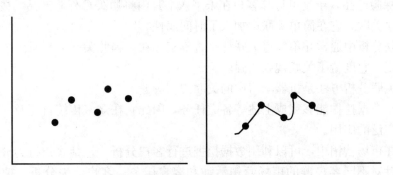

图 1—7　回归示意图

常用的分类和回归方法有机器学习中的决策树、神经网络、支持向量机，统计学中的 Logistic 回归和一般线性回归、判别分析等。评价分类和回归模型优劣的重要指标是预测精度或预测误差。

3．聚类分析

聚类是一种在没有先验知识的条件下，根据某种相近程度的度量指标，对数据自动进行子集划分的技术。所形成的子集内部数据的结构特征相近，不同子集之间的数据结构特征有较大差异。

例如，针对上述顾客消费行为数据，企业可以通过聚类分析，在不指定任何分类标准的情况下，根据数据全面客观地进行顾客群组划分。不同群组中顾客特征和消费行为总体上相异，从而可针对不同顾客群采用不同的营销策略，如图 1—8 所示。

常用的聚类分析方法有层次聚类、K-Means 聚类以及两步聚类、Kohonen 聚类等。

4．关联分析

关联分析就是通过数据分析，找到事物之间的相互关联规则。包括简单关联规则和时序关联规则。

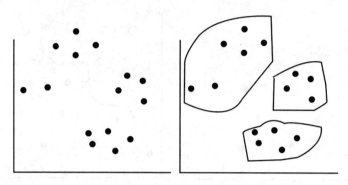

图 1—8　聚类分析示意图

例如，分析发现购买面包的顾客中有相当比例的人同时购买牛奶，即为一种简单关联规则。再例如，通过大量数据分析，计算出客户在保险公司购买了 A 保险产品且三个月内又购买了 B 保险产品，于是可计算客户在未来六个月内将购买 C 保险产品的概率，这就形成了一种时序关联，它在简单关联中加入了时间属性。

由于关联分析中通常并不知道关联性是否确实存在，因此关联分析所生成的规则具有一定的置信度，它度量了关联规则的强弱。

常用的关联分析方法是机器学习中的关联规则等。

正是由于数据挖掘能够完成上述等各类任务，因此它在众多传统行业及一些新兴的领域有着极为广泛的应用。

例如，在市场营销中，可以利用数据挖掘进行客户分析。包括客户行为分析，划分客户群，制定针对不同客户群的市场营销活动和客户服务；客户流失分析，把握客户流失率、流失客户特征、客户流失原因，从而有针对性地制定策略以保持客户，提升其存在价值。同时，还可以进行产品分析，发现交叉销售产品，进行市场预警等。

再例如，在金融和证券领域，可以利用数据挖掘分析包括结算数据、过户数据和交易系统数据等在内的业务数据、行情数据以及证券文本数据等，观察金融市场的变化趋势，实现对金融市场的分析和预测；根据数据对象之间的关系，发现消费群体或组织的金融和商业兴趣；进行银行担保和信用评估，掌握企业经营状况，控制交易风险等。

另外，在司法领域，数据挖掘可实现诈骗监测、洗钱认证、犯罪组织分析等；在天文学领域，数据挖掘可帮助人们实现上百万天体的分类以发现新的类星体；在生物医学领域，数据挖掘可用于 DNA 数据的分析，实现对癌症等恶性病变的早期诊断；在制造业，数据挖掘可应用于零部件故障诊断、资源优化、生产过程控制等。

数据挖掘的分析对象不仅包括传统的数值数据，还包括大量的定性数据、文本数据、图形图像和音频数据以及 Web 点击流等。数据挖掘可通过图像识别，服务于环境分析，帮助人们尽早做出生态灾难报警，及时制止污染物排放和倾倒等；基于各类文本数据，数据挖掘可用于学术文献的评价和学术热点问题的跟踪、开放式问卷的分析，以及基于文本数据的经济管理问题研究和专利研究等；对于电子商务中的网络交易数据，数据挖掘可实现顾客交易行为的在线分析，有效定位目标客户，为顾客提供及时的个性化服务，并实现网络商业广告的投放分析。

此外，互联网目前已成为各阶层利益表达、情感宣泄、思想碰撞的舆论渠道。由于网络舆情表达快捷、信息多元、方式互动，因此具备传统媒体无法比拟的优势。同时，网络舆情的直接性、突发性和偏差性等特点，使得民意挖掘和情绪分析、社会网络剖析、热点问题跟踪和趋势分析预测，成为数据挖掘应用的新热点。另外，舆情与金融市场、政策与房地产市场的关系研究也进入了数据挖掘应用的视野。

1.2.4　数据挖掘得到的知识形式

通过各种分析方法，数据挖掘最终给出的知识形式通常包括：浓缩数据、树形图、规则以及数学模型等。

1. 浓缩数据

浓缩数据是原始数据的精炼，更能体现数据的规律性。

一方面，浓缩数据可以是原始数据 OLAP 分析的结果。简单讲，OLAP 分析是对原始数据做多维度和多层次的汇总。

数据仓库中，OLAP 的重要贡献是建立了数据立方体的多维概念视图。数据立方体的意义在于，可以使用户多角度、多层次地访问数据库中的多维数据，从而深入比较和考察包含在数据中的有用信息，如图 1—9 所示。

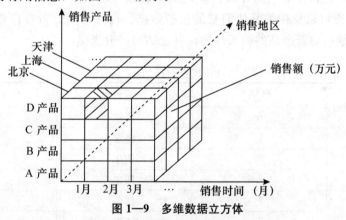

图 1—9　多维数据立方体

图 1—9 中的数据立方体对应的数据表格如表 1—1 所示。

表 1—1　　　　　　　　　　　**2010 年公司产品月销售情况统计表**

		2010 年 1 月	2010 年 2 月	⋯	2010 年 12 月
北京	A 产品				
	B 产品				
	C 产品				
	D 产品				
上海	A 产品				
	B 产品				
	C 产品				
	D 产品				
天津	⋮				
⋮					

针对多维数据的多维结构特征，OLAP 分析能够对数据进行多角度、多层次的汇总，完成数据的切片、切块、旋转、下钻、上翻等操作，以方便用户直观探究数据间的关系。

例如，表 1—2 就是一张忽略产品维度的 OLAP 分析结果。

表 1—2   2010 年公司 A 产品月销售额情况统计表

	2010 年 1 月	2010 年 2 月	...	2010 年 12 月
北京				
上海				
天津				
⋮				

可见，表 1—2 是对原始数据的一种提炼，可以将其看做原始数据的"浓缩"。

另一方面，浓缩数据也可以是通过计算数据中各个变量的重要程度，剔除那些对决策不重要的变量，并按一定原则合并数据记录，进行变量和样本压缩后得到的结果。

例如，厂商计划推广一种新产品，为此与大型商厦联合对在商厦消费的部分消费者进行调查。调查得知，顾客中一部分人打算购买某种新产品，另一部分人不打算购买。表 1—3 是客户背景资料以及相关其他消费的模拟数据。现在希望分析客户背景和以往消费行为将如何影响他们对新产品的购买计划，并总结出一般规律。

表 1—3   原始数据

	性别	消费频率	收入水平
打算购买	女	偶尔	高收入
	男	经常	高收入
	男	偶尔	高收入
	女	偶尔	中收入
不打算购买	男	偶尔	低收入
	女	从未	高收入
	男	从未	高收入
	男	从未	中收入
	女	偶尔	低收入

通过分析可以看到，消费频率和收入水平的分布在打算购买和不打算购买的人群中存在一定差别，它们很可能是区分是否打算购买的有意义的因素。但性别在两类人群中的比例没有显著不同。可以认为，对区分是否打算购买，性别的作用不明显。为精简数据，可考虑首先剔除性别。

剔除性别后，原始数据中会产生完全相同的多条重复数据。在提炼顾客特征和消费行为与是否购买之间的一般规律时，重复数据并没有提供更多信息，是可以压缩精简的。于是得到浓缩数据如表 1—4 所示。

表 1—4   浓缩数据

	消费频率	收入水平
打算购买	偶尔	高收入
	经常	高收入
	偶尔	中收入
不打算购买	偶尔	低收入
	从未	高收入
	从未	中收入

数据挖掘中数据往往是海量的，数据的适当精简对提高数据挖掘效率尤为重要。浓缩数据的数量比原始数据少了，但对某些特定问题的分析来讲，浓缩数据并没有因为"浓缩"而失去有用信息，反而有效提高了计算效率，因此更有价值。

2. 树形图

树形图是数据分析过程和结果的树形展现方式。

例如，上例中，剔除性别后，分析消费频率、收入水平与是否购买的关系时，如果发现依据消费频率对是否购买做判断的把握性大于收入水平，则应首先考虑消费频率，然后再考虑收入水平。相应的树形图如图 1—10 所示。

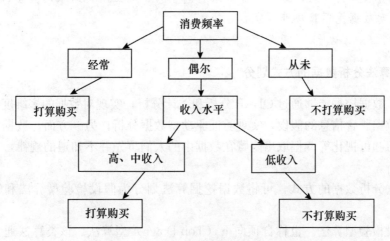

图 1—10   树形图

可见，树形图直观展示了顾客属性特征与购买行为之间的联系规律。树形图生动浅显、通俗易懂，是众多数据挖掘用户青睐的分析结果展示方式。

3. 规则

规则是分析结论的一种逻辑表达形式，由条件和结论两部分组成。条件由变量、变量值以及关系运算符和逻辑运算符组成。关系运算符包括等于（＝）、不等于（！＝）、大于（＞）、大于等于（＞＝）、小于（＜）、小于等于（＜＝）组成。逻辑运算符由并且（∩）和或者（∪）组成。结论是某个决策变量的取值或类别。

例如，上例中，分析结论的规则表述为以下形式：

- IF(消费频率＝经常)∪((消费频率＝偶尔)∩(收入水平＝高收入∪中收入))THEN 打算购买
- IF((消费频率＝从未)∪((消费频率＝偶尔)∩(收入水平＝低收入)))THEN 不打算购买

可见，规则是基于逻辑的，对问题的表述更符合人们的一般思维模式，且直观易懂。

4. 数学模型

数据模型以数学函数的形式，定量反映了变量之间的数量关系。统计学中最常见的模型是一般线性回归模型，如 $y=\beta_0+\beta_1 x+\varepsilon$ 就是一种典型的数学模型。

总之，数据挖掘的分析结果是多种多样的，它更注重分析结果的直观表述和展示。

1.2.5 数据挖掘算法的分类

算法是数据挖掘模型建立的核心，由于数据挖掘是一个交叉学科，因此其算法也集大成于一身，丰富多彩。

> 可根据算法分析数据的方式、算法来自的学科、算法所得结果的类型、学习过程的类型等，对数据挖掘算法进行分类。

1. 根据算法分析数据的方式划分

一方面，数据挖掘能够通过 OLAP 分析和统计分析，实现对数据的多维度汇总，验证人们事先对数据所含信息的假设，实现验证驱动型数据分析；另一方面，数据挖掘也能够通过机器学习和可视化等，掘取出隐藏在数据中的人们事先并不知道的规律，实现发现驱动型数据分析。

根据算法分析数据的方式，可将数据挖掘算法划分为假设检验型算法和知识发现型算法。

（1）假设检验型算法。也称自顶向下（Top-Down）型算法。该类算法通常首先提出某个理论假说，然后利用所收集的数据去证实假说。如果数据能够充分证实假说的不合理性，则应拒绝假说，反之不能拒绝假说。

例如，针对上述消费者是否购买的例子，可以先提出一个是否购买与年龄、消费频率、收入水平之间关系的理论模型。然后，利用数据计算模型中的参数，并检验模型是否充分反映了是否购买与年龄、消费频率、收入水平之间的真实关系，进而判断所提出的假说是否合理。

因此，假设检验型算法是一种从一般原理推出个别结论的验证型演绎方法。

（2）知识发现型算法。也称自底向上（Bottom-Up）型算法。该类算法一般不对数据结论提出假设，而是通过对数据的分析，发现数据中隐含的事先并不知道的规律。

例如，位于美国阿肯色州的著名连锁超市沃尔玛，通过分析顾客消费数据库发现，啤酒和尿不湿同时购买的可能性很大。这个结论让超市的管理者非常惊讶。仔细研究发现其原因在于，住在该超市周边的顾客大部分为年轻夫妇，通常妻子总是嘱托丈夫在下班的时候给孩子买尿不湿，年轻的爸爸们在给孩子买尿不湿的同时，也会买些啤酒以犒劳自己。于是，超市根据这个分析结论重新调整了货架的安排，以减少爸爸们在超市里来回拿取商品所花费的时间。这是一个典型的知识发现型算法应用的例子。

知识发现型算法的自身特点，决定了分析结论的推广需要更加慎重。例如，上述尿不湿和啤酒的分析结论是在特定时间、地点和场合下得到的，并非在任何条件下都成立。

可见，知识发现型算法是一种从个别数据中归纳出一般性结论的归纳分析方法。

2. 根据算法来自的学科划分

根据算法来自的学科，可将数据挖掘算法划分为机器学习算法和统计学算法。

机器学习和统计学本属于不同的学科领域，但两个领域的学者解决某些问题的思路，却有着惊人的相似。

例如，20 世纪 80 年代中期，利奥·布赖曼[1]（Leo Breiman，1928—2005）等四位统计学家出版了专著《分类和回归树》（*Classification and Regression Trees*），与此同时，卓越的机器学习专家 J·罗斯·奎林（J. Ross Quinlin）[2] 也开发了一种从数据中推导产生分类的系统（ID3 算法）。当时科学家们并没有意识到这两种解决方法的相似之处，直到很久以后两个领域的研究者才互相意识到对方的成就。

机器学习算法的核心是通过对数据集 n 维属性空间的搜索，找到数据属性特征的恰当概括。根本任务是通过对有限的系统输入输出的分析，估计输入输出的相关性并进行分类预测，或揭示系统的内在结构特征。

一个简单的机器学习系统如图 1—11 所示。

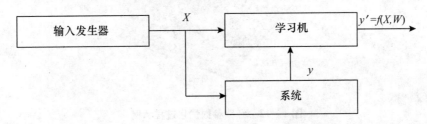

图 1—11　一个简单的机器学习系统

以上述顾客是否购买为例，该事物可看成一个"购买系统"。在这个系统中，消费者的年龄、消费频率和收入水平等属性数据，将影响其购买行为。在机器学习中，属性数据（输入）值被认为是随机发生器的随机发生结果 X，购买行为是购买系统的

---

① 利奥·布赖曼，杰出的统计学家，美国加州大学伯克利分校教授。布赖曼的最大贡献是搭建了统计和计算机科学（尤其是机器学习）的桥梁。最重要的学术成就是《分类和回归树》，并提出了 Bootstrap Aggregation（Bagging）和随机森林（Random Forest）算法等。

② J·罗斯·奎林，在 RuleQuest 研究院从事计算机科学中的数据挖掘和决策理论研究，最重要的学术成就是对决策树（包括 C4.5 和 ID3 算法）的重大贡献。

输出 y。由于不同属性特征（X）的顾客可能有不同的购买行为（y），机器学习将其看做在给定条件 X 下 y 为某个值的概率，即 $P(y \mid X)$，两者同时作为学习机的输入。

学习机的任务是从其所支持的函数集 $f(X, W)$ 中，选择一个一般化的与购买系统的属性（输入）和响应（输出）关系最近似的函数 $f(X, w)$，并给出预测值 y'。这里，W 是所有函数的参数集合，w 是某特定函数的参数集合。

选择近似函数的依据是损失函数 $L(e(y, f(X, w)))$，它是误差函数 e 的函数，而误差函数又是系统实际输出 y 与学习机给出的预测值 y' 的函数。针对不同的分析目标和数据类型，可定义不同的损失函数和误差函数，如典型的误差函数是误差平方函数等。

机器学习算法较多地集中在模型搜索和参数优化方面。以参数优化为例，机器学习通常将损失函数看成误差与多维参数空间上的曲面。经典学习就是不断在数据中寻找规律，反复调整和优化参数 w，使误差函数沿着曲面快速到达全局最小区域或局部最小区域的过程，如图1—12所示。

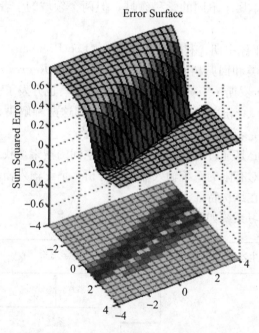

图1—12　经典参数优化过程示例

经典统计学方法更加强调模型的先期假设和后期验证，更加关注针对不同问题，应采用怎样的模型形式、怎样的损失函数和误差函数以更好地满足分析目标和数据类型的要求等。

3. 根据算法所得结果的类型划分

根据算法给出结果的类型，可将数据挖掘算法划分为直接型数据挖掘算法和间接型数据挖掘算法。

直接型数据挖掘是一种"黑匣子"式的数据分析方式。核心任务是根据已有数据，建立分类或回归模型，并通过模型实现对新数据对象的预测等。这类分析方法重点关注模型的预测精度，如图1—13所示。

图 1—13　直接型数据挖掘算法示意图

例如，针对上述顾客是否购买的例子，可以依据所获得的数据建立分类模型，以预测具有某种特征的新客户是否打算购买。

直接型数据挖掘算法主要用于实现分类和回归。

间接型数据挖掘是一种"半透明"式的数据分析方式。核心任务是根据已有数据，建立数据的描述模型，并通过描述模型展现数据的内在结构特征，揭示数据中隐藏的规律和关系。不同于直接型数据挖掘算法，间接型数据挖掘算法中一般没有特定的目标变量，更关注数据内在联系和结构的展现程度，如图 1—14 所示。

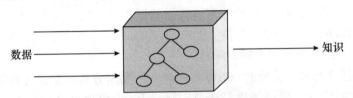

图 1—14　间接型数据挖掘算法示意图

例如，针对上述顾客是否购买的例子，可以根据数据将顾客客观地划分为若干群组，群组内的顾客总体特征结构相似，不相似的会出现在不同群组中。

间接型数据挖掘算法主要用于聚类分析和关联分析。

4. 根据学习过程的类型划分

从学习过程的类型看，数据挖掘算法可划分为有指导（监督）的学习算法和无指导（监督）的学习算法。

有指导的学习算法通常应用在分类和回归问题中，目标是实现对新数据的预测。这类算法要求数据中的输出值是已知的，输出就是一位"老师"，它始终指导着模型的建立和评价。

无指导的学习算法通常应用在聚类分析和关联分析问题中，目标是揭示数据的内在关系和结构。由于这些关系和结构是事先未知的，所以学习过程没有"老师"的参与。

当然，随着数据挖掘应用的不断深入，目前也有很多算法集中在有指导和无指导之间，称为半指导的学习算法。

§1.3　Modeler 软件概述

Modeler 是目前众多软件中最成熟和最受欢迎的一款商业数据挖掘产品。

1.3.1 Modeler 的数据流

SPSS Modeler 最早属英国 ISL（Integral Solutions Limited）公司的产品，原名 Clementine，其研发工作始于 1992 年，1994 年 V1.0 正式发布。1998 年，Clementine 被 SPSS 公司收购，并得到重新整合和开发。2000—2007 年间，SPSS 相继推出了 Clementine 的 V6.0，V6.5，V7.0，V7.2，V8.0，V8.5，V9.0，V10.0，V11.0 版本，研发速度之快极其惊人。

2009 年，SPSS 被 IBM 公司收购，SPSS 的产品得到了更有效的整合。Clementine 更名为 SPSS Modeler，成为 IBM 麾下一款面向商业用户的高品质数据挖掘产品。Modeler 的 V15 版已经问世。

Modeler 是第一款以图形化"语法"为用户界面的数据挖掘软件。Modeler 拥有丰富的数据挖掘算法，操作简单易用，分析结果直观易懂，图形功能强大，支持与数据库之间的数据和模型交换，可以使用户方便快捷地实现数据挖掘。自 2000 年以来，KDnuggets 公司面向全球开展"最近 12 个月你使用的数据挖掘工具"的跟踪调查。[①] 调查结果显示，2000—2009 年 Modeler 一直列居首位。2009 年 Modeler 的使用率比 2008 年增长 148%。2010 年，Modeler 的使用排名有所下降。

Modeler 的操作与数据分析的一般流程相吻合。数据分析通常经过数据收集、数据展示和预处理、模型建立、模型评价等环节。Modeler 形象地将这些环节表示成若干个节点，将数据分析过程看做数据在各个节点之间的流动，并通过图形化的数据流方式，直观表示整个数据挖掘的各个环节。

> 操作使用 Modeler 的目标是建立数据流，即根据数据挖掘的实际需要选择节点，依次连接节点建立数据流，不断修改和调整流中节点的参数，执行数据流，最终完成相应的数据挖掘任务。

应依据数据挖掘方法论建立 Modeler 数据流。通常，数据挖掘方法论在 Modeler 中可简化为如图 1—15 所示的过程。

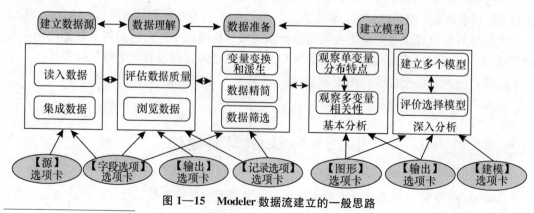

图 1—15　Modeler 数据流建立的一般思路

---

① 参见 http://www.kdnuggets.com/polls/2009/data-mining-tools-used.htm。

（1）建立数据源。这里，建立数据源是指从指定数据源读取数据到 Modeler 中，并根据需要将多个数据集成合并在一起。通常这些节点位于整个数据流的开始部分。相应节点安排在数据【源】和【字段选项】选项卡中。

（2）数据理解。这里，数据理解中的分析评估数据质量主要包括：评估数据缺失情况，评估数据异常值情况，并选择恰当的方法进行调整修正。浏览数据主要包括：以表格形式按照一定顺序浏览数据内容，或对数据分类汇总后再浏览数据。相应节点安排在【字段选项】、【输出】、【记录选项】选项卡中。

（3）数据准备。这里，数据准备中的变量变换和派生，是将现有变量变换为满足后续建模要求的类型和分布等，以及在现有数据基础上，通过数学计算得到含义更丰富的新数据；数据精简主要指样本的随机选取和条件选取、变量离散化处理和降维等；数据筛选，是为服务于后续建模所进行的样本平衡处理和样本集划分等。相应节点安排在【字段选项】和【记录选项】选项卡中。

（4）建立模型。建立模型的前提是对数据的基本分析，可利用统计图形和统计量相结合的方式，分析单个变量的分布特征。进一步，剖析多个变量之间的相关性特点，分析变量之间的相互影响程度。数据的深入分析主要指尝试建立多个分析模型，对模型进行比较评价，选择较为理想的模型，并得出合理的分析结论。相应节点安排在【图形】、【输出】和【建模】选项卡中。

上述涉及选项卡的具体内容将在后面讲解。本书章节安排也将遵循上述过程。

1.3.2　Modeler 的窗口

成功安装并启动 Modeler 后会出现 Modeler 主窗口，如图 1—16 所示。

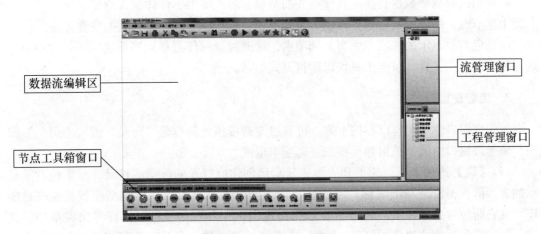

图 1—16　Modeler 主窗口

除窗口菜单和工具栏外，Modeler 主窗口由数据流编辑区、节点工具箱窗口、流管理窗口、工程管理窗口组成。

1. 数据流编辑区

位于主窗口中间部分，是建立和编辑 Modeler 数据流的区域，用户的大部分操作是在这个区域内完成的。

2. 节点工具箱窗口

Modeler 数据流是由多个放置在节点工具箱中的图形化节点组成的。节点工具箱窗口位于主窗口的下方，可通过上下按钮使窗口呈"可见"或"不可见"状态。

根据功能类别，节点分别放置在节点工具箱的不同选项卡中。选项卡分别名为收藏夹、源、记录选项、字段选项、图形、建模、输出、导出等。各选项卡的具体内容是：

- 收藏夹：存放数据流中最常用的节点。
- 源：存放读入各种外部数据到 Modeler 中的节点。
- 记录选项：存放针对记录操作的节点。通常，数据以二维表格的形式组织。每行为一条观测数据，数据库称为记录，统计称为一个观测，一组观测称为样本，本书将统一称为观测或样本。
- 字段选项：存放针对字段操作的节点。数据二维表中的每一列，数据库称为字段，统计称为变量。本书将统一称为变量。
- 图形：存放绘制各种统计图形的节点，用来直观展示数据的分布特征和变量之间的相关关系。
- 建模：存放建立各种数据模型的节点。
- 输出：存放显示数据及其基本统计特征的节点。
- 导出：存放将数据转换成其他格式的节点。对此本书不作详细讲解。

利用上述节点，用户可实现数据理解、数据准备、模型建立等一系列数据挖掘任务。

呈黄色背景显示的选项卡为当前选项卡。可通过鼠标任意指定当前选项卡，并在其中选择所需的节点工具。节点工具均以图符形式显示。

3. 流管理窗口

流管理窗口位于主窗口右侧上方，可通过左右按钮使窗口呈"可见"或"不可见"状态。流管理窗口由流、输出和模型三张选项卡组成。

（1）【流】选项卡。以树形列表形式显示已创建或打开的数据流目录。呈黄色背景显示的为当前数据流。左击鼠标，可任意指定当前数据流，用户只能对当前数据流进行操作，且它所包含的具体节点将显示在数据流编辑区中。右击鼠标，选择弹出菜单中的选项，可实现数据流的新建、打开、关闭、保存等主要功能。另外，还可修改当前数据流的属性或将当前数据流加到当前数据挖掘工程文件中。

（2）【输出】选项卡。以列表形式显示执行数据流所生成的报表和图形目录。呈黄色背景显示的为当前项。左击鼠标，可任意指定当前项，用户只能对当前项进行操作。右击鼠标，选择弹出菜单中的选项，可显示当前项的具体内容，重命名或保存当前项，删除目录中的当前项，或删除全部项。还可以打开磁盘上已有的报表或图形文件，将当前项加到当前数据挖掘工程文件中。

（3）【模型】选项卡。以图标形式显示执行数据流后所生成的模型结果目录。呈黄色背景显示的为当前项。左击鼠标，可任意指定当前项，用户只能对当前项进行操作。鼠标右击当前项，选择弹出菜单中的选项，可浏览当前模型结果的具体内容，重命名或保存当前模型结果，从目录中删除当前项，将当前模型结果添加到数据流编辑区中，以便后续对模型计算结果的进一步应用。还可以 PMML 标准输出当前模型的结果，或将当前模型结果加到当前数据挖掘工程文件中。

另外，Modeler 将模型结果目录的"集合"称为选项板。借助选项板可对模型结果进行统一管理。在模型结果目录的空白区域右击鼠标，选择弹出菜单中的选项，可对选项板进行必要的操作。如清除选项板；打开一个模型结果到选项板中；将模型结果全体以"集合"，即选项板的形式保存起来；打开已存在于磁盘上的选项板文件；将选项板加到当前数据挖掘工程文件中。

> 需要注意的是：流选项卡中，数据流的磁盘文件扩展名为 .str；输出选项卡中，报表和图形结果的磁盘文件扩展名为 .cou；模型选项卡中，模型计算结果的磁盘文件扩展名为 .gm，选项板的磁盘文件扩展名为 .gen。

4.　工程管理窗口

工程管理窗口位于主窗口右侧下方，可通过上下按钮使窗口呈"可见"或"不可见"状态。

通常，数据挖掘实施可看做一个遵循 CRISP-DM（数据挖掘方法论）的工程实施。具体讲，数据挖掘每阶段的任务都依赖于相应的数据流来实现。整个数据挖掘过程将产生多条数据流和众多分析结果。为避免数据流和分析结果过多带来的操作管理上的混乱，Modeler 通常以工程为单位，对数据流和分析结果进行集中分类管理。

工程是多条数据流及相应执行结果（包括报表、图形和模型结果）的集合，通常包含商业理解、数据理解、数据准备、建模、评估、部署等子工程，且各子工程由相应的数据流和执行结果组成。

工程管理窗口以目录的形式管理工程和子工程。数据流和执行结果较多时，用户可自行将它们加到相应的子工程目录中，以方便分类管理。

工程管理窗口中，呈黑体字显示的为当前子工程目录，数据流或执行结果将默认加到当前子工程目录中。商业理解默认为当前目录。右击鼠标，选择弹出菜单中的设为默认值项，可指定其他子工程目录为当前目录。于是，流管理窗口中的任意内容均可通过右击鼠标，选择弹出菜单中的添加到工程项，加到当前的数据挖掘子工程目录中。后续，用户只要打开一个工程文件，该工程文件所包含的全部数据流和执行结果将会自动打开，从而方便集中管理。

右击鼠标，选择弹出菜单中的选项，对工程进行必要的管理操作。如：新添子目录；修改子目录名称；删除子目录；展开和闭合所有子目录。选择工程选项下的子菜单，可保存工程，新建工程，打开已有工程等。

> 需要注意的是：工程的磁盘文件扩展名为.cpj。.cpj 文件只存储相关数据流和结果的索引目录，并不存储数据流和结果本身。因此，数据流和结果仍需以文件的形式独立存储在磁盘上。

1.3.3 数据流的基本管理

> 管理数据流是 Modeler 的核心操作。由于节点是组成数据流的最小单元，因此数据流的基本管理是围绕节点展开的。包括：第一，选择和管理节点；第二，建立和调整节点间的连接；第三，设置节点参数；第四，执行数据流。

图 1—17 所示的是一个简单的数据流。

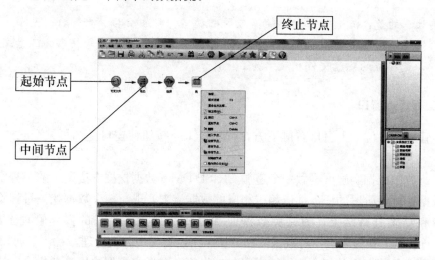

图 1—17　一个简单的数据流示例

有向线段表示数据的流动方向，箭头指向的一端节点称为子节点，另一端称为父节点。没有父节点的节点称为起始节点，没有子节点的节点称为终止节点，其余为中间节点。

1. 选择和管理节点

根据功能分类，节点被安排在节点工具箱的不同选项卡中。建立数据流时，应根据实际需要，首先选择相应的选项卡，然后通过鼠标双击或鼠标拖动操作，选择某个节点并添加到数据流编辑区中。

鼠标右击数据流编辑区中的当前节点（呈反向黄色显示），选择弹出菜单中的选项（或利用快捷键），对数据流中的节点进行管理。起始节点、中间节点和终止节点的弹出菜单有所不同，常见的选项包括：

- 编辑：设置节点参数。

- 连接：连接节点。
- 断开连接：取消节点连接。
- 重命名并注解：修改节点默认的名字和添加说明文字。
- 剪切：剪切节点。
- 复制节点：复制节点。
- 删除：删除节点。
- 保存节点和载入节点：保存节点到磁盘文件中，或从磁盘文件中加载节点。节点的磁盘文件扩展名为 .nod。
- 创建超节点：建立超节点。
- 从此处运行或运行：执行数据流。

关于节点管理的具体操作，后面将详细讲解。

2. 建立和调整节点间的连接

如果数据流编辑区中有两个节点 A，B，则可通过有向线段建立节点 A，B 间的连接。具体操作步骤是：首先，鼠标右击节点 A，选择弹出菜单中的【连接】选项，或按快捷键 F2。然后，鼠标指定将节点 A 和节点 B 相连；或者，按住 Alt 键的同时，拖动鼠标指向节点 B。

节点间连接的调整操作主要包括：

(1) 删除节点 A，B 之间的连接。鼠标右击节点 A，选择弹出菜单中的【断开连接】选项；或者，鼠标右击相应的有向线段，选择弹出菜单中的【删除连接】选项。

(2) 在已连接的两个节点 A，B 中插入一个节点 C。首先，选择节点 C 到数据流编辑区的相应位置上；然后，鼠标拖动 A，B 之间的有向线段到节点 C。

(3) 在已有数据流"A→B→C"上，删除节点 B，C 间的连接，添加节点 A，C 间的连接。首先，指定节点 A 为当前节点；然后，按住 Alt 键的同时拖动鼠标 A，B 之间的有向线段到节点 C。

(4) 在已有数据流"A→B→C"上，绕开节点 B，在节点 A 和 C 间建立直接连接。按住 Alt 键的同时，鼠标双击节点 B。

> 　需要说明的是：并非所有节点之间都可以建立连接。例如，输出选项卡中的节点只能作为终止节点，它们之后不能连接其他节点，即没有子节点连接；源选项卡中的节点只能作为起始节点，不能有父节点连接。

3. 设置节点参数

节点是用来处理数据的。不同的应用需设置不同的节点参数，以实现不同的数据处理。鼠标右击某节点，选择弹出菜单中的【编辑】项，即可实现该节点的参数设置。

对不同节点，有的参数含义是相同的。例如，所有节点参数中都有注解选项卡，如图 1—18 所示。

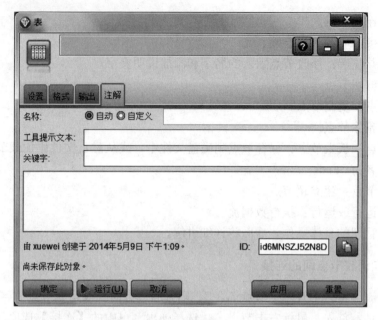

图1—18　注解选项卡

其中：

● 名称：用来指定节点名。可以系统自动命名；也可以用户自行命名，需在【自定义】后面的文本框中给出相应的名字。

● 工具提示文本：当鼠标移动到该节点上时自动显示的说明文字。

● 关键字：数据挖掘工程管理和跟踪的节点关键字。可以有多个，关键字之间以分号分隔。通常不需要设置。

● 在窗口中间的大文本框中，输入节点使用注意事项等较长的说明文字。

不同节点的大部分参数内容是不同的。了解节点的功能，掌握其方法原理，是理解参数含义，正确设置参数值的前提，也是学习和使用 Modeler 的难点。后面的章节将陆续对相关节点的方法原理以及参数含义做详细解释。

4. 执行数据流

数据流建立完成后，若要得到数据分析结果，则应执行数据流。可以选择以下三种方式之一：

（1）选择菜单【工具】→【运行】，或按工具栏上的 ▶ 钮，或鼠标右击终止节点，选择弹出菜单中的【运行】选项，从数据流起始节点开始执行整个数据流。

（2）首先，选中非终止节点作为当前节点；然后，鼠标右击，选择弹出菜单中的【从此处运行】选项，或者按工具栏上的 钮，从当前节点往后执行数据流。

（3）首先，鼠标拖动选中相连接的一系列节点；然后，鼠标右击，选择弹出菜单中的【运行选择】选项，或者按工具栏上的 钮，仅执行选中的数据流。

数据流执行成功，所生成的数据表或模型结果会显示在流管理器的相应选项卡中。否则，Modeler 会给出数据流执行错误的提示信息，用户需对节点参数进行重新调整后再执行数据流。数据流执行过程中，若按工具栏上的 ■ 钮，可强行中断数据流的执行。

需要说明的是：并非所有节点在任何条件下都可被执行。例如，【源】选项卡中的节点，如果后续没有子节点，则不能被执行。

总之，Modeler 的操作使用非常简单，用户只需要通过鼠标和菜单选择，就可轻松完成较为复杂的数据挖掘工作。

1.3.4　缓冲节点和超节点

在大规模复杂数据挖掘过程中，缓冲节点和超节点具有重要作用。

为提高数据流的执行效率，同时便于复杂数据流的管理，Modeler 在普通节点的基础上又提出了缓冲节点和超节点的概念。它们在大规模复杂数据挖掘过程中，有非常重要的作用。

1. 缓冲节点

缓冲节点，顾名思义是节点具有数据缓冲的作用，即可在某个节点上建立一个数据缓冲区，存放数据流执行至此的中间结果，并可保存到磁盘文件中。这样，一方面，数据流不必每次都从起始节点开始执行，直接从缓冲节点开始即可，可大大提高数据流的执行效率；另一方面，利用缓冲节点，可方便地将数据加工的中间结果保存到磁盘文件中。

（1）创建缓冲节点。鼠标右击当前节点，选择弹出菜单中【缓冲】选项下的【启用】选项创建缓冲节点。于是，节点右上角将显示白色文本图标，如图 1—19 所示。之后，如果数据流成功执行，则节点右上角将显示绿色文本图标，表示数据已装入缓冲区。

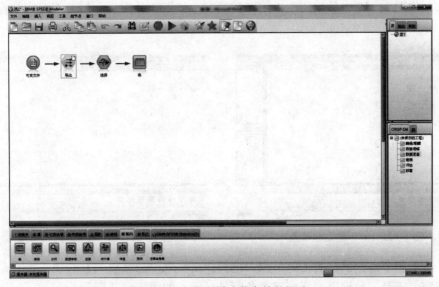

图 1—19　带有缓冲节点的数据流

（2）保存缓冲区内容。选择弹出菜单中的【缓冲】选项下的【保存缓冲】选项，将缓冲区中的数据以 .sav 格式（SPSS 格式）保存到磁盘文件中。

（3）清空缓冲区。选择弹出菜单中的【缓冲】选项下的【刷新】选项，清空节点缓冲区中的数据。于是，节点右上角的文本图标将重新显示为白色。

（4）加载缓冲数据。选择弹出菜单中的【缓冲】选项下的【下载缓冲】选项，将已保存到 .sav 文件中的数据重新装入缓冲区中。

（5）撤销节点缓冲。选择弹出菜单中的【缓冲】选项下的【禁用】选项，撤销已经建立的节点缓冲区。

2. 超节点

数据挖掘过程较为复杂，当所建立的数据流包含很多节点时，在有限的数据流编辑区中浏览整个数据流就很不方便。为此，可通过 Modeler 的超节点解决这个问题。

超节点是由多个节点集成在一个节点中形成的，便于数据流的浏览和管理。

Modeler 中的超节点包括三种类型：左侧无连接的超节点、两侧均有连接的超节点、右侧无连接的超节点，图标依次显示如图 1—20 所示。

源超节点　　　　过程超节点　　　　终端超节点

图 1—20　超节点图标

（1）建立超节点。首先，鼠标选中若干个相互连接的节点。注意，只能有一条有向线段向外引出。然后，右击鼠标，选择弹出菜单中的【创建超节点】选项。

例如，将图 1—19 中数据流中的第二和第三个节点合并为一个超节点，则数据流显示如图 1—21 所示。

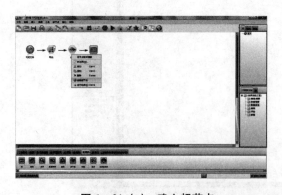 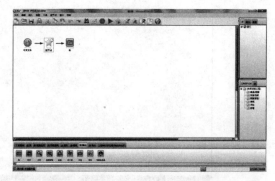

　　图 1—21（a）　建立超节点　　　　　图 1—21（b）　带有超节点的数据流

（2）查看超节点。鼠标右击超节点，选择弹出菜单中的【放大】选项，查看超节点中的具体内容。于是，数据流编辑区呈黄色背景显示，如图 1—22 所示。

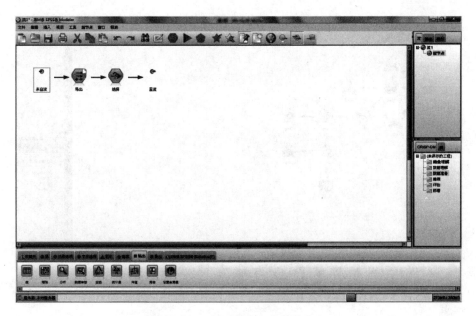

图 1—22　查看超节点的具体内容

选择弹出菜单中的【缩小】选项，可返回正常显示状态。

（3）取消超节点。鼠标右击超节点，选择弹出菜单中的【扩展】选项，取消超节点设置。

1.3.5　从一个示例看 Modeler 的使用

为使读者对如何利用 Modeler 实现数据挖掘的整个过程有一个快速且完整的感性认识，这里首先展示一个数据挖掘应用案例。

案例涉及的具体参数细节，将在后续章节中介绍。

案例数据是 Modeler 软件自带的一份关于药物研究的数据。以往有大批患有同种疾病的不同病人，服用五种药物中的一种（Drug，分为 drugA，drugB，drugC，drugX，drugY）之后都取得了同样的治疗效果。案例数据是随机挑选的部分病人服用药物前的基本临床检查数据，包括：血压（BP，分为高血压 HIGH、正常 NORMAL、低血压 LOW）、胆固醇（Cholesterol，分为正常 NORMAL 和高胆固醇 HIGH）、唾液中钠元素（Na）和钾元素（K）含量、病人年龄（Age）、性别（Sex，包括男 M 和女 F）等。

现需利用数据挖掘发现以往药物处方适用的规律，给出不同临床特征病人更适合服用哪种药物的建议，为未来医生开具处方提供参考。建立的数据流如图 1—23 所示，数据流文件名为药物研究 . str。

具体分析和操作步骤如下：

（1）将数据读入到 Modeler 中。在【源】选项卡中选择【可变文件】节点并设置节点参数。在【文件】选项中指定从文件 DRUG. txt 中读入数据。

（2）浏览数据内容。在【输出】选项卡中选择【表】节点，添加到数据流中。执行该

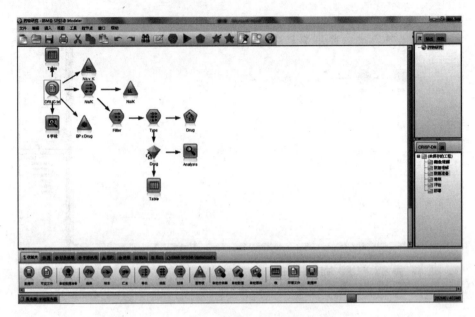

图1—23　药物研究的数据流

节点生成数据表，表名列在流管理窗口的【输出】选项卡中，结果如图1—24所示。

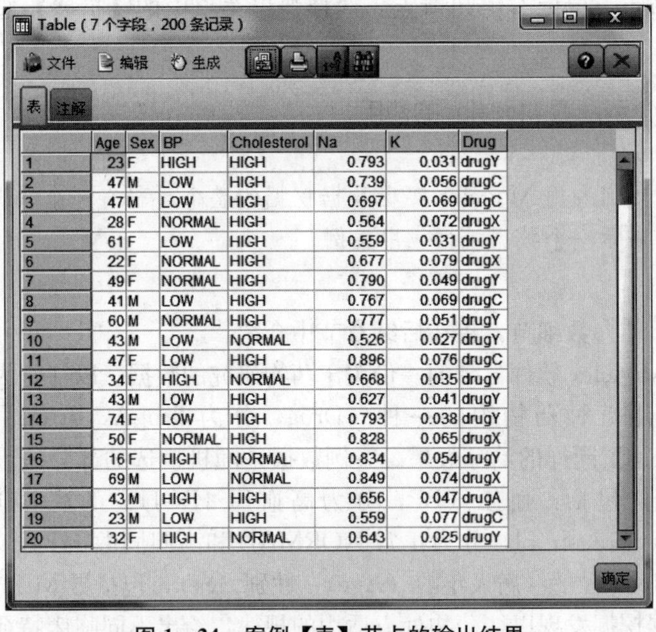

图1—24　案例【表】节点的输出结果

（3）观察各个变量的数据分布特征。在【输出】选项卡中选择【数据审核】节点，添加到数据流中。执行节点生成数据表，表名列在流管理窗口的【输出】选项卡中，结果如图1—25所示。

可以看到，该份数据有200个样本，Age，Na，K为数值型变量。Modeler对此计算输出了最小值、最大值、均值、标准差、偏态系数等基本描述统计量。数据显示，病人年

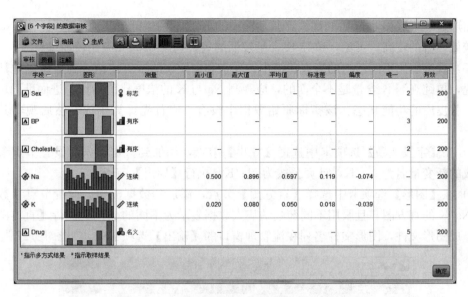

图 1—25 案例【数据审核】节点的输出结果

龄最大值和最小值的差距比较大。

同时，Modeler 还输出数值型变量的直方图以及分类型变量的柱形图。图形表明，病人 Age，BP，Cholesterol 水平的分布比较均匀，总体差异不大，但服用药物 drugY 的病人数明显多于服用其他药物的人数。

（4）观察服用不同药物的病人唾液中钠元素和钾元素的含量。这里可通过散点图反映。在【图形】选项卡中选择【图】节点，添加到数据流中。设置节点参数，指定 Na 为 x 轴，K 为 y 轴，服用不同 Drug 的病人数据表示为不同颜色的点。执行节点生成图形文件，图形文件名列在流管理窗口的【输出】选项卡中，如图 1—26 所示。

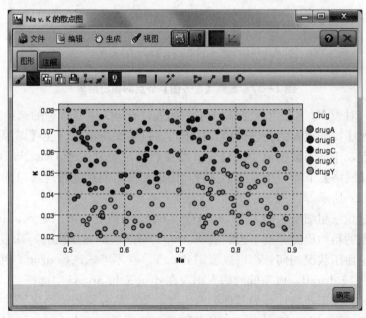

图 1—26 案例【图】节点的输出结果

图形显示，服用 drugY 的病人，其唾液中的 K 含量明显低于其他类病人，但 Na 含量有的较低，有的较高。可见，单纯 K 含量较低的病人选用 drugY 应比较理想。

（5）观察服用不同药物的病人唾液中钠元素和钾元素的浓度比值。为更准确地评价药物状况，单纯观测 K 含量是不全面的，应观测 Na 与 K 的浓度比值指标，进而准确反映病人肾上腺皮质的功能状态。该指标原始数据中没有，应首先计算生成，然后观察其分布特征。

1）在【字段选项】选项卡中选择【导出】节点，添加到数据流中。设置节点参数指定生成的新变量名为 Na/K，计算公式为 Na/K。执行【导出】节点。

2）在【图形】选项卡中选择【直方图】节点，添加到数据流中。设置节点参数指定绘制 Na/K 的直方图，且服用不同药物的病人数据表示为不同的颜色。执行【直方图】节点，生成图形文件，图形文件名列在流管理窗口的【输出】选项卡中，如图 1—27 所示。

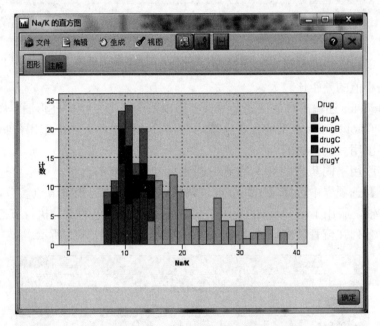

图 1—27　案例【直方图】节点的输出结果

图形显示，对于 Na/K 比值处在高水平的病人，drugY 应是理想的选择。

（6）不同血压特征病人的药物选择。这里可通过网状图反映。在【图形】选项卡中选择【网络】节点，添加到数据流中。设置节点参数指定绘制关于 Drug 与 BP 的网状【网络】图。执行【网络】节点，生成图形文件，图形文件名列在流管理窗口的【输出】选项卡中，如图 1—28 所示。

网状图通过线条粗细反映病人的 BP 与选用 Drug 的情况。可以看到，drugY 与 BP 的三条连线，线条的粗细程度差别不大，表明 drugY 对病人的血压没有特殊限定，更具有普遍服用性。无论血压状况如何，都可以服用 drugY；在不考虑选择 drugY 时，血压高的病人可服用 drugA 或 drugB，血压低的病人则应在 drugX 和 drugC 中选择。

（7）全面分析决定药物选择的其他影响因素。前面的分析似乎给出了选择 drugY 的依据，但没有考虑 Age，Sex 和 Cholesterol 等因素，分析仍是不全面的。同时，对应怎样选

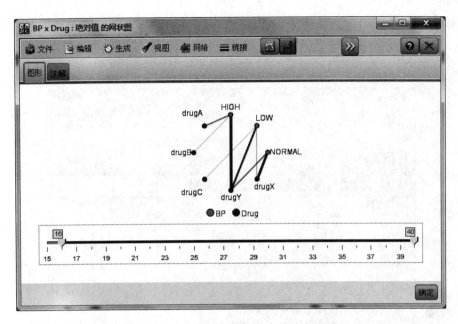

图 1—28　案例【网络】节点的输出结果

择其他药物，也没有给出明确且全面的标准。这里可进一步利用数据，通过建立模型，从 Age，Sex，BP，Cholesterol，Na/K 的综合角度分析选择不同药物的依据。

1）建模时不再直接采用 K 和 Na 变量，而采用 Na/K，应先将 K 和 Na 筛掉。在【字段选项】选项卡中选择【过滤】节点，添加到数据流中。设置参数，在 K 和 Na 变量上打叉，如图 1—29 所示。

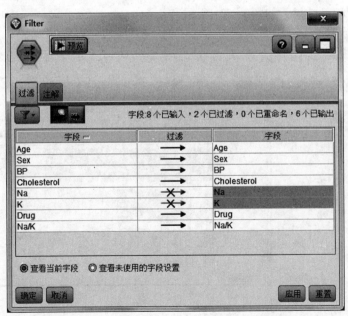

图 1—29　案例【过滤】节点的参数窗口

2）指定建立模型过程中各个变量的作用。其中，Age，Sex，BP，Cholesterol，Na/

K 为解释变量，称为模型的输入变量，Drug 为被解释变量，称为模型的目标变量。在【字段选项】选项卡中选择【类型】节点，添加到数据流中。设置参数指定变量角色，如图 1—30 所示。

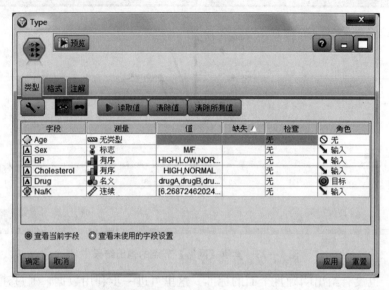

图 1—30　案例【类型】节点的参数窗口

3）建立决策树模型。在【建模】选项卡中选择【C5.0】节点，添加到数据流中。执行 C5.0 节点生成模型，模型名列在流管理窗口的【模型】选项卡中，模型结果节点自动连接数据流中。选择流管理窗口中的【模型】选项卡，右击鼠标，选择弹出菜单中的【浏览】选项，浏览模型结果，如图 1—31 所示。

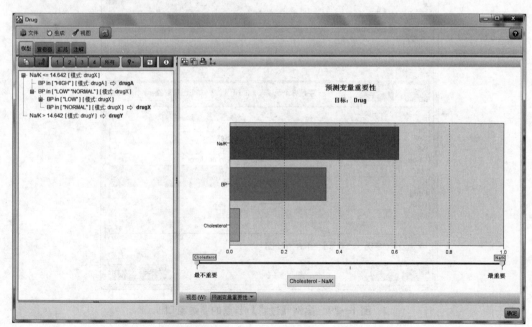

图 1—31　案例【C5.0】节点的输出结果

可以看出，Na/K 比值是选择药物时首要考虑的因素，其次是血压和胆固醇水平。当病人的 Na/K 值高于 14.642 时，应选择 drugY，无须考虑其他因素。当病人的 Na/K 值低于 14.642 时，对于高血压病人，更适合选用 drugA；对于低血压病人和血压正常的病人，可选择 drugX。性别对选择药物没有影响。

（8）模型预测精度的评价。

在节点工具箱的【输出】选项卡中选择【分析】节点，与模型结果节点相连。执行【分析】节点，所生成的结果如图 1—32 所示。

图 1—32　案例【分析】节点的输出结果

可以看到，所建模型的正确预测精度达到了 99.5%，模型比较理想。

以上展示了利用 Modeler 进行数据挖掘的数据流建立和分析过程。读者在实际应用中可以参考这种模式，并根据领域知识不断丰富研究和分析内容。

第 2 章

Modeler 的数据读入和数据集成*

一方面，从数据挖掘方法论看，数据的读入和集成是数据理解的前期阶段。数据源的确定和数据的获取是数据挖掘的首要任务和关键环节。另一方面，Modeler 数据挖掘是通过数据流方式实现的。数据流的核心是数据，数据的读入和数据集成是数据流的源头。

§2.1 变量类型

变量是数据读入和挖掘分析的基本单位。一方面，在数据挖掘的实际问题中，变量通常代表事物的某个属性特征。事物属性特征的丰富多彩必然导致相应变量类型的多样性。另一方面，计算机存储不同类型变量的格式也是不同的，最直接的差异即占用的存储字节数有长有短。不同数据挖掘方法所适合的变量类型也不同，针对不同类型的变量，选择与其匹配的数据挖掘方法，是数据挖掘成功的前提。因此，明确变量类型是数据挖掘的第一步，是实现数据正确加工和挖掘分析的基础。

变量类型可以从数据挖掘和数据存储两个角度划分。

2.1.1 从数据挖掘角度看变量类型

从数据挖掘角度看，变量类型反映了其代表事物的某种特征的类型。大千世界万物多姿多彩，事物特征类型也种类繁多。从计量层次方面归纳，变量通常包括以下类型：数值型变量、定类型变量和定序型变量，后两个类型统称为分类型变量。

例如，表示客户的年龄、家庭人口数的变量是数值型变量；表示性别、职业的变量是定类型变量；表示学历和收入水平的变量是定序型变量。

---

* 本章的数据流文件：读入数据.str。

为更细致地反映事物的计量层次，Modeler 将变量分为以下计量类型：

- 连续数值型：表示年龄、家庭人口数等，图标为 。
- 二分类型，简称分类型：表示性别等，图标为 。
- 多分类型，也称名义型：表示职业、籍贯等，图标为 。
- 定序型，也称有序型：表示受教育程度、收入水平等，图标为 。
- 无类型：学号等编号变量或长文字等复杂数据变量，往往是无类型变量。无类型变量通常不参与数据建模，图标为 。
- 离散型：图标为 。
- 缺省型：缺省型是一种尚未明确的变量类型，图标为 。

对于仅指定了变量名而尚未读入变量值的变量，Modeler 无法确定其具体类型，默认为缺省型。Modeler 称这样的变量处于非实例化状态。一旦读入变量值，Modeler 会根据输入数据的所有详细信息，自动将缺省型转换为上述除离散型之外的其他类型，此时称变量已被实例化，处于实例化状态。事实上，离散型是一个变量的半实例化状态。离散型变量实例化后，会最终转换为二分类型或多分类型。

> 需要说明的是：Modeler 中变量分为非实例化、半实例化和实例化三种状态。当变量的存储类型和取值均未知时，变量为非实例化状态；当仅知道变量的存储类型，但取值范围未知时，变量为半实例化状态；当变量的存储类型和取值均已确定时，变量为实例化状态。

2.1.2　从计算机存储角度看变量类型

从数据的计算机存储角度看，变量类型反映了其在计算机中的存储格式。通常，不同类型的数据存储所占用的字节数是不同的。如某些类型的数据只需要 1 个字节（8 个二进制位）存储，而有的则需要 2 个或更多字节。

从存储角度归纳，Modeler 将变量分为以下存储类型：

- 整数型：用来存储整数，图标为 。
- 实数型：用来存储小数，图标为 。
- 字符串型：用来存储字符串数据，图标为 。
- 时间型：用来存储持续时间数据，图标为 。
- 日期型：用来存储日期数据，图标为 。
- 时间戳型：用来存储时间点数据，图标为 。

时间型和时间戳型的数据表现形式相同，如 01:25:30，但含义却不同。时间型表示所持续的时间，如时间持续了 1 小时 25 分 30 秒；而时间戳型则表示某个时刻，如某人登录服务器的时间是 1 点 25 分 30 秒。

变量的计量类型和存储类型是相互联系的。例如，连续数值型变量可采用整数型或实数型类型存储，多分类型变量可采用整数型或字符串型存储等。

> 需要说明的是：在数据挖掘实际问题中，人们更多考虑变量的计量类型。因为不同计量类型变量所适合的分析方法是不同的。在涉及复杂计算需要编写程序时，为保证程序语法的合理性，应关注变量的存储类型。

§2.2 读入数据

> Modeler 认为，数据挖掘中的数据量通常较为庞大，数据和处理流程共同存储于 Modeler 数据流中是不现实的。这不仅造成流文件过于庞大，更重要的是不利于数据的共享。因此，数据一般应独立存储于外部文件中。外部文件可以是文本文件，也可以是数据库文件或其他类型文件。Modeler 数据流都是从读入外部文件数据到 Modeler 开始的。

数据读入节点放置在节点工具箱的【源】选项卡中，支持从自由格式的文本文件、固定格式的文本文件、SPSS 格式文件、SAS 数据集、Excel 电子表格和数据库文件等中读入数据。具体节点如图 2—1 所示。

企业视图　数据库　可变文件　固定文件　Statistics 文件　Data Collection　IBM Cognos BI　SAS 文件　Excel　XML　用户输入

图 2—1　【源】选项卡中的节点

> 需要说明的是：上述【源】选项卡中的节点只用于实现数据读入，不支持数据的列表显示。若要浏览数据，应选择【输出】选项卡中的【表】节点并添加到数据流中。鼠标右击【表】节点，选择弹出菜单中的【运行】选项执行数据流。Modeler 会自动生成并打开数据列表。列表名将显示在流管理窗口的【输出】选项卡中。

由于自由格式的文本文件、Excel 电子表格、SPSS 格式文件和数据库文件等比较常见，这里重点进行讲解。

2.2.1　读自由格式的文本文件

> 自由格式的文本文件中，通常一行为一个观测，每行有相同的列，分别依次对应不同的变量，列之间以逗号等分隔符分隔。变量名一般存储在文件的第一行。
>
> 可通过【源】选项卡中的【可变文件】节点读自由格式的文本文件。

以第 1 章的药物研究数据为例，它是一份自由格式的文本，文件名为 DRUG.txt。

首先，选择【源】选项卡中的【可变文件】节点，将其添加到数据流编辑区。然后，右击鼠标，选择弹出菜单中的【编辑】选项进行节点的参数设置。【可变文件】节点的参数设置包含文件、数据、过滤、类型和注解五张选项卡。

1.【文件】选项卡

【文件】选项卡用于指定所读入数据的基本格式，窗口如图 2—2 所示。

图 2—2 【可变文件】的【文件】选项卡

其中：
- 文件：指定读入文本文件所在的文件夹和文件名。
- 读取文件中的字段名：如果文本文件中的第一行是变量名，则选择该项，否则不选。
- 指定字段数：指定文本文件包含的变量列数。文件中的列通常由分隔符分隔，Modeler 可依分隔符自动判断列数，该选项通常可忽略。
- 跳过标题字符：指定第一个样本前的多少个字符在读入时将被忽略。
- EOL 注解字符：指定文本文件中数据含义的说明性文字，以哪个字符开始（如♯或！）。每行该字符后的所有内容均视为说明，读入时将被忽略。
- 去除开头和结尾的空格：指定如何压缩所读数据中的空格。【无】表示不压缩；【左】表示压缩所读数据的前缀空格；【右】表示压缩后缀空格；【两者】表示压缩前后缀空格。

● 无效字符：指定对无效字符的处理方法。【丢弃】表示不读入无效字符；还可用指定的字符替换无效字符。

● 在【定界符】中指定文件的列分隔符。列分隔符可以为空格、逗号、制表符、换行符或其他可显示符号及非显示字符；允许使用多个空白定界符表示视多个连续空格为一个空格分隔符。

● 还可以指定单引号或双引号的处理方式。如果文本文件中的字符型数据以单引号或双引号括着，则选择【丢弃】，表示忽略单引号或双引号自身；【包含为文件】表示将单引号或双引号按正常数据读入；【成对丢弃】表示自动匹配单引号或双引号并忽略读入。无法正常匹配时，Modeler 将自动报错。

2.【数据】选项卡

【数据】选项卡用于指定所读变量的存储类型和输入格式，窗口如图 2—3 所示。

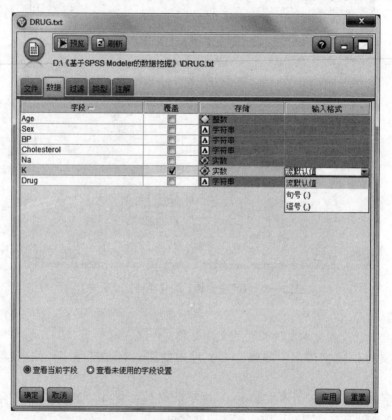

图 2—3　【可变文件】的【数据】选项卡

Modeler 以列表形式显示被读数据的变量名、存储类型和输入格式等。其中，变量名来自文本文件，变量类型是自动识别的。

修改存储类型和输入格式时，应首先在相应变量行的【覆盖】项上画钩，然后下拉【存储】框选择。对于实数型、时间型、日期型和时间戳型变量，可在【输入格式】列中选择相应的数据格式，如以句号还是逗号作为实数型小数位和整数位的分隔符，日期型数据是月、日、年格式还是年、月、日格式等。

3.【过滤】选项卡

【过滤】选项卡用于指定读数据时不读哪些变量，还可重新修改变量名，窗口如图 2—4 所示。

图 2—4　【可变文件】的【过滤】选项卡

不希望读入某个变量，只需用鼠标单击相应行的【过滤】项，打×，也可以再次单击鼠标取消×，如图指定不读入 Age 变量。可在【字段】列的相应行上修改变量名，如图将变量 Sex 重新命名为 Gender。

4.【类型】选项卡

【类型】选项卡用于指定变量的计量类型，对变量的缺失值和取值合理性等进行检查，窗口如图 2—5（a）所示。

Modeler 以列表形式显示各变量的变量名、计量类型、取值范围、缺失值、修正方法和变量方向等信息。

图 2—5（a）中，数据尚未读入节点时，变量通常为非实例化或半实例化状态，计量类型可能是不准确的，取值范围也不明确。变量实例化应通过按【读取值】钮实现。图 2—5（b）是实例化后的结果。

图 2—5（a）　【可变文件】的【类型】选项卡

图 2—5（b）　【可变文件】实例化后的窗口

> 需要说明的是：作为数据源的起始节点，如果后续不再增加变量，此处的实例化变量是有益的。由于 Modeler 视实例化变量的变量值为静态数据，因此在后续的数据流中，如果修改了变量的原有类型或取值范围等属性，则还需再按【读取值】钮，手动实现重新实例化。

由于节点工具箱【字段选项】选项卡中的【类型】节点提供的功能与图 2—5 相同，因此，如何重新实例化以及图 2—5 中的其他内容，将在 3.1 节的【类型】节点中讨论。

5.【注解】选项卡

【注解】选项卡用于节点命名和添加注释性文字，具体含义同 1.3.3 节，此处不再赘述。另外，Modeler 的几乎所有节点参数设置窗口中都有【注解】选项卡，含义相同，以后也不再另加说明。

> 需要说明的是：数据源发生变化后，为保持数据源和 Modeler 数据流中数据的一致，应按［刷新］钮，重新加载数据源数据到数据流中。【刷新】的功能在后续读其他格式文件的操作中同样适用。

2.2.2　读 Excel 电子表格

> Excel 电子表格是极为常见的数据存储格式。【源】选项卡中的【Excel】节点可实现 Excel 电子表格数据的读入。

以一份学生参加某次社会公益活动的样本数据为例。该数据是 Excel 电子表格文件，文件名为 Students. xls。变量包括：学生编号、是否无偿献血、家庭人均年收入、在校综合评价指数、家长是否鼓励学生参与社会公益活动、学生是否参与某次公益活动，共 6 个变量。

　　首先，选择【源】选项卡中的【Excel】节点，将其添加到数据流编辑区中。然后，右击鼠标，选择弹出菜单中的【编辑】选项进行节点的参数设置。【Excel】节点的参数设置包含数据、过滤、类型和注解四张选项卡。

1. 【数据】选项卡

【数据】选项卡用于设置读入 Excel 数据时的具体参数，如图 2—6 所示。

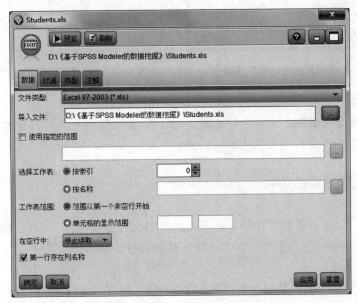

图 2—6　【Excel】的【数据】选项卡

其中：

● 导入文件：指定待读入 Excel 文件所在的文件夹和文件名。

● 使用指定的范围：若只读取 Excel 表某单元区域内的数据，且该区域也已命名，则应选中该项，并在下方文本框中输入区域名。

● 选择工作表：若要读 Excel 所包含的多张工作表数据中的某张，应选中【按索引】选项，并在后面下拉框中选择或输入工作表编号（从 0 开始）；或者，选中【按名称】选项，并在后面的文本框中输入工作表名。

● 可指定从 Excel 工作表第一个非空单元开始依次读入数据。可指定只读 Excel 工作表中某特定区域内的数据，应在【单元格的显示范围】后面的两个框中，分别输入该区域左上角和右下角的单元格地址。如对区域 A1:B10，应分别输入 A1 和 B10，字母应大写。

● 如果 Excel 工作表的第一行为变量名，则应选中【第一行存在列名称】项。

2. 【过滤】选项卡和【类型】选项卡

【Excel】节点参数设置中的【过滤】和【类型】选项卡，含义同 2.2.1 节。本例的窗口显示如图 2—7 所示。

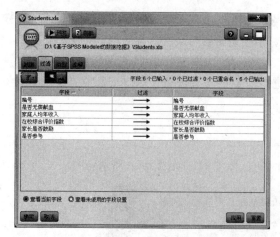

图 2—7（a）【Excel】的【过滤】选项卡

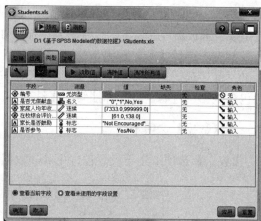

图 2—7（b）【Excel】的【类型】选项卡

　　需要说明的是：诸如上述编号等变量，由于变量取值个数多且无重复取值，这样的变量类型为无类型，它们通常不参加数据建模。

2.2.3　读 SPSS 格式文件

　　SPSS 是一款高品质的统计分析软件，其数据文件扩展名为 .sav。可通过【源】选项卡中的【Statistics 文件】节点实现 SPSS 格式数据的读入。

　　以一份虚拟的电信客户数据为例。该数据是 SPSS 格式，文件名为 Telephone.sav。其中变量包括：居住地、年龄、婚姻状况、家庭月收入（百元）、教育水平、性别、家庭人口、基本服务累计开通月数、是否申请无线转移服务、上月基本费用、上月限制性免费服务项目的费用、无线服务费用、是否电子支付、申请的服务套餐类型、是否流失，共 15 个变量。

　　首先，选择【源】选项卡中的【Statistics 文件】节点，将其添加到数据流编辑区中。然后，右击鼠标，选择弹出菜单中的【编辑】选项进行节点的参数设置。【Statistics 文件】节点的参数设置包含数据、过滤、类型和注解四张选项卡。

1.【数据】选项卡

　　【数据】选项卡用于设置读入 SPSS 数据文件时的具体参数，如图 2—8 所示。
　　其中：
　　● 导入文件：指定待读入 SPSS 数据文件所在的文件夹和文件名。
　　● 变量名称：指定如何设置变量名。【读取名称和标签】表示 SPSS 变量名直接取为Modeler 的变量名。SPSS 变量名标签将作为说明文字，在 Modeler 相关分析结果的输出中显示。【读取标签作为名称】表示以 SPSS 变量名标签作为 Modeler 的变量名。
　　● 值：指定如何设置变量值。【读取名称和标签】表示直接取 SPSS 变量值作为 Modeler 的变量值。SPSS 变量值标签将作为说明文字，在 Modeler 相关分析结果的输出中显

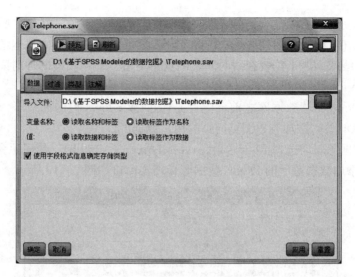

图 2—8　【Statistics 文件】的【数据】选项卡

示。【读取标签作为名称】表示以 SPSS 变量值标签作为 Modeler 的变量值。

2.【过滤】选项卡和【类型】选项卡

【Statistics 文件】节点参数设置中的【过滤】和【类型】选项卡，含义同 2.2.1 节。本例的窗口显示如图 2—9 所示。

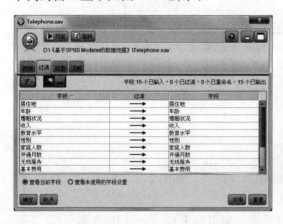 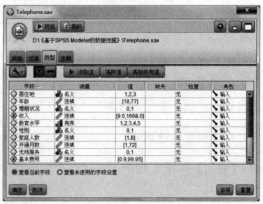

图 2—9（a）【Statistics 文件】的【过滤】选项卡　　图 2—9（b）【Statistics 文件】的【类型】选项卡

2.2.4　读数据库文件

　　商业数据库种类繁多，但不同数据库产品都遵循开放式数据库互联标准，并通过 ODBC 实现数据库的互访。Modeler 也通过 ODBC 方式访问数据库。需经过两个步骤完成：第一步，建立 ODBC 数据源；第二步，通过数据源访问数据库。

以一份客户浏览网页的历史记录数据为例。该数据是 Access 数据库文件，文件名为 WebData.mdb。该数据库包括三张数据表，分别命名为 Customer1，Customer2，ClickPath。

其中：Customer1 记录了客户的基本信息，包括客户编号、年龄、性别、婚姻状况、教育水平、平均每天在线时间、居住区域；Customer2 记录了客户上网的基本情况，包括客户编号、平均日在线时间、平均夜在线时间、浏览器类型、平均收发邮件时间、平均网聊时间等；ClickPath 记录了客户浏览的网页类型。

（1）利用 Modeler 读数据库之前，应首先通过 Windows 控制面板，依次选择管理工具和数据源（ODBC），添加客户浏览网页的用户数据源。

本例中，数据源驱动选择 Microsoft Access Driver（*.mdb），数据源命名为"网页访问数据"。成功添加数据源后的 ODBC 数据源管理器窗口如图 2—10 所示。

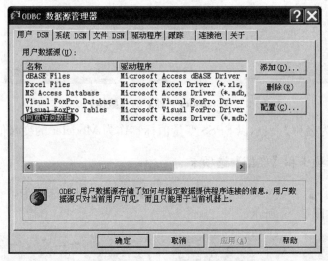

图 2—10　添加 ODBC 数据源

（2）选择【源】选项卡中的【数据库】节点，将其添加到数据流编辑区中。右击鼠标，选择弹出菜单中的【编辑】选项进行节点的参数设置。【数据库】节点的参数设置包含数据、过滤、类型和注解四张选项卡。

1.【数据】选项卡

【数据】选项卡用于设置读入数据库文件时的具体参数，如图 2—11 所示。
其中：
- 模式：指定数据来源。数据可以来自数据表，也可以来自一个 SQL 查询。
- 数据源：指定数据源名称。本例应在下拉框中选择【网页访问数据】。
- 表名称：指定表名。按【选择】钮显示数据库所包含的数据表，如图 2—12 所示。

Modeler 默认只显示用户数据源包含的数据表和视图。这里希望读入表 Customer1 的数据，则选择 .Customer1。

2.【过滤】选项卡和【类型】选项卡

【数据库】节点参数设置中的【过滤】和【类型】选项卡，含义同 2.2.1 节。本例的窗口显示如图 2—13 所示。

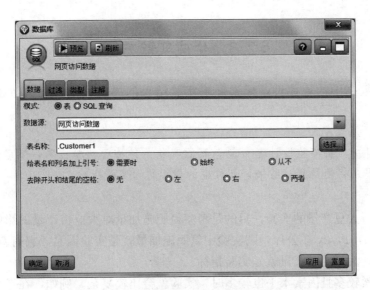

图 2—11　【数据库】的【数据】选项卡

图 2—12　选择数据表

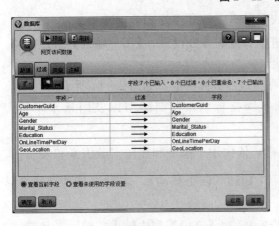

图 2—13（a）　【数据库】的【过滤】选项卡

图 2—13（b）　【数据库】的【类型】选项卡

§2.3 生成实验方案

挖掘实验数据中的规律性，探索影响实验结果的决定因素，也是数据挖掘的目标之一。

> 实验设计中，将实验设计者希望考察的实验条件称为实验因素，实验因素的具体取值称为水平。将衡量实验结果好坏程度的指标称为实验指标。

例如，进行大豆产量的实验，目的是考察氮肥施加量对大豆亩产量的影响。如果每亩地的施肥量为 0，1，2，3 公斤，则实验中氮肥施加量就是实验因素，它有 0，1，2，3 公斤共 4 个水平，大豆的亩产量就是实验指标。

当实验因素较多且因素水平也较多时，实验就会比较复杂。例如，在考察氮肥施加量的同时，还要考察磷肥施加量对大豆产量的影响，如果磷肥的施加量也取 0，1，2，3 公斤这 4 个水平，那么氮肥和磷肥施加量不同水平的搭配就有 16 种。如果同时考察大豆品种对亩产量的影响，假设大豆品种有甲、乙、丙 3 种，则氮肥、磷肥施加量和大豆品种不同水平的搭配就有 48 种。

对每个搭配水平都进行实验称为全面实验。当然，从人力、物力和时间等方面考虑，人们通常不会进行全面实验，而是通过优化实验，在尽量减少实验次数并获得全面有效实验结果的目标下，找出实验问题的高效最优设计方案。关于如何优化实验不是本书讨论的内容，这里，仅希望从数据组织的角度，讨论 Modeler 如何方便生成全面实验方案的数据。

全面实验数据组织的最大障碍是多个实验因素多个水平的搭配，因为它们很容易被遗漏。节点工具箱中的【源】选项卡中的【用户输入】节点很好地解决了这个问题，它能够自动生成多因素多水平的搭配，用户只需要输入相应的实验指标即可。这里，仍以大豆实验数据为例讨论【用户输入】节点的操作。

首先，选择【源】选项卡中的【用户输入】节点，将其添加到数据流编辑区。然后，右击鼠标，选择弹出菜单中的【编辑】选项进行节点的参数设置。【用户输入】节点的参数设置包含数据、过滤、类型和注解四张选项卡。

【数据】选项卡用于设置全面试验方案数据生成的具体参数，如图 2—14 所示。Modeler 以列表形式显示实验因素名和实验指标名、存储类型以及因素水平值。其中：

● 🖳钮（增加新工程）和 ☒钮（删除选择）依次用于添加和删除实验因素和实验指标。⬆钮（移动到顶部）、↑钮（向上移动）、↓钮（向下移动）、⬇钮（移动到底部）分别用于调整次序。

● 应首先添加行（包括实验因素和实验指标）。在【字段】列中输入实验因素名或实验指标名，在【存储】列中选择变量的存储类型，在【值】列中输入因素水平值。

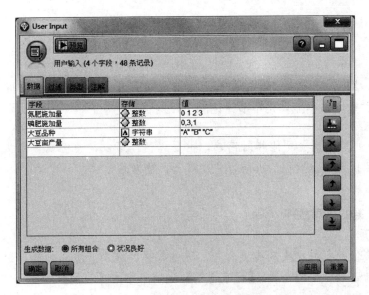

图2—14　【用户输入】的【数据】选项卡

因素水平值之间要用空格分隔，如"0 1 2 3"。当因素水平值较多时，也可用逗号分隔水平值，如"0，3，1"，表示水平的取值范围是0～3，水平值之间递增1。另外，对于字符串型的变量，变量值应用双引号括起来，如"A""B""C"。本例中，大豆亩产量是实验指标，不在这里输入，Modeler 将默认为缺失值＄null＄。

● 生成数据：指定如何生成实验方案数据。【所有组合】表示组合所有实验因素的所有水平值，所生成的数据如图2—15（a）所示；【状况良好】表示所有实验因素的水平值按顺序一一对应，所生成的数据如图2—15（b）所示。

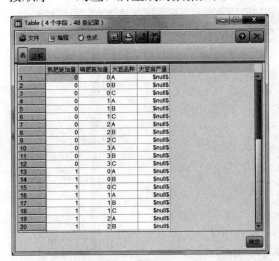

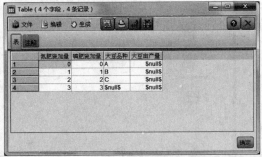

图2—15（a）　【用户输入】节点生成的数据（一）　　图2—15（b）　【用户输入】节点生成的数据（二）

由于 Modeler 没有提供手工数据录入的界面，因此，大豆亩产量的数据还需事先输入到文本或 Excel 文件中，然后再读入 Modeler。这样的处理将涉及两份或多份数据的集成问题。

§2.4　数据集成

如前所述，Modeler 数据流中的数据可能来自两个或多个外部数据文件，如何有效地集成外部数据并送入数据流，是本节讨论的主要内容。

Modeler 的数据集成功能相对简单，主要包括：第一，两份或多份数据的纵向合并；第二，两份或多份数据的横向合并；第三，数据源替换。

2.4.1　数据的纵向合并

两份或多份数据依次头尾连接合并，称为数据的纵向合并。数据的纵向合并是在数据尾部不断追加样本的过程。【记录选项】选项卡中的【追加】节点可实现数据的纵向合并。

以学生参加某次社会公益活动的数据（文件名为 Students. xls）为例，文件中包含两张工作表，分别是老生（Students. xls）和新生（NewStudents. xls）的数据。由于分析是针对所有学生的，需要将两份数据纵向合并成一份新数据。

首先，按照读入 Excel 电子表格数据的操作方法建立两个 Excel 节点，分别读入 Students 和 NewStudents 两张工作表数据；然后，选择【记录选项】选项卡中的【追加】节点，将其添加到两个 Excel 节点的后面。所建超节点的数据流如图 2—16 所示。

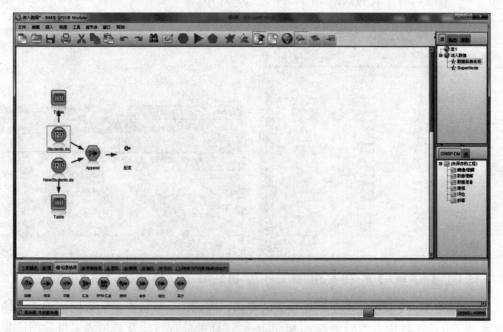

图 2—16　数据纵向合并的数据流

鼠标右击【追加】节点，选择弹出菜单中的【编辑】选项进行节点的参数设置。【追加】节点的参数设置包含输入、追加和注解三张选项卡。

1.【输入】选项卡

【输入】选项卡用于设置数据纵向合并的数据源，如图 2—17 所示。

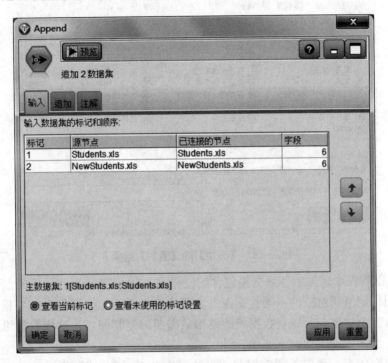

图 2—17　【追加】的【输入】选项卡

Modeler 以列表形式依次显示以下内容：

● 标记：数据源标号，给出了多个数据集纵向合并的前后顺序，标记值最小的表其数据排在最前面（如本例为 Students. xls），标记值最大的表其数据排在最后面（如本例为 NewStudents. xls）。可通过 ↑ 钮、↓ 钮调整这个顺序。Modeler 默认标记值为 1 的表（如本例为 Students. xls）为主数据集，意味着如果多份数据的变量名不一致或变量个数不同，则合并后新数据表的变量名和变量个数默认为与主数据集相同。

● 源节点：数据源节点的名称。本例中，两个 Excel 数据源节点分别为 Students. xls 和 NewStudents. xls。

● 已连接的节点：连接节点名称。连接到【追加】节点的节点名称，通常与源节点同名。

● 字段：数据源包含的变量个数。如本例中两份数据的变量个数均为 6。

2.【追加】选项卡

【追加】选项卡用于设置数据纵向合并的关键参数，如图 2—18 所示。

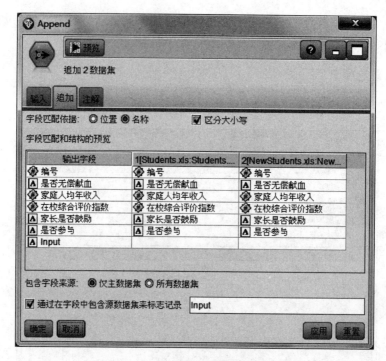

图 2—18　【追加】的【追加】选项卡

Modeler 以列表形式显示各数据集包含的变量名，输出字段为合并后的新数据集，后续依次为不同标记值所对应的不同数据源。本例中，由于两数据源包含的变量名、变量顺序和变量个数完全一致，所以新数据集的结构只需照旧复制即可，这使数据纵向合并的操作大大简化。否则，应注意以下选项：

● 字段匹配依据：指定不同数据源变量的对应关系。【位置】表示按数据源变量排列的原有顺序一一匹配变量，意味着不同数据源相同位置上的变量，尽管名称可能不同但含义相同。【名称】表示按变量名称对接。如果不能保证两份数据的变量排列顺序完全一致，应选择名称项，如图 2—19 所示。

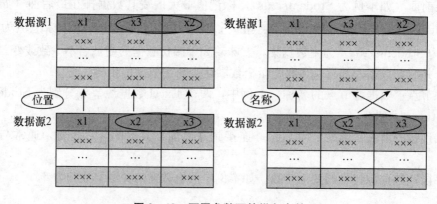

图 2—19　不同参数下的纵向合并

● 包含字段来源：指定新数据集的变量来源。【仅主数据集】表示新数据集的变量只来自主数据集；也可以来自【所有数据集】，是各个表变量名的并集。

● 通过在字段中包含源数据集来标志记录：表示在新数据集中自动增加一个变量名（默认为 Input 的变量），存储标记值以说明样本来自哪个数据源。

> 需要说明的是：数据的纵向合并，应确保两份或多份数据的合并是有实际意义的，相同含义的变量最好取相同的变量名，且变量的存储类型要一致。

2.4.2　数据的横向合并

> 两份或多份数据依次左右连接合并，称为数据的横向合并。数据的横向合并是在数据的右侧不断追加变量的过程。【记录选项】选项卡中的【合并】节点可实现数据的横向合并。
>
> 数据横向合并通常要求多个数据源应至少存在一个同名变量，该变量称为关键字，是数据横向合并的重要依据。一般只有关键字取值相同的样本才可左右对接。

以客户浏览网页的历史记录数据（文件名为 WebData.mdb）为例，希望将表 Customer1（客户编号、年龄、性别、婚姻状况、教育水平、平均每天在线时间、居住区域）和表 Customer2（客户编号、平均日在线时间、平均夜在线时间、浏览器类型、平均收发邮件时间、平均网聊时间）按照客户编号横向合并起来，为分析诸如不同教育水平的客户的平均收发邮件时间是否有差异，网聊时间是否与性别、婚姻状况相关等问题做准备。

首先，按照读入数据库的操作方法建立两个数据库节点，分别读入 .Customer1 和 .Customer2 两张数据库表；然后，选择【记录选项】选项卡中的【合并】节点，将其添加到两个数据库节点的后面，所建超节点的数据流如图 2—20 所示。

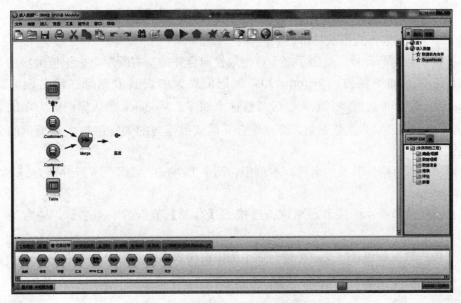

图 2—20　数据横向合并的数据流

　　鼠标右击【合并】节点，选择弹出菜单中的【编辑】选项进行节点的参数设置。【合并】节点的参数设置包含输入、合并、过滤、优化和注解五张选项卡。

1.【输入】选项卡

　　【输入】选项卡用于设置数据横向合并的数据源，如图 2—21 所示。

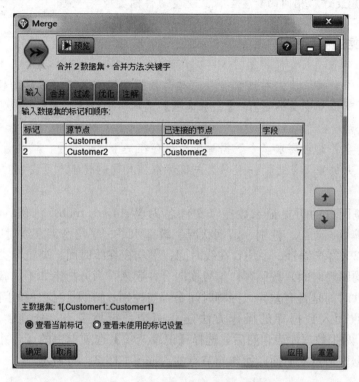

图 2—21　【合并】的【输入】选项卡

　　Modeler 以列表形式依次显示以下内容：
- 标记：数据源标号，给出了多个数据集横向合并的左右顺序，标记值最小的表其数据排在最左面（如本例为 .Customer1），标记值最大的表其数据排在最右面（如本例为 .Customer2）。可通过 ↑ 钮、↓ 钮调整这个顺序。Modeler 默认标记值为 1 的表（如本例为 .Customer1）为主数据集，意味着合并后新数据集的关键字取主数据集的关键字名和关键字值。
- 源节点：数据源节点的名称。本例中，两个 Database 数据源节点分别为 .Customer1 和 .Customer2。
- 已连接的节点：连接节点名称。连接到【合并】节点的节点名称，通常与【源节点】同名。
- 字段：数据源包含的变量个数。如本例中两份数据的变量个数均为 7。

2.【合并】选项卡

　　【合并】选项卡用于设置数据横向合并的关键参数，如图 2—22 所示。

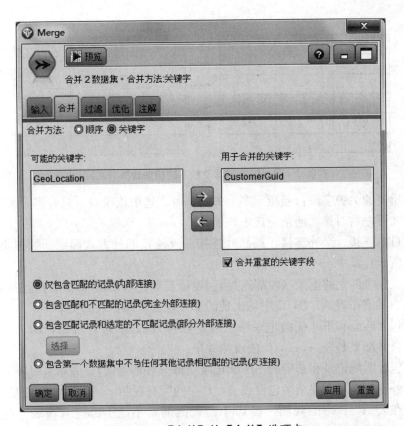

图 2—22　【合并】的【合并】选项卡

其中：

● 合并方法：指定数据横向合并的方式。【顺序】表示按照样本排列的原有顺序一一左右对接数据。如果不能确保多份数据的排列顺序完全一致，应选【关键字】项，表示依据关键字取值横向对接，只有关键字取值相同的样本才可左右对接，从而防止张冠李戴的现象发生。

● 可能的关键字：显示两份或多份数据中的同名变量，本例中为 CustomerGuid（客户编号）和 GeoLocation（地理位置）。这些变量名可能成为横向合并的关键字。

● 用于合并的关键字：显示用户指定的横向合并的关键字。本例为 CustomerGuid（客户编号），如图 2—23 所示。

数据源1				数据源2		
编号	x1	x2	顺序	编号	x3	x4
1	×××	×××	←	1	×××	×××
2	×××	×××	←	2	×××	×××
③	×××	×××	←	④	×××	×××
④	×××	×××	←	③	×××	×××
…	…	…		…	…	…

图 2—23（a）　不同参数下的横向合并（一）

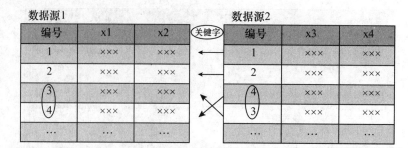

图 2—23（b）　不同参数下的横向合并（二）

- 合并重复的关键字段：当指定多个关键字时，选中该项表示只有多个关键字取值都相同的样本才可左右对接。通常应选中该项。
- 可通过内连接、全外连接、局部外连接和反连接四种方式确定新数据集中的观测，如图 2—24 所示。其中：
  - 仅包含匹配的记录（内部连接）：表示若对表 A，B，C 进行内连接，则合并结果是关键字值在表 A，B，C 中均出现的那些观测，即各表的交集。
  - 包含匹配和不匹配的记录（全外部连接）：表示若对表 A，B，C 进行全外连接，则合并结果是表 A，B，C 的观测并集。
  - 包含匹配记录和选定的不匹配记录（部分外部连接）：表示若对表 A，B 与表 C 做局部外连接，则合并结果包含表 A，B 中的所有观测，同时还包括表 C 中关键字值也出现在表 A，B 中的观测，表 C 中的观测通常不能全部进入新表。可按【选择】钮，选择观测不能全部进入新表的表。
  - 包含第一个数据集中不与任何其他记录相匹配的记录（反连接）：表示若表 A 与表 B，C 做反连接，则合并结果是表 A 中与其余表关键字值不同的观测。

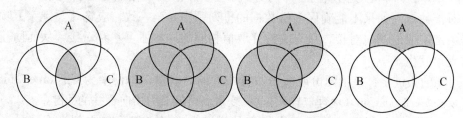

图 2—24　四种横向合并连接方式

例如，图 2—24 中的阴影表示对表 A，B，C 的各种连接的结果。

3.【过滤】选项卡

【过滤】选项卡用于手工指定新数据集包含的变量，主要用于多个数据源有相同变量名的情况，如图 2—25 所示。

本例两份数据中均有 CustomerGuid 和 GeoLocation 变量。由于已指定 CustomerGuid 为关键字，因此默认新数据集取主数据集中的 CustomerGuid 变量。对于 GeoLocation 变量，因为这里删除了标记 2 中的 GeoLocation，表示新数据集的 GeoLocation 取自标记为 1 的数据源，即取自 .Customer1。

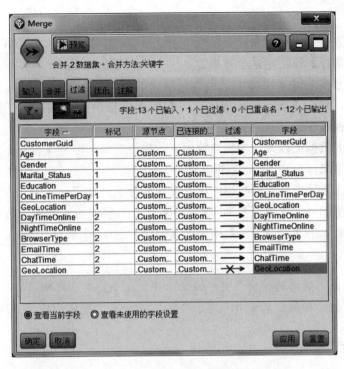

图 2—25 【合并】的【过滤】选项卡

4.【优化】选项卡

【优化】选项卡用于设置参数以提高数据横向合并的执行效率，如图 2—26 所示。

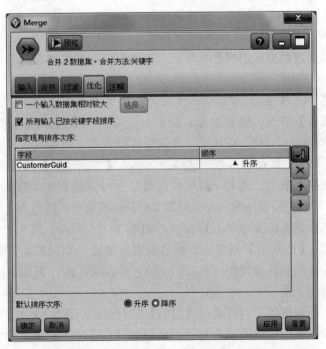

图 2—26 【合并】的【优化】选项卡

其中：

● 一个输入数据集相对较大：表示当某个数据源的样本量远远大于其他数据源时，可选择该项并按【选择】钮指定这个数据源。

● 所有输入已按关键字段排序：当数据源中的样本均按关键字段的升序或降序排序时，可选择该项，并在【指定现有排序次序】列表中指出排序关键字，在【默认排序次序】中选择升序或降序。

如果被合并的数据比较大，为提高数据流的执行效率，可将【合并】节点设置成缓冲节点，并将缓冲结果保存到 SPSS 数据文件中。

另外，对 2.3 节的大豆实验数据，可首先在外部文件如 Excel 中，按照实验方案的顺序依次输入实验指标（大豆亩产量），然后将实验方案数据与实验指标数据横向合并，应注意在图 2—22 所示的【合并方法】中选择【顺序】选项。

> 需要说明的是：数据的横向合并，应确保两份或多份数据有相同的关键字名和类型。按关键字排序有助于提高数据合并效率。

2.4.3　数据源替换

针对特定数据挖掘问题的 Modeler 数据流，通常具有通用性。例如，一个数据流不仅可用于分析某地区的数据，也可用于对其他地区相同问题的数据分析。

> Modeler 将具有通用处理功能的数据流看做模板。通过数据映射操作，直观快捷地实现数据源的替换，以方便完成对新数据的相同处理和分析。

数据源替换是通过数据映射操作实现的。以学生参加某次社会公益活动的数据（文件名为 Students. xls）为例。

首先，建立【Excel】数据源节点，读入老生数据（Students. xls）；然后，添加【输出】选项卡中的【表】节点，浏览数据；最后，建立另一个【Excel】数据源节点，读入新生数据（NewStudents. xls）。现将第一数据源替换为第二数据源，具体操作如下：

（1）鼠标右击第一个数据源节点，选择弹出菜单【数据映射】的【选择替换节点】项，然后选中第二个数据源节点。或者，鼠标右击第二个数据源节点，选择弹出菜单【数据映射】的【映射到】项，然后选中第一个数据源节点的后续节点，这里为【输出】节点。

（2）显示新老数据源的变量名对应窗口，如图 2—27 所示。其中，【原始】列显示原数据源包含的变量，【已映射】列显示与原数据源变量含义相同的新数据源中的变量。如果新老数据源的变量名和计量类型一致，Modeler 将自动匹配，否则，应在下拉框中手工指定变量的一一对应关系。

操作成功后，新数据源节点将通过【过滤】节点与原数据源的后续节点相连，原数据源节点自动脱离数据流。后续的分析将针对新数据源。【过滤】节点的具体内容将在第 3 章讲解。

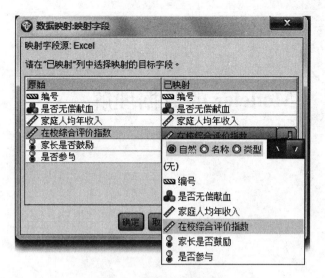

图 2—27　数据映射窗口

　　需要说明的是：上述数据读入和数据集成，均属数据挖掘方法论中数据理解前期阶段的任务。数据理解还包括对数据质量的评估和调整等内容，对此将在第 3 章集中讨论。

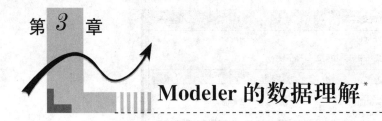

第 *3* 章

Modeler 的数据理解[*]

依据数据挖掘方法论，数据理解在数据挖掘过程中起着举足轻重的作用，其目的是把握数据的总体质量，了解变量取值的大致范围。

> 数据理解主要包括：数据质量评估和调整、数据的有序浏览和多维度汇总等。
>
> Modeler 的数据理解节点主要分布在【字段选项】、【输出】和【记录选项】选项卡中。

§3.1 变量说明

> 变量说明是确保高质量数据的有效途径。变量说明包括两个主要方面：第一，对数据流中变量取值的有效性进行限定、检查和调整；第二，对各个变量在未来数据建模中的角色进行说明。
>
> 可通过【字段选项】选项卡中的【类型】节点进行变量说明。

以学生参加某次社会公益活动的数据（文件名为 Students. xls）为例，讲解变量说明的具体操作方法。

首先，选择【源】选项卡中的【Excel】节点，添加到数据流编辑区。建立两个【Excel】节点，分别读入 Students. xls 文件中的老生数据（Students. xls）和新生数据（NewStudents. xls）。然后，选择【字段选项】选项卡中的【合并】节点，将其添加到数据流中

---

* 本章的数据流文件：数据理解. str。

并分别与两个【Excel】节点相连。最后，选择【输出】选项卡中的【表】节点，浏览数据。发现数据存在以下问题：

（1）家庭人均年收入变量，有部分样本取值＄null＄，表示空缺；同时，还有一个样本取值为 999 999，姑且认为它是一个明显错误的数据。应对此进行说明或调整。

（2）是否无偿献血变量值填写不规范。规范值应为 Yes 和 No，但有些样本却取了 1（表示 Yes）和 0（表示 No）。应将 1 替换为 Yes，0 替换为 No。

对此，可利用【类型】节点解决上述问题。

选择【字段选项】选项卡中的【类型】节点，将其添加到【合并】节点的后面。右击鼠标，选择弹出菜单中的【编辑】选项进行节点的参数设置。【类型】节点的参数设置主要包括类型和格式两张选项卡。格式选项卡的内容比较简单，这里只重点讨论类型选项卡，如图 3—1 所示。

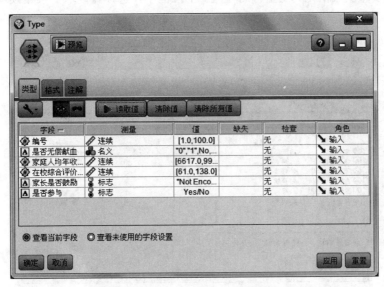

图 3—1　【类型】节点的参数设置窗口

【类型】选项卡以列表形式依次给出了各变量的变量名（字段）、计量类型（测量）、取值范围（值）、缺失值（缺失）、修正方法（检查）以及变量方向（角色）。可见，【类型】节点的【类型】选项卡，与第 2 章的数据读入相关节点的【类型】选项卡完全相同。

> 需要说明的是：Modeler 单独设置【类型】节点的意义在于，Modeler 数据流中的数据是静态的。通常，数据源节点中的数据可能会更新，数据流也会派生出一些新的变量，或数据流进行数据的集成操作，或对原有变量的类型进行调整。如果没有执行整个数据流，也就是说，新数据没有"流过"每个节点，那么变量属性还会保持原有的静态，即变量的取值范围、类型等是不会动态调整的。
>
> 【类型】节点允许用户及时跟踪数据的动态变化，使整个数据流的数据保持一致。【类型】节点可设置在数据流的任何位置。

3.1.1 变量的重新实例化

数据读入时变量需要进行实例化。当数据源节点中的数据有更新，或数据流派生出一些新的变量，或进行了数据集成操作，或原有变量的类型有了调整时，变量需要重新实例化。

【类型】选项卡中的【读取值】，【清除值】，【清除所有值】三个按钮可用于变量的重新实例化。具体操作步骤是：

（1）按【清除值】或【清除所有值】钮，强制使所有变量变为非实例化状态。于是，所有变量的【值】项自动取值为【读取】。从效率角度考虑，如果并非所有变量都需重新实例化，则只需在要重新实例化的变量行的【值】下拉框中，选择【读取】或【读取＋】项，如图 3—2 所示。

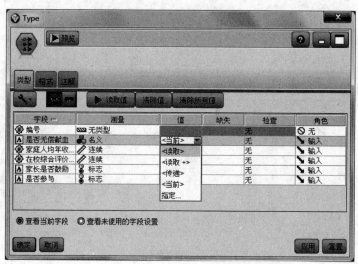

图 3—2　【类型】节点的变量重新实例化

选项【读取】表示读入数据进行重新实例化；【读取＋】表示读入数据且新数据自动追加到原有数据的后面；【传递】表示不读入变量值；【当前】表示保持变量的当前值，不重新实例化，是默认选项。

（2）按【读取值】钮进行变量的重新实例化。于是，【值】列将显示各变量值的取值范围。

当【值】列显示的是变量取值范围或除了【读取】或【读取＋】之外的选项时，按【读取值】钮，Modeler 会给出将【值】设置为【读取】或【读取＋】的提示。

3.1.2 有效变量值和无效值调整

有效变量值是变量正常取值范围内的值，无效值是变量有效取值范围之外的值，通常称为缺失值。Modeler 中的缺失值通常包括两类：一类是系统缺失值，用 \$ null \$ 表示，还包括空串和空格等。另一类是用户缺失值，主要指那些取值明显不合理的数据。

变量有效取值范围和缺失值的说明，应通过选择【缺失】列的选项来实现。

其中：

- 开（＊）：表示允许相应变量取用户缺失值和系统缺失值，且不进行调整。
- 关：表示不允许相应变量取用户缺失值。
- 指定：说明变量的有效取值范围等，并指定数据调整方法。

对变量是否无偿献血的说明步骤是：首先，在相应变量行的【缺失】中，选择【指定】选项，窗口如图3—3所示；其次，添加变量值标签，说明是否无偿献血的规范取值；最后，指定是否无偿献血变量的用户缺失值。

图3—3 变量说明的【指定】窗口（一）

不同类型变量的【指定】窗口略有差别，但含义大体一致。

- 说明：用于输入变量名标签，是变量含义的简短说明文字。
- 测量：显示当前变量的计量类型和存储类型。
- 值：用来指定确定变量取值范围的方法。

其中，【读取数据】表示取决于所读的外部数据；【传递】表示忽略所读的外部数据；【指定值和标签】表示人为指定变量取值和变量值标签。用户可根据当前变量的实际意义，手工指定其合理的取值，并在【标签】框中输入关于变量值含义的简短说明文字。

在本例中，为说明是否无偿献血的规范取值，分别在 No 和 Yes 对应的【标签】列中输入变量值标签"未曾无偿献血"、"曾无偿献血"。

- 检查值：选择指定对变量不合理值的调整方法。

其中，【无】表示不进行调整。【无效】表示将用户缺失值调整为系统缺失值 $null$。

【强制】表示调整为指定值。Modeler 默认，标志型变量调整为"假"类对应的值。名义型变量调整为第一个变量值。数值型变量，大于指定上限的调整为上限值，小于指定下限的调整为下限值，其余值调整为（最大值＋最小值）/2。【丢失】表示剔除相应样本数据。【警告】表示遇到不合理取值时给出警告信息。【中止】表示遇到不合理取值时终止数据流的执行。

　　● 定义空白：选中该选项，表示视【缺失值】表所列值，及某区间内的连续值、$null$、空格为空。

　　其中，【缺失值】框用于输入离散值；【范围】用于输入连续区间；【无效值】和【空白】分别表示 $null$ 和空格。所指定的值均当空处理。

　　指定为空的目的是将无须或无法调整的用户缺失值和系统缺失值，与变量的正常取值区别开，便于后续的数据分析。选中该项后，图 3—1 窗口相应变量的【缺失】列上将自动显示星号（＊），表示允许相应变量取用户缺失值和系统缺失值，即使指定数据调整方法，也不进行调整。

　　在本例中，指定字符 0 和 1 为空。不调整 0 和 1 的原因在于 Modeler 提供的调整策略不适合该问题。该问题将在第 4 章再次讨论。

> 　　需要说明的是：Modeler 这里的空，并非一般意义上的空串，它可以是数值，也可以是 $null$，还可以是空格。

　　对变量家庭人均年收入的说明步骤是：首先，在相应变量行的【缺失】列中，选择【指定】选项，窗口如图 3—4 所示；然后，指定变量值的调整方法。

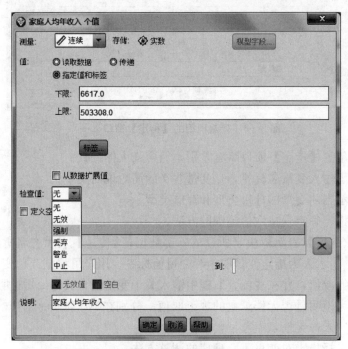

图 3—4　变量说明的【指定】窗口（二）

本例，家庭人均年收入的取值范围不能直接由外部数据决定，否则 Modeler 将视 999 999（用户缺失值）为正常值。应在【下限】和【上限】框中手工输入合理的取值区间为 6 617～503 308。同时，由于希望对家庭人均年收入中的 999 999 和 $null$ 值进行调整，因此，不应选中【定义空白】选项，Modeler 将自动视 999 999 和 $null$ 为超出取值范围的不合理取值，并按用户指定的强制方法进行调整。返回图 3—1 窗口后，家庭人均年收入的【缺失】列上为空，表示该变量不存在用户缺失值。

3.1.3　变量角色的说明

变量角色是指变量在模型建立时的角色。变量的角色不同，其作用也不同。

模型建立时，有些变量用于解释其他变量，称为解释变量或自变量，Modeler 称之为输入变量，承担输入角色。有的变量需被其他变量解释，称为被解释变量或因变量，Modeler 称之为目标变量，也称输出变量，扮演目标角色。

例如，在分析顾客的收入对其消费的影响时，收入就是输入变量，消费就是目标变量。

变量角色的说明也称变量方向的说明，可通过图 3—1 中的【角色】列指定，如图 3—5 所示。

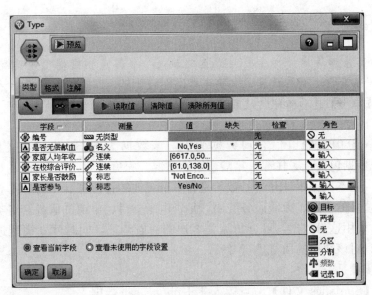

图 3—5　变量角色说明

除此之外，Modeler 还将变量角色进行了拓展，具体为：

- 输入：作为输入变量。
- 目标：作为目标变量。
- 两者：某些模型中，有的变量既可作为输入角色，也可作为目标角色。

例如，在根据顾客的收入和消费数据，将顾客划分成不同顾客群的分析中，收入和消费既是输入变量也是目标变量，担当着【两者】角色。

- 分区：样本集分割角色，是数据挖掘中的特有角色。

样本集分割角色的变量应是一个多分类型变量，且只能有两个或三个变量值。其中，第一个变量值是训练样本集标记，第二个是测试样本集标记（第三个是验证样本集标记）。

● 无：如果某变量不参与数据建模，则可指定它为【无】角色。【无类型】变量自动默认为【无】角色。

这里，为分析学生是否参加某次社会公益活动受哪些因素的影响，指定学生编号为【无】角色，是否参与为输出变量，其他变量为输入变量。

> 需要说明的是：变量角色说明在数据挖掘的后期建模中才会涉及，通常不在数据理解阶段考虑。相关内容安排于此是为了便于 Modeler 软件操作的讲解。

§3.2 数据质量的评估和调整

高质量数据是数据分析的前提和分析结论可靠的保障。数据质量评估和调整，是对现有数据的取值异常程度以及缺失情况等进行综合评价，并借助统计方法对其进行适当调整和填补。

3.2.1 数据的基本特征与质量评价报告

> Modeler 的数据质量评估主要对数据的缺失、离群点和极端值等情况进行评估。具体包括：完整变量比例的计算、完整样本比例的计算，以及其他评价指标的计算等。
> 可通过【输出】选项卡中的【数据审核】节点评估数据质量。

这里，以一份虚拟的电信客户数据为例，该数据为 SPSS 格式，文件名为 Telephone.sav。该数据包括：居住地、年龄、婚姻状况、家庭月收入（百元）、教育水平、性别、家庭人口、基本服务累计开通月数、是否申请无线转移服务、上月基本费用、上月限制性免费服务项目的费用、无线服务费用、是否电子支付、申请的服务套餐类型、是否流失 15 个变量。利用这份数据，可分析流失客户的一般特征，同时建立模型进行客户流失的预测。本节只对该数据的质量进行考察。

具体操作步骤是：

（1）建立【Statistics 文件】节点读入 Telephone.sav 数据。

（2）建立【类型】节点说明变量角色。这里，指定是否流失为目标变量，其他变量均为输入变量。

（3）选择【输出】选项卡中的【数据审核】节点，将其添加到数据流的相应位置上。右击鼠标，选择弹出菜单中的【编辑】选项进行节点的参数设置。【数据审核】节点的参数设置包括设置、质量、输出和注解四张选项卡。

1.【设置】选项卡

【设置】选项卡用于指定质量考察的变量，以及计算输出哪些统计指标，如图 3—6 所示。

图 3—6　【数据审核】的【设置】选项卡

其中：

● 默认值：表示评估节点包含的所有变量的质量，并且默认【类型】节点指定的目标变量将作为交叠变量，即如果交叠变量为分类型变量，则绘制的统计图能反映该变量不同取值下其他变量的分布特征；如果交叠变量为数值型变量，则将计算该变量与其他变量的简单相关系数[①]、相关系数 t 检验的观测值和自由度、概率 P-值以及协方差等。

● 使用自定义字段：表示用户自行指定对哪些变量的质量进行评估。如果必要，还可在交叠框中指定一个交叠变量。

● 显示：选中【图形】表示，输出各变量的统计图形，包括柱形图、直方图和散点图（当交叠变量为数值型时）；选中【基本统计量】表示，计算输出各变量的基本描述统计量，主要包括数值型变量的最小值、最大值、均值、标准差、偏态系数[②]等；选中【高级统计量】表示，计算输出各变量的其他描述统计量，主要包括总和、极差、均值标准误差、方差、峰度系数[③]等。

2.【质量】选项卡

【质量】选项卡用于设置反映数据质量的评价指标，以及数据离群点和极端值的诊断

----

① 简单相关系数：反映两数值型变量线性相关程度的统计指标，取值在 $-1 \sim +1$ 之间。大于 0 表示两变量存在正的线性相关关系，小于 0 表示两变量存在负的线性相关关系。绝对值大于 0.8 表示两变量之间具有较强的线性关系，小于 0.3 表示两变量之间的线性相关关系较弱。

② 偏态系数：反映变量分布对称性的统计指标。偏态系数为 0，表示分布对称；偏态系数大于 0，表示呈右偏不对称分布；偏态系数小于 0，表示呈左偏不对称分布。偏态系数绝对值越大，表示不对称程度越大。

③ 峰度系数：反映变量分布陡缓性的统计指标。峰度系数为 0，表示分布陡缓程度同标准正态分布；峰度系数大于 0，表示尖峰分布；峰度系数小于 0，表示平峰分布。

标准等，如图 3—7 所示。

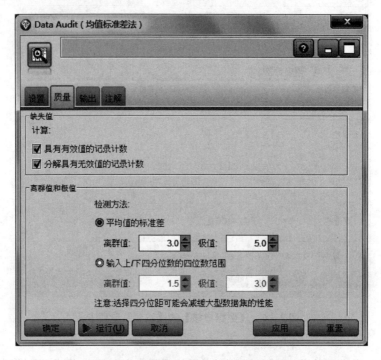

图 3—7　【数据审核】的【质量】选项卡

其中：

● 缺失值：选中【具有有效值的记录计数】，表示计算各变量的有效样本量；选中【分解具有无效值的记录计数】，表示计算各变量取各种无效值的样本个数。

● 离群值和极值：用来指定离群点和极端值的诊断标准。【平均值的标准差】表示以均值为中心，变量取值在默认的 3 个标准差以外的为离群值，在默认的 5 个标准差以外的为极端值；【输入上/下四分位数的四位数范围】表示变量值与上四分位数或下四分位数的绝对差大于默认的 1.5 倍四分位差[①]时为离群值，大于默认的 3 倍四分位差时为极端值。

本例选择【平均值的标准差】方法，且按默认的标准进行诊断。

执行【数据审核】节点，生成的分析表名显示在流管理窗口的【输出】选项卡中。分析表包括审核、质量等三张选项卡。本例的数据审核计算结果如图 3—8 所示。

Modeler 以列表形式依次显示了指定变量的变量名、统计图形、计量类型，数值型变量的最小值、最大值、均值、标准差、偏度系数，以及分类型变量的类别值个数和有效样本量。

窗口工具栏中的（显示统计量）钮，允许用户选择计算其他描述统计量，如峰度系数等；（垂直条）钮和（水平条）钮可以指定统计图形的显示方向为上下纵向显示（柱形图）或左右横向显示（条形图）。鼠标单击各列的标题处，可按相应内容排序输出。例如，鼠标单击【测量】列标题，则按变量类型顺序输出表格内容。

---

① 四分位差：等于上四分位数减下四分位数。

图 3—8　案例的数据审核结果

图中深色部分表示输出变量（是否流失）取 Yes（流失）的情况。可以看到，流失客户在各变量不同取值上都有分布。例如，图形粗略显示，在开通月数变量上，开通月数比较短的客户，其流失比例相对较大，而在其他变量上的分布差异并不十分明显。另外，收入变量呈明显的右偏不对称分布，偏态系数高达 6.643。

在数据质量评估中，应重点关注【有效】列。可以看到，在所分析的 1 000 个观测中，收入和家庭人数两个变量，分别在 15（＝1 000－985）和 6（＝1 000－994）个观测上取了无效值，在其他变量上也存在无效样本。为此，应进一步观察无效样本的具体情况和数据的总体质量。

观察本例输出结果的【质量】选项卡内容，如图 3—9 所示。

图 3—9　案例的质量评估结果

Modeler 以列表形式显示了关于数据质量的评价指标，包括完整比例（即在该变量上取有效值的样本个数占总样本量的比例）和各种样本量，如离群点、极端值、有效样本、取值为 $null$ 的样本、取值为空串的样本、取值为空格的样本、取值为空的样本。另外，还列出了对离群点和极端值以及缺失值的调整方法。结果显示：

● 完整变量比例，即在所有观测上均取有效值的变量个数占总变量个数的百分比。这里为 66.67%，偏小，不太理想。完整样本比例，即在所有变量上均取有效值的样本个数占总样本量的百分比。这里为 94.4%，较高，较理想。结合两个指标可以得出，这份数据中有少量样本（100%－94.4%）在 1/3 的变量（100%－66.67%，5 个）上取了无效值。如果能剔除或修正，数据的质量可得到进一步提升。

● 进一步观察 5 个取无效值的变量发现，收入变量上有 9 个离群点和 6 个极端值，其完整比例为 98.5%；基本费用变量上有 18 个离群点和 4 个极端值等。同时，样本在各个变量上均没有取系统缺失值、空串、空格和空。因此，该份数据的质量问题主要出在离群点和极端值上。

3.2.2 变量值的调整

Modeler 的变量值调整，是在【数据审核】节点执行结果的基础上，针对数据中的离群点、极端值以及缺失值，根据用户选择的方法进行调整和修正。

1. 离群点和极端值的调整

由于该份数据的质量问题主要出在离群点和极端值上，可以考虑对它们的值进行修正。Modeler 对离群点和极端值的修正方法，列在图 3—9 的【操作】列中。

具体操作步骤是：

（1）选中某个变量行。

（2）下拉相应行的【操作】框选择调整方法。

Modeler 提供了以下离群点和极端值的调整方法：

● 强制：表示离群点或极端值调整为距它们最近的正常值。例如，如果离群点定义为 3 个标准差以外，则可用 3 个标准差上的最大值或最小值替代。

● 丢弃：表示剔除离群点和极端值。

● 无效：表示用系统缺失值 $null$ 替代离群点或极端值。

● 强制替换离群值/丢弃极值：表示按照强制方法修正离群点，并剔除极端值。

● 强制替换离群值/使极值无效：表示按照强制方法修正离群点，并将极端值调整为系统缺失值 $null$。

（3）选中需要调整的变量行，选择窗口菜单【生成】下的【离群值和极值超节点】。【离群值和极值超节点】表示，Modeler 将自动生成一个包含若干个【选择】节点和【填充】节点的超节点，用于根据用户指定的调整方法，调整离群点和极端值。【选择】节点用于筛选样本，【填充】节点用于变量值的重新计算，具体内容将在 4.3 节和 4.1 节讲解。

在弹出的对话框（见图 3—10）中，选择【仅所选字段】选项，表示仅调整所选变量中的离群点和极端值。也可以对所有变量进行调整。

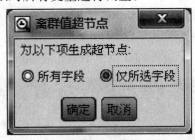

图 3—10　调整离群点和极端值

于是，Modeler 会生成一个超节点并自动放置在数据流编辑区。用户只需将所生成的超节点连接到数据流的恰当位置上，再建立一个【数据审核】节点，即可查看变量值调整的效果。

本例共剔除了 12 个样本。由于离群点和极端值判断标准是均值标准差，因此尽管进行了数据修正处理，但质量并没有得到有效提高。可尝试选择四分位差标准，将会剔除 66 个样本，且数据质量会有明显提高。建立的数据流如图 3—11 所示。

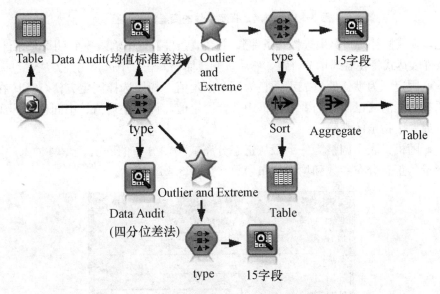

图 3—11　数据质量评价和变量值调整数据流

2.　缺失值的调整

Modeler 对缺失值的修正方法，列在图 3—9 的【缺失插补】和【方法】列中。

具体操作步骤是：

（1）选中某个变量行。

（2）下拉相应行的【缺失插补】框选择调整对象。

【缺失插补】列的默认值为【从不】，表示不做调整。下拉【缺失插补】框，可重新指定调整对象，其中：
- 空值：表示将对空做调整。
- 无效值：表示将对系统缺失值 $null$ 做调整。
- 空值与无效值：表示将对空和系统缺失值做调整。
- 条件：表示将对满足指定条件的变量值做调整，如图 3—12 所示。

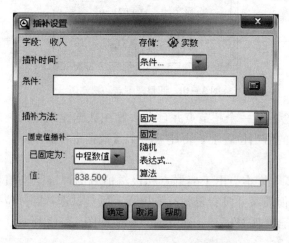

图 3—12　对满足指定条件的变量值做调整

首先，在【插补时间】中选择【条件】，并在【条件】框中输入一个 CLEM 条件表达式。CLEM 条件表达式将在后续章节讲解。然后，在【插补方法】中选择调整方法，包括：

- 固定：为默认值，表示调整为某个固定值。如果选择固定方法，还应在【固定值插补】框的【已固定为】下拉框中选择固定值，可以是均值、中间值（即 1/2 的极差）或一个指定的常数。

- 随机：表示调整为一个服从正态分布或均匀分布的随机值。Modeler 将给出相应变量的正态分布参数和均匀分布参数，如图 3—13 所示。

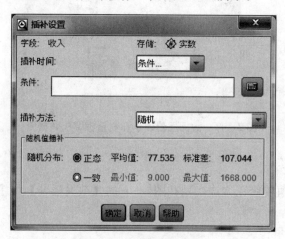

图 3—13　调整为随机数

- 表达式：表示调整为一个 CLEM 算术表达式的结果。CLEM 条件表达式将在

4.1 节讲解。

■ 算法：表示调整为模型的预测结果。这里 Modeler 只给出了分类回归树模型，如图 3—14 所示。分类回归树的原理将在 7.3 节讲解。

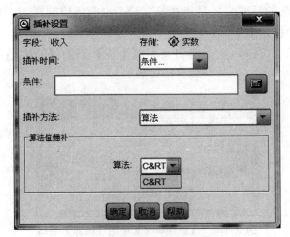

图 3—14　调整为模型的预测结果

于是，图 3—9 的【缺失插补】列和【方法】列，将分别显示用户的选择。

（3）选中需要调整的变量行，在图 3—9 所示的窗口中，选择窗口菜单【生成】下的【缺失值超节点】项，如图 3—15 所示。

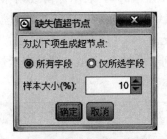

图 3—15　调整缺失值

【缺失值超节点】项表示，Modeler 将自动生成一个包含若干个必要节点的超节点，用于根据用户指定的方法进行相应调整。

在弹出的对话框中，选择【仅所选字段】选项，表示仅调整所选变量的缺失值，也可以调整所有变量的缺失值。在【样本大小（％）】框中给出一个百分比值，默认为 10％，表示：对当前样本进行 10％ 的随机抽样，调整结果是在这 10％ 的随机样本上计算得到的。

于是，Modeler 会生成一个超节点并自动放置在数据流编辑区。用户只需将所生成的超节点连接到数据流的恰当位置上即可。

3.2.3　数据质量管理

数据质量管理是指在数据质量评估后，可以将质量不高的变量或样本剔除，仅保留高质量的变量和样本。

1. 保留高质量的变量

Modeler 借助【数据审核】节点的执行结果，可自动保留质量高的变量，剔除质量不高的变量。高质量变量的标准主要是指在该变量上取有效值的样本个数占总样本量的比例（完整比例）高于某个指定值。

在图 3—9 所示的窗口中，选择窗口菜单【生成】下的【缺失值过滤节点】项，如图 3—16 所示。

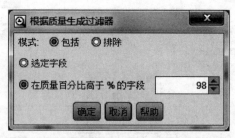

图 3—16　【数据审核】中的【过滤】窗口

其中：

- 模式：【包括】表示保留相应变量；【排除】表示剔除相应变量。

- 选定字段：表示保留或剔除已经选择的变量。

- 可给定一个百分比（默认值为 50），表示保留或剔除质量在指定百分比以上的变量。

于是，Modeler 将在数据流编辑区自动生成一个【过滤】节点，将节点恰当连接后，可以看到变量保留或剔除的情况。

例如，如果仅挑出质量在 98% 以上的变量，则基本费用将被自动剔除。Modeler 生成的【过滤】节点如图 3—17 所示。

图 3—17　【过滤】节点

【过滤】节点用于变量的筛选，它直观展示了变量的取舍情况，与第 2 章数据读入节点的【过滤】选项卡完全相同。用户可以通过鼠标在【过滤】列上打叉或去掉叉，表示剔除或保留相应变量。另外，Modeler 的【字段选项】选项卡还提供了专门的【过滤】节点，其功能与此一致，以后不再赘述。

2. 找出无效样本

Modeler 借助【数据审核】节点的执行结果，可指定自动找出有效样本或无效样本。有效样本是指那些在指定变量上未取无效值的样本，无效样本是指那些在指定变量上取了无效值的样本。

在图 3—9 所示的窗口中，选择窗口菜单【生成】下的【缺失值选择节点】项，如图 3—18 所示。

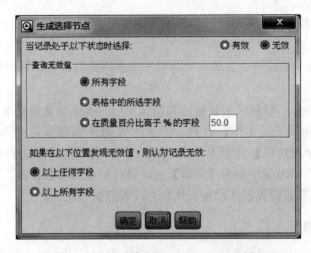

图 3—18　【数据审核】中的【选择】窗口

其中：

- 当记录处于以下状态时选择：【有效】或【无效】表示选出有效样本还是无效样本。
- 查询无效值：指定无效样本的界定变量，即样本在哪些变量上取了无效值。可以在节点的所有变量上，也可以在已选择的变量上，或在质量高于指定百分比的变量上。
- 可指定如果样本在上述三种界定依据的任何一种中取无效值，则视为无效样本；也可指定在上述三种界定依据中都取无效值时，才视为无效样本。

> 需要说明的是：数据质量的评估、数据的调整以及根据质量对数据的取舍，是数据挖掘数据理解阶段的重要内容。没有高质量的数据基础，就不能有可信的数据分析结论。

§3.3　数据的排序

数据排序功能虽然简单，却有广泛的应用，是人们把握数据取值状态的最简捷的途径。

> 将样本数据按某个或某几个变量值的升序或降序重新排列，一方面便于浏览数据，了解变量取值的大致范围；另一方面，有助于发现数据可能存在的问题，如离群点或极端值等，因为这些值往往表现为最大值或最小值。
>
> 【字段选择】选项卡中的【排序】节点可实现数据的排序。

这里，仍以上述虚拟的电信客户数据（文件名为 Telephone.sav）为例，说明排序的具体操作。操作目标有两个：第一，按基本费用的降序排列数据；第二，根据客户最终是否流失，将数据按基本费用的降序排列。

第一个操作目标的本质是一个单变量排序问题，第二个操作目标可通过多重排序实现。

3.3.1 单变量排序

> 单变量排序是只根据一个变量的升序或降序重新排列数据，该变量称为排序变量。

本例的第一个操作目标属单变量排序问题。其中，排序变量为基本费用。

首先，选择【Statistics 文件】节点，添加到数据流编辑区，读入 Telephone.sav 数据；然后，选择【字段选择】选项卡中的【排序】节点，将其添加到数据流的相应位置上。右击鼠标，选择弹出菜单中的【编辑】选项进行节点的参数设置。

【排序】节点的参数设置包括设置、优化和注解三张选项卡。

1.【设置】选项卡

【设置】选项卡用于设置排序变量和排序方式，如图 3—19 所示。

图 3—19　【排序】的【设置】选项卡

Modeler 以列表形式显示排序变量名和相应的排序方式。具体操作步骤是：

（1）按 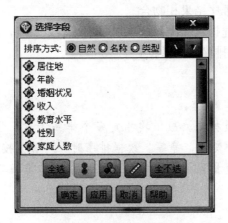（从可用字段集中选择）钮，在选择字段对话框中选择排序变量，如图 3—20 所示。

图 3—20　选择字段对话框

选择字段对话框按默认顺序，依次列出了数据流中的所有变量名。可通过选择排序方式后的选项改变变量显示的顺序。其中，【自然】表示按数据流中变量的原有顺序排列；还可指定按变量名字母顺序排列，或按变量的存储类型排列。按 ▲ 或 ▼ 钮指定升序或降序。

选择字段对话框将在 Modeler 使用中频繁出现，以后不再赘述。

（2）【默认排序次序】选项，给出了排序变量的默认排序方式，可通过鼠标左击排序变量的【顺序】列，改变默认的排序方式。

2. 【优化】选项卡

【优化】选项卡用于设置必要参数以提高排序的执行效率，如图 3—21 所示。

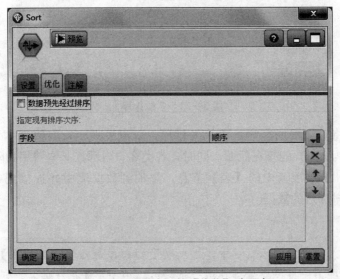

图 3—21　【排序】的【优化】选项卡

如果数据流中的数据文件原本就已按某个或某几个变量的升序或降序排列，即数据是经过预排序的，则可选择【数据预先经过排序】选项，并通过变量选择对话框说明预排序变量。鼠标左击预排序变量的【顺序】列，选择升序或降序。注意，列表中预排序变量的上下顺序，应与数据的预排序结果相吻合。

为查看排序结果，应选择【输出】选项卡中的【表】节点，添加到数据流中并连接到【排序】节点后面，以浏览排序后的数据。

3.3.2 多重排序

> 多重排序也称多变量排序。应依次指定多个排序变量，分别称为第一排序变量、第二排序变量、第三排序变量，等等。数据排序时，将首先按第一排序变量的升序或降序排列。对第一排序变量取值相同的样本，再按第二排序变量的升序或降序排列，依此类推。

本例的第二个操作目标属多重排序问题。其中，第一排序变量为流失，按升序排列；第二排序变量为基本费用，按降序排列，如图 3—22 所示。

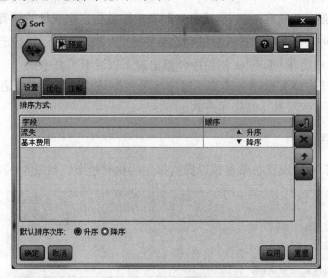

图 3—22　多重排序

于是，数据将首先根据客户是否流失排序，未流失（变量取值为 No）的排在前面，流失（变量取值为 Yes）的排在后面。同时，各类客户内部按基本费用的降序排列。

可选择【输出】选项卡中的【表】节点，添加到数据流中并连接到【排序】节点后面，以浏览多重排序后的数据。

> 需要说明的是：多重排序变量中，排序变量的顺序应与【排序方式】列表中的变量排列顺序一致，即第一排序变量排在第一行，第二排序变量排在第二行，依此类推。

§3.4　数据的分类汇总

> 数据的分类汇总是：首先，根据指定的分组变量将数据分成若干组；然后，在各个组内计算汇总变量的基本描述统计量。
> 【记录选项】选项卡中的【汇总】节点可实现数据的分类汇总。

这里，仍以虚拟的电信客户数据（文件名为 Telephone. sav）为例，说明分类汇总的具体操作。操作目标有两个：第一，分别计算未流失客户和流失客户的基本费用的均值和标准差；第二，分别针对未流失客户和流失客户群，计算选用不同套餐类型的客户，其基本费用的均值和标准差。

第一个操作目标的本质是一个单变量分类汇总问题，第二个操作目标可通过多重分类汇总实现。

3.4.1　单变量分类汇总

> 单变量分类汇总是根据一个变量（称为分组变量）对数据分组后，计算其他指定变量（称为汇总变量）的基本描述统计量。

本例的第一个操作目标属单变量分类汇总问题。其中，分组变量为是否流失，汇总变量为基本费用。

首先，选择【Statistics 文件】节点，添加到数据流编辑区，读入 Telephone. sav 数据；然后，选择【记录选项】选项卡中的【汇总】节点，将其添加到数据流的相应位置上。右击鼠标，选择弹出菜单中的【编辑】选项进行节点的参数设置。

【汇总】节点的参数设置主要通过【设置】选项卡实现，如图 3—23 所示。
其中：

● 在【关键字段】列表中指定分组变量：利用选择变量对话框，选择一个或多个分组变量，该变量通常是分类型变量。

● 在【汇总字段】列表中指定汇总变量：利用选择变量对话框，选择一个或多个汇总变量，并指定计算基本描述统计量。

● 新的字段名扩展：指定一个扩展名，作为汇总变量名的后缀或前缀，该变量用来存放分类汇总结果。通常无须指定，汇总结果变量名默认为汇总变量名，后跟下划线和 Sum, Mean 等描述统计量名，如基本费用 _ Mean。

● 在字段中包含记录计数：选中表示生成一个默认名为 Record _ Count 的变量，其中存放各组的样本量。

● 关键字连续排列：如果数据原本已按分组变量排序，则可选中该项以提高分类汇总的执行效率。

为查看分类汇总结果，选择【输出】选项卡中的【表】节点，添加到数据流中并连接

图 3—23　【汇总】的【设置】选项卡

到【汇总】节点后面即可。

3.4.2　多重分类汇总

多重分类汇总，应依次指定多个分组变量，分别称为第一分组变量、第二分组变量、第三分组变量，等等。分类汇总时，数据将首先按多个分组变量的组合取值，分成若干组。然后再针对各个组，分别计算汇总变量的基本描述统计量。

本例的第二个操作目标属多重分类汇总问题。其中，第一分组变量为流失，第二分组变量为套餐类型，汇总变量为基本费用，如图 3—24 所示。

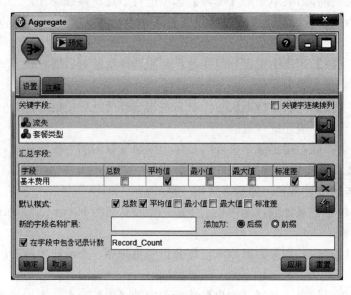

图 3—24　多重分类汇总

可选择【输出】选项卡中的【表】节点，添加到数据流中并连接到【汇总】节点后面，以浏览多重分类汇总的结果。

需要说明的是：多重分类汇总中，分组变量的顺序应与【关键字段】列表中的变量排列顺序一致，即第一分组变量排在第一行，第二分组变量排在第二行，依此类推。

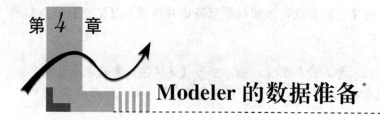

第 4 章

Modeler 的数据准备 *

数据准备是在数据理解的基础上，对数据进行预处理，为后续的数据挖掘建模奠定良好的数据基础。

> 数据准备包括变量的变换和派生、数据精简和数据筛选等诸多方面。
> Modeler 的数据准备节点主要分布在【字段选项】和【记录选项】选项卡中。

§4.1 变量变换

> 变量变换是根据数据分析的实际需要，按照一定的规则，对变量的原有取值进行变换处理，并用变换结果覆盖变量的原来取值。

变量变换的核心是变换规则的描述。为此，Modeler 设置了 CLEM 表达式。这里首先讲解 CLEM 表达式。

4.1.1 CLEM 表达式

CLEM（Clementine Language for Expression Manipulation）是 Modeler 专门用于表述运算操作的语言。CLEM 可用于描述算术表达式和条件表达式。

1. CLEM 的算术表达式和条件表达式

CLEM 的算术表达式是用于算术运算的式子，由 Modeler 的常量、变量、算术运算

---

* 本章的数据流文件：数据准备 .str。

符和函数等组成。CLEM 的条件表达式是用于表述条件是否满足的式子，由 Modeler 的常量、变量、条件运算符和函数等组成，且条件表达式的计算结果只有真和假两个取值。

（1）常量：是运算过程中其值不发生变化的量。不同存储类型的常量有不同的表现形式。例如，整型（Integer）或实型（Real）常量表现为具体的数字，如 150,265.87 等；字符串型（String）常量表现为具体的字符，如" Beijing "等。注意，字符串型常量应用英文的双引号括起来。

（2）变量：是运算过程中其值可以发生变化的量，用于反映事物的某种属性。

（3）算术运算符：用于算术运算的符号。算术运算符包括：＋（加），－（减），*（乘），/（除），**（乘方），div(整除)，rem(取余数)。可利用括号改变算术运算的原有运算顺序。

另外，还有专门用于字符串的操作符＞＜，表示两字符串做头尾连接运算。比如，" 1 "＞＜" 2 "的结果为" 12 "。

（4）条件运算符：用于条件运算的符号。条件运算符又分为关系运算符和逻辑运算符。关系运算符有：＞（大于），＞＝（大于等于），＜（小于），＜＝（小于等于），＝（等于），/＝（不等于），用于表述简单的条件。

逻辑运算符有：and（并且），or（或者），not（否），与关系运算符组合，可表示较为复杂的条件。

2. CLEM 函数

CLEM 函数是 Modeler 提供的具有特定计算功能的程序段。一般通过函数名（参数）的形式引用函数。

Modeler 的函数包括普通函数和专业函数。普通函数从功能角度可划分为算术函数和三角函数、随机函数、字符串函数、类型变换函数和日期时间函数等。专业函数主要用于统计计算和缺失值处理等。专业函数通常以@开头，且函数名均为大写字母。专业函数在 Modeler 中有很重要的作用。

表 4—1 给出了各种常用函数的形式、结果的存储类型和功能说明。日期时间函数较多，故不在此一一列出，可参见 Modeler 帮助手册。

表 4—1（a）　　　　　　　　　　　　　　常用算术函数和三角函数

函数	结果类型	功能说明
abs（NUM）	Number	返回 NUM 的绝对值，计算结果与 NUM 的类型相同
exp（NUM）	Real	返回 e 的 NUM 次幂，这里 e 是自然对数底
intof（NUM）	Integer	将 NUM 截尾成一整数，返回与 NUM 有相同符号的最大整数
fracof（NUM）	Real	返回 NUM 的小数部分，即 NUM－intof（NUM）
log（NUM）	Real	返回 NUM 的自然对数（底为 e），NUM 不能为 0 或负数
log10（NUM）	Real	返回 NUM 的对数（底为 10），NUM 不能为 0 或负数

续前表

函数	结果类型	功能说明
negate（NUM）	Number	返回 NUM 的相反数，计算结果与 NUM 的类型相同
round（NUM）	Integer	将 NUM 向上取整。若 NUM 为正，则等于 intof（NUM＋0.5），否则为 intof（NUM－0.5）
sign（NUM）	Number	返回 NUM 的符号。若 NUM 为整数，则负、零和正对应的返回值为－1，0，1。若 NUM 为实数，则返回－1.0，0.0，1.0
sqrt（NUM）	Real	返回 NUM 的平方根，NUM 为正数
sin（NUM）	Real	返回正弦值
cos（NUM）	Real	返回余弦值
tan（NUM）	Real	返回正切值
undef	Any	返回 $null$ 值
pi	Real	返回 π 的实数估计值

表 4—1（b） 　　　　　　　　**常用随机函数**

函数	结果类型	功能说明
oneof（LIST）	Any	返回从 LIST 中随机选取的一个数据项。LIST 的格式为 ［ITEM1，ITEM2，…，ITEMn］
random（NUM）	Number	随机生成（0，NUM）之间的随机数，随机数的类型同 NUM 的类型

表 4—1（c） 　　　　　　　　**常用字符串函数**

函数	结果类型	功能说明
allbutfirst（N，STRING）	String	返回一个字符串，它是 STRING 的前 N 个字符被删除后的字符串
allbutlast（N，STRING）	String	返回一个字符串，它是 STRING 的后 N 个字符被删除后的字符串
isstartstring（SUBSTRING，STRING）	Integer	若 STRING 以 SUBSTRING 开始，则返回 1，否则返回 0
isendstring（SUBSTRING，STRING）	Integer	若 STRING 以 SUBSTRING 结尾，则返回 SUBSTRING 在 STRING 中的开始处的下标，否则返回 0
ismidstring（SUBSTRING，STRING）	Integer	若 SUBSTRING 是 STRING 的子串，但不是从第一个字符开始或以最后一个字符结束，则返回子串开始处的下标，否则返回 0
alphabefore（STRING1，STRING2）	Boolean	若 STRING1 先于 STRING2，则返回真，否则返回 0
issubstring（SUBSTRING，N，STRING）	Integer	从第 N 个字符开始查找 STRING 中等于 SUBSTRING 的子串，若找到则返回匹配开始处的下标，否则返回 0。若 N 没有给定，则默认为 1
last（STRING）	String	返回 STRING 中最后一个字符

续前表

函数	结果类型	功能说明
length（STRING）	Integer	返回字符串 STRING 的长度
lowertoupper（STRING）	String	将所有小写字母转化为相应的大写字母
uppertolower（STRING）	String	将所有大写字母转化为相应的小写字母
stripchar（CHAR，STRING）	String	从 STRING 中删除字符 CHAR
substring（N，LEN，STRING）	String	返回 STRING 中开始于下标 N，长度为 LEN 的子串
isalphacode（CHAR）	Boolean	若 CHAR 的字符编码为字母，则返回真，否则返回 0
isnumbercode（CHAR）	Boolean	若 CHAR 的字符编码为数字，则返回真，否则返回 0
islowercode（CHAR）	Boolean	若 CHAR 为小写字母，则返回真，否则返回 0
isuppercode（CHAR）	Boolean	若 CHAR 为大写字母，则返回真，否则返回 0

表 4—1（d）　　　　　　　　　常用类型变换函数

函数	结果类型	功能说明
to _ integer（ITEM）	Integer	将指定变量 ITEM 的存储类型变换为整数型
to _ real（ITEM）	Real	将指定变量 ITEM 的存储类型变换为实数型
to _ string（ITEM）	String	将指定变量 ITEM 的存储类型变换为字符串型
to _ time（ITEM）	Time	将指定变量 ITEM 的存储类型变换为时间型
to _ date（ITEM）	Date	将指定变量 ITEM 的存储类型变换为日期型
to _ timestamp（ITEM）	Timestamp	将指定变量 ITEM 的存储类型变换为时间戳型

表 4—1（e）　　　　　　　　　常用专业函数

函数	结果类型	功能说明
@MEAN（FIELD）	Real	返回第一个观测到当前观测中，变量 FIELD 的均值
@MEAN（FIELD，EXPR）	Real	返回包括当前观测在内的前 EXPR 个观测中，变量 FIELD 的均值
@DIFF1（FIELD）	Real	返回变量 FIELD 的一阶差分值
@DIFF2（FIELD）	Real	返回变量 FIELD 一阶差分值的一阶差分值
@MAX（FIELD）	Number	返回第一个观测到当前观测中，变量 FIELD 的最大值
@MAX（FIELD，EXPR）	Number	返回包括当前观测在内的前 EXPR 个观测中，变量 FIELD 的最大值
@MIN（FIELD）	Number	返回第一个观测到当前观测中，变量 FIELD 的最小值

续前表

函数	结果类型	功能说明
@MIN（FIELD，EXPR）	Number	返回包括当前观测在内的前 EXPR 个观测中，变量 FIELD 的最小值
@SDEV（FIELD）	Real	返回第一个观测到当前观测中，变量 FIELD 的标准差
@SDEV（FIELD，EXPR）	Real	返回包括当前观测在内的前 EXPR 个观测中，变量 FIELD 的标准差
@SINCE（EXPR）	Any	返回从上一次表达式 EXPR 为真的观测到当前观测（不包括当前观测）之间相隔的样本数
@SUM（FIELD）	Number	返回第一个观测到当前观测中，变量 FIELD 的总和
@SUM（FIELD，EXPR）	Number	返回包括当前观测在内的前 EXPR 个观测中，变量 FIELD 的总和
@INDEX	Integer	返回当前观测序号
@FIELD	Any	代指当前节点中的任一变量
@TODAY	String	返回当前机器日期
@BLANK（FIELD）	Boolean	若当前观测在变量 FIELD 上取空，则返回真，否则返回 0
@NULL（FIELD）	Boolean	若当前观测在变量 FIELD 上取系统缺失值 $null$，则返回真，否则返回 0

需要说明的是：CLEM 表达式中的常量、变量和函数的存储类型应一致。计算结果为布尔型（Boolean）的函数，其函数值不能保存到变量中，因为 Modeler 变量的存储类型中没有布尔型，这些函数仅用于条件判断。

4.1.2 变量值的重新计算

通过数据理解中的变量说明和数据浏览，会发现变量取值可能存在的问题。

例如，学生参加某次社会公益活动的数据中，在校综合评价指数本身很难直观反映学生的水平，因为不知道该变量取值的理论上限；再例如，Modeler 的【类型】节点并不调整数据中的空，这在一定程度上会影响分析，等等。

对变量原有取值进行重新计算，将其变换为符合分析要求的更有意义的取值，往往是必要的。可通过【字段选项】选项卡中的【填充】节点实现。

这里，以学生参加某次社会公益活动的数据（文件名为 Students. xls）为例，讲解变量值重新计算的具体操作方法。

操作目标是：对在校综合评价指数进行标准化处理，使其能够直观反映学生在校综合表现水平。

计算方法：极差法，即（在校综合评价指数－在校综合评价指数的最小值）/（在校综合评价指数的最大值－在校综合评价指数的最小值）×100％。

具体操作步骤是：首先，选择【字段选项】选项卡中的【填充】节点，将其与 3.1 节的【类型】节点相连。然后，鼠标右击【填充】，选择弹出菜单中的【编辑】选项，参数设置窗口的【设置】选项卡如图 4—1 所示。

图 4—1　【填充】的【设置】选项卡

其中：

● 填入字段：指定一个或多个需重新计算的变量名，可以手工输入，也可通过选择变量对话框选择。这里，选择的变量是在校综合评价指数。

● 替换为：指定重新计算的计算方法，可以手工输入 CLEM 算术表达式，也可按 ▦（启动表达式构建器）钮，借助 Modeler 的 CLEM 输入面板输入，如图 4—2 所示。

● 替换：提供了几种变量值重新计算的条件。其中：

■ 根据以下条件：表示只对满足一定条件样本的变量值进行重新计算，条件应在【条件】框中输入。例如，@BLANK（@FIELDS）表示的条件是：如果节点中任一变量的变量值为空，则重新计算。

■ 始终：表示所有样本都重新计算。

■ 空值：表示用【替换为】框的计算结果替代变量中的空。

■ 无效值：表示用【替换为】框的计算结果替代变量中的系统缺失值 $ null $ 。

■ 空值与无效值：表示用【替换为】框的计算结果替代变量中的空和系统缺失值 $ null $ 。

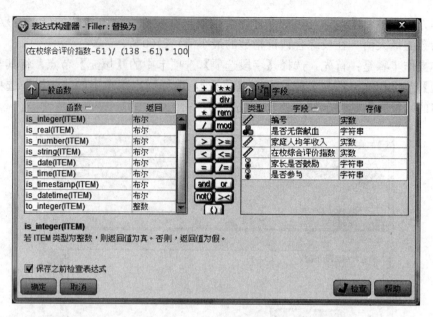

图 4—2　CLEM 输入面板

CLEM 输入面板的最上方显示 CLEM 表达式；面板左边列出所有 CLEM 函数，鼠标选择一个函数名，其解释信息便显示在下方；面板中间是算术运算符和条件运算符；面板右边显示变量的相关信息，如变量的计量类型和存储类型等。按 钮查看或选择某变量的具体取值。按 钮指定表达式中的变量、运算符和函数等。可指定自动检查表达式是否存在语法错误，也可按【检查】钮手工检查。

可通过【输出】选项卡中的【表】节点浏览变量重新计算以后的结果。可以看到在校综合评价指数均调整到 0～100 之间，变量值的含义比原来更直观了。

4.1.3　变量类别值的调整

在实际数据分析中，分类型变量的类别取值有时也需要调整。

例如，为大致判断人的不同性格，可设计一系列问题和备选答案，并给各个备选答案以不同的分值。被判断者需要首先回答问题，然后计算自己的总得分，并根据总得分大致判断自己属于哪种性格。这样的调查极为常见，其中的关键是问题的设计。如果现在只有三个问题，分别是：你遇到陌生人，会"自来熟"吗？你经常在公开场合发表自己的意见吗？你见到不熟悉的异性会经常脸红吗？备选答案为：经常、偶尔、从不，分别计 1，2，3 分。同时规定总分达 9 分的为特别开朗型，总分为 3 分的为特别内向型，3～9 分之间的为普通型。

可以看到，这里第 3 题是与前两题提问方向相反的题，称为反向计分题。对反向计分题，其答案方向是需要调整的，否则必然影响后续的分值计算和判断。这里需要将第 3 题原来的 1 分调整为 3 分，将原来的 3 分调整为 1 分，2 分保持不变。

再例如，针对学生参加某次社会公益活动的数据，由于是否无偿献血取值不规范，应将取值 1 和 0 分别调整为 Yes 和 No。

变量类别值的调整是根据实际分析需要，对分类型变量的类别取值重新编码。利用【填充】节点的变量值重新计算方法处理重新编码问题，不仅很烦琐，更重要的是无法处理反向计分题。

【字段选项】选项卡中的【重新分类】节点可实现变量类别值的调整。

这里，将围绕调整是否无偿献血变量值的问题，讨论变量类别值调整的具体操作。

首先，选择【字段选项】选项卡中的【重新分类】节点，将其连接到数据流的适当位置上。然后，右击鼠标，选择弹出菜单中的【编辑】选项，参数设置窗口的【设置】选项卡如图 4—3 所示。

图 4—3　【重新分类】的【设置】选项卡

其中：

• 模式：【单个】表示仅调整一个变量的类别值；【多个】表示同时调整多个变量的类别值。

• 重新分类为：【新字段】表示将调整结果保存到新变量中，可以指定新变量名，或统一在原变量名后加指定的后缀；【现有字段】表示将调整结果保存到原变量中。

• 重新分类字段：在下拉框中选择需调整的变量。

• 重新分类值：【获取】表示将所选变量的原有变量值列在【原始值】列中，可在【新值】列中依次输入调整后的新值；【复制】表示将原有值复制到新值中；【清除新值】表示清除【新值】列中的所有新值；【自动】表示自动赋新值，应给出新值的起始值和变化步长，例如，若起始值和变化步长都为1，则自动生成1，2，3等，并依次列到【新值】列中。

● 用于未指定的值：【原始值】表示没有给出原有变量值对应的新值时，保持原有值不变；【默认值】表示没有给出原有变量值对应的新值时，默认为 undef，即系统缺失值＄null＄，也可在后面的文本框指定为一个特定值。

可通过【输出】选项卡中的【表】节点，浏览变量类别值的调整结果。

§4.2　变量派生

> 原始变量所包含的信息有时未必是充分的。变量派生是在原有变量的基础上，根据分析需要，计算生成一系列新变量。在原始变量的基础上加工派生出的新变量可能包含更丰富的信息。

例如，对企业经济效益可从几个方面入手，利用派生指标进行评价，例如，劳动生产率（全年营业收入/从业人员数）、总资产周转率（全年营业收入/实收资本总额）、固定资产周转率（全年营业收入/年末生产经营用固定资产原值）、人均总资产（实收资本总额/从业人员数）等。再例如，可用投资回报率（年利润或年均利润/投资总额×100％）评价投资效率，可用资产负债率（负债总额/资产总额×100％）反映在总资产中有多大比例是通过借债筹资的，也可衡量企业在清算时保护债权人利益的程度，等等。

另外，数据分析过程中，有时并不直接采用原始变量建立模型，而是利用派生出的新变量建模。

例如，利用道格拉斯生产函数分析产出与资本投入和劳动力投入之间的关系时，往往建立对数模型，即 $\ln y = \ln\beta_1 + \beta_2\ln x_1 + \beta_3\ln x_2 + u$。其中，模型系数 β_2，β_3 是 y 对 x 的弹性系数，表示 x 变动 β_2，β_3 百分比引起的 y 变动的百分比。此时需要对 x 和 y 做对数变换并生成新变量。

4.2.1　派生新变量

> 派生新变量是在原有变量的基础上，根据分析需要计算生成一系列新变量。
> 【字段选项】选项卡中的【导出】节点可实现派生新变量。

这里，以一份高中生某学期期末各科考试成绩的数据（文件名为 ReportCard. xls）为例，讨论派生新变量的操作。有以下四个操作目标：

（1）计算每个学生的总成绩。

（2）对每个学生的每门成绩进行两级评定计算，大于等于 60 分，评定为合格，否则评定为不合格。

（3）对每个学生的每门成绩按 A，B，C，D，E 进行多级评定计算。

（4）为了强调学生的德育教育，根据思想品德课程的得分对每个学生的总成绩进行调整。

首先，选择【Excel】节点读入 ReportCard. xls 数据；然后，选择【字段选项】选项卡中的【导出】节点，将其连接到数据流的相应位置上。右击鼠标，选择弹出菜单中的【编辑】选项进行参数设置。

【导出】节点的参数设置非常灵活，将针对以上分析目标分别做说明。

1. 根据算术表达式派生新变量

本例的第一个操作目标是在学生各门课程成绩的基础上，计算每个学生的总成绩。该问题可通过给出一个算术表达式来解决。对此，【导出】节点参数设置窗口的【设置】选项卡如图 4—4 所示。

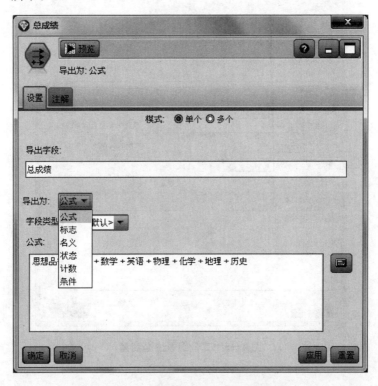

图 4—4　根据算术表达式派生新变量

其中：

● 模式：【单个】表示只派生一个变量；【多个】表示根据一个运算规则同时派生多个变量。

● 导出字段：输入新派生的变量名。如果同时派生多个变量，则需要给出新变量名的前缀或后缀。

● 导出为：在下拉框中选择【公式】项，表示根据算术表达式计算派生新变量。

● 字段类型：指定新派生变量的计量类型。通常为默认型，实例化后会自动转为具体的计量类型。

● 公式：手工输入或利用 CLEM 面板输入 CLEM 算术表达式。

可通过【输出】选项卡中的【表】节点浏览总成绩。

2. 二分组派生新变量

本例的第二个操作目标是对每个学生的每门成绩，根据是否大于等于 60 分分为两组。60 分及以上的为合格，否则为不合格。该任务的特点是：同时派生多个新变量；新变量的取值是原有成绩二分组后的结果。对此，【导出】节点参数设置窗口的【设置】选项卡如图 4—5 所示。

图 4—5　二分组派生新变量

其中：

● 因需对每门成绩进行评定，所以将计算生成多个变量，【模式】中选择【多个】项。

● 导出自：利用选择变量对话框，选择参与计算的原变量名。

● 字段名扩展：对派生的新变量名，指定统一的扩展名，作为原变量名的后缀或前缀。

● 由于评定只有合格与不合格两种结果，因此在【导出为】框中选择【标志】项。在【字段类型】框中指定新变量的计量类型为【标志】型。

● 以下情况时为真：输入评定依据@FIELD>=60，它是一个 CLEM 条件表达式，表示对任一变量，判断其取值是否大于等于 60 分。

● 在【真值】和【假值】框中分别输入合格和不合格，表示上述 CLEM 条件表达式为真时，新派生变量值取为合格，否则取为不合格。

可通过【输出】选项卡中的【表】节点浏览各门课程的二级评定结果。

3. 多分组派生新变量

本例的第三个操作目标是对每个学生的每门成绩，给出优、良、中、及格和不及格的评定，且评定结果依次取 A，B，C，D，E。该任务的特点是：同时派生多个新变量；新变量的取值是原有成绩多分组后的结果。对此，【导出】节点参数设置窗口的【设置】选项卡如图 4—6 所示。

图 4—6　多分组派生新变量

其中：
- 因需对每门成绩进行评定，所以将计算生成多个变量，【模式】中选择【多个】项。
- 导出自：利用选择变量对话框，选择参与计算的原变量名。
- 字段名扩展：对派生的新变量名，指定统一的扩展名，作为原变量名的后缀或前缀。
- 由于评定有多种结果，因此在【导出为】框中选择【名义】项。在【字段类型】框中指定新变量的计量类型为【名义】型。
- 在列表中依次给出多级评定的依据。在【将字段设为】列中给出分组后的取值；在【若此条件为真】列中给出分组标准，应给出相应的 CLEM 条件表达式。对不满足任何一个 CLEM 条件表达式的变量值，其分组后取默认值，即系统缺失值 $null$。

可通过【输出】选项卡中的【表】节点浏览各门课程的多级评定结果。

4. 根据条件派生新变量

本例的第四个操作目标是根据思想品德课程得分，给不同的权数计算每个学生的总成绩。假设思想品德评定等级为 A，总成绩上浮 1％。这是一个根据条件派生新变量的问题。对此，【导出】节点参数设置窗口的【设置】选项卡如图 4—7 所示。

图 4—7　根据条件派生新变量

其中：

● 因为只需计算总成绩一个变量，所以【模式】中选择【单个】项。

● 导出字段：输入新派生的变量名。

● 导出为：在下拉框中选择【条件】项，表示根据条件计算派生新变量。

● 字段类型：指定新派生变量的计量类型。通常为默认型，实例化后会自动转为具体的计量类型。

● 在【如果】框中输入 CLEM 条件表达式，它是分数调整的依据。

● 在【则】框中输入 CLEM 条件表达式为真时的计算方法（是一个算术表达式）；在【其他】框中输入 CLEM 条件表达式不为真时的计算方法。

可通过【输出】选项卡中的【表】节点浏览总成绩。

整个案例的数据流如图 4—8 所示。

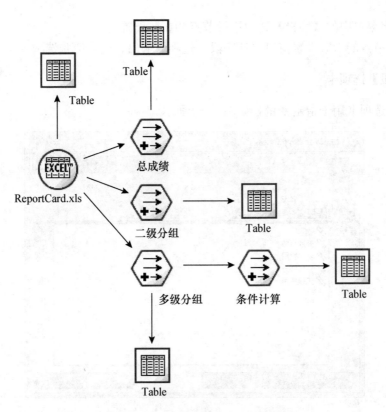

图 4—8　学生成绩处理的数据流

　　总之，【导出】节点可以根据算术表达式计算生成新变量，对不同样本进行条件计算，实现变量值的重新分组。此外，【导出】节点还可以生成状态变量和计数变量。计数变量可应用在时间序列的数据管理中。

4.2.2　派生服从正态分布的新变量

　　有的统计分析方法对变量的分布有限定，当不满足要求时，需首先将原始变量恰当变换成符合分布要求的新变量，然后才可参与建模。

　　统计建模中常常要求变量服从正态分布。如果不能满足分布要求，应在原有变量分布特点的基础上，选择恰当的方法，将原有变量变换为服从正态分布的新变量。通常，需要反复试验才能确定恰当的变换方法。Modeler 提供了直观的图形方式，使得变换方法的选择过程大大简化。

　　【输出】选项卡中的【变换】节点可实现相应处理。

　　这里，以虚拟的电信客户数据（文件名为 Telephone. sav）为例，操作目标是：分析客户的收入、开通月数以及各种费用变量，应做怎样的变换处理才接近正态分布。

　　选择【输出】选项卡中的【变换】节点，将其添加到数据流的恰当位置上。右击鼠标，选择弹出菜单中的【编辑】选项进行节点的参数设置。

【变换】节点的参数设置窗口包括字段、选项、输出、注解四张选项卡。

1.【字段】选项卡

【字段】选项卡用于指定变量，如图 4—9 所示。

图 4—9 【变换】的【字段】选项卡

可通过选择变量对话框，选择数值型变量到【字段】框中。

2.【选项】选项卡

【选项】选项卡用于指定变换方法，如图 4—10 所示。

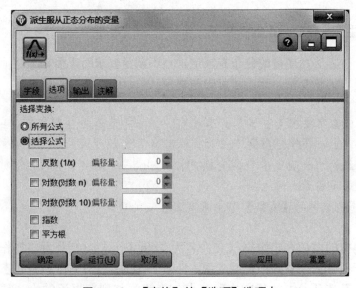

图 4—10 【变换】的【选项】选项卡

其中：

● 所有公式：表示采用 Modeler 内置的所有变换方法，包括：对原变量取倒数、取自然对数、取以 10 为底的对数、计算指数 e^x、计算平方根。计算中如遇除 0，0 或负数取对数等无法计算的问题，计算结果自动取系统缺失值 $null$。

● 选择公式：表示自行指定变换方法。可在【偏移量】框中给出恰当的指定值，以避免除 0，0 或负数取对数等问题。

本例的结果如图 4—11 所示。

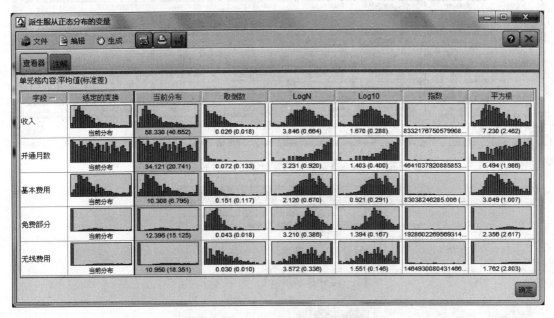

图 4—11　【变换】的执行结果

【变换】的执行结果由若干列图形组成。从第 2 列图形开始，各图依次为原有变量的直方图、原始变量取倒数后的直方图、原始变量求自然对数后的直方图、原始变量求以 10 为底的对数后的直方图、计算 e 的原始变量次幂后的直方图、原始变量求平方根后的直方图。第 1 列图形是用户选定变换方法后的直方图，初始时默认为原始变量的分布图。各图形下方的数字为均值，括号中的数字为标准差。

经过观察可以发现，开通月数原本基本呈均匀分布，收入和基本费用呈右偏分布，免费部分和无线费用的分布不清晰。开通月数经过各种处理后与正态分布仍相差较大，但收入、基本费用、免费部分和无线费用经取对数处理后，已基本呈对称分布。此时可以选择对这 4 个变量做对数变换处理。鼠标单击相应的图形，图形呈黄色背景显示，同时第 1 列图形也随之变化，如图 4—12 所示。

为派生服从正态分布的新变量，应选择窗口主菜单【生成】下的【导出节点】项，如图 4—13 所示。

其中：

● 非标准化转换：表示派生的新变量是有量纲的非标准化值。

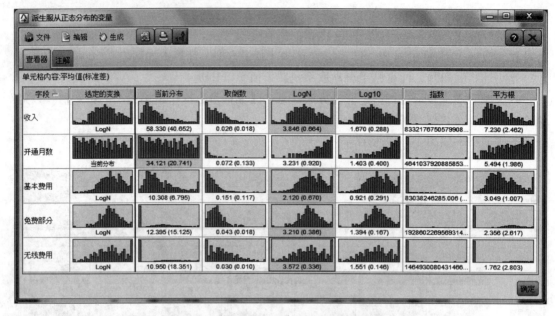

图 4—12　【变换】选定计算方法后的直方图

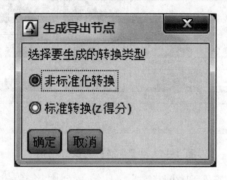

图 4—13　【变换】中的【导出】窗口

● 标准转换（z 得分）：表示派生的新变量是经过标准化处理的 Z 分数。[1] 通常可选该选项。

于是，Modeler 将在数据流编辑区自动生成一个由若干个【导出】节点组成的超节点。将超节点连接到数据流的恰当位置上，展开超节点可看到新变量的派生方法。

此外，选择图 4—12 中窗口主菜单【生成】下的【图表输出】项，可将指定的图形输出到一个单独窗口中，图中添加了正态分布曲线，如图 4—14 所示。

4.2.3　派生哑变量

在后续的数据建模中，有些方法不能直接处理多分类型变量，需要先将它们变换成哑变量的形式。

---

[1]　Z 分数：统计中常用的变量标准化处理方法，计算公式是：$Z_i = (X_i - \mu)/\sigma$。其中，μ 为均值，σ 为标准差。

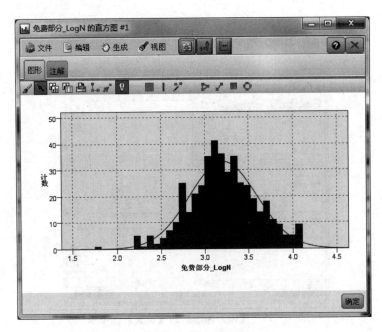

图 4—14　输出后的图形

对于有 k 个类别的多分类型变量，它的哑变量形式是：派生 k 个取值为 1 或 0 的二分类型变量，分别对应 k 个类别。取值为 1 表示属于相应类别，取值为 0 表示不属于相应类别。

例如，职称是一个多分类型变量，设有 A，B，C，D 四个级别，则职称的哑变量形式如表 4—2 所示。

表 4—2　　　　　　　　　　　　　　　　职称的哑变量形式

职称	X1	X2	X3	X4
A	1	0	0	0
B	0	1	0	0
C	0	0	1	0
D	0	0	0	1

其中，X1 取值为 1 表示职称为 A；X2 取值为 1 表示职称为 B；X3 取值为 1 表示职称为 C；X4 取值为 1 表示职称为 D。

这里，以虚拟的电信客户数据（文件名为 Telephone.sav）为例，讲解派生哑变量的具体操作。操作目标是：将套餐类型变换成哑变量的形式。

选择【字段选项】选项卡中的【设为标志】节点，将其添加到数据流的恰当位置上。右击鼠标，选择弹出菜单中的【编辑】选项进行节点的参数设置，【设为标志】的【设置】选项卡如图 4—15 所示。

其中：

● 集字段：指定将哪个变量变换成哑变量的形式。指定后，相应变量的所有类别值将

图 4—15　【设为标志】的【设置】选项卡

列在【可用的集值】框中。

● 字段名扩展：选中表示指定哑变量名称的前缀或后缀。默认为原变量名后跟下划线，再加类别值。

● 选中【可用的集值】框的类别值，按⬛️钮，将其添加到【创建标志字段】框中，派生的哑变量名将列示在【创建标志字段】框中。也可按⬛️钮取消选择。

●【真值】和【假值】：指定哑变量的取值。默认为 T 和 F，可根据分析需要修改为 1 和 0 等。

本例的参数设置如图 4—16 所示。可选择【输出】选项卡中的【表】节点浏览哑

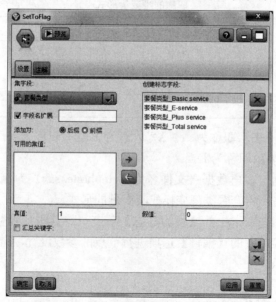

图 4—16　案例的【设为标志】参数设置

变量的取值情况。对选择 Basic service 的客户，在哑变量"套餐类型_Basic service"上取值为 1，在其他哑变量上取值均为 0，其他同理。

> 需要说明的是：在后续的统计建模中，对具有 k 个类别的分类型变量，通常哑变量只设置 $k-1$ 个，即在 k 个类别中只任选 $k-1$ 个到图 4—15 所示的【创建标志字段】框中。

§4.3　数据精简

由于数据挖掘中的数据具有海量特征，会影响数据挖掘建模的效率，因此，数据精简是提高数据挖掘建模效率的有效途径，也是数据准备阶段的重要工作。

> 数据精简从三大方面入手：第一，从压缩样本入手，通过减少样本量，提高建模效率。主要借助概率抽样随机抽取样本，或选取特定样本。第二，从压缩变量取值入手，通过减少变量取值个数，提高建模效率。主要指变量值的分箱处理。第三，从压缩变量个数入手，通过减少变量维度，提高建模效率。主要借助统计方法降维，或依据相关性进行特征选择。

本节主要讨论第一方面。由于第二和第三方面的内容涉及专业知识较多，将在 6.1，6.2 和 6.3 节集中讲解。

4.3.1　随机抽样

数据挖掘的数据量通常比较庞大，海量数据的建模效率往往不高。一般可通过在全部样本中随机抽取较少样本并建模的方式，解决这个问题。

> 随机抽样就是在现有样本数据的基础上，根据随机原则，筛选出部分样本。可通过【记录选项】选项卡中的【样本】节点实现。

这里，以虚拟的电信客户数据（文件名为 Telephone. sav）为例，说明随机抽样的具体操作。操作目标是：第一，随机抽取 70% 的客户数据；第二，对流失和未流失客户，分别抽取 70% 的样本。

第一个操作目标是一个简单随机抽样问题。简单随机抽样是从包括 N 个单位的总体抽样框中，随机抽取 n 个单位作为样本，每个单位进入样本的概率相等。简单随机抽样是最基本的概率抽样方法，也是其他概率抽样方法的基础。

第二个操作目标是一个分层抽样问题。分层抽样首先将抽样单位按某种特征或某种规则划分为不同的层，然后在不同的层中独立、随机地抽取样本。

此外，常用的随机抽样方法还有整群抽样。整群抽样是将总体中若干个单位合并为组（群），抽样时直接抽取群，然后对群中的所有单位实施调查。

首先，按照读入 SPSS 格式数据的操作方法，建立【Statistics 文件】节点读入 Telephone. sav 数据；然后，选择【记录选项】选项卡中的【样本】节点，将其添加到数据流的相应位置上。右击鼠标，选择弹出菜单中的【编辑】选项进行参数设置。

选择【采样方法】后给出的抽样方法，包括简单随机抽样和复杂抽样。

1. 简单随机抽样

本例第一个操作目标是一个简单随机抽样问题，应选择【简单】项，窗口如图 4—17 所示。

图 4—17　【样本】的简单随机抽样参数设置

其中：

● 模式：【包括样本】表示选用抽取的样本，【丢弃样本】表示剔除抽取的样本。

● 前：表示抽取前 n 个观测，应在【前】选项后的数字框中给出 n 的值。该方法不属于概率抽样。

● n 中取 1：表示按顺序从头开始，每隔 n 个选取 1 个。应在【n 中取 1】选项后的数字框中给出 n 的值。该方法不属于概率抽样。

● 随机％：表示按照简单随机抽样方法，抽取指定百分比的样本。应在【随机％】选项后的数字框中给出百分比值。

● 最大样本大小：选中表示指定最终抽取的样本量。例如，如果指定最大样本量为 1 000，且希望随机抽取 50％的样本，那么对于包含 10 000 个单位的总体，只能在前 2 000 个观测中随机抽取，后 8 000 个观测没有抽中的机会。

● 如果希望随机化抽样结果可以反复出现，应选择【设置随机数种子】项，还可按

【生成】钮重新生成随机数种子。

本例随机抽取 70％的样本，结果可通过【输出】选项卡中的【表】节点浏览。

2. 分层抽样和整群抽样

本例第二个操作目标，即对流失和未流失客户，分别抽取 70％的样本，其本质是一个分层抽样问题。分层抽样应选择【复杂】项，并在相应窗口中按【聚类和分层】钮设置整群抽样和分层抽样的群或层，如图 4—18 所示。

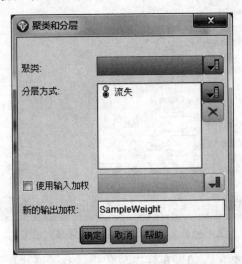

图 4—18　整群抽样和分层抽样的群层设置

其中：

● 聚类：选择一个分类型变量，作为群划分的依据。

● 分层方式：选择一个或多个分类型变量，作为层划分的依据。如果选择多个变量，最终将以多个变量类别值的组合来划分层。如果此时也设置了群，则先分层，然后在各层内再划分群。

● 使用输入加权：指定一个数值型变量作为权重变量，每个观测被抽中的概率由权重变量的取值决定。例如，如果权重变量的取值范围是 1～5，则取值为 5 的观测被抽中的概率是取值为 1 的观测的 5 倍。

● 新的输出加权：表示将自动生成一个默认名为 SampleWeight 的变量，标明被抽中的一个观测代表原来的几个。例如，如果按 10％简单随机抽样，则【新的输出加权】均为 10，表示被抽中的 1 个观测代表原来的 10 个。

复杂抽样的窗口如图 4—19 所示。

其中：

● 样本类型：指定抽样策略。【随机】表示在每个层内随机选取；【系统化】表示利用系统抽样方法随机抽取。系统抽样是将总体中的所有单位按一定顺序排列，在规定的范围内随机抽取一个单位作为初始单位，然后每间隔若干个单位选取一个。

● 样本单位：【比例】表示给定抽样比例；【计数】表示给定抽取的样本量。

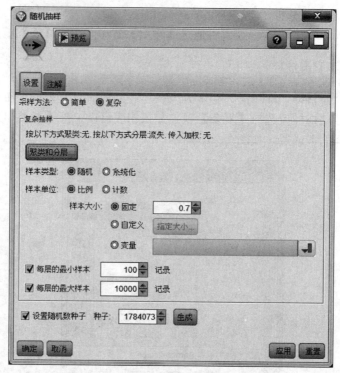

图 4—19　【样本】的复杂抽样参数设置

- 样本大小：指定样本量。如果在样本单位中选择了【比例】，则这里应给出抽样百分比。如果在样本单位中选择了【计数】，则这里应给出样本个数。其中：【固定】表示抽取指定百分比或个数的样本。分层抽样中，如果各层的抽样百分比不同，则应选择【自定义】选项，并指定各层的百分比，如图 4—20 所示。

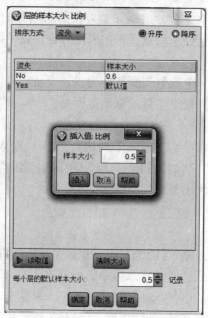

图 4—20　指定各层抽样百分比

● 每层的最小样本和每层的最大样本：分别给出各层抽取的最小样本量和最大样本量。

本例的分层抽样结果可通过【输出】选项卡中的【表】节点浏览。

4.3.2　根据条件选取样本

　　分析有时只针对有某类特征的样本进行，这时要给出条件，将满足条件的样本筛选出来。【记录选项】选项卡中的【选择】节点可实现样本的条件选取。

这里，以高中生某学期期末各科考试成绩数据（文件名为 ReportCard. xls）为例，说明样本条件选取的具体操作。操作目标是：筛选出总成绩高于 500 分的所有男生（性别为 1）。

首先，按照读入 Excel 电子表格数据的操作方法，建立【Excel】节点读入 Report-Card. xls 数据；然后，建立【导出】节点计算总成绩；最后，选择【记录选项】选项卡中的【选择】节点，将其连接到【导出】节点。右击鼠标，选择弹出菜单中的【编辑】选项进行参数设置，【选择】的【设置】选项卡如图 4—21 所示。

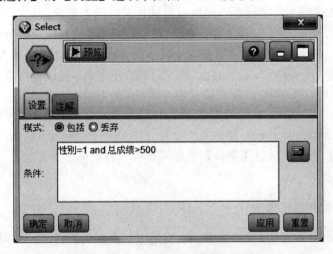

图 4—21　【选择】的【设置】选项卡

其中：
● 在【条件】框中输入表示筛选条件的 CLEM 条件表达式。
● 模式：【包括】表示选用满足条件的样本；【丢弃】表示剔除满足条件的样本。
可通过【输出】选项卡中的【表】节点浏览样本条件选取结果。

§4.4　数据筛选

数据筛选是指为服务于后续建模所进行的样本平衡处理和样本集划分等，是模型获得较好的整体预测效果、客观合理评价模型的基础。

4.4.1 样本的平衡处理

样本的平衡处理一般用于非平衡样本的建模准备。所谓非平衡样本，是指样本中某一类或者某些类的样本量远远大于其他类的样本量。通常样本量多的一类或几类样本称为多数类，也称正类；样本量较少的类称为少数类或稀有类，也称负类。

例如，为研究某种儿童疾病的成因，以便尽早给家长提出警示，某机构对适龄儿童的健康状况进行了大规模调查，取得了有关儿童性别、居住地、饮食习惯、卫生习惯等方面的数据。假设该地区有适龄儿童 100 000 人，其中只有 1% 的得病记录，这就意味着患病儿童只有 1 000 个，而健康儿童达 99 000 个。这就是一种典型的非平衡样本。

在非平衡样本基础上建立的预测模型，由于总是尽力追求预测的整体错误率最小，因此，整体的高预测正确率往往会掩盖负类的高预测错误率，即模型偏向于正类，如本例中偏向于健康儿童。这样的模型虽然对健康儿童（正类）的预测精度较高，但并没有实际意义，因为它无法对患病儿童（负类）进行准确预测。

为解决上述问题，对非平衡样本建模时，可首先采用再抽样（re-sampling）处理方法，改变非平衡数据的正负类分布，然后对再抽样后的样本建模。

再抽样方法大致分为两大类：第一类是过抽样，也称向上抽样（over-sampling 或 up-sampling）方法，即通过增加负类样本量改变样本的分布；第二类是欠抽样，也称向下抽样（under-sampling 或 down-sampling）方法，即通过减少正类样本量改变样本的分布。

Modeler 的样本的平衡处理可以方便实现过抽样和欠抽样。采用的方法是随机过抽样（random over-sampling）和随机欠抽样（random under-sampling）。

【记录选项】选项卡中的【平衡】节点用于实现样本的平衡处理。

1. 随机过抽样和随机欠抽样

随机过抽样是最简单的过抽样方法。它通过随机复制负类样本，即对负类做多次有放回的随机抽样，以达到增加少数类样本的目的。这种方法的缺点是引入了额外的训练数据，会延长后续的建模时间，且没有给少数类增加新的信息，可能会导致模型的过度拟合。

随机欠抽样是最简单的欠抽样方法。它通过随机去掉正类样本，即全抽样负类样本，在此基础上抽取与之相当的正类样本，以降低数据的不平衡程度。例如，对儿童疾病问题，在患病儿童中抽 100% 的样本，并根据所获得的样本量计算出在健康儿童中的抽样比例，如 1%。这种方法的随机性较强，常常会去掉一些对分类有用的样本，也会在一定程度上影响后续的建模效果。

2. 样本平衡处理的操作

这里，以药物研究数据（文件名为 DRUG. txt）为例，说明样本平衡处理的具体操作。

（1）选择【源】选项卡中的【可变文件】节点读入数据 DRUG.txt。观察数据发现，服用药物 drugY 和 drugX 的样本较多，服用其他药物的样本相对较少，可以进行样本平衡处理。

（2）在【记录选项】选项卡中选择【平衡】节点，将其与【可变文件】节点相连。右击鼠标，选择弹出菜单中的【编辑】选项进行参数设置，【平衡】节点的【设置】选项卡如图 4—22 所示。

图 4—22　【平衡】的【设置】选项卡

其中：

● 在【平衡指令】框中的【条件】列中，手工或借助 CLEM 面板输入一个 CLEM 条件表达式。例如，本例的 Drug="drugY"表示对 Drug 取值为 drugY 的样本做再抽样处理。同理，Drug="drugX"表示对 Drug 取值为 drugX 的样本做再抽样处理。

● 在【因子】列中输入随机抽取的比例。小于 1 表示欠抽样，大于 1 表示过抽样。例如，本例分别指定抽取 drugY 类和 drugX 类样本的比例是 0.3 和 0.5，总样本量会减少，且服用各类药物的样本比例会基本接近。

● 仅平衡训练数据：选中表示仅对训练样本集进行平衡处理。关于训练样本集的具体内容参见 4.4.2 节。

可通过【输出】选项卡中的【表】节点浏览样本平衡处理结果。

4.4.2　样本子集的划分

样本子集划分是将样本按一定比例随机划分为两个样本子集，分别称为训练（training）样本集和测试（testing）样本集。【字段选项】选项卡中的【分区】节点可实现样本子集的划分。

1. 样本子集划分的意义

样本子集划分在数据挖掘建模过程中有重要意义。众所周知，建立数据模型的目的，一方面是用于描述和反映事物各变量之间的内在结构关系，另一方面是用于对未来新数据的预测。预测模型应重点关注模型的预测精度或模型误差，误差较小的模型在未来预测中会表现得更好。

计算模型的真实误差是数据挖掘无法回避的问题。所谓模型的真实误差，是指模型在总体（全部数据）上的预测误差。如果能够获得全部数据，计算真实误差便是轻而易举的事情。但遗憾的是，通常人们无法得到总体，只能得到总体中的部分数据，即样本。在这种情形下，可行的方式是利用样本计算模型真实误差的估计值。

那么，如何得到模型真实误差的准确估计？比较自然的想法是，将模型在样本上的误差作为模型真实误差的估计，遗憾的是，这个误差往往是对模型真实误差的乐观估计。也就是说，模型在样本上的误差并不能作为模型真实误差的估计。

原因在于，模型是建立在已有样本上的，它必将最大限度地反映已有样本的"核心行为"，这是模型建立和参数估计的重要原则。但由于样本抽样的随机性，模型在已有样本上有优秀表现，并不意味着在其他样本或未来样本上仍然表现良好。因此，样本误差较真实误差偏低。

为了得到相对准确的误差估计，在建立模型前，往往需要将已有样本随机划分成两部分：一部分用于建立和训练模型，称为训练样本集；另一部分用于模型误差的估计，称为测试样本集。建立在训练样本集上的模型，其在测试样本集上的误差，将作为模型真实误差的估计。如果模型在测试样本集上仍有较好的预测表现，预测误差仍可接受，就有理由认为该模型能够反映全部数据的"核心行为"，且具有一般性和稳健性，可用于对未来数据的预测。反之不可。样本子集划分的意义正在于此。

2. 常见的样本子集划分方法

上述将样本集合随机划分为训练样本集和测试样本集的方法，称为旁置（hold out）法。旁置法并不完美，原因是：

一方面，在样本集一次性随机分割基础上计算得到的误差估计仍不准确。因为这个误差估计会因样本集随机划分的变化而变化。直观的解决方法是，对样本集做多次随机分割，进而建立多个模型得到多个误差，并以多个误差估计的平均值作为模型真实误差的估计。这样的方法称为反复旁置法。

另一方面，当样本量不大时，分割后的训练样本集和测试样本集会更小，这无疑会给模型的建立带来很大影响。为此，人们提出了交叉验证（cross validation）法，以有效解决小样本集的划分问题。

交叉验证法又分为：留一（Leave-one-out）交叉验证法、N 折交叉验证法（N cross-validation）、重抽样自举法（Bootstrap）等。

（1）留一交叉验证法。设样本量为 n。留一交叉验证法规定，训练样本集的样本量为 $n-1$，测试样本集的样本量为 1，反复 n 次。于是，将有 n 组样本量为 $n-1$ 的训练样本集用于建模，有 n 组样本量为 1 的测试样本集用于计算模型误差。最终的平均误差即为真实误差的估计值。留一交叉验证法的优点是尽可能多地利用样本数据，不足是无法保证测试样本集的总体代表性，且无法体现样本的分层特征。

（2）N 折交叉验证法。设样本量为 n。首先将样本随机划分成不相交的 N 组，称为 N 折，通常 N 取 10；令其中的 $N-1$ 组为训练样本集用于建立模型，剩余的一组为测试样本集用于计算模型误差。反复进行组的轮换，如图 4—23 所示。其中，N 为 5，依次分别令第 1 组至第 5 组为测试样本集，其余 4 组为训练样本集。最终，每个样本都有各自对应的模型预测值，由此计算出的预测误差即为真实误差的估计值。

图 4—23　5 折交叉验证法示例

（3）重抽样自举法。设样本量为 n，从中随机有放回地抽取 n 个观测，这样得到的样本量为 n 的样本称为自举样本，其中有重复的观测，构成训练样本集，用于建立模型。

测试样本集可为原来的样本集，但由此计算的模型误差估计仍是偏乐观的，因为测试样本集与训练样本集存在交集。改进的策略是，由那些未进入训练样本集的观测组成测试样本集，并如此反复 m 次，且以 m 个模型误差的平均值作为模型真实误差的估计值。

重抽样自举法也称 0.632 自举法。不难看到，重抽样自举法中，观测一次被抽中的概率为 $\frac{1}{n}$，未被抽中的概率为 $1-\frac{1}{n}$。n 次未被抽中的概率为 $\left(1-\frac{1}{n}\right)^{n} \approx 0.368$（当 n 较大时）。这意味着，总体上测试样本集仅占总样本的 36.8%，训练样本集占 63.2%。也就是说，每次训练时样本所反映的信息仅为全部的 63.2%。与 N 折交叉验证法中 N 取 10 时相比，是比较少的，由此得到的误差估计是偏悲观的。

> 需要说明的是：有时也将样本集随机划分成 3 个样本子集，分别称为训练样本集、测试样本集和验证（validation）样本集。训练样本集用于模型的选择，测试样本集用于模型参数的估计，验证样本集用于模型误差的计算。

3. 样本子集划分的操作示例

这里，以虚拟的电信客户数据（文件名为 Telephone. sav）为例，说明样本子集划分的具体操作。操作目标是：将样本按 70% 和 30% 的比例，随机划分为训练样本集和测试样本集。

选择【字段选项】选项卡中的【分区】节点，将其连接到数据流的恰当位置上。右击鼠标，选择弹出菜单中的【编辑】选项进行参数设置，【分区】的【设置】选项卡如图 4—24 所示。

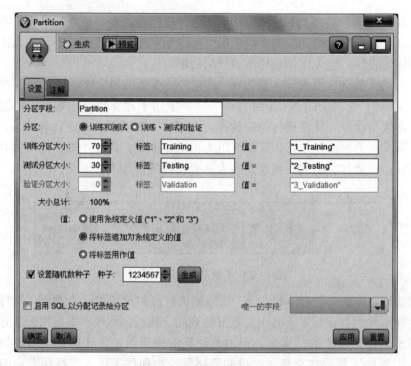

图 4—24　【分区】的【设置】选项卡

其中：

● 分区字段：当样本集被划分后，Modeler 将自动生成一个默认名为 Partition 的变量，用以标识哪些观测属于训练样本集，哪些属于测试样本集。也可以在【分区字段】后给出新的变量名。

● 分区：【训练和测试】表示将样本随机分割成训练样本集和测试样本集；【训练、测试和验证】表示将样本随机分割成训练样本集、测试样本集和验证样本集。

● 训练分区大小、测试分区大小和验证分区大小：指定各样本集所占的样本比例，总和应等于 100%。通常，训练样本集的样本比例为 60% 或 70%。

● 标签：可输入所生成变量的变量值标签，即变量取值的文字说明。

● 值：指定生成变量的取值规则。【使用系统定义值（"1"、"2"和"3"）】表示生成变量将取值为 1 或 2 或 3，分别代表训练样本集、测试样本集和验证样本集；【将标签追加为系统定义的值】表示生成变量的取值是，1 或 2 或 3 后跟下划线加变量值标签 Training 或 Testing 或 Validation；【将标签用作值】表示生成变量的取值是变量值标签。

● 设置随机数种子：如果希望随机的样本划分结果可以重复出现，则选择该选项，并按【生成】钮生成随机数种子。

可通过【输出】选项卡中的【表】节点浏览样本集的划分结果。

需要说明的是：所生成的默认名为 Partition 的变量，其变量角色通常为【分区】，在后续的建模中会起到重要作用。

§4.5　数据准备的其他工作

数据准备阶段还有其他数据整理的辅助工作，主要包括：样本的浓缩处理、数据转置、数据的重新组织、数据的匿名处理等。

4.5.1　样本的浓缩处理

样本的浓缩处理也是一种有效减少样本量的方法。【记录选项】选项卡中的【区分】节点可实现样本的浓缩处理。

这里，以 1.2.4 节表 1—3 的客户调查数据为例，讨论样本浓缩处理的操作。表 1—3 的数据以 Excel 格式文件存放，文件名为 Customer. xls。

建立【Excel】节点读入 Customer. xls 数据，并利用【输出】选项卡中的【表】节点浏览数据，如图 4—25 所示。

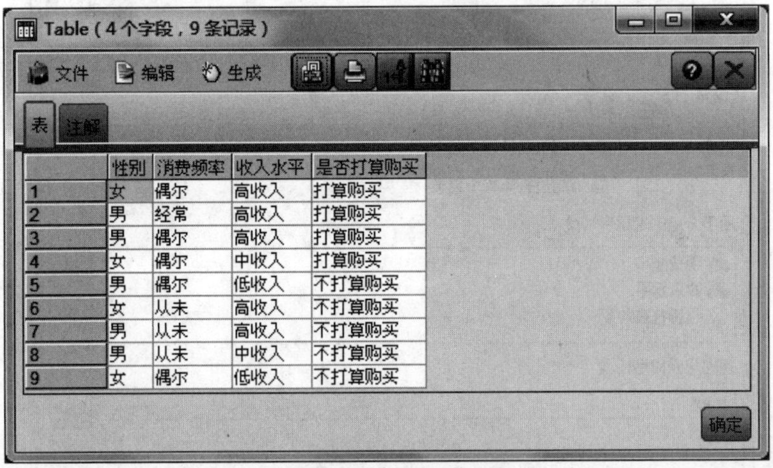

図 4—25 客户调查数据

浏览数据可以发现，性别在预测客户是否打算购买方面没有显著意义。因为在打算和不打算购买的人群中，性别分布差异不大，可忽略该变量。如果忽略性别变量，可以发现，在打算和不打算购买的人群中，都存在变量取值完全相同的重复观测。在对输出变量的一些非线性分类预测中，完全重复的观测并没有提供更多的信息，除增加计算量之外，通常意义不大。因此可考虑剔除重复观测，缩减样本量，以提高建模的计算效率。图 4—26 是浓缩处理后的数据。

为实现上述目标，首先选择【字段选项】选项卡中的【过滤】节点，剔除性别变量；然后选择【记录选项】选项卡中的【区分】节点，将其连接在【过滤】节点后面。右击鼠标，选择弹出菜单中的【编辑】选项进行参数设置。【区分】节点的参数设置包括设置、优化和注解三张选项卡。其中，【设置】选项卡是样本浓缩处理中参数设置的主要窗口，如图 4—27 所示。

基于 SPSS Modeler 的数据挖掘（第二版）

图 4—26　浓缩处理后的数据

图 4—27　【区分】的【设置】选项卡

其中：

● 模式：指定是选取第一个观测，剔除相同取值的其余观测，还是剔除第一个观测，保留相同取值的其余观测。

● 用于分组的关键字字段：通过选择变量对话框指定对哪些变量的取值进行重复性检查。本例选择了消费频率、收入水平、是否打算购买，表示对这三个变量取值同时相同的观测，只选取其中的第一个。对浓缩处理后的数据，还可指定排序字段和排序顺序。

> 需要说明的是：【区分】节点可用于数据的唯一性检测。例如，人事系统中一个员工只能有唯一的记录。【区分】节点能够通过诸如职工号等关键字，方便地检测出重复录入的职工记录并只取其中的一条数据。另外，浓缩样本对后续分析方法的选择是有限制的。

4.5.2 数据转置

> 数据转置是将数据的行列互换，原来的观测转换成变量，原来的变量转换成观测。数据转置应通过【字段选项】选项卡中的【转置】节点实现。

这里，以某三年中我国鲜苹果出口的季度数据为例，该数据为 SPSS 格式，文件名为 ExportApple. sav。

选择【Statistics 文件】节点读入 ExportApple. sav 数据，并利用【输出】选项卡中的【表】节点浏览数据，如图 4—28 所示。

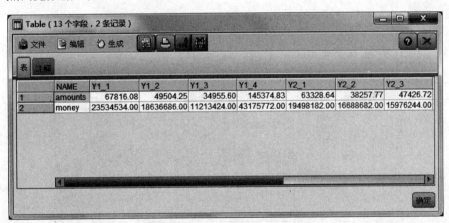

图 4—28 部分鲜苹果出口季度数据

其中，NAME 列给出了变量名。各季度数据在同行上组织，Y1_1 表示第 1 年第 1 季度，Y1_2 表示第 1 年第 2 季度，Y4_4 表示第 4 年第 4 季度，等等。第一行是鲜苹果出口量（amounts），第二行是出口额（money）。显然这样的数据组织格式并不利于分析，可进行数据转置，形成如图 4—29 所示的格式。

为此，在【字段选项】选项卡中选择【转置】节点，将其与【Statistics 文件】节点相连。右击鼠标，选择弹出菜单中的【编辑】选项进行参数设置，【转置】的【设置】选项卡如图 4—30 所示。

其中：

● 新字段名称：指定新数据中的变量命名规则。【使用前缀】表示给定一个名字，如默认的 Field，新数据中变量名将以此为前缀，分别命名为 Field1，Field2 等。同时，还需

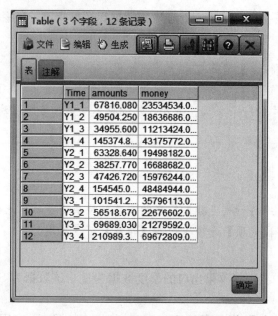

图 4—29　转置后的鲜苹果出口季度数据

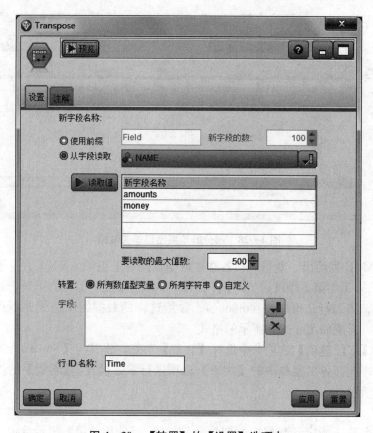

图 4—30　【转置】的【设置】选项卡

在【新字段的数】数字框中指定允许的最大变量数，如默认为 100。于是，原数据中的前 100 行数据将变换为 100 列（变量名默认依次为 Field1，Field2，…，Field100），100 行以后的数据将被略去。如果原数据不足 100 行，则会产生多个取值均为系统缺失值的变量。

● 从字段读取：选择从原数据的哪个变量中读取变量值作为新数据的变量名。这里选择 NAME，并按【读取值】钮。于是，Modeler 将自动从指定的变量（这里为 NAME）中读取默认的前 500 个变量值（要读取的最大值数），并列在【新字段名称】框中，它们将作为新数据的变量名。

● 转置：【所有数值型变量】表示原数据中的所有数值型变量均参与转置。也可指定原数据中的所有字符串型变量均参与转置；或者，用户自行选择参与转置的变量。

● 行 ID 名称：输入新数据中作为关键字变量的变量名。这里，新数据的各行表示不同的时间，因此输入 Time 为变量名。

可通过【输出】选项卡中的【表】节点浏览数据转置结果。

4.5.3　数据的重新组织

数据的重新组织是将原来不利于某种计算和分析的数据组织形式，调整为较方便处理的形式。数据的重新组织通过【字段选项】选项卡中的【重新结构化】节点实现。

这里，以一份简单的客户银行开户和储蓄情况的数据为例，该数据为 SPSS 格式，文件名为 BankBalance.sav。

选择【Statistics 文件】节点读入 BankBalance.sav 数据，并利用【输出】选项卡中的【表】节点浏览数据，如图 4—31 所示。

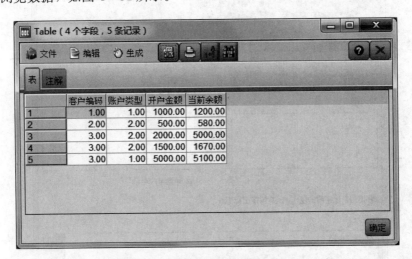

图 4—31　客户银行开户和储蓄数据

图 4—31 列出了客户编码、账户类型、开户金额和当前余额。如果要将各客户的账户类型、开户金额以及当前余额打印成表，或做进一步的加工整理，这个格式不如图 4—32 所示的格式方便。

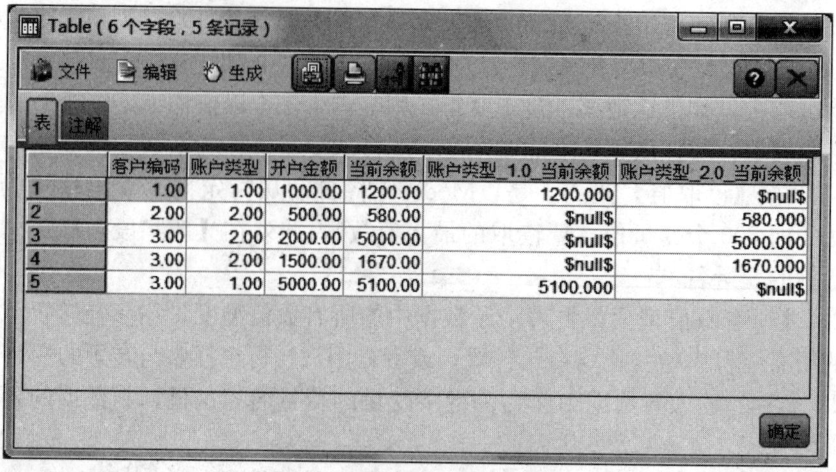

图 4—32　重新组织后的数据

两种格式的差异在于：第一种格式中，不同账户类型的开户金额和当前余额是列在一起的，参看金额的同时必须参看账户类型。而第二种格式分变量存储不同账户类型的金额，浏览和计算金额比较方便，虽然其中的缺失数据较多。

为此，在【字段选项】选项卡中选择【重新结构化】节点，将其与【Statistics 文件】节点相连。右击鼠标，选择弹出菜单中的【编辑】选项进行节点的参数设置，【重新结构化】的【设置】选项卡如图 4—33 所示。

图 4—33　【重新结构化】的【设置】选项卡

其中：

● 可用字段：表示选择哪个变量的变量值作为新格式中的变量名。这里选择账户类型，于是账户类型的所有变量值将列在【可用值】框中。通过箭头，选择变量值到【创建重新构建的字段】框中。如果选择了【包括字段名称】，则新变量名是原变量名加下划线加变量值，这里是"账户类型 _ 1.0"等。

● 使用其他字段的值：表示新格式中，变量取值来自一个用户指定的原变量。这里，在【值字段】框中选择当前余额变量，表示变量"账户类型 _ 1.0"将依次取原账户类型为 1 的当前余额值，没有的取系统缺失值 $ null $。同理，变量"账户类型 _ 2.0"将依次取原账户类型为 2 的当前余额值，没有的取系统缺失值 $ null $。

可通过【输出】选项卡中的【表】节点浏览数据重新组织后的结果。在此基础上利用【汇总】节点，能够方便地汇总出各类型账户的当前余额总和，如图 4—34 所示。

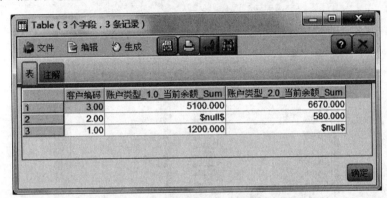

图 4—34 分类汇总后的客户银行数据

4.5.4 数据的匿名处理

当所分析和处理的数据是不便于公开的保密性资料时，从信息安全角度考虑，可先对数据进行匿名处理。这样，后续的数据挖掘工作可正常展开，既能对外公开发布分析模型，也能确保重要信息不泄露。

Modeler 中的匿名处理是指隐去分类型变量值和数据型变量值的实际含义和取值，按一定规则将它们替换为不反映数据实际含义的其他数据。

【字段选项】选项卡中的【匿名化】节点可实现数据的匿名处理。

1. Modeler 数据匿名处理的规则

匿名处理的规则包括分类型变量值和数值型变量值的匿名规则。

（1）分类型变量值的匿名规则。自动生成或指定一个字符串前缀，类别值将自动取值为：前缀后跟大写字母 S 和数字。

（2）数值型变量值的匿名规则。匿名处理后的数值型变量值取值为 $A(x+B)$。其中，x 为原变量值；A 是一个大于 0 的值，称为尺度因子（scale factor）；B 为转换偏移值

（translation offset）。

2. Modeler 数据匿名处理示例

这里，以虚拟的电信客户数据（文件名为 Telephone. sav）为例，说明数据匿名处理的具体操作。操作目标是：对客户的居住地和收入进行匿名处理。

选择【字段选项】选项卡中的【匿名化】节点，将其添加到数据流的恰当位置上。右击鼠标，选择弹出菜单中的【编辑】选项进行节点的参数设置。【匿名化】节点的参数设置包括过滤、设置、匿名化值和注解四张选项卡。

（1）过滤选项卡用来指定筛掉哪些变量，如图 4—35 所示。具体操作同【过滤】节点，这里不再赘述。

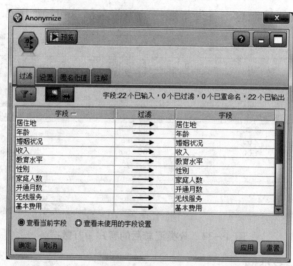

图 4—35　【匿名化】的【过滤】选项卡

（2）【设置】选项卡用来指定各变量值的匿名，如图 4—36 所示。

图 4—36　【匿名化】的【设置】选项卡

展开【匿名化值】下拉框，选项包括：【否】表示不进行匿名处理；【是】表示根据 Modeler 默认规则对分类型变量的类别值进行匿名处理，默认的前缀字符串为 anon ＿；也可选择【指定】项，自行指定前缀或指定数值型变量值的匿名处理策略，如图 4—37 所示。

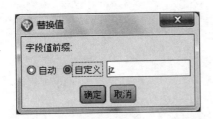

图 4—37 （a）　分类型变量值的匿名处理

图 4—37 （b）　数值型变量值的匿名处理

　　图 4—37 （a）用于对分类型变量值的匿名处理。其中，【自动】表示采用系统默认的前缀 anon ＿，也可以选择【自定义】并指定一个字符串。

　　图 4—37 （b）用于对数值型变量值的匿名处理。【转换参数】选项用于选择处理方法，其中：【随机】选项表示用一个随机数替换原始变量值，可选中【设置随机数种子】选项并在【种子】后的数字框中给出随机数种子。【固定】选项表示按前述规则进行处理，应在【测量方式】框中给出尺度因子，通常最小值为 1，最大值为 10；在【转换方式】框中给出转换偏移值，通常最小值为 0，最大值为 1 000。

　　(3)【匿名化值】选项卡用来显示变量匿名值，如图 4—38 所示。

图 4—38 （a）　分类型变量的匿名值

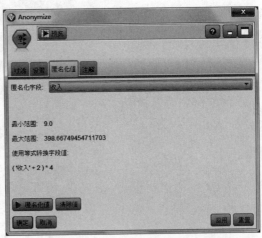

图 4—38 （b）　数值型变量的匿名值

选择【匿名化字段】中的变量名，将显示相应的匿名值。如居住地的三个匿名值分别为 jzS0，jzS1，jzS2，大写字母 S 后的数字，初值为 0，并按数据中变量值出现的前后顺序自动加 1。再例如，收入匿名值的最小值为 9.0，最大值为 398.67，转换方法为（收入＋2）×4。可按【匿名化值】钮重新计算和读取匿名值，也可按【清除值】钮清除匿名值。

可选择【输出】选项卡中的【表】节点浏览数据匿名处理的结果。

第 5 章

Modeler 的基本分析*

数据挖掘往往从数据的基本分析开始，它是了解数据分布特征，把握数据间相关性强弱的基本手段，也是后续模型选择和深入分析的基础。

数据的基本分析一般从单变量的分析入手，到多变量的相关性研究。通常，可通过描述性分析，计算关于数据分布特征的描述统计量，确切掌握数据的分布特点。两变量相关性研究是数据基本分析的另一个重要方面，可通过列联表揭示变量之间的内在联系，通过均值检验了解数据之间的相互影响作用。

数据的基本分析可通过具体数字实现，也可通过图形直观展示。相关节点放置在【输出】选项卡和【图形】选项卡中。

以一份虚拟的电信客户数据为例，该数据为 SPSS 格式，文件名为 Telephone. sav。该数据包括：居住地、年龄、婚姻状况、家庭月收入（百元）、教育水平、性别、家庭人口、基本服务累计开通月数、是否申请无线转移服务、上月基本费用、上月限制性免费服务项目的费用、无线服务费用、是否电子支付、申请的服务套餐类型、是否流失 15 个变量。利用这份数据，可分析流失客户的一般特征，同时建立模型进行客户流失的预测。本章将进行数据的基本分析。

§5.1　数值型变量的基本分析

数据分析通常从基本描述分析开始。对数值型变量，应计算一些基本描述统计量，以准确反映变量分布的集中趋势和离散程度。描述集中趋势的统计量一般有均值、中位数、

---

* 本章的数据流文件：基本分析. str。

众数等。描述离散程度的统计量一般有方差、标准差、极差等。为分析数值型变量之间的相关程度，还应计算简单相关系数，或者绘制散点图等。

5.1.1 计算基本描述统计量

这里，对电信客户数据的分析目标是：计算基本服务累计开通月数、上月基本费用的基本描述统计量，并分析上述变量与年龄、家庭月收入（百元）、家庭人口之间，以及基本服务累计开通月数与上月基本费用之间的相关性。

选择【输出】选项卡中的【统计量】节点，将其连接到数据流的恰当位置上。鼠标右击【统计量】节点，选择弹出菜单中的【编辑】选项进行节点的参数设置。【统计量】节点的【设置】选项卡如图 5—1 所示。

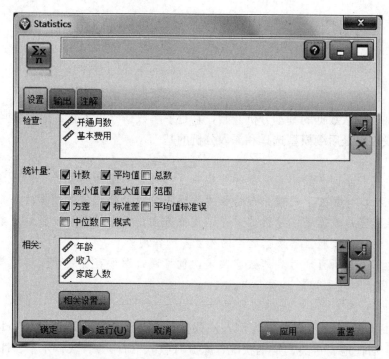

图 5—1　【统计量】的【设置】选项卡

其中：
- 检查：选择需计算描述统计量的变量。
- 统计量：选择需计算哪些描述统计量，可以包括计数、均值、总和、最小值、最大值、极差、方差、标准差、均值标准误差、中位数、众数。
- 相关：指定【检查】框中的变量与哪些变量进行相关性分析。
- 相关设置：用来设置相关分析的输出内容，如图 5—2 所示。

其中：
- 在输出中显示相关强度标签：表示以直观易懂的文字方式说明变量间的相关性强弱。
- 按重要性（1－p）定义相关强度：表示进行线性相关检验并以概率 P-值作为标准。

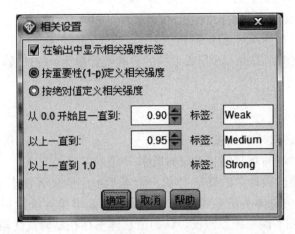

图 5—2　【统计量】的【相关设置】对话框

如果 1—概率 P-值小于默认值 0.90，表示弱相关，默认输出 Weak 字样；如果 1—概率 P-值大于默认值 0.90 小于 0.95，则表示中度相关，默认输出 Medium 字样；如果 1—概率 P-值大于默认值 0.95 小于 1，则表示强相关，默认输出 Strong 字样。

● 按绝对值定义相关强度：表示以简单相关系数为标准。如果简单相关系数小于默认值 0.33，表示弱相关，默认输出 Weak 字样；如果简单相关系数大于默认值 0.33 小于 0.66，表示中度相关，默认输出 Medium 字样；如果简单相关系数大于默认值 0.66 小于 1，表示强相关，默认输出 Strong 字样。

需要说明的是：相关分析是研究两数值型变量线性相关性的常用方法。通常需经过以下两个步骤：第一，计算 Pearson 样本相关系数 r；第二，对样本来自的两总体是否存在显著线性关系进行检验。

（1）计算 Pearson 样本相关系数 r，也称样本简单相关系数。Pearson 样本相关系数反映了两变量间线性相关程度的强弱，数学定义为：

$$r = \frac{\sum_{i=1}^{n}(x_i - \bar{x})(y_i - \bar{y})}{\sqrt{\sum_{i=1}^{n}(x_i - \bar{x})^2 \sum_{i=1}^{n}(y_i - \bar{y})^2}} \tag{5.1}$$

式中，n 为样本量；x_i 和 y_i 分别为两变量的变量值。

Pearson 样本相关系数的取值范围和含义是：相关系数 r 的取值在 $-1\sim +1$ 之间。$r>0$ 表示两变量存在正的线性相关关系，$r<0$ 表示两变量存在负的线性相关关系；$r=1$ 表示两变量完全正相关，$r=-1$ 表示两变量完全负相关，$r=0$ 表示两变量不存在线性相关关系；$|r|>0.8$ 表示两变量之间具有较强的线性相关关系，$|r|<0.3$ 表示两变量之间的线性相关关系较弱。

（2）对样本来自的两总体是否存在显著线性关系进行检验。由于存在抽样的随机性和样本量较少等原因，通常样本相关系数不能直接用来说明样本来自的两总体是否具有显著的线性相关性，而需要通过假设检验进行统计推断。基本步骤是：

1）提出原假设（H_0）：两总体零线性相关。

2）选择检验统计量。Pearson 相关系数的检验统计量为 t 统计量，其数学定义为：

$$t = \frac{r\sqrt{n-2}}{\sqrt{1-r^2}} \tag{5.2}$$

式中，t 统计量服从 $n-2$ 个自由度的 t 分布。

3）计算检验统计量的观测值和对应的概率 P-值。

4）决策。如果检验统计量的概率 P-值小于等于给定的显著性水平 α（通常为 0.05），应拒绝原假设，认为两总体不是零线性相关；反之，如果检验统计量的概率 P-值大于给定的显著性水平 α，则不能拒绝原假设，认为两总体不存在显著线性相关关系。

本例的计算结果如图 5—3 所示。

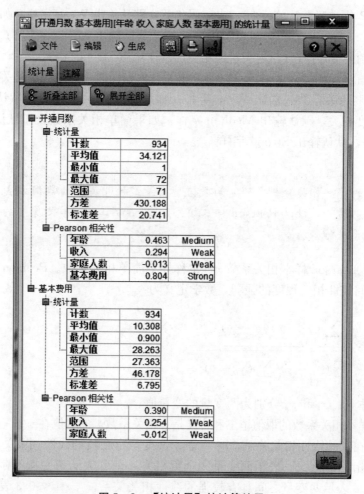

图 5—3 【统计量】的计算结果

以开通月数为例，平均开通月数为 34.1，但由于数据的极差（71）和标准差（20.74）都比较大，说明开通月数的取值差异较大。另外，开通月数与年龄和收入都有一定的正相关性，简单相关系数分别为 0.463 和 0.294，且与家庭人数间呈极弱的负相关，简单相关系数仅为 −0.013。开通月数与基本费用间的正相关性较强，简单相关系数为 0.804。从统计检验结果看，有 95% 的把握认为开通月数与基本费用间非零线性相关，有 90% 的把握认为开通月数与年龄间非零线性相关。

选择图 5—3 的窗口主菜单【生成】下的【过滤器】项，Modeler 可筛选出相关程度较高的变量，如图 5—4 所示。

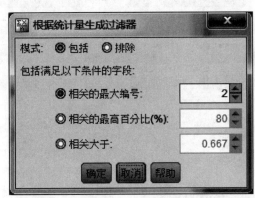

图 5—4　【统计量】的【过滤器】窗口

其中：

● 模式：【包括】和【排除】分别表示保留还是剔除相关程度高的变量。

● 包括满足以下条件的字段：表示按简单相关系数降序排列，保留或剔除指定个数的变量对。【相关的最大编号】表示指定变量对个数；【相关的最高百分比（%）】表示指定百分比；【相关大于】表示保留或剔除简单相关系数大于指定值的变量对。

于是，Modeler 将在数据流编辑区中自动生成一个【过滤】节点，将其连接到数据流中便可查看变量对的选择或剔除情况。本例选出了开通月数和基本费用、开通月数和年龄两对变量。

　　需要说明的是：利用这个功能从众多输入变量中挑选出与数值型输出变量相关性较强的少数变量，这种应用会更有价值。

5.1.2　绘制散点图

数值型变量之间的相关性还可以通过散点图直观观察。

这里，为观察基本费用和开通月数的相关性，选择【图形】选项卡中的【图】节点，将其连接到数据流的恰当位置上。鼠标右击【图】节点，选择弹出菜单中的【编辑】选项进行节点的参数设置。【图】节点的参数设置包括图、选项、外观、输出和注解五张选项卡。

1.【图】选项卡

【图】选项卡用于散点图绘制的基本参数设置，如图 5—5 所示。

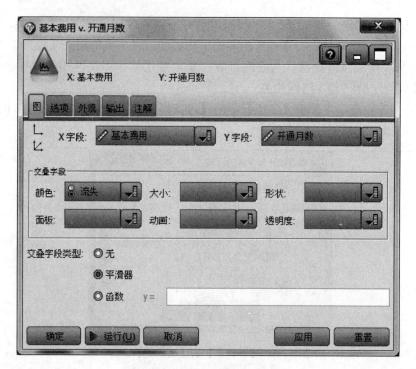

图5—5 【图】的【图】选项卡

其中：

• 在【X 字段】和【Y 字段】框中选择散点图中 x 轴上的变量和 y 轴上的变量。按 └ 钮可展示三个变量下的样本点分布特征，此时还应指定 z 轴上的变量。

本例中，x 轴表示基本费用，y 轴表示开通月数。

• 在【交叠字段】框中指定交叠变量。如果希望在散点图中观察和对比交叠变量取不同值时 x 和 y 轴上两变量的相关性，可选该项。将分别以不同颜色、大小、形状和透明度表示交叠变量不同取值下的观测点；【面板】表示绘制多张散点图；【动画】表示以动画方式分别显示多张散点图。

本例中，选择流失作为交叠变量的目的是，观察流失和保留客户在基本费用与开通月数相关性上的差异。

• 交叠字段类型：选择是否在散点图上添加回归线。其中，【无】表示不添加回归线。【平滑器】表示采用局部加权迭代稳健最小二乘回归（LOESS）方法拟合样本数据。LOESS 方法将根据数据特征，在若干个局部范围内拟合多条回归线，并将它们平滑连接在一起。最终的回归线将显示在散点图中。【函数】表示自行输入回归方程，代表回归方程的回归线将显示在散点图中。

2.【选项】选项卡

【选项】选项卡用于设置散点图绘制中的可选参数，如图5—6 所示。

其中：

• 样式：设置散点图的类型。【点】为经典散点图，每个观测在图中以圈或叉等形式

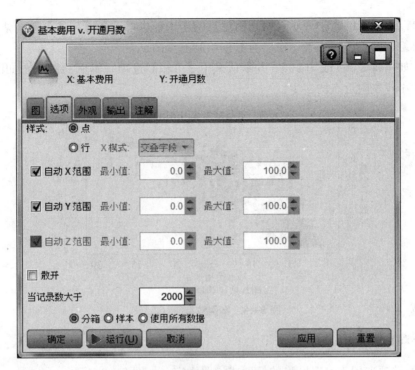

图 5—6 【图】的【选项】选项卡

表示，如图 5—7 所示；【行】表示以线图方式展示变量之间的相关性，【X 模式】后提供的【排序】、【交叠字段】和【如所读取】三个选项分别表示三种形式的线图，对此将在 5.1 节中用另一个案例数据说明。

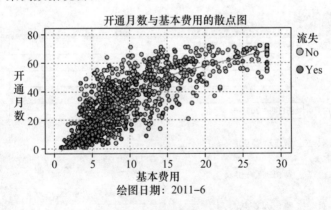

图 5—7 案例散点图（一）

● 自动 X 范围和自动 Y 范围：如果只展示 x 轴和 y 轴变量在指定取值范围内的散点图，可分别给出取值范围。图中显示，基本费用和开通月数的线性相关程度较高。

● 散开：当数据中存在大量重复值时，为更清晰地展示变量相关性特征，可选择该项。Modeler 将重复的变量值修正为邻近实际值的随机值，以有效分散点的集中程度。

● 当记录数大于：给定一个值以提高绘图效率。当样本量大于指定值（默认为 2 000）时，Modeler 将不再重复绘制每个观测点，而是采用默认的分箱策略，首先将邻近的观测点合并，再以圈或叉的大小表示观测点附近点的多少；也可选择【样本】项，表示数据随机抽样后再绘制散点图；或者，对所有数据绘制散点图。

这里，如果将 2 000 改为 500，并默认采用【分箱】选项，本例的散点图如图 5—8 所示。圈的大小代表附近点的多少。

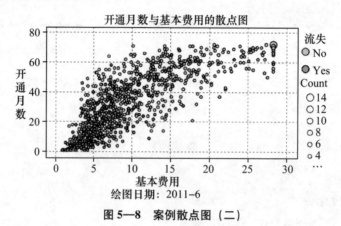

图 5—8　案例散点图（二）

3.【外观】选项卡

【外观】选项卡用于设置图形的标题或说明文字，如图 5—9 所示。

图 5—9　【图】的【外观】选项卡

其中：

● 标题：设置图形的标题。

● 说明：设置图形的说明文字，将显示在图的最下方。

● X 标签，Y 标签，Z 标签：设置各个坐标轴的文字。【自动】表示自动设置为变量名；【自定义】表示用户可给定其他文字。

● 显示网格线：选中表示图中将显示网格线。

5.1.3　绘制线图

1.　一般线图

在图 5—6 所示的【图】的【选项】选项卡中，选择【样式】选项中的【行】，表示以线图方式展示变量之间的相关性。【X 模式】后提供的【排序】、【交叠字段】和【如所读取】三个选项分别表示三种形式的线图。

线图通常适合时间序列数据，这里，以鲜苹果出口的季度数据（文件名为 ExportApple. sav）为例对相关操作加以说明。

（1）选择【Statistics 文件】节点读入 ExportApple. sav 数据。

（2）选择【字段选项】选项卡中的【转置】节点进行数据转置。

（3）选择【图形】选项卡中的【图】节点，右击鼠标，选择弹出菜单中的【编辑】选项进行参数设置。指定 x 轴为时间（Time），y 轴为出口量（amounts）。【选项】选项卡如图 5—10 所示。

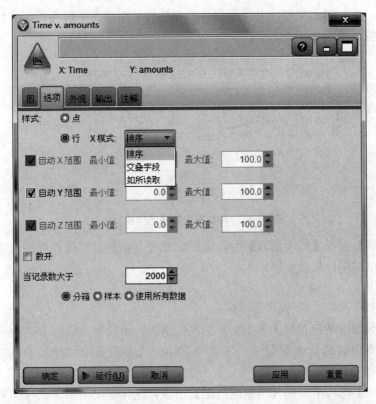

图 5—10　线图的参数设置

当【X 模式】选择【排序】时，Modeler 首先按 x 轴上变量的升序重新排列数据，然后从左往右依次连线，如图 5—11 所示。

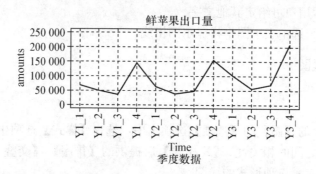

图 5—11　鲜苹果出口量的时序线图

（4）为比较不同年份各个季度的出口量情况，选择【字段选项】选项卡中的【重新结构化】节点，依据 Time 取值派生年份和季度两个新变量。

（5）选择【图形】选项卡中的【图】节点，将其添加到数据流的恰当位置上，并进行参数设置。指定 x 轴为季度，y 轴为出口量（amounts），年份为交叠变量。【选项】选项卡中选择【X 模式】为【交叠字段】。

当【X 模式】选择【交叠字段】时，将绘制由多条线组成的线图。首先在交叠变量取值相同的组内，按 x 轴上变量的升序排列数据，然后从左往右依次连线。不同线代表交叠变量的不同取值，如图 5—12 所示。

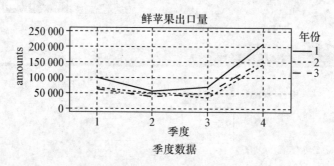

图 5—12　鲜苹果出口量的年度对比

当【X 模式】选择【如所读取】时，将按 x 轴变量值的自然排列顺序绘制线图，适合已按时间排列的时间序列数据。

2. 多线图

若要在一张图上展示和对比多个变量的取值情况，可绘制多线图。

仍以鲜苹果出口的季度数据（文件名为 ExportApple. sav）为例，绘制随时间推移，鲜苹果出口量和出口额的线图。

选择【图形】选项卡中的【多重散点图】节点，选择弹出菜单中的【编辑】选项进行参数设置。【多重散点图】的【图】选项卡如图 5—13 所示。

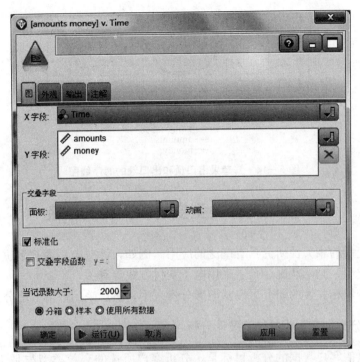

图 5—13　【多重散点图】的【图】选项卡

其中：

● 在【X 字段】框中指定 x 轴为时间（Time），在【Y 字段】框中指定多个变量，这里为出口量（amounts）和出口额（money）。

● 交叠字段：在【面板】框中选择一个交叠变量，Modeler 将分别绘制交叠变量不同取值下的多线图；在【动画】框中选择一个交叠变量，Modeler 将分别绘制交叠变量不同取值下的多张多线图，并以动画方式分别显示。

● 标准化：当【Y 字段】中的多个变量取值的数量级有较大差异时，一张图无法同时清晰展现各变量的变化趋势。此时，可选中该项，表示将【Y 字段】中的所有变量的取值全部映射到 0～1 的范围内，以便于多变量的对比。

● 交叠字段函数：若要在图中添加反映 y 随 x 变化规律的回归线，则选中该项，并输入 y 随 x 变化的具体函数式。

● 当记录数大于：给定一个值以提高绘图效率。当样本量大于指定值（默认为 2 000）时，Modeler 将采用默认的分箱策略，将邻近的样本点合并，并以箱中数据的均值作为绘图点连线；也可选择【样本】项，表示数据随机抽样后再绘图；或者，对所有数据绘图。

本例的鲜苹果出口量和出口额的多线图，如图 5—14 所示。

图形显示，随着时间的推移，鲜苹果出口量和出口额的变化趋势基本同步。

　　需要说明的是：Modeler 在【图形】选项卡中设置了【时间散点图】节点，用于绘制时间序列图。由于节点参数比较简单，不再专门讨论。

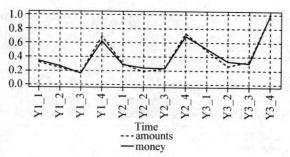

图 5—14　鲜苹果出口量和出口额的时序线图

§5.2　两分类型变量相关性的研究

两分类型变量的相关性研究具有广泛的应用。例如，针对电信客户数据，分析客户流失是否与套餐类型、婚姻状况、是否采用电子支付方式等有关。

两分类型变量相关性的研究可以从图形分析入手，然后采用数值方法分析。

5.2.1　两分类型变量相关性的图形分析

这里，对电信客户数据的分析目标是：分析客户所选的套餐类型与是否流失的关系，研究哪种套餐较为理想。套餐类型和流失均为分类型变量。

可利用条形图和网状图对分类型变量间的相关性做粗略的直观分析。

1. 条形图

选择【图形】选项卡中的【分布】节点，将其连接到数据流的恰当位置上。右击鼠标，选择弹出菜单中的【编辑】选项进行参数设置。【分布】的【图】选项卡如图 5—15所示。

其中：

● 图：【选定字段】表示用户自行指定绘图变量，并在【字段】框中选择变量；【所有标志（真值）】表示 Modeler 默认对数据流节点中所有标志型变量绘图，且仅显示取值为真的情况。

本例，指定绘制套餐类型的条形图。

● 交叠字段：选择交叠变量。如果分析其他变量取值在绘图变量上的分布情况，应在【颜色】中选择一个变量（称为交叠变量），交叠变量的不同取值将以不同颜色显示。

这里，要观察选择不同套餐类型的客户，其保留和流失的分布情况，流失变量为交叠变量，如图 5—16 所示。

● 比例尺：选中表示调整条形图的长短。它将频数最高的条形长度调整到最长，其他条形以它为标准按比例调整，如图 5—16 所示。选中该选项后的图形会更清晰。

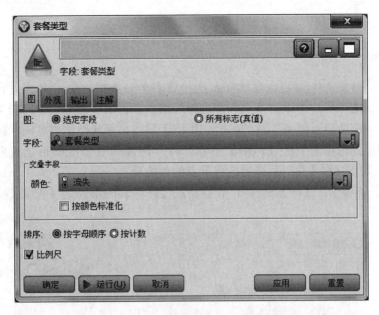

图 5—15　【分布】的【图】选项卡

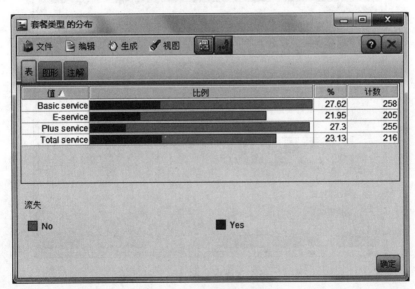

图 5—16　案例的条形图

● 按颜色标准化：该选项的作用是便于比较交叠变量的取值在绘图变量上的分布。在图 5—16 中，由于选择不同套餐类型的人数不同，对比他们的客户保留和流失份额并不直观。如果选中该选项，Modeler 自动将各条形均调整为最长，然后再以不同颜色反映交叠变量取值的比例分布。但注意如果这样设置将无法反映绘图变量自身取值的分布特点。

条形图的输出结果包括表、图形和注解三张选项卡。

图中深色为流失客户，浅色为保留客户。可见，选择基本服务（Basic service）套餐的客户人数最多，为 258 人，占总人数的 27.62%，且其流失比例也比较高。选择附加服务（Plus service）套餐的客户流失比例最低。由于图形分析相对粗略，5.2 节还将对该问题做数值上的进一步探讨。

2. 网状图

网状图是一种更为生动和直观地展示两个或多个分类型变量（尤其适合多分类型变量）相关性特征的图形。图形由节点和节点连线组成。每个节点对应一个分类型变量，连线代表两个分类型变量不同类别值的组合。因图形整体呈网状结构得名网状图。

选择【图形】选项卡中的【网络】节点，将其连接到数据流的恰当位置上。右击鼠标，选择弹出菜单中的【编辑】选项进行节点的参数设置。

（1）【图】选项卡。【图】选项卡用于设置【网络】图形中的主要参数，如图 5—17 所示。

图 5—17　【网络】的【图】选项卡

其中：

● 网络：表示绘制简单网状图，反映多个分类型变量两两之间相关性的强弱。应在【字段】框中指定多个分类型绘图变量。

本例，选择套餐类型和流失两个变量。

● 导向网络：表示绘制有方向的网状图，反映多个分类型变量与一个分类型变量之间相关性的强弱。

例如，若对比居住地、婚姻状况、电子支付、套餐类型哪些因素对客户流失更有影响，应绘制有方向的网状图。此时，【图】选项卡中将增加【结束字段】框。应在【源字段】框中指定居住地、婚姻状况、是否电子支付、套餐类型，在【结束字段】框中指定流失。

● 线值为：指定图中连线粗细的含义。【绝对值】（默认）表示用连线的粗细反映两变量交叉分组下的频数大小；【总体百分比】表示用连线的粗细反映两变量交叉分组下的频数总百分比大小；【目标字段/值的百分比】和【"源"字段/值的百分比】是两个相对百分比。

例如，样本中共有 100 个客户选择的服务套餐类型是附加服务，有 10 个客户流失了。如果有 5 个流失客户选择了附加服务，则以上两个相对百分比分别为 50％和 5％。

● 强链接较重：表示连线越粗代表的频数（或总百分比）越大，连线越细代表的频数（或总百分比）越小；【弱链接较重】意义相反，通常应用于欺诈甄别分析中。

● 仅显示真值标志：选中表示绘制精简网状图，对二分类型变量只显示取为真的节点。

（2）【选项】选项卡。【选项】选项卡用于设置【网络】图形中的其他可选参数，如图 5—18 所示。

图 5—18　【网络】的【选项】选项卡

其中：

● 链接数：用来控制网状图显示的连线条数。其中，【可显示的最大链接数】表示最多显示 80（默认）条连线；【仅显示以上链接】表示只显示频数大于指定值的连线；也可指定显示所有连线。

● 若记录过少则丢弃：表示不显示频数低于指定值的连线。

● 若记录过多则丢弃：表示不显示频数高于指定值的连线。

● 以下弱链接：表示频数低于指定值的连线用弱连接线（点线）表示。

● 以上强链接：表示频数高于指定值的连线用强连接线（加粗线）表示。

● 链接大小：指定不同线形的含义。其中，【链接大小连续变化】表示连线的粗细随所代表的频数多少而连续变化；【链接大小显示强/正常/弱类别】表示频数低于指定值的连线用弱连接线（点线）表示，高于指定值的连线用强连接线（加粗线）表示，其余用正常线表示。

● 网络显示：四种形式的【网络】图形，如图 5—19 所示。（a）为【图形布局】图，是标准的网状图；（b）为【网络布局】图，它将频数接近的连线合并为一条线；（c）为【定向布局】图，用于反映多个变量与一个变量间的关系；（d）为【网格布局】图，是一种常见的空间网状图。

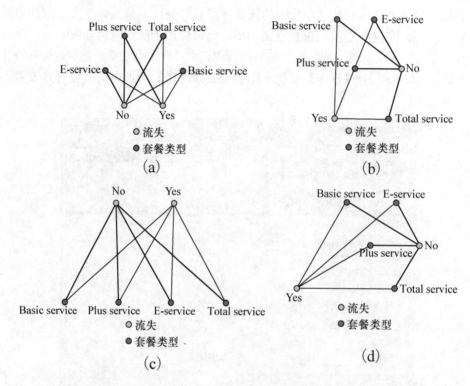

图 5—19　四种形式的网状图

本例的网状图如图 5—20 所示。

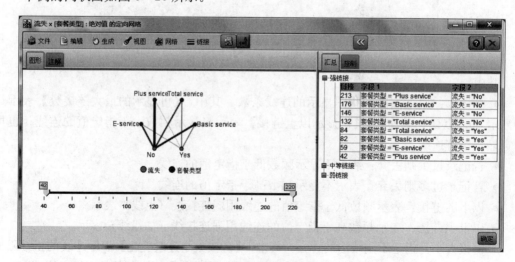

图 5—20　案例的网状图

由图可知：最细线代表 42 人，最粗线代表 220 人。选择附加服务类型的客户，其客户保持情况最好，它的未流失线明显粗于流失线。而选择基本服务类型的客户保持情况不如选择附加服务类型的客户保持情况理想。

可调整图下方的两个滑块，表示仅显现指定频数（或百分比）范围内的连线。

为得到更准确的数据，可按 ❯❯ 钮，显示图 5—20 右侧的表格数据。

5.2.2　两分类型变量相关性的数值分析

以上图形方法并不能准确反映两分类型变量之间的相关程度，因此精细的数值分析是必要的。

> 两分类型变量之间的相关性研究通常采用列联分析方法。列联分析包括两个方面：第一，计算两分类型变量的列联表；第二，在列联表的基础上分析表中行列变量之间的相关性。
>
> 【输出】选项卡中的【矩阵】节点可实现列联分析。

这里，对电信客户数据的分析目标是：分析客户流失与套餐类型是否相关。

1. 计算两分类型变量的列联表

选择【输出】选项卡中的【矩阵】节点，将其连接到数据流的恰当位置上。右击鼠标，选择弹出菜单中的【编辑】选项进行节点的参数设置。【矩阵】节点参数设置的重点在【设置】和【外观】选项卡上。

（1）【设置】选项卡。【设置】选项卡用于设置列联分析的主要参数，如图 5—21 所示。

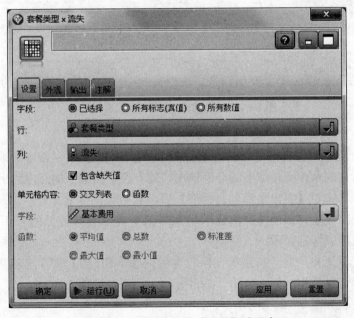

图 5—21　【矩阵】的【设置】选项卡

其中：

● 字段：【已选择】表示用户自行指定列联表中的行变量和列变量，即需在【行】和【列】框中选择变量并计算相应的列联表；【所有标志（真值）】表示 Modeler 默认选择数据流节点中所有的标志型变量，计算生成多张列联表，且仅显示取值为真的情况；【所有数值】表示生成的列联表只包含一个单元格，值为各观测行列变量取值的乘积的总和。

● 包含缺失值：选中表示在行列变量上取缺失值的样本也计算在内。

● 单元格内容：【交叉列表】表示列联表各单元格为频数（通常的列联表都是这样）；【函数】表示列联表各单元格为汇总变量在行列变量交叉分组下的描述统计量，应在【字段】框中指定汇总变量，在【函数】选项中选择统计量。

（2）【外观】选项。【外观】选项卡用于列联表其他参数的设置，如图 5—22 所示。

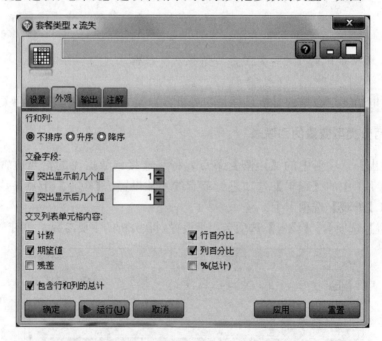

图 5—22　【矩阵】的【外观】选项卡

其中：

● 行和列：说明列联表行列变量的输出顺序。【不排序】表示按变量取值的自然顺序输出；也可以指定表示按变量取值的升序输出，或者按变量取值的降序输出。

● 交叠字段：选中【突出显示前几个值】表示频数较高的若干个（默认为 1）值的单元格，数据以红字显示；选中【突出显示后几个值】表示频数较低的若干个（默认为 1）值的单元格，数据以绿字显示。

● 交叉列表单元格内容：指定单元格包含的内容。【计数】表示观测频数；还包括期望频数、残差、行百分比、列百分比、总百分比、行列合计项。

本例的列联表如图 5—23 所示。

由表可知：

图 5—23   案例列联表计算结果（一）

1）总共 934 个客户中，客户保持和流失人数分别为 667 人和 267 人，总保持率为 71.4%，总流失率为 28.6%。客户保持情况不太理想。

2）总共 934 个客户中，选择基本服务（Basic service）套餐的客户人数最多，达 258 人，占总人数的 27.6%。电子服务（E-service）的客户人数最少，为 205 人，占总人数的 21.9%。总体上，套餐类型的分布差异不明显。

3）附加服务（Plus service）的客户忠诚度相对较高，255 人的保持率为 83.5%，高于总保持率，流失率仅为 16.5%，低于总流失率；全套服务（Total service）的客户忠诚度相对较低，216 人的保持率为 61.1%，低于总保持率，流失率为 38.9%，高于总流失率。可见，不同类型套餐客户的保持和流失存在差异。

因此，从基本描述角度看，客户流失与套餐类型是有关联的。

另外，【矩阵】节点还可以计算两分类型变量交叉分组下，另一个数值型汇总变量的基本描述统计量。例如，利用这个功能，对比两类客户在不同服务套餐下的基本费用。图 5—21 中，选择【单元格内容】中的【函数】选项，并在【字段】框中指定基本费用，计算结果如图 5—24 所示。

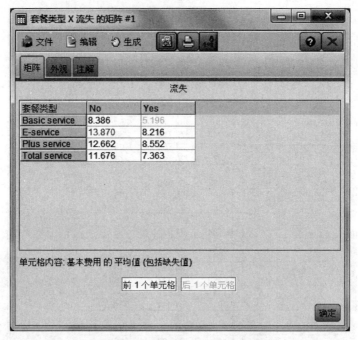

图 5—24　案例列联表计算结果（二）

显然，无论选择哪种服务套餐，流失客户的上月基本费用均值都低于未流失的。

2. 行列变量的相关性分析

本例的列联表反映出客户流失与套餐类型是有关联的，现在的任务是考察这种关联性是现有的特定数据使然，还是在总体数据上也表现出关联。对此，需利用统计学的卡方检验方法。

卡方检验方法属统计学的假设检验范畴，主要涉及以下四大步骤：

（1）提出原假设（H_0）：卡方检验的原假设是行变量与列变量独立。

（2）选择和计算检验统计量。卡方检验的检验统计量是 Pearson 卡方统计量，其数学定义为：

$$\chi^2 = \sum_{i=1}^{r} \sum_{j=1}^{c} \frac{(f_{ij}^o - f_{ij}^e)^2}{f_{ij}^e} \tag{5.3}$$

式中，r 为列联表的行数；c 为列联表的列数；f^o 为观测频数；f^e 为期望频数（expected count）。为明确卡方统计量的含义，首先应明确期望频数的含义。

本例各单元格的期望频数是图 5—23 中单元格内的第 2 个数字。例如，第 1 个单元格的期望频数为 184.246。

期望频数的计算方法是：

$$f_e = \frac{RT}{n} \times \frac{CT}{n} \times n = \frac{RT \times CT}{n} \tag{5.4}$$

式中，RT 是指定单元格所在行的观测频数合计；CT 是指定单元格所在列的观测频数合计；n 是观测频数的总计。

例如，选择基本服务的保持客户，期望频数 184.246 的计算公式是：$258 \times 667 \div 934 = 184.246$。这里的期望频数可以理解为：总共 934 个客户，保持和流失的分布是 71.41%：28.59%，如果遵从这种总体比例关系，选择基本服务套餐的 258 人中，保持和流失分布也应为 71.41%：28.59%，期望频数分别为：$258 \times 71.41\%$，$258 \times 28.59\%$。

可见，期望频数的分布与总体分布一致。也就是说，期望频数的分布反映的是行列变量互不相关，即原假设成立条件下的分布。

分析式（5.3）不难看出，卡方统计量观测值的大小取决于两个因素：第一，列联表的单元格个数；第二，观测频数与期望频数的总差值。在列联表确定的情况下，卡方统计量观测值的大小仅取决于观测频数与期望频数的总差值。总差值越大，卡方值也就越大，实际分布与期望分布的差距越大，表明行列变量之间越可能相关；反之，总差值越小，卡方值也就越小，实际分布与期望分布越接近，表明行列变量之间越可能独立。

那么，在统计上，卡方统计量观测值究竟大到什么程度才足够大，才能断定行列变量不独立呢？这就需要依据一个理论分布。由于该检验中的 Pearson 卡方统计量在原假设成立条件下近似服从卡方分布，因此可依据卡方理论分布找到相应自由度和显著性水平下的卡方临界值。

（3）确定显著性水平（significant level）和临界值。显著性水平 α 是指原假设为真却将其拒绝的风险，即弃真的概率，通常设为 0.05 或 0.01。在卡方检验中，由于卡方统计量服从（行数 -1）×（列数 -1）个自由度的卡方分布，因此，在行列数目和显著性水平 α 确定时，卡方临界值是唯一确定的。

（4）结论和决策。对统计推断做决策通常有以下两种方式：

1）根据统计量观测值和临界值比较的结果进行决策。在卡方检验中，如果卡方观测值大于卡方临界值，则认为卡方值已经足够大，实际分布与期望分布之间的差距显著，应拒绝原假设，断定列联表的行列变量间不独立，存在相关关系；反之，如果卡方观测值不大于卡方临界值，则认为卡方值不够大，实际分布与期望分布之间的差异不显著，不能拒绝原假设，即不能拒绝列联表的行列变量相互独立。

2）根据统计量观测值的概率 P-值和显著性水平 α 比较的结果进行决策。在卡方检验中，如果卡方观测值的概率 P-值小于等于 α，则认为在原假设成立的前提下，卡方观测值出现的概率很小，是一个本不应发生的小概率事件，应拒绝原假设，断定列联表的行列变量间不独立，存在依存关系；反之，如果卡方观测值的概率 P-值大于 α，则在原假设成立的前提下，卡方观测值出现的概率是非小概率，是极可能发生的，没有理由拒绝原假设，即不能拒绝列联表的行列变量相互独立。

以上两种决策方式本质上是完全一致的。Modeler 中将自动完成上述卡方检验过程，并给出卡方统计量的观测值以及相应的概率 P-值。在应用中，用户只要明确原假设，便可方便地按照第二种方式进行决策。

图 5—23 中，卡方统计量的观测值（卡方）为 30.861，自由度（df）为 3，概率 P-值（概率）几乎为 0，说明如果假设客户流失与套餐类型不相关成立，则得到现有样本数据的可能性接近 0。根据小概率原理，小概率事件在一次实验中不可能发生，但其却发生了，说明客户流失与套餐类型不相关的假设是不成立的。

§5.3 两总体的均值比较

> 两总体的均值比较以两组样本的对比为基础，最终目标是希望利用两组样本数据对样本来自的两个总体的平均值是否存在显著差异进行检验。

例如，分析保持客户和流失客户的各种费用的平均值是否存在显著差异。

对此，可先从图形分析入手，绘制费用的直方图并观察保持客户和流失客户的分布。如果分布差异不明显，则没有理由认为保持客户与流失客户的费用均值存在显著差异。反之，如果分布差异明显，则可以认为保持客户与流失客户的费用均值存在显著差异。

这种基于描述的图形分析只针对已有的样本数据，而且比较粗糙。进一步的研究应是分析样本均值呈现出的差异性在总体数据上是否仍然显著，可通过统计检验实现。

因此，两总体的均值比较，通常可首先绘制图形做一般的描述性分析，然后利用相关统计检验方法进行检验。

5.3.1 两总体均值比较的图形分析

这里，对电信客户数据的分析目标是：分析保持客户与流失客户的基本费用是否存在显著差异。采用的图形分析工具是直方图。

选择【图形】选项卡中的【直方图】节点，将其连接到数据流的恰当位置上。右击鼠标，选择弹出菜单中的【编辑】选项进行节点的参数设置。【直方图】节点的参数设置包括图、选项、外观、输出、注解五张选项卡。

1.【图】选项卡

【图】选项卡用于设置绘制直方图的主要参数，如图5—25所示。

图5—25 【直方图】的【图】选项卡

其中：

● 在【字段】框中选择一个数值型变量，该变量是直方图的 X 轴。

● 在【交叠字段】框中，选择一个交叠变量。【颜色】表示在直方图中以不同颜色表示交叠变量的不同取值；【面板】表示分别绘制交叠变量不同取值下的多张直方图；【动画】表示以动画方式分别显示交叠变量不同取值下的多张直方图。

2.【选项】选项卡

【选项】选项卡用于设置绘制直方图的其他可选参数，如图 5—26 所示。

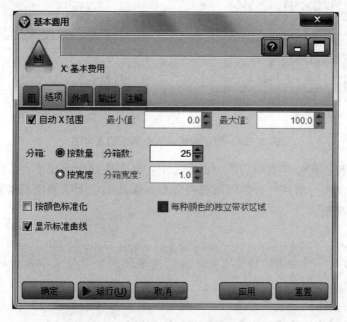

图 5—26 【直方图】的【选项】选项卡

其中：

● 自动 X 范围：如果只展示 x 轴变量在指定取值范围内的直方图，可给出取值范围。

● 分箱：【按数量】表示将数值型变量分成指定组，应在【分箱数】后的数字框中给出组数，组距根据变量取值的最大值和最小值，由 Modeler 自行计算确定；【按宽度】表示将数值型变量以指定的组距分组，应在【分箱宽度】后的数字框中给出组距，组数根据变量取值的最大值和最小值，由 Modeler 自行计算确定。

● 按颜色标准化：选中表示将直方图中反映各组频数（或频率）大小的条形高度调整为相等，且各条形图内以不同颜色表示交叠变量的取值分布。该选项适用于对比不同条形下交叠变量的分布。选中【每种颜色的独立带状区域】表示以不同颜色分别绘制交叠变量不同取值下的多个直方图。

● 显示标准曲线：选中表示在直方图中添加正态分布曲线，且分布曲线的均值和标准差分别等于样本数据的均值和标准差。

本例的数值型变量是基本费用，且交叠变量为流失，表示要分别观察流失和保持客户的基本费用的分布。标准直方图、添加正态分布曲线的直方图、选中【按颜色标准化】的直方图以及选中【每种颜色的独立带状区域】的直方图如图5—27所示。

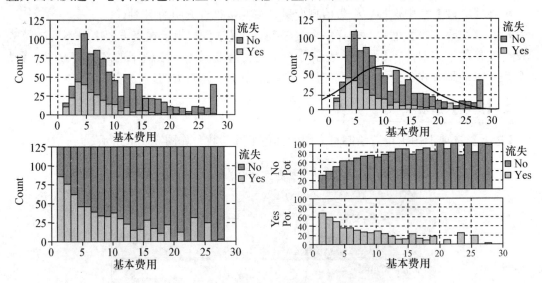

图5—27 案例各种设置参数下的直方图

由图粗略可知，在基本费用的高分值区域中，流失客户分布很少，大多集中在低分值区。而保持客户在高分值和低分值区域都有分布，仅从图形无法给出基本费用的均值是否存在显著差异的判断。

> 需要说明的是：两总体的均值比较仅通过简单的图形分析是不充分的，还需利用统计方法进行检验。
> 两总体的均值检验是在样本基础上，判断样本来自的两总体的均值是否存在显著差异，包括独立样本的均值检验和配对样本的均值检验。

5.3.2 独立样本的均值检验

> 独立样本的均值检验对象是独立样本。所谓独立样本，是指从一总体中抽取一组样本对从另一总体中抽取一组样本没有任何影响，两组样本的样本量可以不相等。
> Modeler 两独立样本的均值检验采用方差分析方法。

例如，电信客户分为保持客户和流失客户，各组客户的基本费用数据可看做两组独立样本。

1. 方差分析的基本思路

为了解方差分析的基本思路，应首先了解方差分析的基本概念。

方差分析将电信客户数据中的各种费用、家庭月收入、年龄等数值型变量称为观测因素或观测变量；将客户是否流失等分类型变量称为控制因素或控制变量；将控制变量的不同类别值（如保持客户、流失客户等）称为控制变量的不同水平。

方差分析从观测变量的方差入手，研究控制变量的不同水平是否对观测变量产生显著影响。方差分析认为，观测变量值的变化受两类因素的影响：第一类是控制因素（控制变量）不同水平产生的影响；第二类是随机因素（随机变量）产生的影响。这里随机因素主要指抽样误差。如果控制变量的不同水平对观测变量产生显著影响，那么，与随机变量共同作用必然使观测变量值在控制变量不同水平下的变动明显；反之，如果控制变量的不同水平没有对观测变量产生显著影响，那么，观测变量值的变动就不会很明显，其变动可以归结为是由随机变量的影响造成的。换句话说，如果观测变量值在控制变量的各个水平下出现了明显波动，则认为该控制变量是影响观测变量的主要因素。反之，如果观测变量值在控制变量的各个水平下没有出现明显波动，则认为该控制变量没有对观测变量产生重要影响，其数据的波动是由抽样误差造成的。

那么如何判断控制变量的不同水平下观测变量值是否产生了明显波动呢？原则是：如果控制变量各水平下的观测变量的总体分布出现了显著差异，则认为观测变量值发生了明显波动，意味着控制变量对观测变量产生了显著影响；反之，如果控制变量各水平下的观测变量的总体分布没有显著差异，则认为观测变量值没有发生明显波动，意味着控制变量对观测变量没有产生显著影响。

方差分析正是通过推断控制变量各水平下观测变量的总体分布是否有显著差异实现其分析目标的。与此同时，方差分析对控制变量不同水平下，观测变量各总体的分布有以下两个基本假设：

第一，观测变量各总体应服从正态分布。

第二，观测变量各总体的方差相同。

基于上述两个基本假设，方差分析对各总体分布是否有显著差异的推断就转化为对各总体均值是否存在显著差异的推断。

方差分析认为，观测变量值的变动受到控制变量和随机变量两方面的影响，据此，它将观测变量的总离差平方和分解为组间离差平方和与组内离差平方和两部分，数学表述为：

$$SST = SSA + SSE \tag{5.5}$$

式中，SST 为观测变量的总离差平方和；SSA 为组间离差平方和，是由控制变量的不同水平和随机因素造成的变差；SSE 为组内离差平方和，是由抽样误差引起的变差。

SST 的数学定义为：

$$SST = \sum_{i=1}^{k} \sum_{j=1}^{n_i} (x_{ij} - \bar{x})^2 \tag{5.6}$$

式中，k 为控制变量的水平数；x_{ij} 为控制变量第 i 个水平下第 j 个观测值；n_i 为控制变量第 i 个水平下的样本量；$\bar{x}$ 为观测变量均值。

SSA 的数学定义为：

$$SSA = \sum_{i=1}^{k} n_i (\bar{x}_i - \bar{x})^2 \tag{5.7}$$

式中，$\bar{x}_i$ 为控制变量第 i 个水平下观测变量的均值。可见，组间离差平方和是各水平组均值与总均值离差的平方和，反映了控制变量不同水平和随机因素对观测变量的影响。

SSE 的数学定义为：

$$SSE = \sum_{i=1}^{k} \sum_{j=1}^{n_i} (x_{ij} - \bar{x}_i)^2 \tag{5.8}$$

式（5.8）表明，组内离差平方和是每个观测数据与本水平组均值离差的平方和，反映了抽样误差的大小。数学上可以证明式（5.5）成立。

于是，可计算观测变量总离差平方和各部分所占的比例。容易理解：在观测变量总离差平方和中，如果组间离差平方和所占比例较大，则说明观测变量的变动主要由控制变量引起，可以主要由控制变量来解释，控制变量给观测变量带来了显著影响；反之，如果组间离差平方和所占比例较小，则说明观测变量的变动并非主要由控制变量引起，不可以主要由控制变量来解释，控制变量没有给观测变量带来显著影响，观测变量的变动是由随机变量造成的。

2. 方差分析的基本步骤

方差分析的基本步骤如下：

（1）提出原假设（H_0）。方差分析的原假设是：控制变量不同水平下观测变量各总体的均值无显著差异。

（2）选择检验统计量。方差分析采用的检验统计量是 F 统计量，数学定义为：

$$F = \frac{SSA/(k-1)}{SSE/(n-k)} = \frac{MSA}{MSE} \tag{5.9}$$

式中，n 为总样本量；$k-1$ 和 $n-k$ 分别为 SSA 和 SSE 的自由度；MSA 是平均组间平方和；MSE 是平均组内平方和，其目的是消除水平数和样本量给分析带来的影响。F 统计量服从 $(k-1, n-k)$ 个自由度的 F 分布。

（3）计算检验统计量的观测值和概率 P-值。Modeler 自动将相关数据代入式（5.9），计算 F 统计量的观测值和对应的概率 P-值。不难理解，如果控制变量对观测变量造成了显著影响，观测变量的总变差中控制变量造成的影响相对于随机变量必然较大，F 值显著大于 1；反之，如果控制变量没有对观测变量造成显著影响，观测变量的变差应归结为是由随机变量造成的，F 值接近 1。

（4）给出显著性水平 α，并做出决策。给出显著性水平 α，与检验统计量的概率 P-值作比较。如果概率 P-值小于显著性水平 α，应拒绝原假设，认为控制变量不同水平下观测变量各总体的均值存在显著差异，控制变量的不同水平对观测变量产生了显著影响；反之，如果概率 P-值大于显著性水平 α，不应拒绝原假设，认为控制变量不同水平下观测变量各总体的均值无显著差异，控制变量的不同水平对观测变量没有产生显著影响。

3. 独立样本均值检验的示例

这里，对电信客户数据的分析目标是：分析保持客户与流失客户的各种费用均值是否存在显著差异。

选择【输出】选项卡中的【均值】节点,将其连接到数据流的恰当位置上。右击鼠标,选择弹出菜单中的【编辑】选项进行节点的参数设置。【均值】节点的参数设置包括设置、选项、输出和注解四张选项卡。

(1)【设置】选项卡。【设置】选项卡用于设置均值检验的主要参数,如图 5—28 所示。

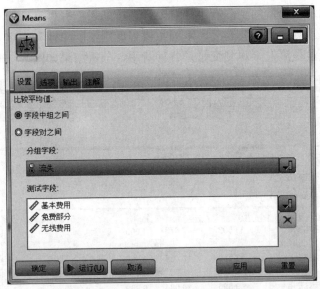

图 5—28　【均值】的【设置】选项卡(一)

其中:

● 比较平均值:【字段中组之间】表示进行独立样本的均值比较;【字段对之间】表示进行配对样本的均值比较,具体方法见 5.3 节。

● 如果选择了【字段中组之间】项,应在【分组字段】中指定控制变量,在【测试字段】中指定观测变量。

(2)【选项】选项卡。【选项】选项卡用于设置均值检验的其他可选参数,如图 5—29 所示。

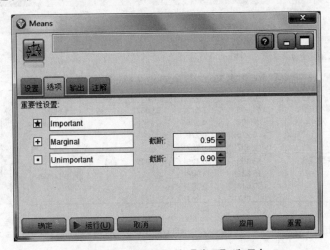

图 5—29　【均值】的【选项】选项卡

其中：

● 重要性设置：用来设置 1—显著性水平 α，即置信水平。通常，置信水平设为 0.95，表示把握程度是 95%，即有 95% 的把握认为控制变量不同水平下观测变量的均值存在显著差异。从预测角度上看，如果将控制变量看成输入变量，观测变量看成输出变量，则可认为，控制变量对观测变量的预测有重要意义。同理，如果把握程度在 0.90～0.95 之间，则认为控制变量对观测变量的预测有中等重要意义；如果把握程度低于 0.90，则认为控制变量对观测变量的预测没有重要意义。不同重要程度用不同图标和文字表示。

本例的控制变量是流失，观测变量是各种费用，分析结果如图 5—30 所示。

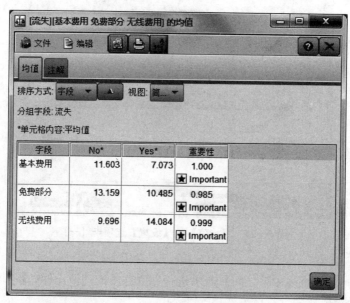

图 5—30（a）　独立样本均值检验结果（一）

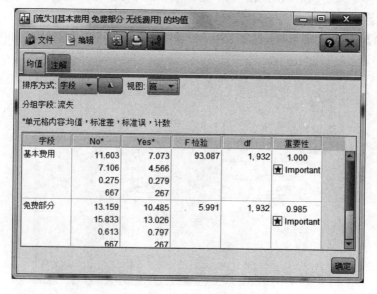

图 5—30（b）　独立样本均值检验结果（二）

Modeler 默认输出图 5—30（a）所示的简要分析结果。单元格显示了相应观测变量在控制变量不同水平下的样本均值。例如，保持客户的免费部分的均值为 13.16，流失客户为 10.49；【重要性】列中的 0.985，表示方差分析 F 统计量的概率 P-值为 $1-0.985=0.015$。在图 5—29 所设置的显著性水平 α 下，免费部分的均值在流失客户和保持客户中存在显著差异，且流失变量对预测免费部分费用有重要意义。其他结果同理。

鼠标单击列表标题，如字段，No*，Yes*，重要性，可重新排序输出结果；选择【视图】选项下的【高级】，可显示如图 5—30（b）所示的详尽分析结果，单元格显示均值、标准差、均值标准误差、样本量，【F 检验】列为 F 统计量的观测值，【df】列为 F 统计量中分子和分母的自由度。

5.3.3　配对样本的均值检验

配对样本的均值检验对象是配对样本。所谓配对样本，可以是个案前后状态下某属性的不同特征值，也可以是某事物不同侧面或方面的描述。

例如，为研究某种减肥茶是否有显著的减肥效果，需要对肥胖人群喝茶前与喝茶后的体重进行分析。数据收集时可以采用独立抽样方式，但这种抽样由于没有将肥胖者自身或其环境等其他因素排除出去，分析结果很有可能是不准确的。因此，通常要采用配对的抽样方式，即首先从肥胖人群中随机抽取部分志愿者并记录下他们喝茶前的体重。喝茶一段时间以后，重新测量这些肥胖志愿者的体重。这样获得的两组样本就是配对样本。

又例如，为分析两种不同促销方式对商品销售额是否产生显著影响，需要分别收集任意几种商品在不同促销形式下的销售额数据。为保证研究结果的准确性，也应采用配对的抽样方式。即随机选取几种商品，并分别记录它们在两种不同促销方式下的销售额。这样的两组样本也是配对的。

再例如，电信客户数据中，基本费用和免费部分两组数据也可看做配对样本。

1.　配对样本均值检验的基本步骤

配对样本均值检验的基本步骤如下：

（1）提出原假设（H_0）：配对样本均值检验的原假设为两总体均值无显著差异，表述为 $H_0 : \mu_1 - \mu_2 = 0$。μ_1，μ_2 分别为第一和第二总体的均值。

（2）选择检验统计量。基本思路是：首先，对两组配对样本分别一一对应计算出每个观测的差值，得到差值样本；然后，利用差值样本，对差值总体的均值是否显著为 0 进行检验。显而易见，如果差值样本来自的总体，均值与 0 有显著差异，则可认为两配对样本来自的总体，其均值有显著差异；反之，如果差值样本来自的总体，均值与 0 无显著差异，则可认为两配对样本来自的总体，其均值不存在显著差异。检验统计量采用 t 统计量，数学定义为：

$$t = \frac{\overline{D}}{\sqrt{\dfrac{S^2}{n}}} \tag{5.10}$$

式中，$\overline{D}$ 为差值样本的均值；S^2 为差值样本的方差；n 为样本量。该统计量服从 $n-1$ 个自由度的 t 分布。

（3）计算检验统计量的观测值和概率 P-值。Modeler 将计算差值样本，并将相应数据代入式（5.10），计算 t 统计量的观测值和对应的概率 P-值。

（4）给出显著性水平 α，并做出决策。给出显著性水平 α，与检验统计量的概率 P-值作比较。如果概率 P-值小于显著性水平 α，应拒绝原假设，认为差值总体的均值与 0 有显著不同，两配对样本来自的总体，均值有显著差异；反之，如果概率 P-值大于显著性水平 α，则不应拒绝原假设，不能认为差值总体的均值与 0 有显著不同，两配对样本来自的总体，均值不存在显著差异。

2. 配对样本均值检验的示例

这里，对电信客户数据的分析目标是：分析客户基本费用的均值与免费部分的均值是否存在显著差异。

选择【输出】选项卡中的【均值】节点，将其连接到数据流的恰当位置上。右击鼠标，选择弹出菜单中的【编辑】选项进行节点的参数设置。其中，【设置】选项卡如图 5—31 所示。

图 5—31　【均值】的【设置】选项卡（二）

其中：

- 选择【字段对之间】选项表示进行配对样本的均值检验。
- 在【字段 1】和【字段 2】中指定两配对变量，按【添加】钮到测试字段对框中。
- 按【相关设置】钮进行相关分析，同图 5—2。

本例的计算结果如图 5—32 所示。

Modeler 默认输出图 5—32（a）所示的简要分析结果。表格依次列出了两配对样本的均值、简单相关系数、配对样本的均值差、重要性（等于 $1-t$ 统计量的概率 P-值）。可见，基本费用和免费部分的样本均值存在显著差异。同时，两者相关系数不高，从统计检验角度，拒绝了它们零相关的假设。

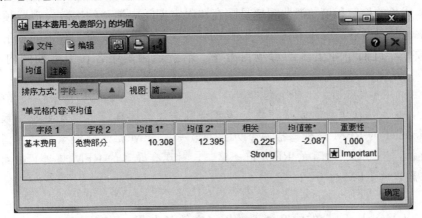

图 5—32（a） 配对样本均值检验结果（一）

选择【视图】选项下的【高级】，可显示图 5—32（b）所示的详尽分析结果。单元格显示两配对样本的均值、标准差、均值标准误差、样本量等，其余列还包括两均值差的 95% 置信区间，即基本费用的平均值低于免费部分的平均值，且最多低 3.06，最少低 1.12。t 统计量的观测值（T 检验）为 -4.217，自由度（df）为 933。

图 5—32（b） 配对样本均值检验结果（二）

§5.4 RFM 分析

5.4.1 什么是 RFM 分析

RFM 是最近一次消费（Recency）、消费频率（Frequency）、消费金额（Monetary）的英文首字母缩写，是企业顾客数据分析的最重要的三个指标。

最近一次消费是顾客前一次消费时间距某个时点的间隔。理论上，最近一次消费越近的顾客应该是比较好的顾客，也是对提供即时商品或服务最有可能反应的顾客。从企业角度看，最近一次消费很近（如一个月）的顾客数量，及其随时间推移的变化趋势，能够有效揭示企业成长的稳健程度。消费频率是顾客在限定期间内消费的次数。消费频率较高的顾客，通常也是对企业满意度和忠诚度较高的顾客。从企业角度看，有效的营销手段能够提高消费频率，进而争夺更多的市场占有率。消费金额是顾客在限定期间内的消费总金额。

> 总之，最近一次消费、消费频率、消费金额是测算顾客价值最重要也是最容易的方法。Modeler 的 RFM 分析包括两个方面：第一，RFM 汇总，即根据顾客消费的原始明细数据，汇总每个顾客的 RFM 值；第二，对现有顾客的 RFM 值进行分组，计算得到每个顾客的 RFM 得分。

这里，以 Modeler 自带的顾客消费数据（文件名为 Transactions. txt）为例，就上述两个方面分别讲解 Modeler 的 RFM 分析。

5.4.2 RFM 汇总

> RFM 汇总是根据顾客消费的原始明细数据，自动汇总计算每个顾客的 RFM 值。【记录选项】选项卡中的【RFM 汇总】节点用于实现 RFM 汇总。

1. 读入顾客消费的原始明细数据

选择【源】选项卡中的【可变文件】节点，读入顾客消费的原始明细数据。该数据包括 CardID（顾客卡号）、消费日期（Date）和消费金额（Amount）三个变量。其中，CardID 的存储类型为字符串，Date 为整数型（例如，如果消费日期是 2001 年 3 月 20 日，则变量值为 20010320），Amount 为实数型。利用【输出】选项卡中的【表】节点浏览原始数据，共读入 69 215 条原始明细数据。

2. 对原始明细数据进行变量变换

为服务于后续的 RFM 汇总，选择【字段选项】选项卡中的【填充】节点，利用 CLEM 函数将消费日期的存储类型转换为日期型。【填充】节点的参数设置窗口如图 5—33 所示。

选择【记录选项】选项卡中的【排序】节点，将明细数据按 CardID 的升序排列，并利用【输出】选项卡中的【表】节点浏览数据。

3. 对原始明细数据进行 RFM 汇总

选择【记录选项】选项卡中的【RFM 汇总】节点，将其添加到数据流的恰当位置上。右击鼠标，选择弹出菜单中的【编辑】选项进行节点的参数设置。【RFM 汇总】的【设置】选项卡如图 5—34 所示。

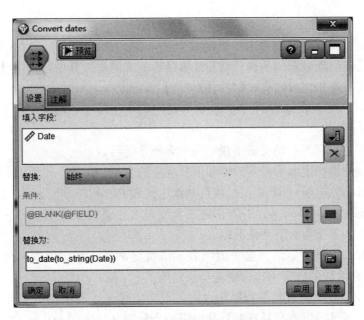

图 5—33 将消费日期的存储类型转换为日期型

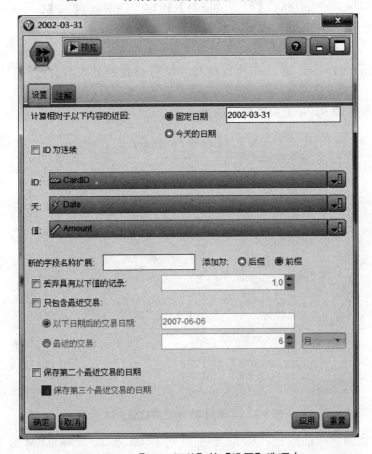

图 5—34 【RFM 汇总】的【设置】选项卡

其中：

• 计算相对于以下内容的近因：指定一个时间点，RFM 汇总时将在顾客消费明细数据中，找到距此时间点最近的消费日期并计算最近一次消费。其中，选中【固定日期】表示给定一个固定日期作为时间点；【今天的日期】表示以今天为时间点。

• ID 为连续：如果明细数据已按 ID 框中指定的变量排序，则选中该项，可提高计算效率。否则不选。

• ID：指定可识别客户的关键变量，通常为顾客卡号。

• 天，值：分别指定表示消费日期和消费金额的变量。

• 新的字段名称扩展：RFM 汇总将自动派生代表 RFM 的三个变量，名称分别为 Recency，Frequency 和 Monetary。若需在这三个变量名上添加扩展名，则在该框后给出扩展名，并指定扩展名作为前缀还是后缀。

• 丢弃具有以下值的记录：选中该项表示消费金额低于指定值的明细数据将不参与 RFM 汇总，应在后面的数字下拉框中选择指定值。

• 只包含最近交易：当明细数据较大时，可指定仅最近的明细数据参与 RFM 汇总。其中，选中【以下日期后的交易日期】并给定一个日期（如 2001-01-01），表示该日期以后的明细数据参与 RFM 汇总；【最近的交易】指定上述时间点（【以下日期后的交易日期】）以前的若干年（或月或周或日）的明细数据参与 RFM 汇总。

• 保存第二个最近交易的日期：选中表示派生新变量，记录每个顾客倒数第二次消费时间距指定时间点的间隔。也可指定保存每个顾客倒数第三次消费时间距指定时间点的间隔。

图 5—35 是本例 RFM 汇总的部分结果。

	CardID	Recency	Frequency	Monetary
1	C0100000199	92	3	597.000
2	C0100000343	205	6	700.940
3	C0100000375	150	4	223.980
4	C0100000482	111	4	197.980
5	C0100000689	95	2	428.000
6	C0100000789	92	3	777.000
7	C0100000915	101	1	49.000
8	C0100001116	223	6	942.970
9	C0100001139	202	4	339.490
10	C0100001156	156	2	528.000
11	C0100001244	257	3	339.930
12	C0100001405	287	2	153.990
13	C0100001916	124	5	371.980
14	C0100002002	195	4	957.990
15	C0100002206	106	4	312.980
16	C0100002536	141	3	246.990
17	C0100002691	175	2	388.000
18	C0100003019	177	3	1312.990
19	C0100003346	150	4	491.000
20	C0100003753	289	1	124.000

图 5—35　案例 RFM 汇总的部分结果

对 69 215 条原始明细数据，RFM 汇总得到了 12 589 个顾客 RFM 数据。以卡号为 C0100000199 的顾客为例，他最近一次消费距指定时间点 2002-03-31 间隔 92 天，其间共消费了 3 次，消费金额合计 597 元。

5.4.3　计算 RFM 得分

　　Modeler 中 RFM 得分的计算原理是：首先，将 R，F，M 值分组，每个样本在 R，F，M 上的分组结果（组号）就是它对应 R，F，M 的分项得分。然后，计算 RFM 得分。计算方法是：R 得分×R 的权数＋F 得分×F 的权数＋M 得分×M 的权数。通常，RFM 得分较高的顾客应是比较理想的顾客。

　　【字段选项】选项卡中的【RFM 分析】节点用于计算 RFM 得分。

　　选择【字段选项】选项卡中的【RFM 分析】节点，将其添加到数据流的恰当位置上。右击鼠标，选择弹出菜单中的【编辑】选项进行节点的参数设置。RFM 节点的参数设置包括设置、分箱值、注解三张选项卡。

1.【设置】选项卡

【设置】选项卡用于设置计算 RFM 得分中的主要参数，如图 5—36 所示。

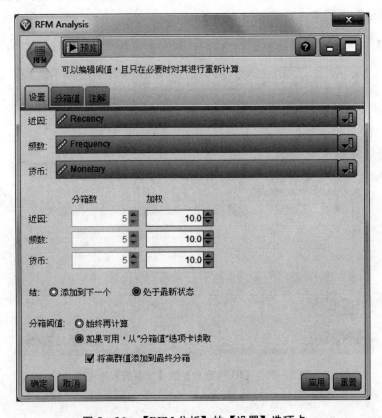

图 5—36　【RFM 分析】的【设置】选项卡

其中：

● 近因、频数、货币：指定代表 RFM 的变量。

- 分箱数：分别指定 RFM 的分组个数，默认均为 5 组。最小组数为 2，最大组数为 9。
- 加权：分别指定计算 RFM 得分时，R，F，M 的权数。权重越高则相应项在 RFM 得分中的作用越大。通常 R 的权数最高，默认为 100，其次是 F 和 M，默认为 10 和 1。
- 结：指定"打结"时的分组策略。

RFM 的分组默认采用统计上的分位数分组，即将样本数据等分为指定的组数，每组内的样本量理论上相等，具体见第 6 章。在实际应用中，变量值相同的观测，即为"打结"。有两种分组策略：第一，变量值相同的观测分在同一组内。该策略不能完全满足各组样本量相同的要求。第二，按样本量相等原则，分到下一组中。【添加到下一个】为第二种策略；【处于最新状态】为第一种策略。

- 分箱阈值：选中【始终再计算】表示数据流中的数据更新后，重新自动进行分组；选中【如果可用，从"分箱值"选项卡读取】表示用户可自行指定分组组数，并通过【分箱值】选项卡，自动或手动指定各分组组限。
- 将离群值添加到最终分箱：选中表示 RFM 值低于最小组限的样本归入最小组，高于最大组限的样本归入最大组。否则，分组结果取系统缺失值 $null$。

2.【分箱值】选项卡

【分箱值】选项卡用于自动或手动指定 RFM 分组的组限，如图 5—37 所示。

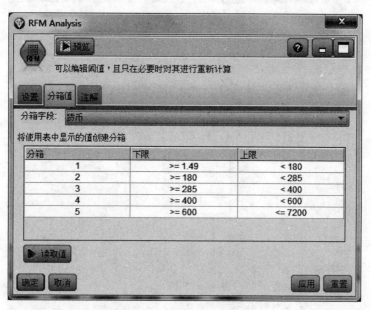

图 5—37　【RFM 分析】的【分箱值】选项卡

其中：
- 分箱字段：分别选择代表 R，F，M 的变量，并分别对它们分组。
- 【将使用表中显示的值创建分箱】下的列表框分别显示了分组组号及相应分组的下限和上限。可按【读取值】钮，由 Modeler 自行确定分组组限，也可手工修改组限值。

> 需要说明的是：F，R，M 的三个分项得分应具有一致性。由于 R 是值越小越好，F 和 M 是值越大越好，因此，为保持得分含义的同向性，R 取值越大，组号越小。

图 5—38 是本例 RFM 得分的部分结果。

	CardID	Recency	Frequency	Monetary	Recency Score	Frequency Score	Monetary Score	RFM Score
1	C0100000199	92	3	597.000	5	2	4	110.000
2	C0100000343	205	6	700.940	5	5	5	150.000
3	C0100000375	150	4	223.980	5	3	2	100.000
4	C0100000482	111	4	197.980	5	3	2	100.000
5	C0100000689	95	2	428.000	5	1	4	100.000
6	C0100000789	92	3	777.000	5	2	5	120.000
7	C0100000915	101	1	49.000	5	1	1	70.000
8	C0100001116	223	6	942.970	5	5	5	150.000
9	C0100001139	202	4	339.490	5	3	3	110.000
10	C0100001156	156	2	528.000	5	1	4	100.000
11	C0100001244	257	3	339.930	5	2	3	100.000
12	C0100001405	287	2	153.990	5	1	1	70.000
13	C0100001916	124	5	371.980	5	4	3	120.000
14	C0100002002	195	4	957.990	5	3	5	130.000
15	C0100002206	106	4	312.980	5	3	3	110.000
16	C0100002536	141	3	246.990	5	2	2	90.000
17	C0100002691	175	2	388.000	5	1	3	90.000
18	C0100003019	177	3	1312.990	5	2	5	120.000
19	C0100003346	150	4	491.000	5	3	4	120.000
20	C0100003753	289	1	124.000	5	1	1	70.000

图 5—38　案例 RFM 得分的部分结果

以卡号为 C0100000199 的顾客为例，他在 R，F，M 上的分项得分分别为 5，2，4，其消费频率得分不高，最终的 RFM 得分为 110。

后续，可将样本按 RFM 得分的降序重新排列，并挑出得分最高的前 10 000 名顾客。从综合角度看，这些顾客应该是比较理想的顾客。案例的完整数据流如图 5—39 所示。

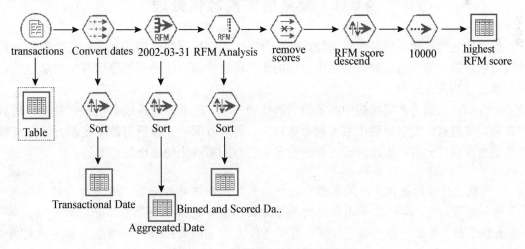

图 5—39　案例 RFM 分析的数据流

第 6 章

Modeler 的数据精简*

数据精简在数据挖掘中至关重要。数据挖掘的分析对象是海量数据，其海量特征主要体现在两个方面：第一，样本量庞大；第二，变量个数较多。海量数据无疑会影响数据建模的效率。为此可采取的处理策略包括：第一，压缩样本量；第二，简约变量值；第三，减少变量个数，即变量降维。

压缩样本量的方法已在 4.3 节讨论过，本章将就第二和第三点做重点讨论。

§6.1 变量值的离散化处理

变量值的离散化处理是变量值简约的一种方法。变量值简约的前提是：将数值型变量在较低数量级上的取值差异，看做可忽略的小的随机波动，简约和消除这种小的随机波动对数据的分析没有影响。

一方面，为提高数据挖掘中海量数据的处理效率，通常要对连续数值型变量进行离散化处理，通过减少变量取值个数实现数据精简；另一方面，并非所有数据挖掘方法都支持对数值型变量的分析，因此为适应算法要求而进行的离散化处理也是必要的。

> 离散化处理的统计方法是变量值分组，数据挖掘中称为分箱。常用的分箱方法可大致分为两大类：第一类是无指导的数据分箱，主要包括组距分组、分位数分组、单变量值分组、均值—标准差分组等；第二类是有指导的数据分箱，主要指基于最短描述长度原则的熵分组。
>
> 【字段选项】选项卡中的【分箱】节点用来实现变量值的离散化处理。

---

* 本章的数据流文件：数据精简.str。

6.1.1　无指导的数据分组

> 　　无指导的数据分组是指仅从分组对象——数值型变量自身出发进行分组，不考虑分组结果对其他变量的影响。换句话说，数值型变量的分组是在没有其他相关变量指导下进行的。
>
> 　　无指导的数据分组方法主要指统计上的组距分组、分位数分组、单变量值分组、均值—标准差分组等。它们依据不同的标准将数值型数据划分成不同的组别。

1.　组距分组

组距分组是数据分箱的最基本方法，包括等距分组和非等距分组。

等距分组是指各个组别的上限与下限的差，即组距均是相等的。例如，对月收入数据按组距 500 元划分成若干组，就是等距分组。非等距分组是指各组别的组距不全相等。例如，通常人口研究中的年龄段分组就是典型的非等距分组。

确定组数和组距是组距分组的关键，应对变量取值有全面的了解，同时还要满足数据分析的实际需要。

应注意的是，分组后的数据（即分组数据）如果在后续建模中作为输入变量，用于对输出变量的分类预测，那么不恰当的组距分组可能会使某些组的样本量很多，而另外一些组的样本量很少。这种情形对后续分类模型的建立是极为不利的，因为模型对少量样本组的学习存在"先天不足"。

2.　分位数分组

分位数分组的基本思想是将样本等分成若干组，各组所包含的样本量相同，且组限值是相应分位点上的分位值。

例如，将样本等分为 4 组，于是分位点依次是 25％，50％和 75％，在这些点上的变量值将分别作为 4 个组的组限。

分位数分组后，各组的样本量理论上是相同的，但有时也会出现例外。例如，进行四分位分组时，如果有 30％的样本的变量值都等于某个值，那么通常应将这 30％的样本划在同一组内以确保取值相同的观测处在同一组。由此导致的必然结果是该组样本量偏大，虽然不尽理想，但仍是较为合理的策略。

另外，为解决某些现实问题，Modeler 还对分位数分组方法进行了拓展。拓展思路是：在指定组数的前提下，依据各组变量值总和近似的原则进行分组。于是，变量值较小的组，样本量较多；变量值较大的组，样本量相对较少。

例如，2，3，5，6，7，12 六个数若分成 3 组，则三组分别是（2，3，5），（6，7），（12），各组的总和是最接近的。

这样的分组方法可解决某些现实问题。例如，西餐快餐店中多个窗口同时营业，各窗口排队的顾客人数大致相同，但各个窗口所对应的生产线上的服务生，其制作效率有高有低。为保证各窗口服务速度基本持平，避免顾客抱怨，最简单的方法是将效率低的多个服务生安排在同一生产线上，而安排少数几个效率高的服务生在另外的生产线上。当然，鉴于生产线资源的限制，更现实的方式是高效率搭配低效率。但如果问题涉及的数据量极为庞大，则这种高低或大小搭配的解就会很多。

3. 单变量值分组

单变量值分组也称为秩分组。它将所有变量值按降序或升序排列，排序名次即为分组结果，且变量值相同的归在同一组内。

例如，2，3，5，6，6，7，12 七个数，秩分组的结果依次是 1，2，3，4.5，4.5，6，7，变量值相同的取排位的平均数。

4. 均值—标准差分组

均值—标准差分组以变量均值为中心，加减 1 个（或 2 个或 3 个）标准差的值为组限，将变量值分为 3 组（或 5 组或 7 组）。

6.1.2 有指导的数据分组

> 有指导的数据分组是指对数值型变量分组时，考虑分组结果对其他变量的影响。换句话说，数值型变量的分组是在其他相关变量指导下进行的。
>
> Modeler 中，有指导的数据分组方法主要指基于最短描述长度原则的熵分组。

基于最短描述长度原则，即 MDLP（Minimum Description Length Principle）的熵分组是 1993 年由法亚德（Fayyad）和艾拉尼（Irani）提出的一种有指导的数据分箱方法。其基本思想是，如果分组后的输入变量对输出变量取值的解释能力显著低于分组之前，那么这样的分组是没有意义的。所以，待分组变量（视为输入变量）应在输出变量的指导下进行分组。

基于 MDLP 的熵分组的核心测度指标是信息熵和信息增益。

1. 信息熵

信息熵（Entropy）是平均信息量的测度指标。从数据分析角度看，极端情况下如果某输入变量只有一个取值，也就是所有样本在该变量上取相同的值，没有差异，那么这个输入变量事实上并没有给输出变量的分类预测带来任何有意义的信息，可认为它所提供的信息量为 0。因此，信息量的多少代表了变量取值差异的程度，信息熵是定类型变量取值差异性的测度指标。

样本集合 S 中，对于一个具有 k 个类别的输出变量 C，设其取第 i 个类别的概率为 $P(C_i, S)$，则信息熵 $Ent(S)$ 定义为：

$$Ent(S) = -\sum_{i=1}^{k} P(C_i, S) \log_2(P(C_i, S)) \tag{6.1}$$

式中，采用以 2 为底的对数是为了符合计算机二进制信息量的计量单位 bit，取负号是使熵取值为正。

如果变量 C 取第 i 个类别的概率为 1，其他类别的均为 0，即 $P(C_i, S)=1$，$P(C_j, S)=0(j \neq i)$，则熵为 0，表示变量 C 取值不存在异质性，平均不确定性最小，包含的信息量最少；如果变量 C 取各个类别的概率相等，即 $P_i=\dfrac{1}{k}(i=1, 2, \cdots, k)$，则熵为 $-\log_2 \dfrac{1}{k}$，表示变量 C 取值的异质性最大，平均不确定性最大，包含的信息量最多。显然，信息熵值越大，变量 C 取值的异质性越大，平均不确定性越大，信息量越多。

2. 信息增益（gains）

对于输入变量 A（待分组变量），指定一个组限值 T，将样本集合 S 划分为 S_1 和 S_2。于是，信息熵 $Ent(A, T; S)$ 定义为：

$$Ent(A, T; S)=\frac{|S_1|}{|S|}Ent(S_1)+\frac{|S_2|}{|S|}Ent(S_2) \tag{6.2}$$

式中，$|S_1|$，$|S_2|$，$|S|$ 为样本集 S_1，S_2，S 的样本量。

于是，输入变量 A 的组限值 T 带来的信息增益 $Gains(A, T; S)$ 定义为：

$$Gains(A, T; S)=Ent(S)-Ent(A, T; S) \tag{6.3}$$

3. 信息熵和信息增益的计算示例

例如，超市记录了 14 名顾客在某类商品前停留挑选的时间（秒钟）及其年龄段、性别和最后是否购买的数据，目的是研究挑选时间和其他因素对顾客的购买决策有怎样的影响。数据按挑选时间排序后的结果如表 6—1 所示。

表 6—1　　　　　　　　　顾客情况和是否购买的数据（文件名为 Purchase. xls）

挑选时间	64	65	68	69	70	71	72	72	75	75	80	81	83	85
年龄段	B	A	A	C	B	B	C	C	C	A	B	A	A	C
性别	1	1	0	1	0	0	0	0	1	0	1	1	0	0
是否购买	yes	yes	yes	no	yes	yes	yes	yes	no	no	yes	no	no	yes

这里，对挑选时间（输入变量）进行有指导的分组，指导变量为是否购买（输出变量）。样本集合 S 包含 14 个观测，挑选时间记为输入变量 A，是否购买记为输出变量 C。

（1）计算分组前输出变量 C 的熵。

$$\begin{aligned}Ent(S)&=-\sum_{i=1}^{k}P(C_i, S)\log_2(P(C_i, S))\\&=-\frac{9}{14}\log_2\frac{9}{14}-\frac{5}{14}\log_2\frac{5}{14}=0.940\,2\end{aligned}$$

（2）计算分组后输出变量 C 的熵。

设组限值 $T=80.5$，通常组限值可设为两相邻值的平均。小于等于 80.5 的为一组，大于 80.5 的为另一组，有

$$Ent(A,T;S)=\frac{|S_1|}{|S|}Ent(S_1)+\frac{|S_2|}{|S|}Ent(S_2)$$
$$=\frac{11}{14}\left(-\frac{8}{11}\log_2\left(\frac{8}{11}\right)-\frac{3}{11}\log_2\left(\frac{3}{11}\right)\right)+\frac{3}{14}\left(-\frac{1}{3}\log_2\left(\frac{1}{3}\right)-\frac{2}{3}\log_2\left(\frac{2}{3}\right)\right)$$
$$=0.860\ 9$$

（3）计算信息增益。

$$Gains(A,T;S)=Ent(S)-Ent(A,T;S)=0.940\ 2-0.860\ 9=0.079\ 3$$

容易理解，在组限值 T 所划分的组 S_1 和 S_2 中，如果输出变量 C 分别均取 yes 和 no，那么这个组限值 T 对预测输出变量 C 的取值来说是最理想的。此时的熵最小，信息增益最大。可见，信息增益越大，说明依据组限值 T 分组输入变量 A 越有意义。

按照上述计算方法，可分别计算出组限值 T 取所有可能值分组后的熵 $Ent(A，T；S)$ 和信息增益。然后，选择信息增益最大且有意义的组限值 T 首先进行分组。这个过程可在所得的各个分组中不断重复。

不难想象，上述分组过程不断重复的最终结果是各样本自成一组。事实上这样的分组结果是没有意义的，也就是说，上述分组过程应依据某个原则或标准，在某个"时刻"停止，这个原则就是 MDLP。

4. MDLP

MDLP 体现的是科学界公认的原则，即在条件相同的情况下，简单的理论比复杂的理论更可靠，最好的科学理论应该是最简单的。在数据挖掘中，大多数算法都存在误差，事实上不存在一个完美的算法能够解释所研究的全部数据。但人们要找到一种算法，它可以解释除例外以外的其他绝大部分数据。于是，要做的就是阐述清楚算法和算法的例外即可。尽管这个算法并不完美，但与更复杂的算法相比，它简洁的优势足以弥补其无法解释例外数据的缺陷，因为从信息论角度看，简单理论所反映的数据规律只需较短信息就可描述。

MDLP 最初是数据压缩的评价标准，数据挖掘中主要用于评价数据编码方案的优劣。从信息传递角度看，短小的数据编码比冗长的编码传输效率更高。MDLP 认为，数据编码应由描述数据规律的模型编码，以及对无法用模型解释的例外数据的编码两部分组成。前者编码越小，说明模型越精简；后者编码越小，说明模型对数据的概括能力越强。通常，无法保证前后两者的编码同时达到最小，因此希望找到一种平衡，使得编码的总长度达到最小。

MDLP 的编码问题较为复杂，这里只对分组问题中的编码加以说明。

一方面，分组的意义在于，当确定一个合理的组限值后，最理想的情况是，小于等于组限值的样本，其输出变量均取同一类别；大于组限值的样本，其输出变量均取另一类别。例如，挑选时间长于 70 秒的顾客都会购买，低于 70 秒的都不购买。可见，这样的分组对输出变量的分类预测有重要意义，可看做分组带来的收益。这里用信息增益作为收益的量化表示。

另一方面，从信息传输角度看，分组也是有代价的，即需要一定长度的编码来描述分组方案。分组方案越复杂，描述所用的编码长度就越长。这里的编码长度定义为：

$$\frac{\log_2(N-1)}{N}+\frac{\Delta(A,T;S)}{N} \qquad\qquad (6.4)$$

式中，N 为样本量 $|S|$。

$$\Delta(A,T;S)=\log_2(3^k-2)-[kEnt(S)-k_1Ent(S_1)-k_2Ent(S_2)]$$

式中，k_1，k_2 为样本集 S_1，S_2 所包含的输出变量 C 的类别数。

容易理解，判断上述分组过程是否应该继续的标准是：分组带来的收益应大于代价，即

$$Gains(A,T;S)>\frac{\log_2(N-1)}{N}+\frac{\Delta(A,T;S)}{N} \qquad\qquad (6.5)$$

也就是说，当信息增益不大于编码长度时，分组就不应再继续下去了。

从信息论信号传递的角度看，分组前，要传递输出变量 C（设 1 代表 yes，0 代表 no），需传递每个值（1 或 0）；分组后，首先需传递组限值 T，然后是小于组限值 T 的变量值和大于组限值 T 的变量值。尽管这种方式需额外传递组限值 T，但当样本量较大时，节省信息传递所带来的收益将远远超出额外传递所付出的代价。事实上，$\frac{\log_2(N-1)}{N}+\frac{\Delta(A,\ T;\ S)}{N}$ 所反映的正是这种传递代价。如果分组所带来的信息增益大于这种代价，也就是说，分组所带来的有助于输出变量预测的信息量，大于为描述这个算法所需的信息量，那么这种分组就是有意义的，是值得的。

本例中，将相关数据代入式（6.4），有

$$\frac{\log_2(N-1)}{N}+\frac{\Delta(A,T;S)}{N}=0.582\,5$$

可见以 80.5 分组得到的信息增益 0.079 3 不大于 0.582 5，因此不能依此分组。

关于信息熵和信息增益在 7.2 节还会讨论。

6.1.3　变量值离散化处理的应用示例

这里，以学生参加某次社会公益活动的数据（文件名为 Students.xls）为例，对家庭人均年收入变量做离散化处理。

选择【字段选项】选项卡中的【分箱】节点，将其连接到数据流的恰当位置上。右击鼠标，选择弹出菜单中的【编辑】选项进行节点的参数设置。【分箱】节点的参数设置包括设置、分箱值和注解三张选项卡。

1.【设置】选项卡

【设置】选项卡用于设置分箱中的主要参数，如图 6—1 所示。

其中，【分箱字段】选择一个或多个需分箱处理的数值型变量；【分箱方法】选项中提供了多种分箱方法。不同分箱方法的参数设置窗口不同。

（1）【固定宽度】选项：表示等距分组，如图 6—1（a）所示。

应在【分箱宽度】框中指定组距，或在【分箱数】框中指定组数；【名称扩展】指定

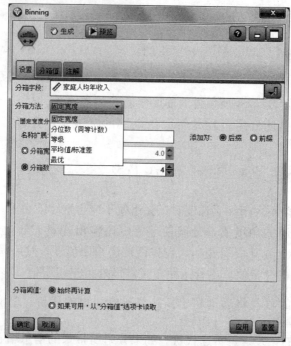

图 6—1（a） 【分箱】的【设置】选项卡（一）

存放分箱处理结果的变量名（分组变量名），即在原变量名前后添加指定的前缀或后缀，默认为 BIN。

（2）【分位数（同等计数）】选项：表示分位数分组，如图 6—1（b）所示。

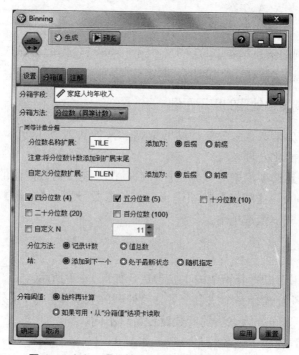

图 6—1（b） 【分箱】的【设置】选项卡（二）

其中：

● 可选择分位数分组，包括 4 分位、5 分位、10 分位、20 分位、100 分位分组。生成的分组变量名是在原变量前后添加指定的前缀或后缀，默认为【分位数名称扩展】框中的 TILE 再加分位数。

● 可在【自定义 N】的数字框中随意指定一个分位数，生成的分组变量名是在原变量前后添加指定的前缀或后缀，默认为【自定义分位数扩展】框中的 TILEN。

● 分位方法：【记录计数】表示采用最常见的分位数分组方法；【值总数】表示采用前文所述的拓展分位数分组方法。

● 结：指定"打结"时的分组策略。

分位数分组中，变量值相同的观测，即为"打结"。有两种分组策略：第一，变量值相同的观测分在同一组内。该策略不能完全满足各组样本量相同的要求。第二，按样本量相等原则，分到下一组中。【添加到下一个】为第二种策略；【处于最新状态】为第一种策略。

（3）【等级】选项：表示单变量值分组，如图 6—1（c）所示。

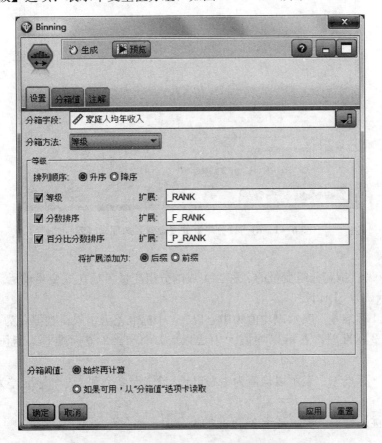

图 6—1（c）　【分箱】的【设置】选项卡（三）

其中：

● 排列顺序：指定变量值升序或降序排序。不同排序方式的秩是不同的。

● 选择单变量值分组的输出结果和相应变量名的后缀。【等级】表示输出各个观测的秩；【分数排序】表示输出各观测的秩/有效样本量；【百分比分数排序】表示输出各观测的秩/有效样本量×100。

（4）【平均值/标准差】选项：表示均值—标准差分组，如图 6—1（d）所示。

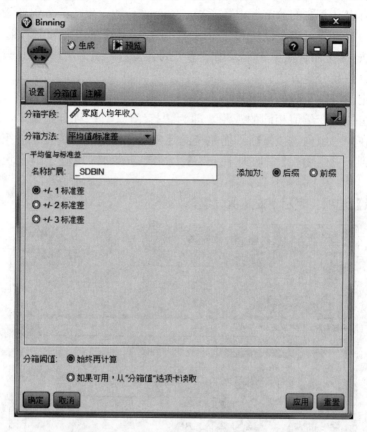

图 6—1（d）　【分箱】的【设置】选项卡（四）

其中：

● 名称扩展：指定分组变量的名称。生成的分组变量名是在原变量前后添加指定的前缀或后缀，默认为 SDBIN。

● ＋/－ 1 标准差：表示以均值为中心以±1 个标准差为组限将数据分为 3 组。

● ＋/－ 2 标准差：表示以均值为中心以±1 个和±2 个标准差为组限将数据分为 5 组。

● ＋/－ 3 标准差：表示以均值为中心以±1 个、±2 个和±3 个标准差为组限将数据分为 7 组。

（5）【最优】选项：表示基于 MDLP 的熵分组，如图 6—1（e）所示。

其中：

● 名称扩展：指定分组变量名的前缀或后缀，默认为 OPTIMAL。

● 主管字段：选择一个变量作为输出变量。

●【剪切点设置】按钮用于指定分组中的组限细节问题。

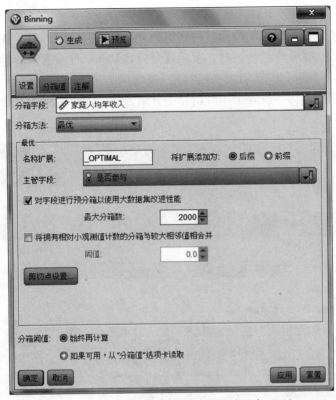

图 6—1（e）　【分箱】的【设置】选项卡（五）

2.【分箱值】选项卡

【分箱值】选项卡用来自动设置各组的组限值，如图 6—2 所示。

图 6—2　【分箱】的【分箱值】选项卡

其中：

- 按【读取值】钮，将自动按照前面指定的分组方法，确定并显示各组的组限值。
- 分位数：当选择分位数分组时，下拉【分位数】框，可以看到相应分位数下的分组组限值。

本例中，对家庭人均年收入采用有指导的分组方法，输出变量为是否参与，分组情况如图 6—3 所示。

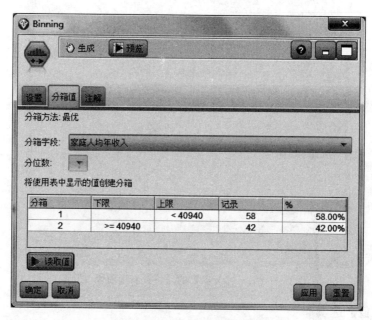

图 6—3 案例的有指导的分组结果

可见，从利于预测学生是否参与某次公益活动的角度看，以 40 940 为组限将家庭人均年收入分为两组。第一组样本量为 58 个，占 58％；第二组样本量为 42，占 42％。可通过【输出】选项卡中的【表】节点查看各样本的分组结果。

§6.2 特征选择

数据挖掘的数据量较为庞大，减少变量个数、降低变量维度显得极为必要。特征选择是减少变量个数的一种简单易行的方法。

所谓特征选择，就是从众多输入变量中，找出对输出变量分类预测有意义的重要变量。因此，如果数据挖掘后期要建立关于输出变量的分类或回归预测模型，那么建模前的特征选择通常是必要的。不经特征选择，所有输入变量全部参与建模，不仅会影响模型计算效率，更重要的是，由于输入变量之间可能存在相关性等，会使所得模型无法用于预测。

【建模】选项卡中的【特征选择】节点可实现特征选择。

6.2.1　特征选择的一般方法

特征选择的主要目的是寻找对输出变量预测有积极贡献的重要变量。变量的重要性可以从两个方面联合考察：第一，从变量本身考察；第二，从输入变量与输出变量相关性角度考察。

1. 从变量本身考察

从变量本身看，重要的变量应是携带信息较多，也就是变量值差异较大的变量。

容易理解，极端情况下，均取某个常数的变量应该是不重要的变量。例如，在预测某班学生的数学成绩时，班级的作用要小于性别。因为该班学生的班级都相同，取值没有差异，而性别则有男有女，存在差异。

统计上，测度数值型变量取值离散性的指标是标准差或变异系数。标准差越大，说明变量取值的离散程度越大，反之越小；变异系数在消除数量级影响的情况下，便于对多个变量的离散程度进行对比。对此，Modeler 的考察标准是：

（1）如果某数值型变量的变异系数小于某个标准值，则该变量应视为不重要变量。

（2）如果某数值型变量的标准差小于某个标准值，则该变量应视为不重要变量。

另外，对分类型变量取值差异性的测度，Modeler 采用的指标和标准是：

（1）对某分类型变量，计算各个类别值的取值比例。如果其中的最大值大于某个标准值，则该变量应视为不重要变量。

例如，如果一个班级中男生的比例高达 99%，那么性别对数学成绩的预测就不再有意义了。

（2）对某分类型变量，计算其类别值个数。如果类别值个数与样本量的比大于某个标准值，则该变量应视为不重要变量。

例如，学生学号与样本量的比为 100%，则学号对数学成绩的预测没有意义。

另外，如果某个变量中缺失值所占的比例大于某个标准值，则该变量也应视为不重要变量。

2. 从输入变量与输出变量相关性角度考察

不同计量类型的变量之间，测度相关性的方法存在差异。

（1）输入变量为数值型，输出变量为数值型。

Modeler 将自动计算 Pearson 简单相关系数、t 检验统计量的观测值和对应的 1－概率 P-值。1－概率 P-值越高，输入变量与输出变量总体线性相关的把握越大，输入变量对输出变量的预测有重要意义。

（2）输入变量为数值型，输出变量为分类型。

Modeler 利用方差分析方法，其中，设输入变量为观测变量，输出变量为控制变量，分析输出变量不同类别水平下输入变量的均值是否存在显著差异。

如果输出变量不同类别水平下输入变量的均值存在显著差异，则输入变量和输出变量之间的相关性较强，反之则相反。Modeler 将自动计算方差分析中 F 检验统计量的观测值和对应的 $1-$ 概率 P-值。$1-$ 概率 P-值越高，输入变量与输出变量相关的把握越大，输入变量对输出变量的预测有重要意义。

（3）输入变量为分类型，输出变量为数值型。

仍利用方差分析方法，其中，输出变量为观测变量，输入变量为控制变量，分析输入变量不同类别水平下输出变量的均值是否存在显著差异。

如果输入变量不同类别水平下输出变量的均值存在显著差异，则输入变量和输出变量之间的相关性较强，反之则相反。Modeler 将自动计算方差分析中 F 检验统计量的观测值和对应的 $1-$ 概率 P-值。$1-$ 概率 P-值越高，输入变量与输出变量相关的把握越大，输入变量对输出变量的预测有重要意义。

（4）输入变量为分类型，输出变量为分类型。

利用卡方检验方法，略有不同的是，这里利用似然比卡方（likelihood ratio），其数学定义为：

$$T=2\sum_{i=1}^{r}\sum_{j=1}^{c}f_{ij}^{o}\ln\frac{f_{ij}^{o}}{f_{ij}^{e}} \tag{6.6}$$

式中，f^{o} 为观测频数；f^{e} 为期望频数。当样本量较大时，似然比卡方与 Pearson 卡方非常接近，检验结论通常也一致。

Modeler 将自动计算似然比卡方的观测值和对应的 $1-$ 概率 P-值。$1-$ 概率 P-值越高，输入变量与输出变量相关的把握越大，输入变量对输出变量的预测有重要意义。

此外，Modeler 还计算 Cramer's V 系数，数学定义为：

$$V=\sqrt{\frac{\chi^{2}}{n\cdot\min[(R-1),(C-1)]}} \tag{6.7}$$

式中，$\min[(R-1),(C-1)]$ 表示取 $(R-1)$ 和 $(C-1)$ 中的最小值（R，C 分别表示列联表的行数和列数）。V 系数是对 Pearson 卡方统计量的修正。由于 Pearson 卡方统计量受到样本量的影响，因此 V 系数对此进行了调整，同时还消除了列联表单元格数对分析结果的影响。

可以证明，V 系数的取值在 $0\sim1$ 之间，越接近 1 表明输入变量与输出变量的相关性越强，输入变量对输出变量的预测越重要。

6.2.2 特征选择的应用示例

这里，利用虚拟的电信客户数据进行特征选择。分析目标是：以流失为输出变量，其他变量均视为输入变量，给出输入变量对输出变量重要性的排序。

选择【建模】选项卡中的【特征选择】节点，将其连接到数据流的恰当位置上。右击鼠标，选择弹出菜单中的【编辑】选项进行节点的参数设置。【特征选择】节点的参数设置包括字段、模型、选项和注解四张选项卡。

1.【字段】选项卡

【字段】选项卡用于指定参与分析的变量角色，如图 6—4 所示。

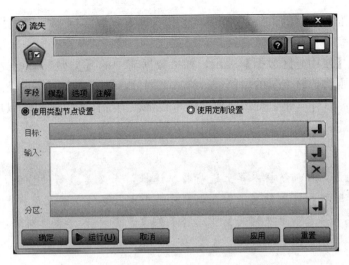

图 6—4 【特征选择】的【字段】选项卡

其中:

● 使用类型节点设置: 为默认选项, 表示变量的角色取决于数据流中距【特征选择】节点最近的【类型】节点, 或数据读入时的【类型】选项卡。变量角色保持各自原有的不变。

● 使用定制设置: 选中该项重新指定输入或输出变量。应在【目标】框中指定一个变量作为输出变量, 在【输入】框中指定一个或多个变量作为输入变量。在【分区】框中指定一个变量作为样本集划分的依据。

图 6—4 所示的窗口以后会经常出现, 后面不再赘述。

2.【模型】选项卡

【模型】选项卡用于设置从变量本身角度考察变量重要性的标准值, 如图 6—5 所示。

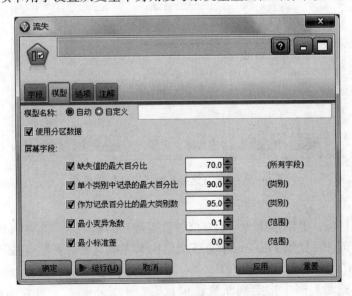

图 6—5 【特征选择】的【模型】选项卡

窗口所列标准与前面的讲解相对应，这里不再重复。实际中可以根据需要调整标准值，变量本身考察不重要的变量将被自动屏蔽。

另外，选中【使用分区数据】表示，如果数据流中的【类型】节点或在图 6—4 中指定了分区变量，则将依该变量的取值进行样本集划分，否则 Modeler 自动随机将样本划分为训练样本集和测试样本集。变量重要性的考察将在训练样本上进行。以后该选项会经常出现，将不再赘述。

> 需要说明的是：在训练样本集上进行特征选择，未必是最好的方案。尽管训练样本集是原样本简单随机抽样的结果，但在训练样本集上重要的变量在原样本集上未必重要，同样，在训练样本集上不重要的变量在原样本集上未必仍不重要。因此，基于原样本的特征选择更值得提倡。

3.【选项】选项卡

【选项】选项卡用于设置从输入变量和输出变量相关性角度考察变量重要性时，变量重要性的排序依据，如图 6—6 所示。

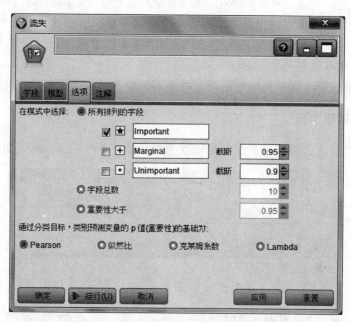

图 6—6　【特征选择】的【选项】选项卡

其中：

● 通过分类目标，类别预测变量的 p 值（重要性）的基础为：当输入和输出变量均为分类型变量时，可选择依据 Pearson 卡方或似然比卡方或克莱姆系数等按各检验统计量的 1−概率 P-值的降序排列变量的重要性。

● 在两个【截断】框中指定判断变量很重要、中等重要、不重要的标准值。默认，1−概率 P-值大于 0.95 为重要，在 0.9～0.95 之间为中等重要，小于 0.9 为不重要。重要、中等重要和不重要的显示文字默认为 Important，Marginal 和 Unimportant，也可以修改。

●【所有排列的字段】表示按变量重要性的降序显示所有输入变量，且默认在重要变量前打钩；【字段总数】表示仅显示前 n（默认为 10）个重要变量；【重要性大于】表示仅显示 $1-$ 概率 P-值大于指定值的重要变量。

本例的模型计算结果将显示在流管理器的【模型】选项卡中。选中模型结果，右击鼠标，选择弹出菜单中的【浏览】选项查看计算结果，如图 6—7 所示。

图 6—7　案例的特征选择结果

Modeler 以列表形式给出了变量重要性的排序结果。【等级】列是重要性排序的名次；其后依次为变量名和计量类型；【重要性】列以文字形式说明相应变量是否重要；【值】列给出了各变量统计检验的 $1-$ 概率 P-值。

可见，开通月数、基本费用、电子支付、年龄、教育水平、套餐类型、无线服务和无线费用，对预测客户是否流失均很重要，这些变量前面均打钩，【重要性】列显示 Important 字样，且除无线费用之外，其余变量的 $1-$ 概率 P-值都为 1。另外，居住地、家庭人数、性别、收入、婚姻状况等变量的作用不大。再有，在【筛选的字段】框中没有变量，即从变量本身角度考察，不存在不重要的变量。

鼠标单击各列标题可对结果重新排列。选择窗口主菜单【生成】下的【过滤器】项，显示如图 6—8 所示的对话框。

其中：

● 模式：【包括】表示保留相应变量；【排除】表示剔除相应变量。

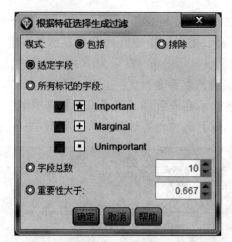

图 6—8　【特征选择】中的【过滤器】对话框

- 选定字段：表示保留或剔除手动选择的变量。
- 所有标记的字段：表示保留或剔除所有打钩的变量。
- 字段总数：表示保留或剔除前 n（默认为 10）个重要变量。
- 重要性大于：表示保留或剔除 $1-$ 概率 P-值大于指定值的重要变量。

于是，Modeler 将在数据流编辑区自动生成一个【过滤】节点，保留或剔除指定的变量。

此外，实际应用中，当变量个数很多时，还可依据 Modeler 的建议，确定变量个数 L。其计算公式为：

$$L=[\min(\max(30, 2\sqrt{L_0})), L_0] \tag{6.8}$$

式中，L_0 为输入变量个数；$[\quad]$ 表示取最近的整数。

一般的标准如表 6—2 所示。

表 6—2　　　　　　　　　　　　　确定变量个数参考表

L_0	L	L/L_0（%）
10	10	100.00
15	15	100.00
20	20	100.00
25	25	100.00
30	30	100.00
40	30	75.00
50	30	60.00
60	30	50.00
100	30	30.00
500	45	9.00
1 000	63	6.30
1 500	77	5.13
2 000	89	4.45
5 000	141	2.82
10 000	200	2.00
20 000	283	1.42
50 000	447	0.89

可见，当变量多达 40 个时，选 75% 的变量即可，而当变量个数更多，如达 100 个时，

选取 30％的变量就足够了。

需要说明的是：特征选择通过寻找对输出变量预测有意义的变量，简单剔除不重要变量的方式，实现了减少变量个数、降低变量维度的目的。

§6.3　因子分析

因子分析是一种减少变量个数、降低数据的变量维度的多元统计分析方法。

相对于特征选择方法，因子分析不再是对原有变量的简单削减，而是对它们进行有效的综合，因为简单地削减变量，必然会导致信息丢失。如何既能有效减少参与建模的变量个数，同时又不造成信息的大量丢失，是因子分析方法的核心所在。

6.3.1　什么是因子分析

因子分析以最少的信息丢失为前提，将众多的原有变量综合成较少几个综合指标，名为因子。通常，因子有以下几个特点：因子个数远远少于原有变量的个数；因子能够反映原有变量的绝大部分信息；因子之间的线性关系不显著；因子具有命名解释性。

1. 因子分析的特点

因子分析有以下主要特点：

（1）因子个数远远少于原有变量的个数。原有变量综合成少数几个因子后，因子将可以替代原有变量参与数据建模，这将大大减少分析过程中的计算工作量。

（2）因子能够反映原有变量的绝大部分信息。因子并不是原有变量的简单取舍，而是原有变量重组后的结果，不会造成原有变量信息的大量丢失，而能反映原有变量的绝大部分信息。

（3）因子之间的线性关系不显著。由原有变量重组出来的因子，相互之间的线性关系较弱。因子代替原有变量参与数据建模，能有效克服变量相关性给分析方法应用带来的诸多问题。

（4）因子具有命名解释性。通常，因子分析产生的因子能够通过各种方式最终获得命名解释性。因子的命名解释性有助于对因子分析结果的解释评价，对因子的进一步应用有重要意义。

总之，因子分析是研究如何以最少的信息丢失将众多原有变量浓缩成少数几个相关性较弱的因子，如何使因子具有一定的命名解释性的多元统计分析方法。

2. 因子分析的数学模型

因子分析的核心是用较少的互相独立的因子反映原有变量的绝大部分信息。可以将这一思想用数学模型来表示。

设有 p 个原有变量 x_1，x_2，x_3，$\cdots$，x_p，且各变量（或经标准化处理后）的均值为 0，标准差为 1。将每个原有变量用 $k(k<p)$ 个因子 f_1，f_2，f_3，$\cdots$，f_k 的线性组合来

表示，有

$$\begin{cases} x_1 = a_{11}f_1 + a_{12}f_2 + a_{13}f_3 + \cdots + a_{1k}f_k + \varepsilon_1 \\ x_2 = a_{21}f_1 + a_{22}f_2 + a_{23}f_3 + \cdots + a_{2k}f_k + \varepsilon_2 \\ x_3 = a_{31}f_1 + a_{32}f_2 + a_{33}f_3 + \cdots + a_{3k}f_k + \varepsilon_3 \\ \vdots \\ x_p = a_{p1}f_1 + a_{p2}f_2 + a_{p3}f_3 + \cdots + a_{pk}f_k + \varepsilon_p \end{cases} \tag{6.9}$$

式（6.9）是因子分析的数学模型，用矩阵形式表示为：

$$\boldsymbol{X} = \boldsymbol{AF} + \boldsymbol{\varepsilon}$$

式中，$\boldsymbol{F}$ 称为因子，由于出现在每个原有变量的线性表达式中，又称为公共因子。因子可理解为高维空间中互相垂直的 k 个坐标轴。$\boldsymbol{A}$ 称为因子载荷矩阵，$a_{ij}(i=1, 2, \cdots, p; j=1, 2, \cdots, k)$ 称为因子载荷，是第 i 个原有变量在第 j 个因子上的负荷。如果把变量 x_i 看成 k 维因子空间中的一个向量，则 a_{ij} 表示 x_i 在坐标轴 f_j 上的投影，相当于多元线性回归模型中的标准化回归系数。$\boldsymbol{\varepsilon}$ 称为特殊因子，表示原有变量不能被因子解释的部分，其均值为 $\boldsymbol{0}$，相当于多元线性回归模型中的残差。

3. 因子分析的相关概念

由因子分析的数学模型可引入以下几个相关概念。理解这些概念不仅有助于理解因子分析的意义，更利于把握因子与原有变量间的关系，明确因子的重要程度以及评价因子分析的效果。

（1）因子载荷。可以证明，在因子不相关的前提下，因子载荷 a_{ij} 是变量 x_i 与因子 f_j 的相关系数，反映了变量 x_i 与因子 f_j 的相关程度。因子载荷 a_{ij} 的取值在 $-1 \sim +1$ 之间，绝对值越接近 1，表明因子 f_j 与变量 x_i 的相关性越强。同时，因子载荷 a_{ij} 也反映了因子 f_j 对解释变量 x_i 作用的方向和程度。

（2）变量共同度（communality）。变量共同度也即变量方差，变量 x_i 的共同度 h_i^2 的数学定义为：

$$h_i^2 = \sum_{j=1}^{k} a_{ij}^2 \tag{6.10}$$

变量 x_i 的共同度是因子载荷矩阵 $\boldsymbol{A}$ 中第 i 行元素的平方和。在变量 x_i 标准化时，由于变量 x_i 的方差可以表示成 $h_i^2 + \varepsilon_i^2 = 1$，因此原有变量 x_i 的方差可由两个部分解释：第一部分为变量共同度 h_i^2，是全部因子对变量 x_i 方差解释说明的比例，体现了因子对变量 x_i 的解释贡献程度。变量共同度 h_i^2 接近 1，说明因子全体解释说明了变量 x_i 的较大部分方差，如果用因子全体刻画变量 x_i，则变量 x_i 的信息丢失较少。第二部分为特殊因子 ε_i 的平方，反映了变量 x_i 方差中不能由因子全体解释说明的比例，ε_i^2 越小说明变量 x_i 的信息丢失越少。

总之，变量 x_i 的共同度刻画了因子全体对变量 x_i 信息解释的程度，是评价变量 x_i 信息丢失程度的重要指标。如果大多数原有变量的变量共同度均较高（如高于 0.8），则说明提取的因子能够反映原有变量的大部分（如 80% 以上）信息，仅有较少的信息丢失，因子分析的效果较好。因此，变量共同度是衡量因子分析效果的重要指标。

（3）因子的方差贡献。因子 f_j 的方差贡献 S_j^2 的数学定义为：

$$S_j^2 = \sum_{i=1}^{p} a_{ij}^2 \qquad\qquad (6.11)$$

因子 f_j 的方差贡献是因子载荷矩阵 A 中第 j 列元素的平方和。因子 f_j 的方差贡献反映了因子 f_j 对原有变量总方差的解释能力。该值越大，说明相应因子的重要性越高。因子的方差贡献是一个绝对量，不直观，通常计算因子 f_j 的方差贡献率，即

$$R_j = \frac{S_j^2}{p} = \frac{\displaystyle\sum_{i=1}^{p} a_{ij}^2}{p} \qquad\qquad (6.12)$$

方差贡献率越接近 1，表明 f_j 越重要。因子的方差贡献和方差贡献率是衡量因子重要性的关键指标。

4. 因子分析的基本步骤

围绕浓缩原有变量提取因子的核心目标，因子分析主要涉及四个基本步骤：第一，因子分析的前提条件；第二，因子提取；第三，使因子具有命名解释性；第四，计算各样本的因子得分。

（1）因子分析的前提条件。因子分析的主要任务是对原有变量进行浓缩，即将原有变量的信息重叠部分提取出来并综合成因子。对此要求原有变量之间应存在较强的相关关系。否则，如果原有变量相互独立，不存在信息重叠，就无法将其综合和浓缩，也就无须进行因子分析。

通常，最简单的方法是计算原有变量的相关系数矩阵。不难理解，如果相关系数矩阵中的大部分相关系数值均小于 0.3，即各个变量间大多为弱相关，那么原则上这些变量不适合进行因子分析。

（2）因子提取。如何将原有变量综合成少数几个因子，是因子分析的核心内容。

（3）使因子具有命名解释性。将原有变量综合为少数几个因子后，如果因子的实际含义不清，则不利于进一步的分析。这一步正是希望通过各种方法使因子的实际含义更清晰，使因子具有命名解释性。

（4）计算各样本的因子得分。因子分析的最终目标是减少变量个数，便于后续分析中用较少的因子代替原有变量参与数据建模。这一步正是通过各种方法计算各样本在各因子上的得分，为进一步的分析奠定基础。

由于第一步比较简单，以下将重点讨论第二、第三和第四步。

6.3.2　因子提取和因子载荷矩阵的求解

由上面的讨论可知，因子分析的关键是根据样本数据求解因子载荷矩阵。因子载荷矩阵的求解方法有基于主成分模型的主成分分析法、基于因子分析模型的主轴因子法、极大似然法、最小二乘法、α 因子提取法、映像分析法等。这里，仅对在因子分析中占有主要地位且使用最为广泛的主成分分析法作简单讨论。

主成分分析法能够为因子分析提供初始解，因子分析是对主成分分析结果的延承和拓

展。主成分分析法通过坐标变换的手段，将原有 p 个相关变量 x_i 线性组合成另一组不相关的变量 y_i，于是有

$$\begin{cases} y_1 = \mu_{11}x_1 + \mu_{12}x_2 + \mu_{13}x_3 + \cdots + \mu_{1p}x_p \\ y_2 = \mu_{21}x_1 + \mu_{22}x_2 + \mu_{23}x_3 + \cdots + \mu_{2p}x_p \\ y_3 = \mu_{31}x_1 + \mu_{32}x_2 + \mu_{33}x_3 + \cdots + \mu_{3p}x_p \\ \vdots \\ y_p = \mu_{p1}x_1 + \mu_{p2}x_2 + \mu_{p3}x_3 + \cdots + \mu_{pp}x_p \end{cases} \tag{6.13}$$

式（6.13）是主成分分析的数学模型。其中，$\mu_{i1}^2 + \mu_{i2}^2 + \mu_{i3}^2 + \cdots + \mu_{ip}^2 = 1(i=1, 2, 3, \cdots, p)$。式中系数应按照以下原则求解：

（1）y_i 与 $y_j(i \neq j; i, j = 1, 2, 3, \cdots, p)$ 相互独立。

（2）y_1 是 $x_1, x_2, x_3, \cdots, x_p$ 的一切线性组合（系数满足上述要求）中方差最大的；y_2 是与 y_1 不相关的 $x_1, x_2, x_3, \cdots, x_p$ 的一切线性组合中方差次大的；y_p 是与 $y_1, y_2, y_3, \cdots, y_{p-1}$ 都不相关的 $x_1, x_2, x_3, \cdots, x_p$ 的一切线性组合中方差最小的。

根据上述原则确定的变量 $y_1, y_2, y_3, \cdots, y_p$ 依次称为原有变量 $x_1, x_2, x_3, \cdots, x_p$ 的第 1，第 2，第 3，$\cdots$，第 p 个成分。其中，y_1 的方差最大，综合原有变量 $x_1, x_2, x_3, \cdots, x_p$ 的能力最强，其余主成分 $y_2, y_3, \cdots, y_p$ 的方差依次递减，即其余主成分 $y_2, y_3, \cdots, y_p$ 综合原有变量 $x_1, x_2, x_3, \cdots, x_p$ 的能力依次减弱。在主成分分析的实际应用中，一般只选取前面几个方差较大的成分称为主成分。这样既减少了变量的数目，又能够用较少的主成分反映原有变量的绝大部分信息。

可见，主成分分析法的核心是通过原有变量的线性组合以及各个主成分的求解实现变量降维。可从几何意义的角度理解这个核心原理。为易于理解，这里以二维空间来讨论。

设有两个变量 x_1, x_2, n 个观测，可将这 n 个观测看成由 x_1 和 x_2 构成的二维空间中的 n 个点，如图 6—9（a）所示。

图 6—9（a）中，n 个数据点呈斜向上方的带状分布，表明 x_1 和 x_2 有较强的线性相关性，同时在 x_1 和 x_2 轴方向上，观测点都有较大的离散性。为确定 n 个点，必须同时兼顾它们在 x_1 和 x_2 上的取值。现将所有观测点投影到 y_1 和 y_2 方向上，且与原坐标呈 θ 夹角，如图 6—9（b）所示。

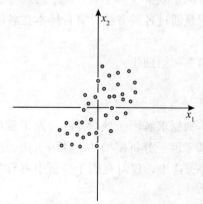

图 6—9（a） x_1 和 x_2 二维空间中的观测点

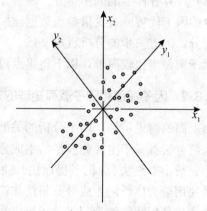

图 6—9（b） y_1 和 y_2 二维空间中的观测点

于是 n 个观测点在新坐标轴中的坐标为：

$$\begin{cases} y_1 = x_1 \cos\theta + x_2 \sin\theta \\ y_2 = -x_1 \sin\theta + x_2 \cos\theta \end{cases} \tag{6.14}$$

式中，各系数记为 μ_{ij}，且满足 $\mu_{i1}^2 + \mu_{i2}^2 + \mu_{i3}^2 + \cdots + \mu_{ip}^2 = 1 (i = 1, 2, 3, \cdots, p)$ 的要求。变量 y_1 和 y_2 是原有变量 x_1 和 x_2 线性组合的结果，是对原有变量 x_1 和 x_2 的综合，分别为第 1 主成分和第 2 主成分。

应注意到，在新的坐标轴中，n 个观测点在 y_1 轴上的离散性较大，取值差异性大，在 y_2 轴上的离散性较小，取值差异性小，观测点在 y_1 上的方差远大于在 y_2 上的方差。更极端的情况是，n 个观测点在 y_1 上有方差，而在 y_2 上的方差为 0。此时，仅考虑第 1 主成分 y_1 就能够完全区分 n 个观测点，y_2 可以略去。虽然这是一种极端情况，但它体现的基本思想是，选择一个合适的方向，使得观测点投影到该方向上的方差最大。然后，再选择与第一个方向垂直的另一个方向，使得观测点投影到该方向上的方差次大，依此类推。于是，可以略去后几个方差较小的成分。虽然存在一定的信息丢失，但整体上并无大碍，由此带来的"实惠"是高维空间到低维空间的转换，变量个数的减少。

基于上述基本原理，主成分数学模型的系数求解步骤归纳如下：

(1) 将原有变量数据进行标准化处理。

(2) 计算变量的简单相关系数矩阵 R。

(3) 求相关系数矩阵 R 的特征值 $\lambda_1 \geqslant \lambda_2 \geqslant \lambda_3 \geqslant \cdots \geqslant \lambda_p \geqslant 0$ 及对应的特征向量 μ_1，μ_2，μ_3，$\cdots$，μ_p。

于是，计算 $y_i = \mu_i^T x$ 便得到各个主成分。p 个特征值和对应的特征向量是因子分析的初始解。

回到因子分析中来。因子分析利用上述 p 个特征值和对应的特征向量，并在此基础之上计算因子载荷矩阵：

$$\boldsymbol{A} = \begin{bmatrix} a_{11} & a_{12} & \cdots & a_{1p} \\ a_{21} & a_{22} & \cdots & a_{2p} \\ \vdots & \vdots & & \vdots \\ a_{p1} & a_{p2} & \cdots & a_{pp} \end{bmatrix} = \begin{bmatrix} \mu_{11}\sqrt{\lambda_1} & \mu_{21}\sqrt{\lambda_2} & \cdots & \mu_{p1}\sqrt{\lambda_p} \\ \mu_{12}\sqrt{\lambda_1} & \mu_{22}\sqrt{\lambda_2} & \cdots & \mu_{p2}\sqrt{\lambda_p} \\ \vdots & \vdots & & \vdots \\ \mu_{1p}\sqrt{\lambda_1} & \mu_{2p}\sqrt{\lambda_2} & \cdots & \mu_{pp}\sqrt{\lambda_p} \end{bmatrix} \tag{6.15}$$

由于因子分析的目的是减少变量个数，因此因子分析的数学模型中，因子数目 k 小于原有变量个数 p。所以在计算因子载荷矩阵时，只选取前 k 个特征值和对应的特征向量，得到式 (6.16) 所示的包含 k 个因子的因子载荷矩阵：

$$\boldsymbol{A} = \begin{bmatrix} a_{11} & a_{12} & \cdots & a_{1k} \\ a_{21} & a_{22} & \cdots & a_{2k} \\ \vdots & \vdots & & \vdots \\ a_{p1} & a_{p2} & \cdots & a_{pk} \end{bmatrix} = \begin{bmatrix} \mu_{11}\sqrt{\lambda_1} & \mu_{21}\sqrt{\lambda_2} & \cdots & \mu_{k1}\sqrt{\lambda_k} \\ \mu_{12}\sqrt{\lambda_1} & \mu_{22}\sqrt{\lambda_2} & \cdots & \mu_{k2}\sqrt{\lambda_k} \\ \vdots & \vdots & & \vdots \\ \mu_{1p}\sqrt{\lambda_1} & \mu_{2p}\sqrt{\lambda_2} & \cdots & \mu_{kp}\sqrt{\lambda_k} \end{bmatrix} \tag{6.16}$$

这里的主要问题是如何确定因子个数 k。通常有以下两个标准：

（1）根据特征值 λ_i 确定因子数。观察各个特征值，一般选取大于 1 的特征值。观察式（6.16）可知，λ_i 就是第 i 个因子的方差贡献，λ_i 测度了因子 i 的重要程度。被保留下来的因子至少应该能够解释 1 个方差。

另外，如图 6—10 所示的因子个数与特征值的碎石图，也能够帮助确定因子个数。

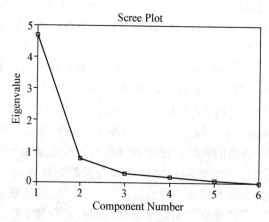

图 6—10　因子分析的碎石图

其中，横坐标为因子个数，纵坐标为特征值。图中的第 1 个特征值较大，很像"陡峭的高山"，第 2 个特征值次之，第 3 个以后的特征值都很小，图形平缓，很像"高山脚下的碎石"，可被丢弃。因此，"山脚"下的因子个数即为 k。图 6—10 可尝试选取前两个因子。

（2）根据因子的累计方差贡献率确定因子数。根据因子的方差贡献率，可计算第 1 个因子的累计方差贡献率，有

$$R_1 = \frac{S_1^2}{p} = \frac{\lambda_1}{\sum\limits_{i=1}^{p}\lambda_i} \tag{6.17}$$

第 1 个因子的方差贡献率是它的方差贡献除以总方差。由于原有的 p 个变量是经标准化处理的（均值为 0，方差为 1），因此总方差为 p。

第 2 个因子的累计方差贡献率定义为：

$$R_2 = \frac{S_1^2 + S_2^2}{p} = \frac{\lambda_1 + \lambda_2}{\sum\limits_{i=1}^{p}\lambda_i} \tag{6.18}$$

前 k 个因子的累计方差贡献率定义为：

$$R_k = \frac{\sum\limits_{i=1}^{k} S_i^2}{p} = \frac{\sum\limits_{i=1}^{k}\lambda_i}{\sum\limits_{i=1}^{p}\lambda_i} \tag{6.19}$$

通常，选取累计方差贡献率大于 0.85 时的 k。

6.3.3　因子的命名

因子的命名解释是因子分析的另一重要问题。观察因子载荷矩阵，如果因子载荷 a_{ij} 的绝对值在第 i 行的多个列上都有较大的取值（通常大于 0.5），则表明原有变量 x_i 与多个因子同时有较大的相关性，即原有变量 x_i 的信息需要由多个因子来共同解释。如果因子载荷 a_{ij} 的绝对值在第 j 列的多个行上都有较大的取值，则表明因子 f_j 能够同时解释多个变量的信息，因子 f_j 不能典型代表任何一个原有变量 x_i。这种情况下的因子 f_j 的实际含义是模糊不清的。

实际分析工作中，人们总是希望对因子的实际含义有比较清楚的认识。为解决这个问题，可通过因子旋转的方式使一个变量只在尽可能少的因子上有比较高的载荷。理想状态下，使某个变量 x_i 在某个因子 f_j 上的载荷趋于 1，在其他因子上的载荷趋于 0。这样，因子 f_j 便成为某个变量 x_i 的典型代表，其实际含义也就清楚了。

所谓因子旋转就是将因子载荷矩阵 $\boldsymbol{A}$ 右乘一个正交矩阵 $\boldsymbol{\tau}$ 后得到一个新的矩阵 $\boldsymbol{B}$，如图 6—11 (a) 和图 6—11 (b) 所示。旋转并不影响变量 x_i 的共同度 h_i^2，即点到坐标原点的距离平方不变，却可重新分配因子的方差贡献 S_j^2，使因子更易于理解。

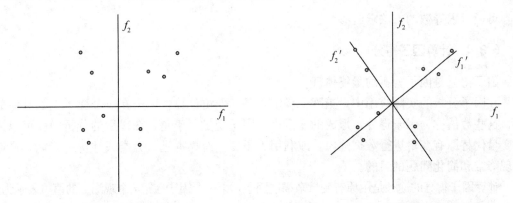

<table>
<tr><td>图 6—11 (a)　因子载荷图</td><td>图 6—11 (b)　旋转后的因子载荷图</td></tr>
</table>

图 6—11 (a) 是以两个因子 f_1，f_2 为坐标轴的因子载荷图。图中的 10 个变量（10 个点）在因子 f_1，f_2 上均有一定的载荷，因子 f_1，f_2 的含义不清。图 6—11 (b) 中，在旋转后的新坐标中，10 个变量中有 6 个变量在因子 f_1' 上有较高的载荷，在因子 f_2' 上的载荷几乎为 0；其余 4 个变量在因子 f_2' 上有较高的载荷，在因子 f_1' 上的载荷几乎为 0。此时，因子 f_1'，f_2' 的含义就较为清楚，它们分别是对原有 6 个变量和剩余 4 个变量的综合。

可见，坐标旋转应尽可能使原有变量点出现在某个坐标轴的附近，同时远离其他坐标轴。在某个坐标轴附近的变量只在该因子上有较高载荷，而在其他因子上有很低的载荷。

因子旋转方式有两种：一种为正交旋转，另一种为斜交旋转。正交旋转是指坐标轴始终保持垂直 90 度角旋转，于是新生成的因子仍可保持不相关性；斜交旋转中坐标轴的夹角可以是任意度数，因此新生成的因子之间不能保证不相关性。在使因子具有命名解释性方面，斜交旋转通常会优于正交旋转，但却以不能保持因子的不相关性为代价。这里，仅对正交旋转进行简单论述。

正交旋转方式通常有四次方最大法（quartimax）、方差极大法（varimax）和等量最大法（equamax）等。这些旋转方法的目标是一致的，只是策略不同，仅以方差极大法为例。

在方差极大法中，如果只考虑两个因子的正交旋转，因子载荷矩阵 $\boldsymbol{A}$ 右乘一正交矩阵 $\boldsymbol{\tau}$ 后的矩阵 $\boldsymbol{B}$ 为：

$$\boldsymbol{B}=\begin{bmatrix} b_{11} & b_{12} \\ b_{21} & b_{22} \\ \vdots & \vdots \\ b_{p1} & b_{p2} \end{bmatrix}$$

为实现因子旋转的目标（一部分变量仅与第 1 个因子相关，另一部分变量与第 2 个因子相关），应要求（b_{11}^2，b_{21}^2，$\cdots$，b_{p1}^2）和（b_{12}^2，b_{22}^2，$\cdots$，b_{p2}^2）两组数据的方差尽可能大，综合考虑即要求式（6.20）最大。

$$G=V_1+V_2=\frac{1}{p^2}\Big[p\sum_{i=1}^{p}\Big(\frac{b_{i1}^2}{h_i^2}\Big)^2-\Big(\sum_{i=1}^{p}\frac{b_{i1}^2}{h_i^2}\Big)^2\Big]+\frac{1}{p^2}\Big[p\sum_{i=1}^{p}\Big(\frac{b_{i2}^2}{h_i^2}\Big)^2-\Big(\sum_{i=1}^{p}\frac{b_{i2}^2}{h_i^2}\Big)^2\Big]$$

$$(6.20)$$

可通过求导数的方法求解参数。

6.3.4 计算因子得分

因子得分是因子分析的最终体现。

在因子分析的实际应用中，当因子确定以后，便可计算各因子在每个样本上的具体数值，这些数值称为因子得分，形成的变量称为因子变量。于是，在以后的分析中就可以因子变量代替原有变量进行数据建模，或利用因子变量对样本进行分类或评价等研究，进而实现降维和简化问题的目的。

计算因子得分的途径是用原有变量来描述因子，第 j 个因子在第 i 个观测上的值可表示为：

$$F_{ji}=\tilde{\omega}_{j0}+\tilde{\omega}_{j1}x_{1i}+\tilde{\omega}_{j2}x_{2i}+\tilde{\omega}_{j3}x_{3i}+\cdots+\tilde{\omega}_{jp}x_{pi},\ j=1,2,3,\cdots,k \qquad (6.21)$$

式中，x_{1i}，x_{2i}，x_{3i}，$\cdots$，x_{pi} 分别是第 1，2，3，$\cdots$，p 个原有变量在第 i 个观测上的取值；$\tilde{\omega}_{j1}$，$\tilde{\omega}_{j2}$，$\tilde{\omega}_{j3}$，$\cdots$，$\tilde{\omega}_{jp}$ 分别是第 j 个因子和第 1，2，3，$\cdots$，p 个原有变量间的因子值系数。

可见，因子得分可看做各变量值的加权（$\tilde{\omega}_{j1}$，$\tilde{\omega}_{j2}$，$\tilde{\omega}_{j3}$，$\cdots$，$\tilde{\omega}_{jp}$）总和，权数的大小表示因子的重要程度。式（6.22）是因子得分函数：

$$F_j=\tilde{\omega}_{j0}+\tilde{\omega}_{j1}x_1+\tilde{\omega}_{j2}x_2+\tilde{\omega}_{j3}x_3+\cdots+\tilde{\omega}_{jp}x_p,\ j=1,2,3,\cdots,k \qquad (6.22)$$

由于因子个数 k 小于原有变量个数 p，因此式（6.22）中方程的个数少于变量的个数。所以，因子值系数通常采用最小二乘意义上的回归法估计。可将式（6.22）看做因子变量 F_j 对 p 个原有变量的线性回归方程。

可以证明，式（6.22）中回归系数的最小二乘估计满足：

$$\boldsymbol{W}_j\boldsymbol{R}=\boldsymbol{S}_j \qquad (6.23)$$

式中，$W_j = (\tilde{\omega}_{j1}, \tilde{\omega}_{j2}, \tilde{\omega}_{j3}, \cdots, \tilde{\omega}_{jp})$；$R$ 为原有变量的相关系数矩阵；$S_j = (s_{1j}, s_{2j}, s_{3j}, \cdots, s_{pj})$，是第 1，2，3，$\cdots$，$p$ 个变量与第 j 个因子的相关系数，是不可见的。但当各因子解正交时，有 $S_j = A_j^{\mathrm{T}} = (a_{1j}, a_{2j}, a_{3j}, \cdots, a_{pj})$，$a_{1j}, a_{2j}, a_{3j}, \cdots, a_{pj}$ 为第 1，2，3，$\cdots$，p 个变量在第 j 个因子上的因子载荷，于是有

$$W_j = A_j^{\mathrm{T}} R^{-1} \tag{6.24}$$

式中，R^{-1} 为相关系数矩阵的逆矩阵。

根据式（6.24）计算因子变量 F_j 的因子值系数，再利用式（6.22）计算出第 j 个因子在各个观测上的因子得分。

6.3.5　因子分析的应用示例

这里，利用虚拟的电信客户数据，对所有数值型输入变量进行因子分析。

选择【建模】选项卡中的【主成分分析/因子】节点，将其连接到数据流的恰当位置上。右击鼠标，选择弹出菜单中的【编辑】选项进行节点的参数设置。【主成分分析/因子】节点的参数设置包括字段、模型、专家和注解四张选项卡。

1.【模型】选项卡

【模型】选项卡用于设置因子分析中的因子提取方法，如图 6—12 所示。

图 6—12　【主成分分析/因子】的【模型】选项卡

其中：

● 提取方法：给出了多种因子提取的方法，默认的方法为主成分分析法。

2.【专家】选项卡

【专家】选项卡用来设置主成分分析法提取因子的相关参数，如图 6—13 所示。

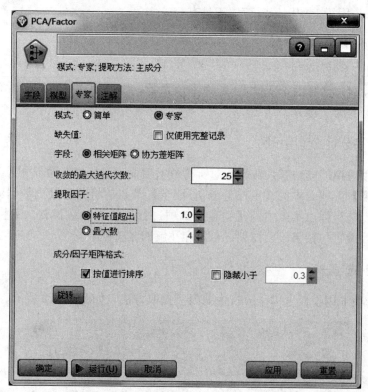

图 6—13 【主成分分析/因子】的【专家】选项卡

其中：

● 模式：【简单】表示采用 Modeler 默认的参数进行因子分析；【专家】表示可对默认参数进行调整。

● 缺失值：对带有缺失值的样本，默认是将其剔除后再分析。当数据中的缺失值较多时，这样的处理会丢失变量信息，对数据的分析也不够充分。选中【仅使用完整记录】表示当计算涉及某个变量时，如果某个观测在该变量上未取缺失值而是在其他变量上取缺失值，则不剔除该观测，只剔除在该变量上取缺失值的观测。这样的处理对数据的利用是充分的，但会带来模型参数估计中的计算问题。

● 字段：【相关矩阵】表示以原始变量的相关系数矩阵为基础提取因子；【协方差矩阵】表示以原始变量的协方差矩阵为基础提取因子。

● 收敛的最大迭代次数：指定模型参数估计时的最大迭代次数，默认为 25。

● 提取因子：可以指定提取大于指定值（默认为 1）的特征值；也可以提取指定个数的因子。

● 成分/因子矩阵格式：指定因子载荷矩阵的输出格式。【按值进行排序】表示将因子载荷排序后再输出；【隐藏小于】表示不显示小于指定值（默认为 0.3）的因子载荷。

● 【旋转】按钮：选择因子旋转的方法，如图 6—14 所示。

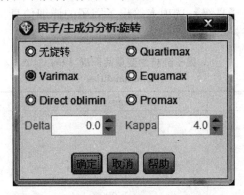

图 6—14　因子载荷矩阵的旋转方法

其中，默认不进行旋转；Varimax 和 Quartimax 均为正交旋转法，分别为方差极大法和四次方最大法；Equamax 为等量最大法，是方差极大法和四次方最大法的组合方法；Direct oblimin 和 Promax 均为斜交旋转法。

因子分析模型的计算结果将列在流管理器的【模型】选项卡中。右击鼠标，选择弹出菜单中的【浏览】选项浏览计算结果。因子分析的计算结果主要包括模型、汇总和高级等选项卡。

（1）【汇总】选项卡。【汇总】选项卡给出了模型的简单说明，本例结果如图 6—15 所示。

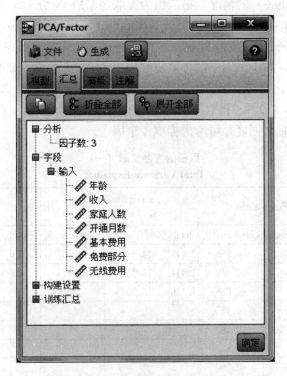

图 6—15　案例的因子分析结果

本例参与分析的数值型变量共 7 个，提取了 3 个因子。

（2）【高级】选项卡。【高级】选项卡给出了因子的详细信息。本例因子分析的主要结果如表 6—3 至表 6—8 所示。

表 6—3　　　　　　　　　　　　　　因子分析的变量共同度（一）
Communalities

	Initial	Extraction
年龄	1.000	0.635
收入	1.000	0.476
家庭人数	1.000	0.708
开通月数	1.000	0.881
基本费用	1.000	0.863
免费部分	1.000	0.667
无线费用	1.000	0.746

Extraction Method：Principal Component Analysis.

　　表 6—3 给出了因子分析中各个变量的共同度。当采用主成分分析作为因子分析的初始解，即提取 7 个因子时，各变量的共同度均为 1（Initial 列）。应重点关注提取 3 个因子后的变量共同度（Extraction 列）。提取 3 个因子后，变量共同度最低的是收入，它的信息丢失高达 52.4%，不太理想。

　　表 6—4 给出了关于因子的方差贡献情况。该表数据 3 列一组，第一组为因子分析初始解（Initial Eigenvalues）的情况，第二组为提取 3 个因子（Extraction Sums of Squared Loadings）时的情况，第三组为因子旋转（Rotation Sums of Squared Loadings）后的情况。其中，Total 为特征值（方差贡献）；% of Variance 为方差贡献率；Cumulative % 为累计方差贡献率。可见，第 1 个因子的方差贡献为 2.448，方差贡献率为 34.968%，累计方差贡献率为 34.968%。同理，第 2 个因子的方差贡献为 1.411，方差贡献率为 20.151%，累计方差贡献率为 55.119%。提取 3 个因子时的累计方差贡献率为 71.086%，也不理想。因此，结合前面的变量共同度，可考虑提取 4 个因子。

表 6—4　　　　　　　　　　　　　　因子的方差贡献（一）
Total Variance Explained

Component	Initial Eigenvalues			Extraction Sums of Squared Loadings			Rotation Sums of Squared Loadings		
	Total	% of Variance	Cumulative %	Total	% of Variance	Cumulative %	Total	% of Variance	Cumulative %
1	2.448	34.968	34.968	2.448	34.968	34.968	2.078	29.687	29.687
2	1.411	20.151	55.119	1.411	20.151	55.119	1.570	22.433	52.120
3	1.118	15.967	71.086	1.118	15.967	71.086	1.328	18.965	71.086
4	0.798	11.399	82.485						
5	0.545	7.782	90.267						
6	0.509	7.270	97.537						
7	0.172	2.463	100.000						

Extraction Method：Principal Component Analysis.

提取 4 个因子后的各个变量共同度和方差贡献如表 6—5 和表 6—6 所示。

表 6—5   因子分析的变量共同度（二）
Communalities

	Initial	Extraction
年龄	1.000	0.652
收入	1.000	0.889
家庭人数	1.000	0.945
开通月数	1.000	0.888
基本费用	1.000	0.889
免费部分	1.000	0.746
无线费用	1.000	0.776

Extraction Method：Principal Component Analysis.

表 6—6   因子的方差贡献（二）
Total Variance Explained

Component	Initial Eigenvalues			Extraction Sums of Squared Loadings			Rotation Sums of Squared Loadings		
	Total	% of Variance	Cumulative %	Total	% of Variance	Cumulative %	Total	% of Variance	Cumulative %
1	2.448	34.968	34.968	2.448	34.968	34.968	2.002	28.597	28.597
2	1.411	20.151	55.119	1.411	20.151	55.119	1.458	20.828	49.425
3	1.118	15.967	71.086	1.118	15.967	71.086	1.234	17.623	67.048
4	0.798	11.399	82.485	0.798	11.399	82.485	1.081	15.437	82.485
5	0.545	7.782	90.267						
6	0.509	7.270	97.537						
7	0.172	2.463	100.000						

Extraction Method：Principal Component Analysis.

收入的变量共同度得到了显著提高。同时，因子的累计方差贡献率为 82.485%。因子载荷矩阵和旋转的因子载荷矩阵如表 6—7 和表 6—8 所示。

表 6—7   因子载荷矩阵
Component Matrix[a]

	Component			
	1	2	3	4
开通月数	0.845	−0.231	0.337	−0.083
基本费用	0.817	−0.238	0.372	−0.161
年龄	0.672	−0.249	−0.350	0.129
无线费用	0.249	0.811	−0.159	−0.141
免费部分	0.491	0.652	−0.009	−0.281
家庭人数	−0.125	0.365	0.748	0.487
收入	0.544	0.147	−0.398	0.642

Extraction Method：Principal Component Analysis.

a. 4 components extracted.

表 6—8

旋转后的因子载荷矩阵
Rotated Component Matrixᵃ

	Component			
	1	2	3	4
基本费用	0.937	0.070	0.078	−0.006
开通月数	0.925	0.065	0.166	0.010
无线费用	−0.101	0.860	0.113	0.051
免费部分	0.242	0.828	0.046	−0.003
收入	0.080	0.150	0.927	0.034
年龄	0.438	0.001	0.569	−0.368
家庭人数	0.019	0.041	−0.043	0.970

Extraction Method：Principal Component Analysis.
Rotation Method：Varimax with Kaiser Normalization.

a. Rotation converged in 5 iterations.

比较表 6—7 和表 6—8 发现，因子的命名解释性提高了，第 1 个因子是对基本费用和开通月数的综合。第 2 个因子主要反映无线费用和免费部分。第 3 个因子主要解释收入。第 4 个因子反映的是家庭人数的情况。年龄需第 1、第 3、第 4 个因子共同解释。

（3）【模型】选项卡。【模型】选项卡给出了 4 个因子的得分函数，如图 6—16 所示。

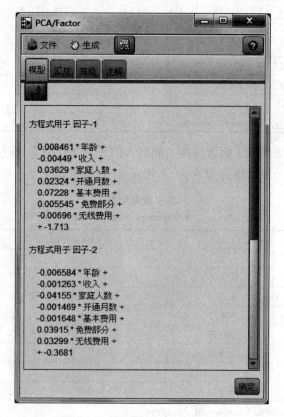

图 6—16　案例的因子得分函数

可依次写出各个因子得分函数，并计算各个样本在各个因子上的得分。

将模型计算结果添加到数据流中，选择【输出】选项卡中的【表】节点，浏览各观测在因子变量上的得分。因子变量名以＄F-Factor 开头，后跟下划线和因子编号。

4 个因子变量关于是否流失的直方图如图 6—17 所示。

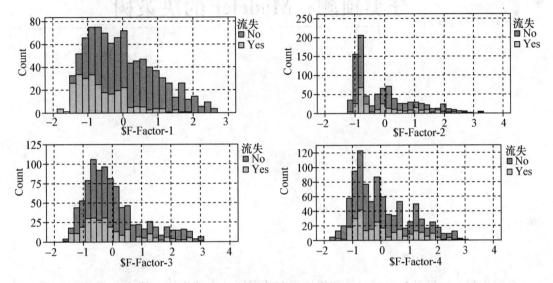

图 6—17　因子得分直方图

图形显示，流失客户在第 1 个因子上得分普遍较低，他们的基本费用较少，开通月数也不长。流失和保持客户在第 2 个因子得分上的分布差异不明显，其无线费用和免费部分差异不大。同理，流失和保持客户在第 3 和第 4 个因子得分上的分布差异也不明显，即收入和家庭人数不是导致客户流失的重要因素。

> 　　需要说明的是：数据精简中的变量降维，可以在建模之前独立进行，也可伴随在模型建立过程中，这样更具针对性。

第 7 章

分类预测：Modeler 的决策树*

分类预测，这里是指通过归纳和提炼现有数据所包含的规律，建立分类预测模型，用于对未来新数据的预测。

从学习角度看，分类预测属于数据挖掘中的有指导的学习，它要求参与建模的变量包括：作为输入角色的输入变量，以及作为输出角色的输出变量，且输出变量值在现有数据上已知。分类预测模型能够反映怎样的输入变量取值应有怎样的输出变量结果。

分类预测有分类和回归两方面的含义。输出变量为分类型的分类预测模型称为分类模型，输出变量为连续数值型的分类预测模型称为回归模型。

分类预测在数据挖掘中的应用最为广泛。本书前面所谈及的药物研究、学生参加公益活动以及电信客户流失的例子，都是典型的分类预测应用问题。

Modeler 的分类预测算法极为丰富，其中的决策树（decision tree）算法尤为经典。决策树最早源于人工智能的机器学习技术，用以实现数据内在规律的探究和新数据对象的分类预测。因其核心算法较为成熟，很早就被各类智能决策系统采纳。后来，由于决策树算法具有出色的数据分析能力和直观易懂的结果展示等特点，因此被纳入数据挖掘的范畴之中，成为备受广大数据挖掘用户青睐、使用最为广泛的分类预测算法之一。

---

* 本章的数据流文件：决策树.str。

§7.1　决策树算法概述

7.1.1　什么是决策树

决策树算法的目标是建立分类模型或回归模型。决策树得名于其分析结论的展示方式类似一棵倒置的树。

例如，图 7—1 就是一棵典型的决策树。出于版面空间的考虑，这里将它进行了转置。

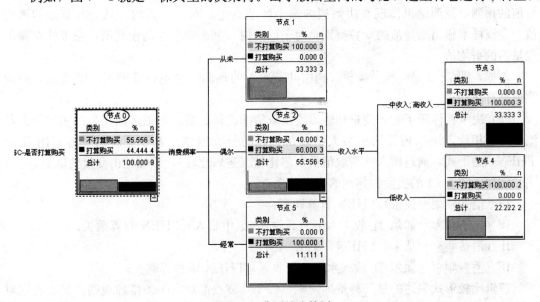

图 7—1　典型的决策树

1.　相关基本概念

（1）根节点。图 7—1 中最左侧的一个节点（节点 0）称为根节点。一棵决策树只有一个根节点。未转置的决策树，根节点在最上层。

（2）叶节点。没有下层的节点称为叶节点。一棵决策树可以有多个叶节点。未转置的决策树，叶节点在最下层。如图 7—1 中的节点 1，5，3，4 均为叶节点。

（3）中间节点。位于根节点下且还有下层的节点称为中间节点。中间节点可分布在多个层中。如图 7—1 中的节点 2 为中间节点。

同层节点称为兄弟节点，如节点 1，2，5 互为兄弟节点。上层节点是下层节点的父节点，如节点 2 是节点 3，4 的父节点。下层节点是上层节点的子节点，如节点 3，4 是节点 2 的子节点。根节点没有父节点，叶节点没有子节点。

（4）二叉树和多叉树。若树中每个节点最多只能生长出两个分支，即父节点只能有两个子节点，这样的决策树称为二叉树。若能够长出不止两个分支，即父节点有两个以上的子节点，这样的决策树称为多叉树。图 7—1 所示的是多叉树。

2. 决策树的特点

（1）决策树体现了对样本数据不断分组的过程。每个节点均是具有一定样本量的样本。根节点的样本量最大，其他节点的样本量依层递减。

例如，图 7—1 中根节点（节点 0）的样本量为 9 个。对全部观测按消费频率分为三组，分别是节点 1、节点 2 和节点 5，样本量依次为 3 个、5 个和 1 个。对节点 2 所包含的 5 个观测，继续按照收入水平分成两组，分别是节点 3 和节点 4，样本量依次为 3 个和 2 个。

（2）决策树分为分类树和回归树。分类树和回归树分别用于对分类型和数值型输出变量值的预测，预测结果体现在决策树的每个叶节点上。对于分类树，某个叶节点的预测值，是该样本输出变量值的众数类别；对于回归树，某个叶节点的预测值，是该样本输出变量值的平均值。

例如，图 7—1 是一棵分类树。树中叶节点 1 的预测值是不打算购买，叶节点 3 的预测值是打算购买。

（3）决策树体现了输入变量和输出变量取值的逻辑关系。与很多同样可以实现分类预测的算法相比，决策树算法的最大特点是：它的分类预测是基于逻辑的，即利用 IF…THEN…的形式，通过输入变量取值的布尔比较（逻辑比较），预测输出变量的取值。

例如，图 7—1 的决策树体现的逻辑关系有：

IF（消费频率＝经常）THEN 打算购买；

IF（消费频率＝偶尔 且 收入水平＝高收入 或 中收入）THEN 打算购买；

IF（消费频率＝从未）THEN 不打算购买；

IF（消费频率＝偶尔 且 收入水平＝低收入）THEN 不打算购买。

逻辑比较形式表述的是一种推理规则，每个叶节点都对应一条推理规则，是新数据对象分类预测的依据。对于一个新的数据对象，预测只需按照决策树的层次，从根节点开始依次根据其输入变量取值，进入决策树的不同分支，直至叶节点。

> 决策树的直观性和易懂性是其他算法无法比拟的。

7.1.2 决策树的几何理解

对于分类树，可将训练样本集中的每一个观测看成 n 维（n 个输入变量）特征空间上的一个点，输出变量取不同类别的点以不同形状表示（如圆圈或三角形）。

> 决策树建立的过程就是决策树各个分支依次形成的过程，从几何意义上理解，就是决策树的每个分支在一定规则下完成对 n 维特征空间的区域划分。决策树建立好后，n 维特征空间会被划分成若干个小的矩形区域。矩形区域的边界平行或垂直于坐标轴。

通常，由于特征空间的维度较高，不直观也不易于理解，因此采用树形方式展现决策树。图 7—2 是一个 2 维特征空间划分和相应决策树的示例。

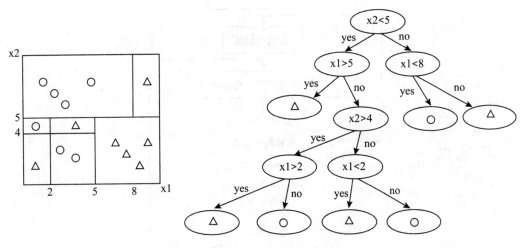

图 7—2　特征空间划分和决策树

决策树在确定每一步的特征空间划分标准时，同时兼顾由此形成的两个区域，希望划分形成的两个区域所包含的观测点尽可能同时"纯正"，即一个区域中多数点有相同的形状，尽量少地掺杂其他形状的点；换言之，同在一个区域中的观测，其输出变量尽可能取同一类别值。

对于回归树，其本质也是特征空间的区域划分。其划分原则与分类树类似，是使同一区域中输出变量取值的离散程度尽可能低。

7.1.3　决策树的核心问题

决策树主要围绕两大核心问题展开：第一，决策树的生长，即利用训练样本集完成决策树的建立过程；第二，决策树的修剪，即利用测试样本集对所形成的决策树进行精简。

1．决策树的生长

决策树的生长过程是对训练样本集不断分组的过程。决策树上的各个分支是在数据不断分组的过程中逐渐生长出来的。当对某组数据的继续分组不再有意义时，它所对应的分支便不再生长；当所有数据组的继续分组均不再有意义时，决策树的生长过程宣告结束。此时，一棵完整的决策树便形成了。因此，决策树生长的核心算法是确定决策树的分支准则。

图 7—3 是一个决策树生长过程的示意图。

其中：

● 差异减少是否显著，是指分组样本中输出变量取值的差异性是否随决策树的生长（分组的进行）而显著减少。有效的决策树分支（分组）应当使枝（组）中样本的输出变量取值尽快趋同，差异迅速减少。

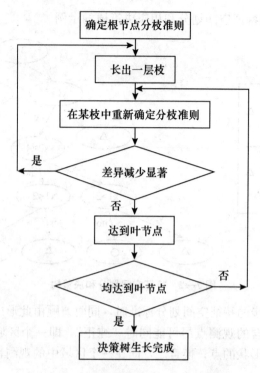

图7—3 决策树生长过程的示意图

● 达到叶节点的一般标准是，节点中样本输出变量均为相同类别，或达到用户指定的停止生长标准。

分支准则的确定涉及两方面问题：第一，如何从众多的输入变量中选择一个当前最佳的分组变量；第二，如何从分组变量的众多取值中找到一个最佳的分割点。不同决策树算法，如 C5.0，CHAID，QUEST，CART 等采用不同的策略，具体将在后面讨论。

2. 决策树的修剪

完整的决策树并不是一棵分类预测新数据对象的最佳树。主要原因是，完整的决策树对训练样本特征的描述可能"过于精确"。

从决策树建立过程看，随着决策树的生长，其对数据总体规律的代表程度不断下降，因为所处理的样本量不断减少。在根节点处，当分支准则确定时，处理对象是训练样本集中的全体，此时样本量是最大的。当第二层分支形成后，全体被分成若干组，于是再下层的分支准则将基于各分组，样本量相对第一层根节点要少许多。这样的过程会不断重复，后续分支准则的确定依据必然是分组再分组又分组后的样本量极少的样本。可见，随着决策树的生长和样本量的不断减少，越深层处的节点所体现的数据特征就越个性化，一般性就越差。极端情况下可能产生这样的推理规则："年收入大于 50 000 元且年龄大于 50 岁且姓名是张三的人购买某种商品"。如果这条规则是精确的，那么它一定失去了一般性。

虽然完整的决策树能够准确反映训练样本集中数据的特征，但很可能因其失去一般代表性而无法用于对新数据的分类预测，这种现象在数据挖掘中称为"过拟合"（overfitting)。解决这个问题的主要方法是决策树修剪。

常用的修剪技术有预修剪（pre-pruning）和后修剪（post-pruning）两种。预修剪技术主要用来限制决策树的充分生长；后修剪技术则是待决策树充分生长完毕后再进行修剪。

预修剪的主要方法有：第一，事先指定决策树生长的最大深度，决策树生长到指定深度后就不再继续生长；第二，事先指定样本量的最小值，节点的样本量不应低于该值，否则相应节点不能继续分支。预修剪技术能够有效阻止决策树的充分生长，但要求对变量取值分布有较为清晰的把握，参数需反复尝试。否则很可能因参数值不合理而导致决策树深度过浅，使得决策树的代表性"过于一般"，也无法实现对新数据的准确预测。

后修剪技术从另一个角度解决过拟合问题。它在允许决策树充分生长的基础上，再根据一定的规则，剪去决策树中那些不具一般代表性的子树，是一个边修剪边检验的过程。用户可以事先指定一个允许的最大误差值。修剪过程将不断计算当前决策子树对输出变量的预测误差。当误差高于允许的最大值时，则应立即停止修剪，否则可以继续修剪。

基于训练样本集的后修剪并不恰当，原因在于，决策树是在训练样本集基础上建立的。较为合理的做法是利用测试样本集评价决策树的修剪效果。当决策树在测试样本集上的错误率明显增大时，应停止修剪，如图 7—4 所示。

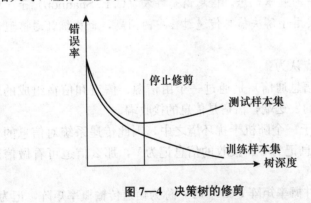

图 7—4   决策树的修剪

图 7—4 中，在生长初期，决策树在训练样本集和测试样本集上的预测误差会快速减少。随着树深度的继续增加，决策树在训练样本集和测试样本集上的预测误差减少速度开始放缓。当树生长达到一定深度后，决策树在训练样本集上的误差仍继续减少，但在测试样本集上的误差却开始增大，表明出现了过拟合。后修剪应停止于预测误差较少，且过拟合现象未出现时。

不同决策树算法采用的修剪策略不尽相同，将在后面详细讨论。

需要说明的是：Modeler 提供了包括 C5.0，CART，CHAID，QUEST 在内的经典决策树算法。

§7.2 Modeler 的 C5.0 算法及应用

C5.0 是在决策树的鼻祖算法 ID3 基础上发展起来的。ID3 算法是昆兰（J. R. Quinlan）在 1979 年提出的，经过不断改善形成了具有决策树里程碑意义的 C4.5 算法。C5.0 是 C4.5 算法的商业化版本，其核心与 C4.5 相同，只是在执行效率和内存使用方面有所改进。由于 C5.0 的算法细节尚未公开，这里只对 C4.5 的算法进行讨论，但出于与软件操作一致的考虑，称谓上仍沿用 C5.0。

> C5.0 用于建立多叉的分类树。它要求输入变量是分类型或数值型，输出变量为分类型。C5.0 以信息增益率为标准确定决策树分支准则，寻找最佳分组变量和分割点。
> Modeler 的 C5.0 算法通过【建模】选项卡中的【C5.0】节点实现。

7.2.1 信息熵和信息增益

1. 信息熵

> 信息熵是信息论中的基本概念。信息论是香农（C. E. Shannon）于 1948 年提出并后续发展起来的，主要用于解决信息传递过程中的问题，也称统计通信理论。

信息论的基本出发点认为：

第一，信息传递（信息通信）是通过一个由信源、信道和信宿组成的传递系统实现的。其中，信源是信息的发送端，信宿是信息的接收端。

第二，传递系统处于一个随机干扰环境之中，因此传递系统对信息的传递存在随机误差。如果将发送的信息记为 U，接收的信息记为 V，那么信道可看做信道模型，记为 $P(U \mid V)$。

信道模型是一个条件概率矩阵 $P(U \mid V)$，称为信道传输概率矩阵，记为：

$$\begin{bmatrix} P(u_1 \mid v_1) & P(u_2 \mid v_1) & \cdots & P(u_r \mid v_1) \\ P(u_1 \mid v_2) & P(u_2 \mid v_2) & \cdots & P(u_r \mid v_2) \\ \vdots & \vdots & & \vdots \\ P(u_1 \mid v_q) & P(u_2 \mid v_q) & \cdots & P(u_r \mid v_q) \end{bmatrix}$$

式中，$P(u_i \mid v_j)$ 表示信宿收到信息 v_j 而信源发出信息 u_i 的概率，且 $\sum_i P(u_i \mid v_j) = 1$ $(i = 1, 2, \cdots, r)$。

在这个通信系统中，不仅干扰被理解为某种随机序列，信源也同样被看做某种随机过程。信息 u_i $(i = 1, 2, \cdots, r)$ 的发生概率 $P(u_i)$ 组成信源的数学模型，且 $\sum_i P(u_i) = 1$ $(i = 1, 2, \cdots, r)$。

以二元信道模型为例，其信道传输概率矩阵为 $\begin{bmatrix} P(u_1|v_1) & P(u_2|v_1) \\ P(u_1|v_2) & P(u_2|v_2) \end{bmatrix} = \begin{bmatrix} P_{11} & P_{21} \\ P_{12} & P_{22} \end{bmatrix}$，

如图 7—5 所示。

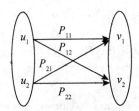

图 7—5　二元信道模型示意图

在通信发生之前，信宿无法判断信源处于怎样的状态，不可能确切了解信源究竟会发出什么样的信息，这种情形称为信宿对信源的状态具有不确定性。由于这种不确定性存在于通信之前，因而称为先验不确定性。

在通信发生之后，当信宿收到发自信源的信息时，先验不确定性有可能消除或减少。如果干扰很小且不对传递的信息产生有效影响，信源发出的信息将被信宿全部收到，不确定性将被完全消除。通常情况下，干扰总会对信源发出的信息造成某种破坏，使信宿收到的信息不完全。因此，先验不确定性不可能全部消除，只能部分消除。也就是说，通信结束后，信宿对信源仍有一定程度的不确定性，称为后验不确定性。

如果后验不确定性等于先验不确定性，表示信宿没有收到信息；如果后验不确定性等于零，表示信宿收到了全部信息。因此，信息是用来消除随机不确定性的，信息量的大小可由所消除的不确定性大小来计量。

信息量的数学定义为：

$$I(u_i) = \log_2 \frac{1}{P(u_i)} = -\log_2 P(u_i) \tag{7.1}$$

信息量的单位是 bit，是以 2 为底的对数形式。

信息熵是信息量的数学期望，是信源发出信息前的平均不确定性，也称先验熵。信息熵的数学定义为：

$$Ent(U) = \sum_i P(u_i) \log_2 \frac{1}{P(u_i)} = -\sum_i P(u_i) \log_2 P(u_i) \tag{7.2}$$

如果信息熵等于 0，表示只存在唯一的信息发送可能，即 $P(u_i)=1$，没有发送的不确定性；如果信源的 k 个信号有相同的发送概率，即所有的 u_i 都有 $P(u_i)=1/k$，则信息发送的不确定性最大，信息熵达到最大。所以，$P(u_i)$ 差别越小，信息熵越大，平均不确定性越大；$P(u_i)$ 差别越大，信息熵越小，平均不确定性越小。

2. 信息增益

当已知信号 U 的概率分布为 $\boldsymbol{P}(U)$ 且收到信号 $V=v_j$ 时，发出信号的概率分布为

$P(U \mid v_j)$。于是，信源的平均不确定性为：

$$Ent(U \mid v_j) = \sum_i P(u_i \mid v_j) \log_2 \frac{1}{P(u_i \mid v_j)}$$

$$= -\sum_i P(u_i \mid v_j) \log_2 P(u_i \mid v_j) \tag{7.3}$$

称为后验熵，表示信宿收到 v_j 后获得的对信号 U 的信息度量值。由于收到信号 V 是个随机变量，后验熵的期望为：

$$Ent(U|V) = \sum_j P(v_j) \sum_i P(u_i \mid v_j) \log_2 \frac{1}{P(u_i \mid v_j)}$$

$$= \sum_j P(v_j) \left(-\sum_i P(u_i \mid v_j) \log_2 P(u_i \mid v_j) \right) \tag{7.4}$$

称为条件熵或信道疑义度，表示信宿收到 V 后，对信号 U 仍存在的平均不确定性（后验不确定性），这是由随机干扰引起的。

通常：$Ent(U \mid V) < Ent(U)$。于是，$Gains(U, V) = Ent(U) - Ent(U \mid V)$，称为信息增益，反映的是信息消除随机不确定性的程度。

7.2.2 C5.0 决策树的生长算法

决策树生长过程的本质是对训练样本集的不断分组过程，涉及两方面问题：第一，如何从众多输入变量中选择一个当前最佳分组变量；第二，如何从分组变量的众多取值中找到一个最佳的分割点。

1. 如何从众多输入变量中选择一个最佳分组变量

C5.0 以信息论为指导，以信息增益率为标准确定最佳分组变量和分割点。

这里，以第 6 章 14 名超市顾客的数据为例，设变量 $T1$，$T2$，$T3$ 分别代表年龄段、挑选时间和性别，作为输入变量；变量 Y 代表是否购买，为输出变量，如表7—1所示。

表 7—1　　　　　　　顾客情况和是否购买的数据（文件名为 Purchase. xls）

挑选时间（$T2$）	64	65	68	69	70	71	72	72	75	75	80	81	83	85
年龄段（$T1$）	B	A	A	C	B	B	C	C	C	A	B	A	A	C
性别（$T3$）	1	1	0	0	0	0	0	0	1	0	1	1	0	0
是否购买（Y）	yes	yes	yes	no	yes	yes	yes	yes	no	no	yes	no	no	yes

决策树将输出变量（Y）看做信源发出的信息 U，输入变量（$T1$，$T2$，$T3$）看做信宿收到的一系列信息 V。在实际通信之前，也就是在决策树建立之前，输出变量对信宿来

讲是完全随机的，其平均不确定性为：

$$
\begin{aligned}
Ent(U) &= \sum_i P(u_i) \log_2 \frac{1}{P(u_i)} \\
&= -\sum_i P(u_i) \log_2 P(u_i) \\
&= -\frac{9}{14} \log_2\left(\frac{9}{14}\right) - \frac{5}{14} \log_2\left(\frac{5}{14}\right) \\
&= 0.940
\end{aligned}
$$

在实际通信过程中，也就是决策树建立过程中，随着信宿接收到信息，也就考察了输入变量，如变量 $T1$，则 $T1$ 的条件熵为：

$$
\begin{aligned}
Ent(U \mid T1) &= \sum_j P(t1_j)\left(-\sum_i P(u_i \mid t1_j) \log_2 P(u_i \mid t1_j)\right) \\
&= \frac{5}{14}\left(-\frac{2}{5}\log_2\left(\frac{2}{5}\right)-\frac{3}{5}\log_2\left(\frac{3}{5}\right)\right) + \frac{4}{14}\left(-\frac{4}{4}\log_2\left(\frac{4}{4}\right)-\frac{0}{4}\log_2\left(\frac{0}{4}\right)\right) \\
&\quad + \frac{5}{14}\left(-\frac{3}{5}\log_2\left(\frac{3}{5}\right)-\frac{2}{5}\log_2\left(\frac{2}{5}\right)\right) \\
&= 0.694
\end{aligned}
$$

于是，$T1$ 的信息增益为：

$$
Gains(U, T1) = Ent(U) - Ent(U \mid T1) = 0.940 - 0.694 = 0.246
$$

同理，还可以计算 $T3$ 的条件熵和信息增益：

$$
\begin{aligned}
Ent(U \mid T3) &= \sum_j P(t3_j)\left(-\sum_i P(u_i \mid t3_j) \log_2 P(u_i \mid t3_j)\right) \\
&= \frac{6}{14}\left(-\frac{3}{6}\log_2\left(\frac{3}{6}\right)-\frac{3}{6}\log_2\left(\frac{3}{6}\right)\right) + \frac{8}{14}\left(-\frac{6}{8}\log_2\left(\frac{6}{8}\right)-\frac{2}{8}\log_2\left(\frac{2}{8}\right)\right) \\
&= 0.892 \\
Gains(U, T3) &= Ent(U) - Ent(U \mid T3) \\
&= 0.940 - 0.892 \\
&= 0.048
\end{aligned}
$$

容易理解，应选择信息增益最大的输入变量（这里为 $T1$）作为最佳分组变量，因为它消除信宿对信源的平均不确定性的能力最强。或者说，由此进行的样本分组，输出变量在两组内部取值的趋同程度最高，各组内部的 $P(u_i)$ 差别大。这正是人们所期望的结果，同时，这种思路也体现了前面谈到的同时兼顾两个划分区域的问题。

应该看到，该选择标准以信息增益值的大小为标准，但事实上，这种方式存在一定问题，主要表现在：类别值多的输入变量比类别值少的输入变量有更多的机会成为当前最佳分组变量。

如例中变量 $T1$ 比变量 $T3$ 具有作为最佳分组变量的"先天"优势。为有助于理解，将表 7—1 中变量 $T1$ 的取值进行调整，将 A 拆成 A1 和 A2，相当于增加了一个类别，如表 7—2 所示。

表 7—2   调整的顾客情况和是否购买的数据

挑选时间 （$T2$）	64	65	68	69	70	71	72	72	75	75	80	81	83	85
年龄段 （$T1$）	B	A1	A2	C	B	B	C	C	C	A1	B	A1	A2	C
性别 （$T3$）	1	1	0	1	0	0	0	0	1	0	1	1	0	0
是否购买 （Y）	yes	yes	yes	no	yes	yes	yes	yes	no	no	yes	no	no	yes

由此，计算变量 $T1$ 的条件熵为：

$$Ent(U \mid T1) = \sum_j P(t1_j)\left(-\sum_i P(u_i \mid t1_j)\log_2 P(u_i \mid t1_j)\right)$$

$$= \frac{3}{14}\left(-\frac{1}{3}\log_2\left(\frac{1}{3}\right)-\frac{2}{3}\log_2\left(\frac{2}{3}\right)\right)+\frac{2}{14}\left(-\frac{1}{2}\log_2\left(\frac{1}{2}\right)-\frac{1}{2}\log_2\left(\frac{1}{2}\right)\right)$$

$$+\frac{4}{14}\left(-\frac{4}{4}\log_2\left(\frac{4}{4}\right)-\frac{0}{4}\log_2\left(\frac{0}{4}\right)\right)+\frac{5}{14}\left(-\frac{3}{5}\log_2\left(\frac{3}{5}\right)-\frac{2}{5}\log_2\left(\frac{2}{5}\right)\right)$$

$$= 0.686\,867$$

$T1$ 的信息增益为：

$$Gains(U,T1) = Ent(U) - Ent(U \mid T1)$$
$$= 0.940 - 0.686\,867 = 0.253\,133$$

可见，这个结果比数据调整前增大了。

为解决上述问题，C5.0 以信息增益率作为选择标准，即不仅考虑信息增益的大小，还兼顾为获得信息增益所付出的"代价"。信息增益率的数学定义为：

$$GainsR(U,V) = Gains(U,V)/Ent(V) \tag{7.5}$$

如果输入变量 V 有较多的分类值，则它自身的信息熵会偏大，而信息增益率会随之降低，从而消除类别数目所带来的影响。

例如，表 7—1 中 $T1$ 的信息增益率为：

$$GainsR(U,T1) = 0.246\Big/\left(-\frac{5}{14}\log_2\left(\frac{5}{14}\right)-\frac{4}{14}\log_2\left(\frac{4}{14}\right)-\frac{5}{14}\log_2\left(\frac{5}{14}\right)\right)$$

$$= 0.246/1.577 = 0.156$$

表 7—2 中 $T1$ 的信息增益率为：

$$GainsR(U,T1) = 0.253\,1\Big/\left(-\frac{3}{14}\log_2\left(\frac{3}{14}\right)-\frac{2}{14}\log_2\left(\frac{2}{14}\right)-\frac{4}{14}\log_2\left(\frac{4}{14}\right)-\frac{5}{14}\log_2\left(\frac{5}{14}\right)\right)$$

$$= 0.253\,1/1.924\,174 = 0.132$$

信息增益率没有增大。

计算 $T3$ 的信息增益率为：

$$GainsR(U,T3)=0.048 \Big/ \left(-\frac{6}{14}\log_2\left(\frac{6}{14}\right) - \frac{8}{14}\log_2\left(\frac{8}{14}\right) \right) = 0.048/0.985 = 0.049$$

由于 $T3$ 的信息增益率仍然低于 $T1$，因此，还应选择 $T1$ 作为当前最佳分组变量。

应如何评价数值型输入变量（如 $T2$）消除平均不确定性的能力呢？通常的做法是首先进行分箱处理，然后再根据上述方法判定。分箱采用第 6 章基于 MDLP 的熵分组方法。Modeler 的【C5.0】节点本身包含了 MDLP 算法，它将自动完成数值型输入变量的分箱，无须用户干预。

2. 输入变量带有缺失值时如何选择最佳分组变量

数据中的缺失值是很常见的，最理想的情况是在建模之前，利用讨论过的方法和 Modeler 的操作对缺失值进行替补处理，或者将带有缺失值的样本剔除。但无论怎样，缺失值的处理总是无法令人十分满意，在算法内部增加缺失值的处理策略是明智的。

C5.0 选择最佳分组变量时，通常将带有缺失值的样本当作临时剔除样本看待，并进行权数调整处理。

仍以表 7—1 的数据为例。将第一个观测的 $T1$（年龄段）改为缺失值，如表 7—3 中的问号所示。

表 7—3　　　　　　　　　　　带有缺失值的顾客情况和是否购买的数据

挑选时间 （T2）	64	65	68	69	70	71	72	72	75	75	80	81	83	85
年龄段 （T1）	?	A	A	C	B	B	C	C	C	A	B	A	A	C
性别 （T3）	1	1	0	1	0	0	0	0	0	1	0	1	1	0
是否购买 （Y）	yes	yes	yes	no	yes	yes	yes	yes	no	no	yes	no	no	yes

计算步骤是：

（1）计算输出变量的平均不确定性：

$$Ent(U) = \sum_i P(u_i)\log_2\frac{1}{P(u_i)} = -\sum_i P(u_i)\log_2 P(u_i)$$

$$= -\frac{8}{13}\log_2\left(\frac{8}{13}\right) - \frac{5}{13}\log_2\left(\frac{5}{13}\right) = 0.961$$

（2）计算关于变量 $T1$ 的条件熵：

$$Ent(U|T1) = \sum_j P(t1_j)\left(-\sum_i P(u_i|t1_j)\log_2 P(u_i|t1_j) \right)$$

$$= \frac{5}{13}\left(-\frac{2}{5}\log_2\left(\frac{2}{5}\right) - \frac{3}{5}\log_2\left(\frac{3}{5}\right) \right) + \frac{3}{13}\left(-\frac{3}{3}\log_2\left(\frac{3}{3}\right) - \frac{0}{3}\log_2\left(\frac{0}{3}\right) \right)$$

$$+ \frac{5}{13}\left(-\frac{3}{5}\log_2\left(\frac{3}{5}\right) - \frac{2}{5}\log_2\left(\frac{2}{5}\right) \right)$$

$$= 0.747$$

（3）计算经权数调整的变量 T1 的信息增益：

$$Gains(U,T1)=\frac{13}{14}(Ent(U)-Ent(U|T1))$$
$$=\frac{13}{14}(0.961-0.747)=0.199$$

信息增益的取值比原来减小了。

（4）计算信息增益率：

$$GainsR(U,T1)=0.199\Big/\Big(-\frac{5}{13}\log_2\Big(\frac{5}{13}\Big)-\frac{3}{13}\log_2\Big(\frac{3}{13}\Big)-\frac{5}{13}\log_2\Big(\frac{5}{13}\Big)\Big)$$
$$=0.199/1.549=0.128$$

3. 如何从分组变量的众多取值中找到最佳分割点

确定了最佳分组变量后，C5.0 不再继续确定关于分组变量的最佳分割点，而默认采用以下策略：

（1）如果最佳分组变量是具有 k 个类别的分类型变量，则依据 k 个取值将样本分成 k 组，形成树的 k 个分支。

如上例，将样本量为 14 的样本按变量 T1 分成 A，B，C 三个组，形成决策树的第一层（除根节点以外），是一个三叉树。

这样处理的好处是：在后续的决策树生长中将不会再涉及该变量。也就是说，决策树基于该变量的分支节点只出现一次，由此形成的推理规则的逻辑是比较清楚的，但可能会因分支较多而导致树比较庞大。

（2）如果最佳分组变量是数值型变量，则以 MDLP 分箱所得的最小组限值为界，将小于组限的样本划为一组，大于组限的划为另一组，形成两个分叉。

Modeler 默认以上处理策略，但出于算法应具有多适用性的考虑，允许用户指定是否需要寻找最佳分割点。如果用户指定了，Modeler 将采用 ChiMerge 分箱法（见 7.4 节）将分组变量的多个类别合并，然后再分支。这种做法无疑有效减少了树的分支，得到的树相对精简。但由于某个分组变量的分支节点在树中会出现多次，所形成的推理逻辑会比较混乱。

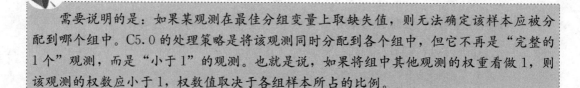

需要说明的是：如果某观测在最佳分组变量上取缺失值，则无法确定该样本应被分配到哪个组中。C5.0 的处理策略是将该观测同时分配到各个组中，但它不再是"完整的 1 个"观测，而是"小于 1"的观测。也就是说，如果将组中其他观测的权重看做 1，则该观测的权数应小于 1，权数值取决于各组样本所占的比例。

例如，以表 7—3 的数据为例，第 1 个观测在 T1 上取缺失值。如果以 T1 作为最佳分组变量，则应形成 A，B，C 三个组，不包括第 1 个观测在内，三个组的样本量分别为 5，3，5。于是，第 1 个观测分配到各组中的权重分别为 5/13，3/13，5/13，之后各组的样本量分别为 5+5/13，3+3/13，5+5/13。

决策树的生长过程将反复上述过程，不断对样本分组，直到整个树各个分支的继续分组不再有意义为止。于是一棵完整的决策树便形成了。

7.2.3　C5.0 决策树的修剪算法

完整的决策树可能因过于"依赖"训练样本而出现过拟合问题，导致在测试样本上不能有令人满意的预测表现，因此决策树的修剪是必须的。C5.0 采用后修剪方法从叶节点向上逐层修剪，其关键问题是误差的估计以及修剪标准的设置。

1. 误差估计

通常，应估计决策树在测试样本集上的预测误差并依此修剪。C5.0 则不然，它利用统计学置信区间的估计方法，直接在训练样本集上估计误差。基本思路是：

(1) 针对决策树的每个节点，以输出变量的众数类别为预测类别。

(2) 设第 i 个节点包含 N_i 个观测，有 E_i 个预测错误的观测，错误率，即误差为 $f_i = E_i/N_i$。

(3) 在近似正态分布假设的基础上，对第 i 个节点的真实误差 e_i 进行区间估计。给出置信度 $1-\alpha$，有

$$P\left(\frac{f_i - e_i}{\sqrt{\frac{f_i(1-f_i)}{N_i}}} < |z_{\frac{\alpha}{2}}|\right) = 1 - \alpha \tag{7.6}$$

式中，$z_{\frac{\alpha}{2}}$ 为临界值。于是，第 i 个节点 e_i 的置信上限，即悲观估计为：

$$e_i = f_i + z_{\frac{\alpha}{2}}\sqrt{\frac{f_i(1-f_i)}{N_i}} \tag{7.7}$$

C5.0 默认置信度为 $1-0.25=75\%$，当 α 为 0.25 时，$z_{\frac{\alpha}{2}} = 1.15$。

2. 修剪标准

在误差估计的基础上，C5.0 将依据"减少—误差"（reduce-error）法判断是否修剪。

首先，计算待剪子树中叶节点的加权误差；然后，与父节点的误差进行比较，如果大于则可以剪掉，否则不能剪掉。表示为：

$$\sum_{i=1}^{k} p_i e_i > e, \ i = 1, 2, \cdots, k \tag{7.8}$$

式中，k 为待剪子树中叶节点的个数；p_i 为第 i 个叶节点的样本量占整个子树样本量的比例；e_i 为第 i 个叶节点的估计误差；e 为父节点的估计误差。

例如，图 7—6 中方框为叶节点，圆圈为中间节点。括号中第一个数字表示本节点所含的样本量 N，第二个数字为错判样本量 E。

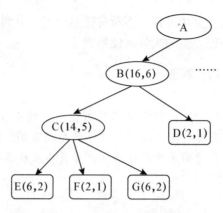

图 7—6　决策树修剪示例

判断是否应剪掉 C 节点下的 3 个叶节点（E，F，G）。

（1）估计 3 个节点的误差。根据式（7.7），叶节点 E，F，G 的误差估计分别为 0.55，0.91，0.55。

（2）加权求和。根据式（7.8）计算得

$$0.55 \times \frac{6}{14} + 0.91 \times \frac{2}{14} + 0.55 \times \frac{6}{14} = 0.60$$

（3）计算父节点的误差估计。根据式（7.7），父节点 C 的误差估计为 0.50。

（4）判断是否应修剪。根据式（7.8），由于 0.60 大于 0.50，应剪掉叶节点 E，F，G。

进一步，还需考虑是否应剪掉节点 C 和兄弟节点 D。同理，计算 B 的子节点的加权误差估计为：$0.50 \times \frac{14}{16} + 0.91 \times \frac{2}{16} = 0.55$。由于父节点 B 的误差估计为 0.51，因此可以剪掉。

　　需要说明的是：置信度可以根据实际需要进行调整。置信度越大，所允许的悲观误差估计越高，被剪去的子树越大，最终的决策树越小；置信度越小，所允许的悲观误差估计越低，被剪去的子树越小，最终的决策树越大。

7.2.4　C5.0 决策树的基本应用示例

以学生参加某次社会公益活动的数据（文件名为 Students.xls）为例。分析目标是：利用 C5.0 算法，研究哪些因素显著影响学生是否参与社会公益活动。其中，是否参加为输出变量，除编号以外的变量为输入变量。

1. 具体操作

选择【建模】选项卡中的【C5.0】节点，将其添加到数据流的恰当位置上。右击鼠

标，选择弹出菜单中的【编辑】选项进行节点的参数设置。【C5.0】节点的参数设置包括
字段、模型、成本、分析和注解五张选项卡。本节只讨论【模型】和【分析】选项卡。

（1）【模型】选项卡。【模型】选项卡用于设置 C5.0 算法的主要参数，如图 7—7 所示。

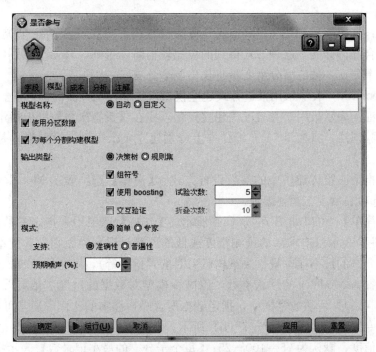

图 7—7（a）　【C5.0】的【模型】选项卡（一）

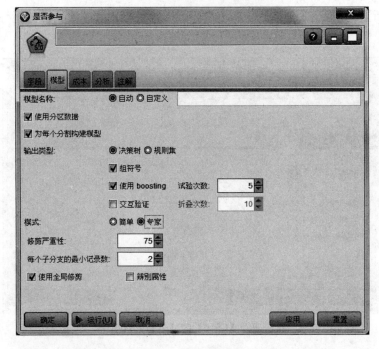

图 7—7（b）　【C5.0】的【模型】选项卡（二）

其中：

● 输出类型：指定分析结果。【决策树】表示输出决策树和由决策树直接得到的推理规则；【规则集】表示输出推理规则集，推理规则集并非由决策树直接得到，具体算法见7.2.5节。

● 组符号：选中表示利用 ChiMerge 分箱法检查当前分组变量的各个类别能否合并，如果可以应先合并再分支。这种方式得到的树比较精简。否则，有 k 个类别的分类型分组变量将长出 k 个分支，数值型分组变量将长出两个分支。

● 使用 boosting：表示采用推进方式建立模型以提高模型预测的稳健性。

● 交互验证：表示采用交叉验证法建立模型，应在【折叠次数】框中指定折数 n。

根据交叉验证法，将在 $1-1/n$ 份样本上分别建立 n 个模型，模型误差是 n 个模型预测结果的综合。

● 模式：指定决策树建模中的参数设置方式。【简单】选项表示 Modeler 自动调整参数；【专家】选项表示手工调整参数。

若选择【简单】，窗口如图7—7（a）所示。【支持】选项用来指定参数设置的原则，其中，【准确性】表示以追求高的预测精度或低的预测错误率为原则设置模型参数（如树的深度、节点允许的最小样本量、决策树修剪时的置信度等），可能导致过拟合问题；【普遍性】表示设置为 Modeler 的默认参数，以减少模型对数据的过度"依赖"。另外，还可在【预期噪声（%）】后的数字框中，指定数据所含噪声样本的比例，通常可不指定。

若选择【专家】，窗口如图7—7（b）所示。其中，在【修剪严重性】框中输入决策树修剪时的置信度，默认为 $75=100-25$；【每个子分支的最小记录数】表示指定每个节点允许的最少样本量。

（2）【分析】选项卡。【分析】选项卡用于设置计算输入变量重要性的指标，如图7—8所示。

图7—8 【C5.0】的【分析】选项卡

其中：

● 计算预测变量重要性：选中表示以图形方式显示输入变量对建模的重要性。

输入变量的重要性测度方法同 6.2 节，结果是各个统计检验的 $1-$ 概率 P-值。在此基础上，这里给出的重要性测度指标是一个相对值，第 i 个输入变量的重要性定义为：
$Evaluation_i = \dfrac{1-P_i}{\sum_i (1-P_i)}$，所有进入模型的输入变量的重要性之和为 1。

● 倾向得分（仅对标志目标有效）：用于指定计算变量的倾向性得分的方法。【计算原始的趋向得分】，选中表示对每个观测，分类模型给出预测值为真的概率，此概率是基于训练样本集计算的；【计算调整倾向得分】，选中表示对每个观测，分类模型给出预测值为真的调整概率，此概率是基于测试样本集或验证样本集计算的，应在【基于】选项中指定样本集。

2. 模型计算结果

C5.0 的模型计算结果将列示在流管理器的【模型】选项卡中。鼠标右击 C5.0 模型结果，选择弹出菜单中的【浏览】选项，可浏览分析结果。

C5.0 的模型计算结果以文字和图形两种形式，分别显示在【模型】选项卡和【查看器】选项卡中。本例决策树分析结果的文字形式如图 7—9 所示。

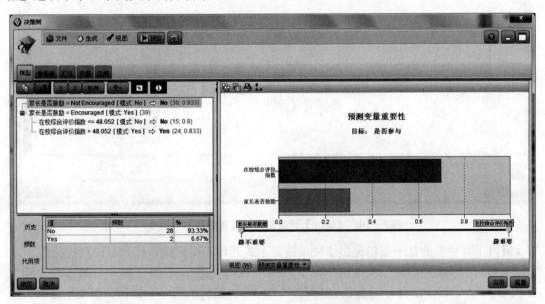

图 7—9 【C5.0】计算结果的【模型】选项卡

C5.0 计算结果的【模型】选项卡包括两部分：左侧是决策树的文字结果，右侧是输入变量倾向性得分的图形表示。

左侧的文字结果是从决策树上直接获得的推理规则。按工具栏上的 钮，可得到每个节点包含的样本量及置信度。本例共有 100 个观测参与分析，训练样本集包含 69（＝30＋39）个观测，分析结论是：

● 如果家长不鼓励（30 个观测），则不参加社会公益活动，置信度为 93.3％。

● 如果家长鼓励（39 个观测），且在校综合评价指数小于等于 48 分（15 个观测），则不参加社会公益活动，置信度为 80%。

● 如果家长鼓励（39 个观测），且在校综合评价指数大于 48 分（24 个观测），则参加社会公益活动，置信度为 83.3%。

按工具栏上的 ⓘ 钮，相关详细信息将显示在窗口左下侧。选择某条推理规则，可显示其具体的层次关系（历史）、样本分布（频数）、代理变量（代理项）。例如，选择第一条推理规则后显示，No 类别有 28 个观测，占节点总样本量的 93.3%。由于以众数类别作为预测类别，该规则的结论是 No，且置信度为 93.33%。

右侧是输入变量倾向性得分的图形显示，本例中在校综合评价指数的重要性最高，得分为 0.696，其次是家长是否鼓励，得分为 1—0.696。其他变量没有进入决策树模型。

本例决策树分析结果的图形形式如图 7—10 所示。

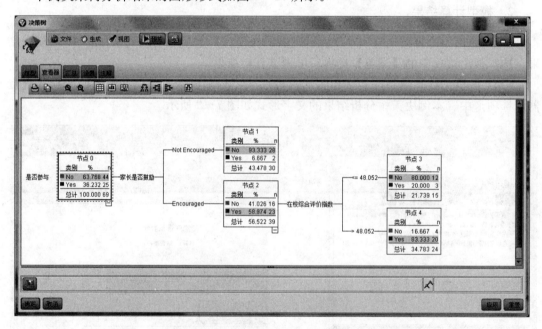

图 7—10　【C5.0】计算结果的【查看器】选项卡

窗口工具栏上的几个按钮提供了决策树展示的几种不同形式，读者可以自行操作。

本例的结果是一棵两层决策树，根节点包含 69 个观测，不参与和参与的人数分别为 44 人和 25 人，相应的百分比为 63.8% 和 36.2%。决策树的第一个最佳分组变量是家长是否鼓励，以此长出 2 个分支。家长不鼓励（Not Encouraged）节点中有 30 个观测（占总样本量的 43.5%），其中不参与的 28 人，占 93.3%（28/30，推理规则的置信度）。该节点是叶节点，预测结果为不参与（众数类）。家长鼓励（Encouraged）节点下的最佳分组变量为在校综合评价指数，根据 MDLP 熵分组结果，小于等于 48 分的为一组，15 人（占总样本量的 21.7%），其中不参与的 12 人，占 80%（12/15，推理规则的置信度）。该节点是叶节点，预测结果为不参与（众数类）。另外，大于 48 分的有 24 人（占总样本量的 34.8%），其中参与的 20 人，占 83.3%（20/24，推理规则的置信度）。该节点是叶节点，预测结果为参与（众数类）。

总之，家长是否鼓励是学生参与社会公益活动的最关键因素，其次是学生的在校综合评价指数。学生的家庭人均年收入、是否无偿献血没有进入决策树，对是否参与社会公益活动的影响很小。

3. 预测结果

为观察 C5.0 对每个观测的预测结果，在流管理器的【模型】选项卡中，右击 C5.0 模型结果，选择弹出菜单中的【添加到流】项，将模型结果连到数据流中。选择【输出】选项卡中的【表】节点，添加到数据流中查看预测结果。

预测结果列表包括了训练样本集和测试样本集在内的所有数据。其中，以 $C 和 $CC 开头的变量为模型给出的预测分类值和预测置信度。预测分类值是从决策树上得到的，符合相应的推理规则；置信度是相应规则的置信度经拉普拉斯估计器（Laplace Estimator）调整后的结果。

拉普拉斯估计器是法国数学家拉普拉斯于 18 世纪提出的经典方法，其标准算法是：

$$\frac{N_j(t)+1}{N(t)+k} \tag{7.9}$$

式中，$N(t)$ 是节点 t 包含的样本量；$N_j(t)$ 是节点 t 包含第 j 类的样本量；k 是输出变量的类别个数。如果输出变量为数值型，则不存在拉普拉斯调整问题。

拉普拉斯调整通常用在朴素贝叶斯分类方法（详见 12.1 节）中，主要解决估计过程中输入和输出变量联合分布下概率为 0 时后验概率无法计算的问题。事实上，分子部分的加 1 并没有特别的理由，对此的改进可以是

$$\frac{N_j(t)+kp}{N(t)+k} \tag{7.10}$$

$p=\frac{1}{k}$ 时，式（7.10）就是式（7.9）。调整 p 意味着调整相应类别的权数，是一个很好的思路。

例如本例中，如果家长不鼓励，则学生不参加社会公益活动，规则置信度为 93.3%。相应决策树的节点中包含 30 个观测，28 个预测正确，规则置信度的拉普拉斯调整结果为：$(28+1)/(30+2)=0.906$，该值就是相应观测的预测置信度。其他计算同理。

如果在图 7—8 C5.0 的【分析】选项卡中指定计算倾向性得分，则预测结果列表中还将包含以 $CRP 开头的变量，存储各个样本的倾向性得分。本例中，如果某观测的预测值为真（这里为 Yes），且预测置信度为 0.808，则该观测的倾向性得分为 0.808；如果某观测的预测值为假（这里为 No），且预测置信度为 0.906，则该观测的倾向性得分为 $1-0.906=0.094$。

7.2.5 C5.0 的推理规则集

C5.0 不但能够建立决策树，还可以生成推理规则集。

决策树与推理规则有着极为紧密的联系。正如 7.1.1 节所述，决策树的文字形式是逻

辑比较，其本质就是一组推理规则集，表达了输入变量取值，以及不同输入变量取值之间的逻辑与（并且）、逻辑或（或者）关系，与输出变量取值的内在联系，直观易懂。

直接从决策树得到推理规则是很容易的，沿着树根向下到每个叶节点，都对应一条推理规则。决策树有几个叶节点，对应的推理规则就有几条。同时，由此产生的多条推理规则之间是相互独立的，其排列的前后顺序不会对新数据的分类预测结果产生影响。

但是，直接来自决策树的推理规则，数量往往比较庞大。由于每个叶节点都对应着一条推理规则，规则之间很可能存在重复和冗余部分，会使原本直观易懂的推理规则变得杂乱无章。其主要原因是：决策树对逻辑关系的表述并不是最简洁的。

以图7—11所示的决策树为例，虽然它反映的是一种极端情况，但却有很强的说服力。

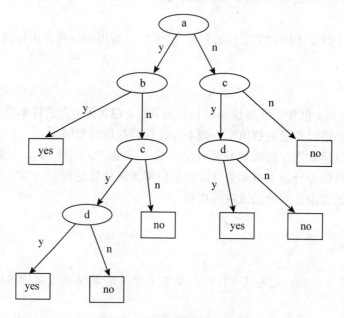

图7—11　一棵示例的决策树

图7—11中，方框为叶节点。从根节点开始分别沿着各个分支走到叶节点，可得到7条推理规则。事实上，这些规则所表达的意思与以下3条规则是相同的：

IF a AND b THEN yes

ELSE IF c AND d THEN yes

OTHERWISE no

表示如果a和b均为真，则预测为yes。否则，如果c和d均为真，也预测为yes。其他情况均预测为no。

该规则集只包含3条规则，与直接从决策树得到的包含7条规则的规则集相比，显然要简洁许多，但规则之间并不独立。

正是由于决策树对逻辑推理的表述较为烦琐，因此，推理规则集通常并不直接来自决策树，而另有生成算法。

1. 规则集的生成算法

　　生成推理规则的一般算法是 PRISM（Patient Rule Induction Space Method），由桑德罗斯卡（Cendrowska）于 1987 年提出。该算法是一种覆盖算法，所生成的规则在训练样本集上是 100% 正确的。

　　算法的基本思路是：首先确定输出变量中的一个类别，称为期望类别。然后完成以下步骤：

　　（1）在当前样本范围内（开始时为全部观测），寻找一条能最大限度覆盖属于该类别样本的推理规则。

　　所谓最大限度，是指规则尽可能多地覆盖属于期望类别的样本，同时尽量不覆盖或少覆盖属于其他类别的样本。如果推理规则共覆盖 M 个观测，其中有 N 个观测属于期望类别，确定规则的标准是使正确覆盖率（N/M）达到最大。当两条规则有相等的正确覆盖率时，应选择正确覆盖数大的规则。当然，一条简单规则通常是不充分的，因为它可能覆盖了属于其他类别的 $M-N$ 个样本，需要在此基础上继续附加逻辑与条件。

　　（2）在样本量为 M 的样本范围内，按照正确覆盖率最大原则确定附加条件，得到一个再小些的样本范围。在此基础上不断附加逻辑与条件，不断缩小样本范围，直到推理规则不再覆盖属于其他类别的样本时，一条推理规则便形成了。

　　（3）从当前样本集中剔除已经被正确覆盖的样本，并检查剩余样本中是否还有属于期望类别的样本。如果有，则回到第一步，否则结束。

　　PRISM 算法通过逐步缩小样本空间范围，最后定位到属于期望类别的样本，并得到相应的推理规则，如图 7—11 所示。

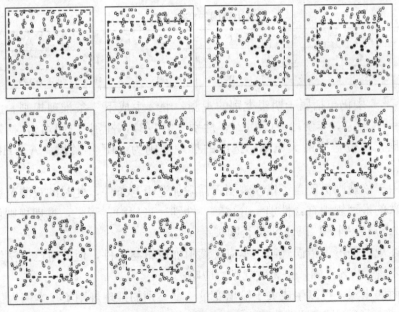

图 7—12　PRISM 算法的示意图

图 7—12 中，浅灰色观测点属于一类，黑色观测点为另一类。通过不断增加逻辑与条件，逐渐缩小样本空间的范围，最后得到只属于黑色类别的观测及其推理规则。

以表 7—1 中的数据为例，如果只考虑年龄段和性别两个输入变量，并指定是否购买的 yes 类别为期望类别。

计算可得，年龄段为 A 的规则，共覆盖 5 个观测，正确覆盖 2 个观测，正确覆盖率为 2/5。同理，其他规则为：年龄段＝B(4/4)，年龄段＝C(3/5)，性别＝0(6/8)，性别＝1(3/6)，括号中为正确覆盖率。根据正确覆盖率最大原则，选出的推理规则为：IF 年龄段＝B THEN 是否购买＝yes。由于该规则不覆盖是否购买取 no 的样本，因此该规则生成完毕。剔除已被正确覆盖的 4 个观测，此时样本范围如表 7—4 所示。

表 7—4 缩小范围的样本（一）

年龄段	A	A	C	C	C	C	A	A	A	C
性别	1	0	1	0	0	1	0	1	0	0
是否购买	yes	yes	no	yes	yes	no	no	no	no	yes

由于表 7—4 中仍包括属于期望类别的观测，因此继续生成下一条推理规则。此时的规则有：年龄段＝A(2/5)，年龄段＝C(3/5)，性别＝0(4/6)，性别＝1(1/4)，括号中为正确覆盖率。根据正确覆盖率最大原则，选出的推理规则为：IF 性别＝0 THEN 是否购买＝yes。

由于该规则仍覆盖了错误观测（是否购买取 no），需附加逻辑与条件，此时的观测范围为表中灰色部分。待选的推理规则有：年龄段＝A(1/3)，年龄段＝C(3/3)。于是，推理规则修正为：IF 性别＝0 AND 年龄段＝C THEN 是否购买＝yes。

由于上述规则已不覆盖错误样本，规则生成完毕。剔除已被正确覆盖的 3 个观测，此时的样本范围如表 7—5 所示。

表 7—5 缩小范围的样本（二）

年龄段	A	A	C	C	A	A	A
性别	1	0	1	1	0	1	0
是否购买	yes	yes	no	no	no	no	no

由于表 7—5 中仍包括属于期望类别的观测，继续生成下一条推理规则。此时的规则有：年龄段＝A(2/5)，年龄段＝C(0/2)，性别＝0(1/3)，性别＝1(1/4)，括号中为正确覆盖率。根据正确覆盖率最大原则，选出的推理规则为：IF 年龄段＝A THEN 是否购买＝yes。

同理，由于该规则仍覆盖了错误观测，需附加逻辑与条件，此时的观测范围是表中灰色部分。待选的推理规则有：性别＝0(1/3)，性别＝1(1/2)。于是，推理规则修正为：IF 年龄段＝A AND 性别＝1 THEN 是否购买＝yes。

由于上述规则仍覆盖错误观测，本应继续附加逻辑与条件，但此时已无法继续，因此该规则无法实现 100% 正确，是无效规则，应略去。

经过上面的步骤，可以生成关于输出变量一个类别的推理规则集。本例为：

IF 年龄段＝B THEN 是否购买＝yes

IF 性别＝0 AND 年龄段＝C THEN 是否购买＝yes

同理，可生成输出变量为其他类别的推理规则集。

类似于决策树的修剪，规则集通常也需要精简。精简过程应基于测试样本集。通常的算法是：首先，对每条推理规则，找出它所覆盖的测试集中的所有观测，暂时去掉其中的一个逻辑与条件，计算此时的正确覆盖率和误差率。如果误差率低于原规则的误差率，则去掉相应的逻辑与条件，继续暂时剔除其他的逻辑与条件，直到剔除后的规则误差率高于剔除前的为止。最后，还需查看所有已被精简的推理规则中是否有重复的规则，有则剔除。

规则集的精简还有许多有效方法，这里不再展开讨论。

> 需要说明的是：推理规则的生成策略与决策树的构建策略并不相同。推理规则总是以期望类别的最大正确覆盖率为标准，在一个时刻只考虑一个类别，决策树则同时兼顾输出变量的各个类别。
>
> 另外，推理规则的生成是有先后顺序的，规则集的本质是一个决策序列。依次执行推理规则，一旦满足规则，就不再考察下一条规则。
>
> 精简的规则可以看做相互独立的，但可能会出现某个观测同时满足多条推理规则的条件，而结论却相互冲突，或没有任何规则适合它。对前者，通常的做法是规则投票，观测所属的类别应是得票最多或平均置信度最高的类别；对后者，通常令其类别为众数类别。
>
> 对于数值型变量，应先经分箱处理后再采用 PRISM 算法。

2. 具体操作

如果希望由决策树直接生成推理规则集，具体操作步骤是：

（1）在流管理器的【模型】选项卡中，鼠标右击 C5.0 模型结果，选择弹出菜单中的【添加到流】项，将模型结果添加到数据流中。

（2）鼠标右击数据流中的模型结果节点，选择弹出菜单中的【编辑】选项，选择窗口主菜单【生成】下的【规则集】项，显示如图 7—13 所示的对话框。

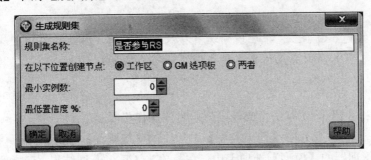

图 7—13　生成规则集对话框

其中，应在【规则集名称】框后输入规则集名称；指定推理规则集放置的位置，可以放置在数据流编辑区，流管理器的【模型】选项卡中，或同时放置于两处；【最小实例数】表示当规则所适用的样本量大于指定值时才进入推理规则集；【最低置信度%】表示规则的置信度大于指定值时才进入规则集。当规则集较大时，这些参数的设置会有效减少推理规则集中的规则数量。

鼠标双击生成的规则集节点，可浏览由决策树直接生成的规则集。本例生成的推理规则集如图 7—14 所示。

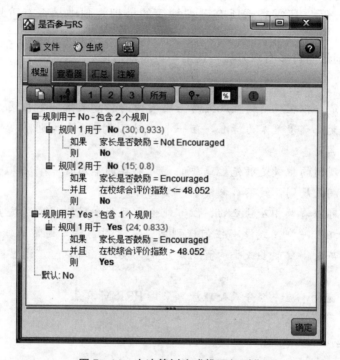

图 7—14　由决策树生成推理规则集

规则集包括两部分规则，分别对应输出变量的两个类别，规则没有覆盖的样本默认预测为 No。第一条规则覆盖 30 个观测，正确预测率（规则置信度）为 93.3%；第二条规则覆盖 15 个观测，正确预测率为 80%；第三条规则覆盖 24 个观测，正确预测率为 83.3%。

> 需要说明的是：由于上述推理规则集直接来自决策树，因此，与决策树的分析结果是完全一致的。另外，由决策树生成的规则集能够覆盖所有样本，所以，其中的默认部分可以省略。

如果希望采用 PRISM 算法生成规则集，具体操作步骤是：

（1）选择图 7—7（a）中【输出类型】选项中的【规则集】项。

（2）在流管理器的【模型】选项卡中，鼠标右击 C5.0 模型结果，选择弹出菜单中的【浏览】项，浏览规则集。

本例生成的推理规则集如图 7—15 所示。

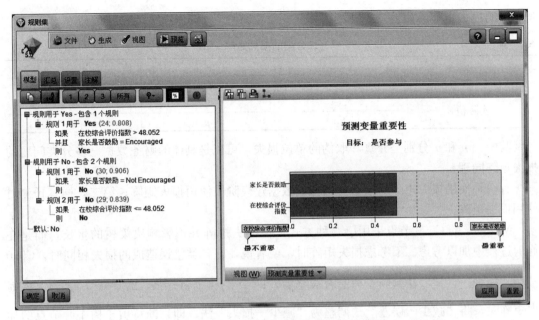

图 7—15　由 PRISM 算法生成推理规则集

规则集生成时不对变量的重要性进行测度，所以，两个输入变量的重要性得分相等。利用 PRISM 算法得到的规则集与直接来自决策树的规则集存在一定差异。例如，本例规则"如果在校综合评价指数小于等于 48 分，则不参与"，是决策树规则集中没有的，它覆盖了 29 个观测。对不满足所给规则的样本，其预测分类为 No。

需要说明的是：规则集中的规则是经过精简处理的，正确率并非 100%。括号中给出的规则置信度是经拉普拉斯调整后的结果。

7.2.6　损失矩阵

分类模型给出的分类预测结果可能是错误的，不同错误类型所造成的实际损失可能是不同的。

例如，股票市场中，股票价格实际上涨但被错误地判断为下跌，或者实际下跌却被错误地判断为上涨，都会给投资者带来损失。在这种情况下，投资决策时不仅要考虑价格上涨和下跌的可能性，更要评估不同类型的错误判断所造成的损失差异。如果实际下跌被错误地判断为上涨所导致的损失，远远大于实际上涨但被错误地判断为下跌所导致的损失，即使后者的置信程度较低，但从规避更大损失的角度考虑，也可能倾向于选择后者。因此，不仅预测的置信度会影响决策，错判的损失同样会影响决策，两者兼顾是必要的。

1.　基于损失矩阵的决策树

在二分类模型中，判断错误包括两类：一类是实际为真却预测为假的错误，称为弃真错误；另一类是实际为假却预测为真的错误，称为取伪错误。给出这两类错误的损失可得到相应的损失矩阵，如表 7—6 所示。

表 7—6 二分类的损失矩阵

		预测值	
		Yes	No
实际值	Yes	0	m
	No	n	0

其中，m 和 n 分别是弃真和取伪的单位损失，可以是具体的财务数据。多分类问题的损失矩阵同理。

有两种使用损失矩阵的策略：第一，数据建模阶段使用损失矩阵；第二，样本预测时使用损失矩阵。

Modeler 的 C5.0 节点采用第一种方式，但损失矩阵并不影响决策树的生长，而是在修剪过程中加以考虑。不考虑损失矩阵时，或者说，在各类错误造成的损失相同时，C5.0 按照"减少—误差"法判断子树能否被修剪，即 $\sum_{i=1}^{k} p_i e_i > e (i=1, 2, \cdots, k)$。当考虑损失矩阵时，将"减少—误差"法调整为"减少—损失"法，即判断待剪子树中叶节点的加权损失是否大于父节点的损失，如果大于则可以剪掉。以二分类问题为例表示为：

$$\sum_{i=1}^{k} p_i e_i c_i > ec, i=1,2,\cdots,k \tag{7.11}$$

式中，k 为待剪子树中叶节点的个数；p_i 为第 i 个叶节点的样本量占整个子树样本量的比例；e_i 为第 i 个叶节点的估计误差；c_i 为第 i 个叶节点的错判损失；e 为父节点的估计误差；c 为父节点的错判损失。

由于定义了损失矩阵，使得决策树的修剪会更加慎重。不仅要考虑允许的误差大小，还要考虑误差带来的损失多少。如果修剪造成的损失较大，则宁可选择不修剪。

第二种损失矩阵的使用方式很容易理解。节点的预测分类结果不再由众数类别决定，即不单纯以置信度为依据，而将错判损失也考虑进来，在损失和置信之间取得适当的平衡，以式（7.12）取最小为标准：

$$\min_i \left(\sum_j c(i \mid j) p(j \mid t) \right) \tag{7.12}$$

式中，$c(i \mid j)$ 是损失矩阵中将 j 类错判为 i 类的损失；$p(j \mid t)$ 是被节点 t 判为 j 类的归一化概率，定义为：

$$p(j \mid t) = \frac{p(j,t)}{\sum_j p(j,t)}, \ p(j,t) = \frac{N_{j,t}}{N_j} \tag{7.13}$$

式中，$p(j, t)$ 是节点 t 包含第 j 类的概率；$N_{j,t}$ 是节点 t 包含第 j 类的样本量；N_j 是全部样本包含第 j 类的样本量。归一化处理是使各个叶节点的概率值具有可比性。

2. 具体操作

在图 7—7（a）所示的窗口中，选择【成本】选项卡，如图 7—16 所示。

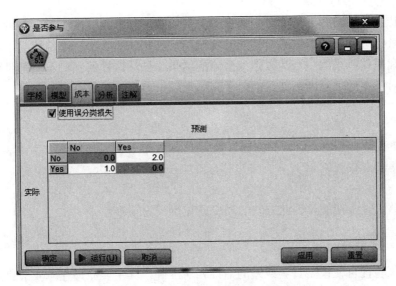

图 7—16 【C5.0】的【成本】选项卡

首先，选中【使用误分类损失】选项；然后，给出损失矩阵的单位损失值。

对于上述案例，假设指定弃真损失为 1，取伪损失为 2。从模型的计算结果看，由于取伪损失较大，所以模型给出 Yes 判断的置信度都很高，较为谨慎，模型较以前复杂，决策树修剪程度低。如果取伪损失指定为 10，则模型都判为 No，以避免高额的损失惩罚。

7.2.7 N 折交叉验证和 Boosting 技术

1. 偏差和方差

不存在一个能够完美反映数据蕴涵的规律的完全"正确"的模型，现实世界中的很多特征是无法用模型精确描述的，所谓模型形式仅仅是对"真实"情况的近似。

如果在来自同一总体、具有相同样本量的多个独立样本集上，建立具有相同形式的多个预测模型，那么，对于任意给定的输入变量值，并无法保证这些模型给出的预测值与其实际值完全一致，即模型存在偏差。同时，建立在多个独立样本集上的多个模型所给出的预测也存在差异，即为模型的方差（variance）。可以认为，预测的差异性来自两个方面，定义输出变量 Y 的均方误差（mean squared error）为：

$$MSE(Y) = E[\hat{y} - \mu_y]^2 = E[E(\hat{y}) - \mu_y]^2 + E[\hat{y} - E(\hat{y})]^2 \tag{7.14}$$

式中，$\hat{y}$ 为预测值；μ_y 为真值。式（7.14）的第一部分为偏差，是预测值的期望与真值之间的平均差异；第二部分为方差，是预测值与预测值的期望之间的平均差异。

模型复杂度是决定偏差大小的重要因素。如果忽略所有数据和模型，仅采用一个常数作为预测值，那么偏差无疑会很大，这当然不是人们所期望的。而如果采用一个极为复杂的模型，虽然其平均预测值接近真实值，偏差较小，是人们所期望的，但代价却是：高度复杂的模型往往过于"依赖"训练样本，产生过拟合，会导致基于不同训练样本集的模型，所给出的预测值差异很大，即方差很大。方差较大的预测仍是无法令人满意的。因为尽管预测值的期望与真值很接近，但由于基于特定样本的模型给出的预测与其期望间相距甚远，一次特定的预测结果是没有太大意义的。事实上，方差测度了模型对训练样本的敏感程度，而敏感程度的强弱取决于模型的复杂度。如果方差为 0，极端情况下可认为是忽略所有数据和模型，采用一个常数作为预测的结果。虽然这样的预测不会随训练样本的变化而变化，对样本的敏感度最低，但由于其偏差较大，仍然是没有意义的。

总之，偏差和方差同时达到最小当然是最理想的，但在建模中却是无法实现的。减少偏差会引起方差增大，减少方差又会导致偏差增大。因此，偏差和方差之间的平衡折中是极为必要的。

由于偏差总是未知的，因此方差的测度就显得较为重要。

2. N 折交叉验证

N 折交叉验证可使模型真实误差的估计相对准确。其主要原理在 4.4 节已经讨论，此处不再赘述。

Modeler 的 N 折交叉验证的操作相对比较简单，只需在图 7—7（a）所示的窗口中，选择【交互验证】项，并在【折叠次数】框中指定折数（如 10，表示进行 10 折交叉验证）即可。

Modeler 并没有给出 N 折交叉验证中各模型的具体情况，以及相应的误差估计，只是在模型计算结果的【汇总】选项卡中，输出了 N 个模型预测精度的分布参数，包括均值和标准差。

3. Boosting 技术

由于偏差和方差的存在，建立在一组训练样本集上的一个模型，所给出的预测往往缺乏稳健性。最简单的解决方式就是多增加几个独立样本并尝试建立多个模型，让多个模型对预测结果进行投票。对于分类问题，得票数最多的类为最终分类；对于预测问题，多个模型预测值的均值为最终的预测值。

但在数据挖掘的实际应用中，多增加几个独立样本是不现实的，因为要考虑数据获得的成本和可行性。同时，多个模型在投票中有同等的地位也过于粗糙，因为要考虑模型预测精度的差异性。Boosting 技术是解决上述问题的一种现实有效的技术，它在建模和模型投票过程上都有其特点和优势。

Boosting 技术用于机器学习中的有指导学习算法，包括建模和投票两个阶段。

（1）建模阶段。在建模过程中，Boosting 技术通过对现有加权样本的重复抽样，模拟增加样本集。整个过程需要 k 次迭代，或者说需要建立 k 个模型。

建立第一个模型时，训练样本集中的每个观测有相同的权重，即每个观测对模型的影响程度是相同的。模型建立完毕后，Boosting 技术需重新调整各个观测的权重，对第一个模型未能正确预测的样本赋以较高的权重，正确预测的样本赋以较低的权重。

准备建立第二个模型，根据权重重新构造训练样本集，权重越大的样本出现在训练样本集中的可能性越高,权重越小的样本出现在训练样本集中的可能性越低。因此,第二个模型重点关注的是第一个模型未能正确预测的样本。建模完成后,Boosting 技术需再次调整权重。对第二个模型未能正确预测的样本赋以较高的权重,正确预测的样本赋以较低的权重。

同理,准备建立第三个模型,着重考虑第二个模型未能正确预测的样本。依次进行下去。

设初始训练样本集为 T,样本量为 N,迭代 k 次,Boosting 的建模过程为:首先,初始化样本权数 $w_j(i)=1/N$ ($w_j(i)$ 表示第 j 个观测在第 i 次迭代中的权重)。然后,对每次迭代:

1) 根据权数 $w_j(i)$,从 T 中随机有放回地抽取 N 个观测形成训练样本集 T_i。

2) 根据训练样本集 T_i 得到模型 C_i。

3) 计算模型 C_i 的误差 $e(i)$。

4) 如果 $e(i)>0.5$ 或者 $e(i)=0$,则终止建模过程;否则,根据误差更新每个观测的权重。正确分类的权重调整为:$w_j(i+1)=w_j(i)\times\beta(i)$,其中 $\beta(i)=e(i)/(1-e(i))$;错误分类的权重保持不变为:$w_j(i+1)=w_j(i)$。

5) 归一化处理,调整 $w_j(i+1)$ 使各观测的权重之和等于 1,即

$$w_j(i+1)=\frac{w_j(i+1)}{\sum\limits_{j=1}^{N}w_j(i+1)} \tag{7.15}$$

这样经过 k 次迭代,将得到 k 个模型和 k 个误差。

上述过程可用图 7—17 形象表示。其中,灰色和黑色分别代表属于不同类别的样本。点的大小代表观测被抽入训练样本集的权重,点越大被抽到的可能性越大,点越小被抽到的可能性越小。

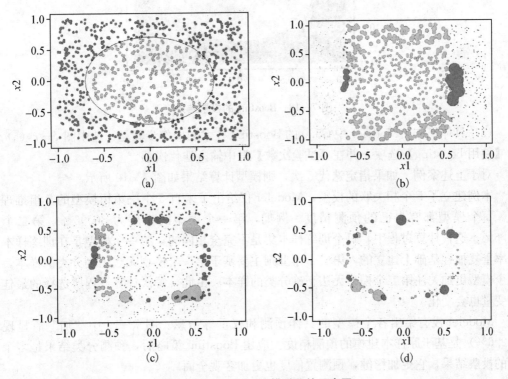

图 7—17 Boosting 建模过程的示意图

建立模型的目的是要找到区分两类样本的边界。图（a）表示，第 1 次迭代时各观测的权重相同。由于错判观测点通常在类的交界处，所以，后续迭代中交界处的多数观测点的权重都增大了。图（b）是第 3 次迭代时的情景。图（c）和图（d）分别是第 20 次迭代和第 100 次迭代时的情景，与周围的点相对比，边界上点的权重要大得多。

可见，Boosting 是一种嵌套建模技术。建模中得到的每个模型，因给出的预测与真实值之间可能存在较大的差异而被称为弱（weak）模型。但一组弱模型的组合最终将成为一个强（strong）模型。

（2）投票阶段。强模型是通过 Boosting 的投票实现的。在模型投票过程中，Boosting 技术采用加权投票方式。不同的模型具有不同的权重，权重大小与模型的误差成反比。误差较小的模型有较高的投票权重，误差较大的模型有较低的投票权重。权重越高的模型，对决策结果的影响越大。对新样本 X 的投票过程具体为：

1）对新样本 X，每个模型 $C_i(i=1, 2, \cdots, k)$ 都给出一个预测值 $C_i(X)$，每个预测值都有一个权重：$W_i(X) = -\ln\left(\dfrac{e(i)}{1-e(i)}\right)$。于是，$k$ 个模型将有 k 个 $C_i(X)$ 和 $W_i(X)$。

2）依预测类别分别计算权重的总和。权重总和最高的类别即为样本 X 的最终分类结果。图 7—18 是 k 个模型共同投票后的分类结果，它有较强的稳健性。

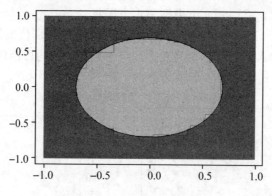

图 7—18　Boosting 的投票结果

（3）具体操作。Modeler 中 C5.0 的 Boosting 技术的操作步骤是：选中图 7—7（a）中的【使用 boosting】选项，并在【试验次数】框中输入迭代次数。

对于上述案例，如果指定迭代 5 次，则模型计算结果如图 7—19 所示。

本例建立了 5 个相关联的模型，Modeler 仅给出了来自 5 个决策树模型的 5 组推理规则。每个模型都有自己的预测精度。例如，第一个模型的精度为 86.96%，第二个为 69.6%。迭代计算过程中，每个训练样本集是不完全相同的，第一个模型是在训练样本等概率重复抽样基础上建立的，第二个模型则主要基于第一个模型无法正确分类的样本，第三个模型更加关注第二个模型无法正确分类的样本。由此，每次计算过程所选择的最佳分组变量也会变化。

Modeler 没有给出各个模型的具体预测和权重等信息。图 7—19 中"加"后显现的（82.6%）是基于原样本建模的预测精度。应用 Boosting 策略后，预测分类结果是多个模型的投票结果，它更加稳健，预测置信度也更加客观全面。

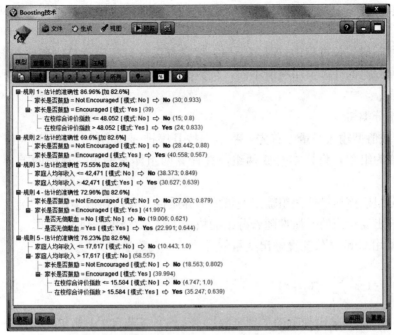

图 7—19 Boosting 计算结果

§7.3 Modeler 的分类回归树及应用

分类回归树（Classification And Regression Tree，CART）是由美国斯坦福大学和加州大学伯克利分校的布雷曼（Breiman）等人于 1984 年提出的，同年他们出版了相关专著 *Classification and Regression Trees*。

分类回归树算法同样包括决策树生长和决策树修剪两个过程，这点与 C5.0 算法的思路相同，其主要差别体现在以下方面：

（1）C5.0 中的输出变量只能是分类型，即只能建立分类树。而 CART 中输出变量可以是分类型也可以是数值型，也就是说，CART 既可建立分类树也可建立回归树。

（2）C5.0 可以建立多叉树，而 CART 只能建立二叉树。

（3）C5.0 以信息熵为基础，通过计算信息增益率确定最佳分组变量和分割点，而 CART 以 Gini 系数和方差作为选择依据。

（4）C5.0 依据训练样本集，通过近似正态分布确定决策树的标准，而 CART 则依据测试样本集进行修剪。

7.3.1 分类回归树的生长过程

分类回归树生长过程的本质仍是对训练样本集的反复分组过程，同样涉及如何从众多输入变量中选择当前最佳分组变量，如何从分组变量的众多取值中找到一个最佳分割点两大问题。

1. 从众多输入变量中选择当前最佳分组变量

在分类回归树生长过程中，对每个输入变量都需进行相应计算以确定最佳分组变量。但分类树和回归树的计算策略有所不同，且数值型输入变量和分类型输入变量的计算策略也存在差异。

（1）对于分类树。

1）对于数值型输入变量。首先，将数据按升序排列；然后，从小到大依次以相邻数值的中间值作为组限，将样本分成两组，并计算两组样本输出变量值的差异性，也称异质性。

理想的分组应该尽量使两组输出变量值的异质性总和达到最小，即"纯度"最大，也就是使两组输出变量值的异质性随着分组而快速下降，"纯度"快速增加。

CART 采用 Gini 系数测度输出变量的异质性，其数学定义为：

$$G(t) = 1 - \sum_{j=1}^{k} p^2(j \mid t) \qquad (7.16)$$

式中，t 为节点；k 为输出变量的类别个数；$p(j \mid t)$ 是节点 t 中输出变量取第 j 类的归一化概率，同式（7.13）。

可见，当节点中输出变量均取同一类别值时，输出变量取值的差异性最小，Gini 系数为 0；而当各类别取值概率相等时，输出变量取值的差异性最大，Gini 系数也最大，为 $1 - 1/k$。

Gini 系数也可表示为：

$$G(t) = \sum_{j \neq i} p(j \mid t) p(i \mid t) \qquad (7.17)$$

CART 采用 Gini 系数的减少量测度异质性下降的程度，其数学定义为：

$$\Delta G(t) = G(t) - \frac{N_r}{N} G(t_r) - \frac{N_l}{N} G(t_l) \qquad (7.18)$$

式中，$G(t)$ 和 N 分别为分组前输出变量的 Gini 系数和样本量；$G(t_r)$，N_r 和 $G(t_l)$，N_l 分别为分组后右子树的 Gini 系数和样本量以及左子树的 Gini 系数和样本量。

按照这种计算方法，反复计算便可得到异质性下降最大的分割点（组限），即使 $\Delta G(t)$ 达到最大的组限应为当前最佳分割点。

2）对于分类型输入变量。由于 CART 只能建立二叉树，对于多分类型输入变量，首先需将多类别合并成两个类别，形成超类；然后，计算两超类下输出变量值的异质性。

理想的超类也应使两组输出变量值的异质性总和达到最小，即"纯度"最大，仍可采用式（7.16）和式（7.18）的测度方法。此外，还可采用 Twoing 策略和有序策略。

Twoing 策略中，节点输出变量差异性的测度仍采用 Gini 系数，不同的是，不再以使 Gini 系数减少最快为原则，而是要找到使合并形成的左右子节点（两个超类）中 Gini 系数差异足够大的合并点 s，即

$$\Phi(s,t) = p_l p_r \left[\sum_j \mid p(j \mid t_l) - p(j \mid t_r) \mid \right]^2 \tag{7.19}$$

式中，t_l 和 t_r 分别表示左右子节点；p_l 和 p_r 分别为左右子节点的样本量与父节点样本量的比例；$p(j \mid t_l)$ 和 $p(j \mid t_r)$ 分别为左右子节点中输出变量值为第 j 类的归一化概率。超类的合并点 s 应使 $\Phi(s,t)$ 最大，体现了类间差异大、类内差异小的分类原则。

有序策略适用于定序型（order set）输入变量，它限定只有两个连续的类别才可合并成超类，因此可选择的超类合并点会大大缩减。

重复这个过程，最终得到最理想的两个超类。

应用同样的原则和计算方法，可得到当前最佳分组变量。

（2）对于回归树。回归树确定当前最佳分组变量的策略与分类树相同，主要的不同是测度输出变量取值异质性的指标。由于回归树的输出变量为数值型，因此方差是最理想的指标，其数学定义为：

$$R(t) = \frac{1}{N-1} \sum_{i=1}^{N} (y_i(t) - \bar{y}(t))^2 \tag{7.20}$$

式中，t 为节点；N 为节点 t 的样本量；$y_i(t)$ 为节点 t 中第 i 个输出变量值；$\bar{y}(t)$ 为节点 t 中输出变量的平均值。于是，异质性下降的测度指标为方差的减少量，其数学定义为：

$$\Delta R(t) = R(t) - \frac{N_r}{N} R(t_r) - \frac{N_l}{N} R(t_l) \tag{7.21}$$

式中，$R(t)$ 和 N 分别为分组前输出变量的方差和样本量；$R(t_r)$，N_r 和 $R(t_l)$，N_l 分别为分组后右子树的方差和样本量以及左子树的方差和样本量。

使 $\Delta R(t)$ 达到最大的变量应为当前最佳分组变量。

2. 从分组变量的众多取值中找到最佳分割点

最佳分割点的确定方法与最佳分组变量的确定方法相同，这里不再赘述。

需要说明的是：如果样本在最佳分组变量上取缺失值，则无法确定该样本应被分配到哪个组中。与 C5.0 的处理策略不同，CART 采用的是代理变量法，即寻找最佳分组变量的替补变量，并根据替补变量值决定样本应归属的组。其实这个道理很简单，就像本应依据身高进行人群分组，但因身高缺失姑且以鞋子的尺码进行分组，虽然鞋子尺码不如身高合适，但可以达到近似的效果。

7.3.2　分类回归树的修剪过程

分类回归树采用预修剪和后修剪结合的方式修剪。

1. CART 的预修剪策略

预修剪的目标是控制决策树充分生长，可以事先指定一些控制参数，包括：

（1）决策树最大深度。如果决策树的层数已经达到指定深度，则停止生长。

（2）树中父节点和子节点的最少样本量或比例。对于父节点，如果节点的样本量低于最小样本量或比例，则不再分组；对于子节点，如果分组后生成的子节点的样本量低于最小样本量或比例，则不必进行分组。

（3）树节点中输出变量的最小异质性减少量。如果分组产生的输出变量异质性变化量小于一个指定值，则不必进行分组。

2. CART 的后修剪策略

后修剪技术允许决策树先充分生长，然后在此基础上根据一定的规则，剪去决策树中那些不具有一般代表性的叶节点或子树，是一个边修剪边检验的过程。在修剪过程中，应不断计算当前决策子树对测试样本集的预测精度或误差，并判断应继续修剪还是停止修剪。

CART 采用的后修剪技术称为最小代价复杂性修剪法（Minimal Cost Complexity Pruning，MCCP）。MCCP 有这样的基本考虑：首先，复杂的决策树虽然对训练样本有很好的预测精度，但在测试样本和未来新样本上不会仍有令人满意的预测效果；其次，理解和应用一棵复杂的决策树是一个复杂过程。因此，决策树修剪的目标是希望得到一棵"恰当"的树，它首先要具有一定的预测精度，同时决策树的复杂程度应是恰当的。

预测的高精度往往是以决策树的高复杂度为代价的，而简单易用的决策树又无法得到一个令人满意的预测效果。因此，决策树修剪中复杂度和精度（或误差）之间的权衡是必要的，既要保证修剪后的决策子树，其误差不明显高于复杂的决策树，又要尽量使决策子树没有很高的复杂度。

一般可借助叶节点的个数测度决策树的复杂程度，通常叶节点个数与决策树的复杂程度成正比。于是，如果将决策树的误差看做代价，以叶节点的个数作为复杂程度的度量，则决策树 T 的代价复杂度 $R_a(T)$ 可表示为：

$$R_a(T) = R(T) + \alpha |\tilde{T}| \tag{7.22}$$

式中，$R(T)$ 表示 T 在测试样本集上的预测误差；$|\tilde{T}|$ 表示 T 的叶节点数目；α 为复杂度系数，表示每增加一个叶节点所带来的复杂度。

当 α 等于 0 时，表示不考虑复杂度对 $R_a(T)$ 的影响，基于最小代价复杂性原则，算法倾向于选择在测试样本集上预测误差最小的决策树，它的叶节点通常较多；α 逐渐增大时，复杂程度对 $R_a(T)$ 的影响也随之增加；当 α 足够大时，$R(T)$ 对 $R_a(T)$ 的影响可以忽略，此时算法倾向于选择只有一个叶节点的决策树，因为它的复杂度是最低的。因此应选择恰当的 α，权衡误差和复杂度，使 $R_a(T)$ 达到最小。

当判断能否剪掉一个内部节点 $\{t\}$ 下的子树 T_t 时，应计算内部节点 $\{t\}$ 和其子树 T_t 的代价复杂度。树结构如图 7—20 所示。

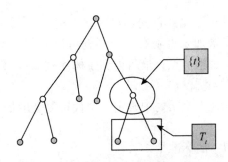

图 7—20　内部节点 t 和它的子树 T_t

（1）对内部节点 $\{t\}$ 的代价复杂度 $R_a(\{t\})$ 进行测度，其定义为：

$$R_a(\{t\})=R(t)+\alpha \tag{7.23}$$

式中，$R(t)$ 为内部节点 $\{t\}$ 在测试样本集上的预测误差。内部节点 $\{t\}$ 的代价复杂度可看做减掉其所有子树 T_t 后的代价复杂度。

（2）内部节点 $\{t\}$ 的子树 T_t 的代价复杂度 $R_a(T_t)$ 表示为：

$$R_a(T_t)=R(T_t)+\alpha|\widetilde{T}_t| \tag{7.24}$$

（3）判断是否可以修剪。如果内部节点 $\{t\}$ 的代价复杂度大于它的子树的代价复杂度，即 $R_a(\{t\})>R_a(T_t)$，则应该保留子树 T_t。将式（7.23）和式（7.24）代入不等式，可得

$$\alpha<\frac{R(t)-R(T_t)}{|\widetilde{T}_t|-1} \tag{7.25}$$

当 $\alpha=\dfrac{R(t)-R(T_t)}{|\widetilde{T}_t|-1}$ 时，内部节点 $\{t\}$ 的代价复杂度等于子树 T_t，但由于 $\{t\}$ 的节点少于子树 T_t，因此 $\{t\}$ 更可取，可以剪掉子树 T_t；当 $\alpha>\dfrac{R(t)-R(T_t)}{|\widetilde{T}_t|-1}$ 时，内部节点 $\{t\}$ 的代价复杂度小于子树 T_t，$\{t\}$ 更可取，可以剪掉子树 T_t。

基于这样的思路，$\dfrac{R(t)-R(T_t)}{|\widetilde{T}_t|-1}$ 越小，且小于某个指定的 α 时，说明 $\{t\}$ 的代价复杂度比子树 T_t 的代价复杂度小得越多，剪掉子树 T_t 越有把握。因此，关键的问题是如何确定 α。

确定 α 是一个不断调整的过程。首先，令 $\alpha=0$，此时 $R_a(\{t\})>R_a(T_t)$；然后，逐渐增大 α，此时 $R_a(\{t\})$ 和 $R_a(T_t)$ 会同时增大，但由于子树 T_t 的叶节点多，因此 $R_a(T_t)$ 增加的幅度大于 $R_a(\{t\})$；最后，当继续增大 α 至 α' 时，$R_a(\{t\})\leqslant R_a(T_t)$，说明子树 T_t 的代价复杂度开始大于 $\{t\}$，此时 α' 即为所得，应剪掉子树 T_t。

CART 的后修剪过程是：

第一步，产生子树序列，分别表示为 T_1，T_2，T_3，…，T_k。其中，T_1 为充分生长的最大树，以后各子树所包含的节点数依次减少，T_k 只包含根节点。

CART 产生子树序列的过程是：首先，对于最大树 T_1，令 $\alpha=0$；然后，按照上述方法计算代价复杂度，并逐步增加 α 直到有一个子树可以被剪掉，得到子树 T_2；重复上述步骤，直到决策树只剩下一个根节点；最后得到子树序列 T_1，T_2，T_3，…，T_k 以及它们的代价复杂度。

第二步，根据一定标准在 k 个子树中确定一个代价复杂度最低的子树作为最终的修剪结果。

CART 选择最终子树 T_{opt} 的标准是：

$$R(T_{opt}) \leqslant \min_k R(T_k) + m \times SE(R(T_k)) \tag{7.26}$$

式中，m 为放大因子；$SE(R(T_k))$ 为子树 T_k 在测试样本集上预测误差的标准误差，定义为：

$$SE(R(T_k)) = \sqrt{\frac{R(T_k)(1-R(T_k))}{N'}} \tag{7.27}$$

式中，N' 是测试样本集的样本量。

这意味着，如果 m 为 0，最终子树 T_{opt} 是 k 个子树中代价复杂度最小者，对应图 7—21 中代价复杂度曲线的最低点。

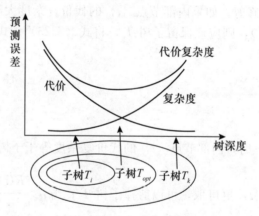

图 7—21　代价复杂度修剪

通常要考虑标准误差，m 代表需考虑几个标准误差。当 m 不为 0 时，满足上述标准的子树并不是代价复杂度最小的子树。m 越大，最终所选择子树的误差（代价）越高，复杂度越低，为图 7—21 中 T_{opt} 圈内的子树。合理的决策是树的复杂度相对较低，且预测误差在用户可容忍的范围内。

7.3.3　损失矩阵对分类树的影响

如果用户明确了模型的错判损失并定义了损失矩阵，在决策树建立过程中，Gini 系数的计算调整为：

$$G(t) = \sum_{j \neq i} c(i \mid j) p(j \mid t) p(i \mid t) \tag{7.28}$$

式中，$c(i \mid j)$ 为将第 j 类错误预测为第 i 类的错判损失。

此外，损失矩阵还可以通过权重形式影响模型的建立。对损失较大的类别赋以较高的权重，损失较小的类别赋以较小的权重，进而使模型更多地向损失大的类别数据学习，偏向损失大的类别。具体细节不再展开讨论。

如果定义了损失矩阵，在决定分类树叶节点的预测类别时，不但需考虑置信度，还应兼顾错判损失，即

$$\min_i \left(\sum_j c(i \mid j) p(j \mid t) \right) \tag{7.29}$$

式中，$p(j \mid t)$ 为节点 t 预测类别为第 j 类的置信度。

损失矩阵不会对回归树的生长产生影响。

7.3.4　分类回归树的基本应用示例

以虚拟的电信客户数据（文件名为 Telephone. sav）为例，讨论分类回归树的具体操作以及如何通过交互操作控制决策树的生长和修剪过程。分析目标是：找到影响客户流失的重要因素以辅助实现客户流失的事前控制。

1.　具体操作

选择【建模】选项卡中的【C&R 树】节点，将其连接到数据流的恰当位置上。右击鼠标，选择弹出菜单中的【编辑】选项进行参数设置。【C&R 树】节点的参数设置包括字段、构建选项、模型选项等选项卡。

这里主要介绍【构建选项】选项卡。【构建选项】选项卡用于设置分类回归树的主要参数，包括目标、基本、停止规则、成本和先验、整体、高级六类，如图 7—22 所示。

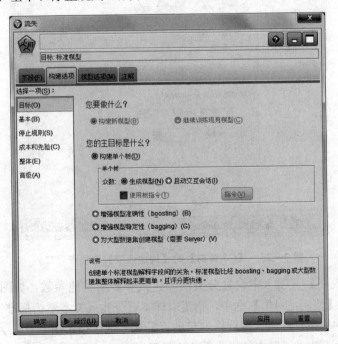

图 7—22　【C&R 树】的【构建选项】选项卡（一）

• 在【目标】选项卡中指定决策树的建立方式。建立一个决策树模型时选择【构建单个树】，并可选择【生成模型】，表示自动建立和修剪分类回归树；【启动交互会话】表示通过用户交互方式建立和修剪分类回归树。如果选择了该方式，还可选中【使用树指令】选项并按【指令】按钮编写建立分类回归树的程序。由于程序的语法要求比较复杂，这里不做介绍。

Modeler 允许建立包括多个决策树的组合预测模型。可采用 7.2 节讨论过的 Boosting 方式，也可采用装袋（Bagging）方式。Bagging 是 Bootstrap Aggregating 的缩写。顾名思义，Bagging 的核心是重抽样自举法。基本步骤为：第一步，对样本量为 N 的原始样本集 S 进行有放回的随机抽样，得到一个容量为 N 的随机样本 S_1（称自举样本）。抽样方式决定了原始样本集中的某些观测可能被多次抽中而多次进入自举样本，另一些观测可能从未被抽中而与自举样本无缘。第二步，将自举样本 S_1 视为训练样本，建立分类树或者回归树 T_1。上述两步重复 M 次。最终将得到 M 个自举样本 S_1，S_2，…，S_M 以及 M 个预测模型 T_1，T_2，…，T_M。

• 在【基本】选项卡中设置分类回归树的预修剪和后修剪的基本参数，如图 7—23 所示。可在【最大树状图深度】框中指定分类回归树不包括根节点在内的最大树深度（默认为 5 层）。在【修剪】框中，选中【修建树以避免过度拟合】选项进行后修剪，并在【最大风险差（标准误）】后框中指定放大因子 m 的值（默认为 1.5）。

图 7—23　【C&R 树】的【构建选项】选项卡（二）

• 在【停止规则】选项卡中设置分类回归树预修剪的其他参数，如图 7—24 所示。在【使用百分比】和【使用绝对值】框中，指定以样本百分比或样本量为标准设置预修剪策略。例如，当父节点的样本百分比（占总样本量的百分比）低于指定值（默认为 2%）时不继续分组，当分组后所产生的子节点的样本百分比低于指定值（默认为 1%）时不进行分组等。

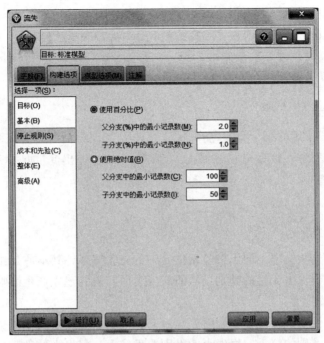

图 7—24 【C&R 树】的【构建选项】选项卡（三）

- 在【成本和先验】选项卡中设置损失矩阵和先验分布，如图 7—25 所示。通常，先验

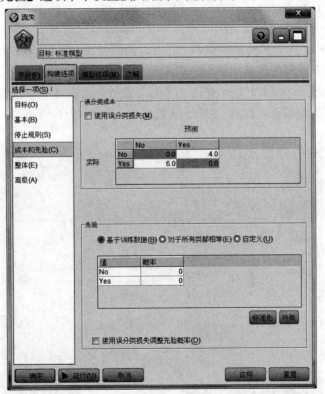

图 7—25 【C&R 树】的【构建选项】选项卡（四）

分布可以是基于训练样本的，也可以指定为等概率分布，或在【值】和【概率】列中指定为特定的值。概率值的总和应等于1，不等于1时应进行调整。【均衡】表示强行令各个类别的先验概率相等；【标准化】的调整方法为：

$$\pi'(j) = \frac{\pi(j)}{\sum_j \pi(j)} \qquad (7.30)$$

式中，$\pi(j)$ 为用户指定的第 j 类的先验概率；$\pi'(j)$ 为调整后的先验概率。

当指定先验概率后，计算 Gini 系数时，节点 t 中样本输出变量取第 j 类的归一化概率 $p(j \mid t)$ 的计算调整为：

$$p(j \mid t) = \frac{\pi_j p(j,t)}{\sum_j p(j,t)}, \ p(j,t) = \frac{N_{j,t}}{N_j} \qquad (7.31)$$

可见，这里的先验概率不同于贝叶斯估计中的先验概率，其本质是给样本赋以不同的权重，且权重取决于输出变量的类别，从而对分类回归树的建立产生影响，使模型偏向高权重的类别。

另外，选中【使用误分类损失调整先验概率】表示，如果定义了损失矩阵，则以损失矩阵自动调整各个类别的权重。损失大的类别权重较大，损失小的类别权重较小。由于模型总是倾向于高权重类别，所以这种方式能够有效避免大损失的惩罚。错判损失矩阵在【误分类成本】框中定义。

● 在【高级】选项卡中设置分类回归树建立和修剪过程的高级参数，如图 7—26 所示。【最小杂质改变（M）】是预修剪策略参数，它通过控制分支过程中节点内输出变量取值差异的减少程度，阻止决策树的进一步生长。默认的最小改变量为 0.000 1，表示当输出变量取值差异的减少程度小于 0.000 1 时决策树不再生长。此外，可在【分类目标的杂质测量（L）】中指定形成"超类"的策略，默认为 Gini 系数策略，也可按 Twoing 策略或有序策略形成"超类"。

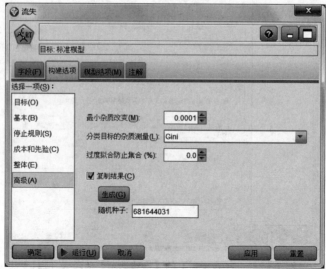

图 7—26　【C&R 树】的【构建选项】选项卡（五）

● 在【整体】选项卡中指定使用 Boosting 或 Bagging 策略时建立模型的个数（默认为 10），以及预测时应如何采纳各模型的预测结果。分类树默认采用投票方式，也可依据概率值决定预测结果。回归树默认采用均值，也可采用中位数。如图 7—27 所示。

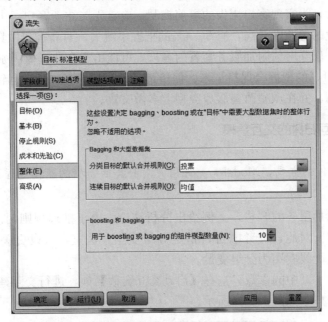

图 7—27 【C&R 树】的【构建选项】选项卡（六）

2. 分析结论

本例所得的决策树如图 7—28 所示。

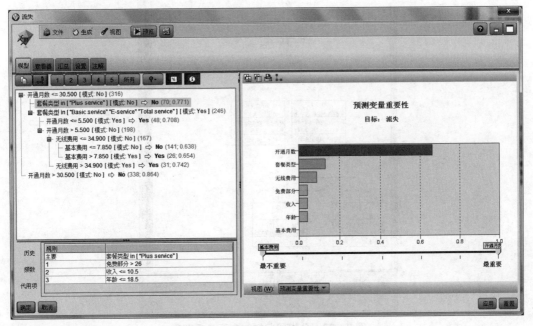

图 7—28 分类回归树的计算结果

该模型找出了 6 个影响因素。应注意到：推理规则所涉及的影响因素只有开通月数、套餐类型、无线费用和基本费用 4 个，并没有年龄和收入，而事实上，年龄和收入是以代理变量形式出现的，它们的作用同样不可忽视。

从分析结果看，为实现客户流失的事前控制，应首先关注新客户。由于老客户的入网时间较长，对企业的忠诚度较高，有 86.4% 的把握不流失。对新客户做具体分析可知，新客户有不同类型，那些申请附加服务套餐的客户，可能由于企业提供了别人无法提供的个性化服务，有 77.1% 的把握会保持下来。但申请其他套餐的客户却没有较好的保持性，企业更应关注其费用，并在调整改善服务类型上多做文章。

7.3.5　分类回归树的交互建模

通过交互操作的方式，Modeler 允许用户对分类回归树的建模过程进行直接干预。

对没有选择附加服务的客户，上例给出分析结论，由于推理规则两次涉及开通月数，因此不太容易理解。对此，可考虑自行指定分组变量。这里，假设更关心无线费用的影响，则可强行指定无线费用为分组变量。

重新设置图 7—22 中的参数，选择【启动交互会话】项，进行交互建模。执行数据流后将出现交互树窗口，如图 7—29 所示。

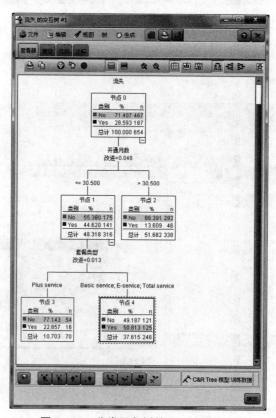

图 7—29　分类回归树的交互建模窗口

图 7—29 是一个交互建模窗口。决策树的生长和修剪过程需要用户手工操作。首先，选择【查看器】选项卡，窗口下工具栏上的各个功能钮的含义如下。

- （生长树）：建立完整的分类回归树。树深度不大于指定的最大深度。
- （生成和修剪）：建立分类回归树并依据用户设置的参数自动进行修剪。
- （使树生长一个级别）：长出一层节点。
- （将树剔除一个级别）：剪掉最底层节点。
- （生长分支）：在指定节点下长出一棵子树（分支）。
- （使分支生长一个级别）：在指定节点下长出一层节点。
- （通过自定义分割生长分支）：在指定节点下按照用户指定的分组变量分支。
- （删除分支）：剪掉指定节点下的子树（分支）。

这里，选择树最下层右端的叶节点，按自行指定分组变量，如图 7—30 所示。

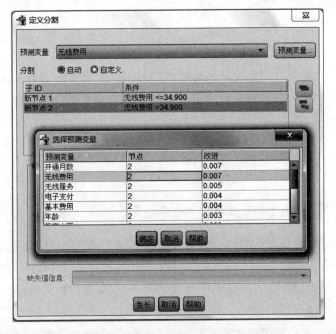

图 7—30 自行指定分组变量

其中，【分割】选项中，【自动】表示 Modeler 自动选择分组变量，默认以开通月数作为下层分组变量。按【预测变量】钮可见，如果按开通月数分组产生两个子节点，将使输出变量的差异性改善（下降）0.007，是目前改善效果最明显的。

这里，在【分割】选项中选择【自定义】，并自行指定无线费用为当前分组变量。虽然从算法角度看，无线费用作为分组变量不是最优的，但如果它符合实际业务分析需要，是人们所关心的，就可以采纳。

选择分组变量后，Modeler 将自动给出最佳分割点的建议。例如，无线费用的分组组限为 34.9。用户可以修改，也可自行指定组成两个超类的类别。按【生长】钮将在当前节点的下面长出新的一层。

树的生长和修剪过程中，Modeler 将自动计算各节点样本量占总样本量的百分比，以及节点中各类别样本量占节点样本量的百分比。用户可随时按工具栏上的▦（训练）和▦（测试）钮，查看决策树在训练样本集和测试样本集上的样本百分比的变化情况。另外，按⓪钮，可查看分组变量的各级代理变量的分割条件和差异性改善情况，以及代理变量与被代理变量的相关程度等数据。

按无线费用分组后，可以看到，无线费用高于 34.9 的客户有 75％流失了，也就是说，申请和经常使用无线服务的客户流失率较高，可能是无线服务不能满足高利用率客户的需求所致。

7.3.6 交互建模中分类回归树的评价

在交互建模过程中，时时关注分类回归树的预测性能是极为必要的。分类回归树的评价包括效益评价和风险评价两个方面。

1. 效益评价

数据挖掘的核心是反复不断地向训练样本学习。评价学习的效益可从收益（增益）和利润两个方面入手。收益是对模型提炼特征和规律能力的测度，利润则更多从财务角度反映模型的价值。

Modeler 可方便地对分类回归树每个叶节点的收益和利润进行评价，也可对决策树的整体以及样本分位点上的收益和利润进行评价。

需要说明的是：收益是针对用户关心的目标类别的。

例如上述案例中，如果关注模型是否有效捕捉了流失客户的特征和规律，则目标类别是 Yes（流失）；如果考察模型是否有效概括了保持客户的特征和规律，则目标类别是 No（保持）。

浏览模型收益的具体操作是：选择图 7—29 中的【增益】选项卡，窗口如图 7—31所示。

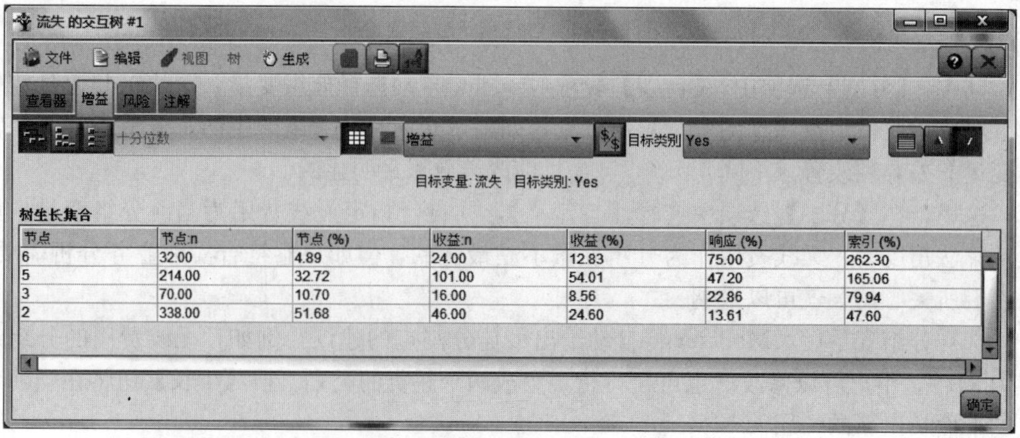

目标变量：流失　目标类别：Yes

树生长集合

节点	节点.n	节点 (%)	收益:n	收益 (%)	响应 (%)	索引 (%)
6	32.00	4.89	24.00	12.83	75.00	262.30
5	214.00	32.72	101.00	54.01	47.20	165.06
3	70.00	10.70	16.00	8.56	22.86	79.94
2	338.00	51.68	46.00	24.60	13.61	47.60

图 7—31　模型收益的评价结果

在图 7—31 中可分别查看分类回归树在训练样本集和测试样本集上的收益数据。列表默认显示每个叶节点（🔲 钮【根据节点】）对目标类别的收益，应在【目标类别】下拉框中指定目标类别。

此外，可按工具栏🔲（累积）、🔲（分位数）钮，分别显示累计和样本分位点的收益数据；也可按🔲 或🔲 钮对列表数据按升序或降序排列；当列表中的行数较多，即决策树的叶节点较多时，可按🔲 钮，选择（呈反黄显示）满足指定条件的叶节点，如图 7—32 所示。

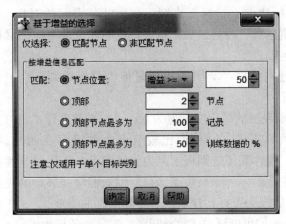

图 7—32　选择叶节点

其中：

● 仅选择：【匹配节点】表示选择满足指定条件的叶节点；【非匹配节点】表示选择不满足条件的叶节点。

● 按增益信息匹配：【节点位置】表示选择节点收益（增益）或其他指标大于等于指定值的叶节点；【顶部】表示选择前 n 个（默认 2）高收益的叶节点；【顶部节点最多为】表示选择若干个高收益叶节点，它们覆盖了训练样本集中的 n 个（默认 100）样本；或者，选择若干个高收益叶节点，它们覆盖了训练样本集中百分之 n（默认 50）的样本。

（1）浏览分类回归树每个叶节点的收益。由于分类回归树的每个叶节点都对应一条推理规则，因此，对每个叶节点收益的评价就是对每条推理规则收益的评价，目的是考察每条推理规则的概括能力的强弱。

首先，在【目标类别】下拉框中选择目标类别。这里，希望关注模型对流失客户的预测收益，所以选择 Yes，否则选择 No。

现以图 7—31 中的 6 号节点在训练样本集上的收益评价数据为例，说明列表各列数据的含义。

● 节点：节点编号，与决策树图形展示中的节点编号相对应。

这个号码是 Modeler 自动分配的，每次运行时会不同。

● 节点：n：节点的样本量。

6 号节点的样本量为 32。

● 节点（%）：节点的样本量占总样本量的百分比。

6 号节点的 32 个样本占总样本量（654）的 4.89％。

● 收益：n：节点中的样本，其输出变量值为目标类别（这里为 Yes）的样本量。

6 号节点中有 24 个观测的输出变量值为 Yes。高收益的节点应尽可能多地包含目标类别的样本。由于该指标是一个绝对量，因此不利于比较。

● 收益（%）：节点中的样本，其输出变量值为目标类别（这里为 Yes）的样本量占相应类别总样本量的百分比。

6 号节点中有 24 个观测的输出变量值为 Yes ，占 Yes 类别总样本量（187）的 12.83%。显然，该指标比前一指标更直观，利于叶节点间的对比。叶节点的收益越高，体现为收益（%）的值越大；收益（%）越大，说明叶节点对应的推理规则概括目标类别样本蕴涵规律的能力越强。

● 响应（%）：节点中的样本，其输出变量值为目标类别（这里为 Yes）的样本量占本节点样本量的百分比。

6 号节点中有 24 个观测的输出变量值为 Yes，占本节点样本量（32）的 75%。

收益（%）指标虽然直观，但单纯比较节点收益仍存在明显缺陷，需要兼顾响应（%）。因为收益（%）仅体现了规则概括能力的强弱，并不反映其置信度的高低，而置信度是通过响应（%）度量的。一个高收益（%）但低响应（%）的规则并不总是比低收益（%）但高响应（%）的规则更好，这取决于实际问题的需要。

当然，更多情况下人们可能更关注收益问题。如果一条规则的收益很少，尽管它有很高的置信度，但对企业来说也可能是没有意义的。一条置信度较低但收益较高的规则，如果由于置信度低而造成的错判损失远远小于它带来的效益，那么这个模型仍是有价值的。

● 索引（%）：节点的响应（%）是同类别样本量占总样本量比例的百分之几倍，这个值也称为提升度（lift）。

6 号节点的响应（%）是 75%，它是所有 Yes 类别样本量占总样本量比例 28.59% 的 262.3% 倍，即 6 号节点的提升度为 262.3%。

提升度是数据挖掘中最重要且应用最广的评价指标，其定义为：

$$lift = p(class_t | sample) / p(class_t | population) \tag{7.32}$$

式中，$p(class_t | sample)$ 表示在样本空间的指定范围内输出变量值为 t 类的概率；$p(class_t | population)$ 表示在样本空间内输出变量值为 t 类的概率。

6 号节点对应的样本子空间是"开通月数小于 30.5 且套餐类型为 Basic Service 或 E-Service 或 Total Service 且无线费用大于 34.9"，其流失客户的比例为 75%。训练样本中流失客户占总样本的比例为 28.59%，两者相除的结果为 2.623。

显然，提升度是收益（%）和响应（%）的综合，提升度较大说明规则的置信度较高，同时对 t 类样本特征的概括和捕捉能力较强。

本例中，6 号节点对应的规则对流失客户的特征概括较为理想。

（2）浏览分类回归树每个叶节点的利润。

利润评价是模型效益评价的另一方面。需要说明的是：利润是针对输出变量所有类别计算的。

为计算分类回归树中节点的利润，应按图 7—31 中的 钮，给出节点的单位
收入及单位支出，以得到单位利润，如图 7—33 所示。

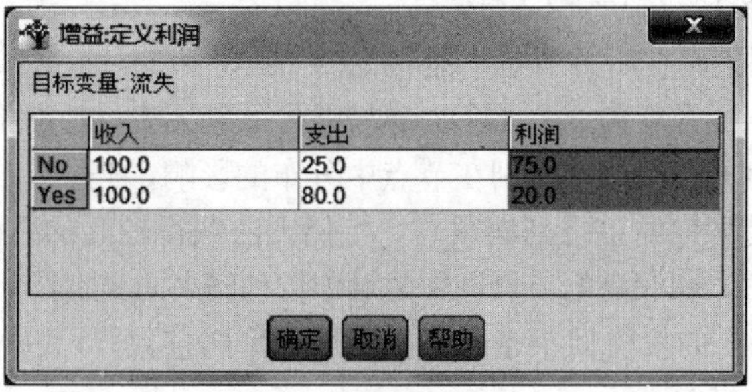

图 7—33　利润定义窗口

假设 1 名客户可以使企业获得 100 元的收入。为挽回 1 名流失客户所需支出 80 元，
他带来的利润为 20 元；保持住 1 名忠诚客户所需支出 25 元，他带来的利润为 75 元。从
图 7—31 所示窗口中间下拉框中选择【利润】项，分类回归树各叶节点的利润数据如图
7—34 所示。

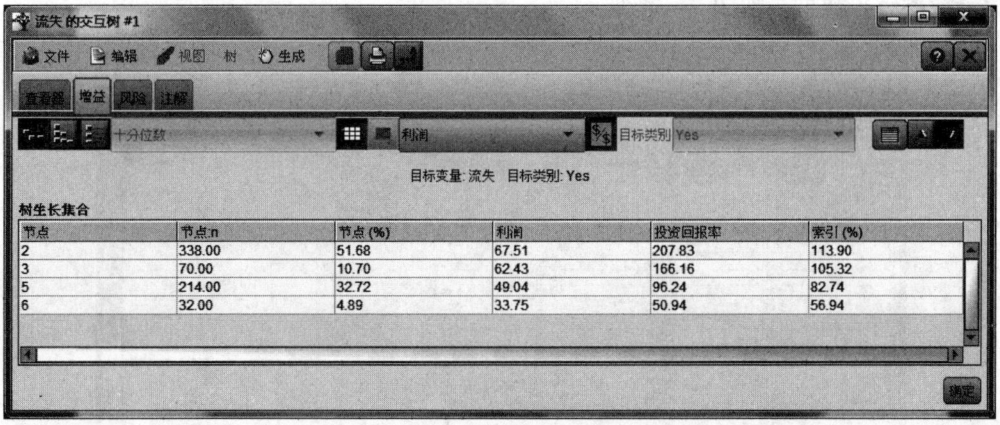

图 7—34　模型的利润数据

列表默认显示每个叶节点（![]钮）的利润数据，可按工具栏 ![]、![] 钮，分别显示累计
和样本分位点的利润。

仍以图 7—34 中的 6 号节点在测试样本集上的利润数据为例，说明列表各列数据的含
义。其中，节点、节点：n、节点（％）的含义同前。

● 利润：节点的平均利润。

平均利润的定义为：

$$\frac{1}{N_j}\sum_{i=1}^{k}(N_j \times p_i \times \pi_i) \tag{7.33}$$

式中，N_j 为节点 j 的样本量；输出变量有 k 个类别；p_i 为节点 j 对第 i 类的响应（％）；
π_i 为第 i 类的单位利润。

6 号节点的利润为：$(32 \times 75\% \times 20 + 32 \times (100\% - 75\%) \times 75)/32 = 33.75$。

● 投资回报率：节点的投资回报率的计算方法是：总利润/总投资。

6 号节点的投资回报率为：（32×75％×20＋32×（100％－75％）×75）/（32×75％×80＋32×（100％－75％）×25）＝50.94％。

6 号节点的投资回报率在所有节点中是最低的。其原因是，6 号节点对应的规则有效概括了流失客户的特征（提升度为 262.3％），这势必导致它无法反映保持客户的特点。而投资回报率是兼顾两个类别的，受两个类别在节点中分布的影响。6 号节点对保持客户特征的概括能力很低，虽然保持客户的单位利润很高，但仍无法获得较高的总体投资回报率。因此，在单位利润差别较大时，利润高的节点通常是对单位利润高的类别特征提取出色的节点。

● 索引（％）：节点的投资回报率是总投资回报率的倍数。

6 号节点的指数（％）为 56.94％。

（3）浏览分类回归树的整体收益。分类回归树是否有意义还应从整体收益角度评价。可浏览其累计和样本分位点上的收益数据。前者通常因叶节点个数有限而不被经常引用，人们往往利用样本分位点的数据，并采用百分位点指标。

首先，按提升度降序重新排列叶节点；然后，按图 7—31 中的 钮，并在后面的下拉框中选择百分位数，于是列表将依次显示 1％，2％，3％至 100％分位点上样本所在节点的累计效益评价数据，如图 7—35 所示。

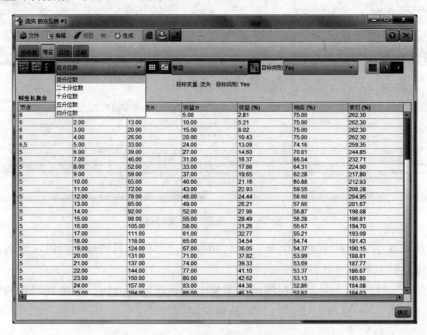

图 7—35　分类回归树的整体收益

由于此时数据较多不利观察，所以一般借助图形方式。按图 7—35 中的 （图）钮，在中间的下拉框中选择绘制累计收益图或累计响应图或累计提升图或累计利润图或累计投资回报率图。

1）累计收益图：横坐标为分位点，纵坐标是累计收益（％）。

累计收益（％）的取值范围在 0％～100％。理想的收益图应在前期快速达到较高点，然后快速趋于 100％并保持平稳。本例的累计收益图如图 7—36 所示。

　　2）累计响应图：横坐标为分位点，纵坐标是累计响应（％）。

　　理想的响应图应在较高的累计响应（％）上保持一段，然后迅速下降。本例的累计响应图如图 7—37 所示。

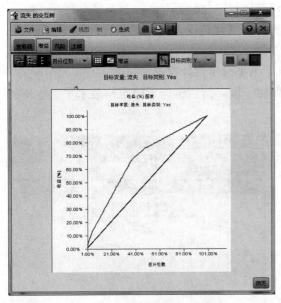
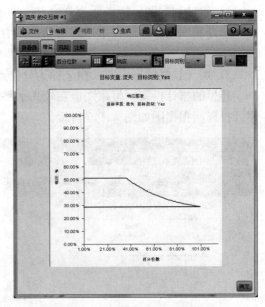

图 7—36　案例的累计收益图　　　　　　图 7—37　案例的累计响应图

　　3）累计提升图：横坐标为分位点，纵坐标是累计提升度。

　　理想的提升图应在较高的累计提升值上保持较长一段，然后迅速下降到 100％。本例的累计提升图如图 7—38 所示。

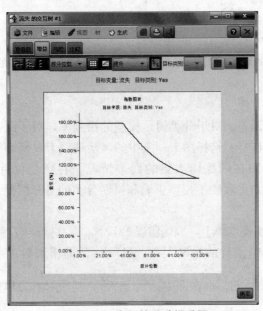

图 7—38　案例的累计提升图

（4）浏览分类回归树的整体利润。分类回归树的整体利润以累计或样本分位点上的利润形式体现。通常采用百分位点指标。

在图 7—35 所示窗口的中间下拉框中，选择【利润】或【投资回报率】，分别选择绘制累计利润图或累计投资回报率图。

1）累计利润图：横坐标为分位点，纵坐标是累计利润。

累计利润图反映了样本不断增加过程中利润的变化情况。本例的累计利润图如图 7—39 所示。

2）累计投资回报率图：横坐标为分位点，纵坐标是累计投资回报率。

理想的累计投资回报率图应在较高水平保持一段，然后迅速下降至一般水平。本例的累计投资回报率图如图 7—40 所示。

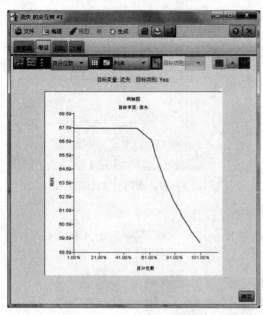

图 7—39　案例的累计利润图

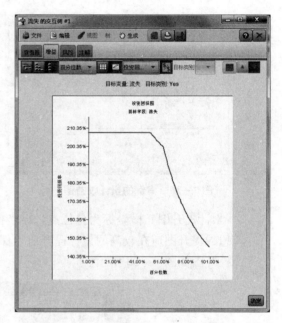

图 7—40　案例的累计投资回报率图

2. 风险评价

风险主要是指模型误差。对于分类树是模型的错判率，对于回归树是预测值的方差。

风险评价的具体操作是：选择图 7—34 中的风险选项卡，窗口如图 7—41 所示。

图 7—41 显示了模型在训练样本集的误差情况。右侧是仅针对分类树的混淆矩阵（misclassification matrix），反映了模型正确和错误分类的分布情况。行向上为实际值，列向上为预测值。

本例中，模型在训练样本集上，取伪错误 121 个，弃真错误 62 个，共错判 183 个；左侧是模型的风险估计和风险估计的标准误差。风险估计即错判数占总样本的比例，这里为 $0.279=183/654$；风险估计的标准误差为 $\sqrt{\dfrac{p(1-p)}{N}}$。其中，p 为风险估计，N 为样本量，这里为 0.018。可见，模型的总体精度不是很理想。

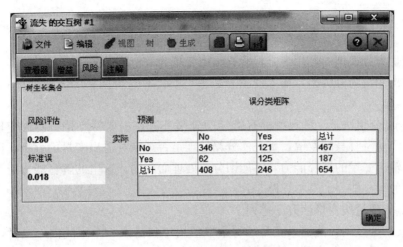

图 7—41　模型风险的评价结果

§7.4　Modeler 的 CHAID 算法及应用

CHAID 是卡方自动交互诊断器（chi-squared automatic interaction detector）的英文首字母缩写，1980 年由凯斯（Kass）等人提出。目前，广泛应用于市场研究和社会调查研究。

作为一种决策树算法，CHAID 的主要特点是：

（1）CHAID 的输入变量和输出变量可以是分类型的，也可以是数值型的。

（2）CHAID 能够建立多叉树。

（3）从统计显著性检验角度确定当前最佳分组变量和分割点。

最后一个特点体现了 CHAID 算法的独到之处，以下对此重点讨论。

7.4.1　CHAID 分组变量的预处理和选择策略

CHAID 的核心算法仍然是最佳分组变量和分割点的确定问题，其基本处理思路与 C5.0 和 CART 相同，不同点在于：

（1）对输入变量进行预处理，即对数值型输入变量值进行分箱处理，合并分类型输入变量的取值，形成超类。预处理的目的是减少输入变量的取值个数，减少决策树的分支，使决策树不会过于"茂盛"。

（2）依据统计检验结果确定最佳分组变量和分割点，且对数值型和分类型输入变量采用不同的统计检验方法。

1. 输入变量的预处理

数值型输入变量的预处理主要是分箱，即首先按分位点分箱，然后根据统计检验结果，合并对输出变量取值没有显著影响的组。分类型输入变量的预处理是通过统计检验，在其多个分类水平中找到对输出变量取值影响不显著的类别并合并它们，形成超类。

输出变量为分类型的采用卡方检验；输出变量为数值型的采用 F 检验。

（1）输出变量为分类型，输入变量为数值型。针对这类问题的方法也称 ChiMerge 分组法。

ChiMerge 分组法是一种典型的有指导的分箱方法，主要特点是：输入变量分箱时不仅关注该输入变量自身的取值，更关注分箱处理是否影响对输出变量的分析。即输入变量所具备的对输出变量的解释能力，不能因分箱处理而减弱。这里的解释能力可理解为对输出变量取值的预测能力。基本思路是：

1）将输入变量按变量值升序排列。

2）定义初始区间，使输入变量的每个取值均单独落入一个区间内。或者，为提高效率，以分位数（如 10 分位数）为初始组限，将输入变量值分成若干组（如 10 组）。

3）计算输入变量相邻两组与输出变量的列联表。

4）在列联表的基础上计算卡方观测值。根据显著性水平和自由度得到卡方临界值。如果卡方观测值小于临界值，说明输入变量在该相邻区间上的分组对输出变量取值没有显著影响，可以合并。首先合并卡方观测值最小的区间。

5）重复 3）至 4）步，直到任何两个相邻组无法合并，即卡方观测值都不小于临界值为止。

例如，表 7—7 中的 Y 是输出变量，X 是输入变量，数据已按输入变量的升序排列。

表 7—7　　　　　　　　　　　　ChiMerge 方法示例数据

Y	1	2	1	1	1	2	2	1	2	1	1	1
X	1	3	7	8	9	11	23	37	39	45	46	59

首先，以中间值（2，5，7.5，8.5，10，…，42，45.5，52.5）为组限，定义 X 的初始区间，使 X 的每个变量值均单独落入初始区间中；然后，计算 X 相邻两组和 Y 的列联表；最后，计算卡方观测值，并判断是否可以合并。

以 X 相邻两组 [5，7.5]，[7.5，8.5] 与 Y 的列联表为例，计算卡方观测值为 0.00，小于自由度为 1，显著性水平为 0.1 的卡方临界值 2.706，应将 [5，7.5] 与 [7.5，8.5] 合并。若再考察 [2，5] 与 [5，10] 组是否可以合并，计算的卡方观测值为 4，大于卡方临界值 2.706，不应合并。同理计算，该过程不断反复，直到没有可合并的组为止。上述计算数据如表 7—8 所示。

表 7—8　　　　　　　　　　　　ChiMerge 计算示例

	$Y=1$	$Y=2$	合计		$Y=1$	$Y=2$	合计
[5，7.5]	1	0	1	[2，5]	0	1	1
[7.5，8.5]	1	0	1	[5，10]	3	0	3
合计	2	0	2	合计	3	1	4
卡方观测值＝0.00				卡方观测值＝4			

可见，ChiMerge 方法是一种在输出变量指导下的分组，注重分析分组结果与输出变量间的相关性。这样的分组结果只是减少了输入变量的取值个数，但不影响对输出变量的分析。

（2）输出变量为分类型，输入变量为分类型。直接采用卡方检验的方法，反复检验与合并，形成超类，直到输入变量的超类无法再合并为止。对于顺序型分类输入变量，只能合并相邻的类别。

（3）输出变量为数值型，输入变量为数值型。采用方差分析的方法，将经过初始分组的输入变量作为方差分析中的控制变量，输出变量为观测变量，检验输入变量初始分组下输出变量的分布是否存在显著差异，并进行多重比较检验，合并分布差异不显著的相邻组。如此反复，直到无合并的组为止。

（4）输出变量为数值型，输入变量为分类型。采用方差分析方法，将输入变量作为方差分析中的控制变量，输出变量为观测变量，检验输入变量各类别下输出变量的分布是否存在显著差异，并进行多重比较检验，合并分布不存在显著差异的相邻类别，形成超类。如此反复，直到输入变量的超类无法再合并为止。对于顺序型输入变量，只能合并相邻的类别。

2. 最佳分组变量的选择

对于经过预处理的输入变量，计算与输出变量相关性检验中的统计量及概率 P-值。

同理，对于数值型输出变量，采用 F 统计量。对于分类型输出变量，采用卡方或似然比卡方。显然，概率 P-值最小的输入变量与输出变量相关的把握最大，应作为当前最佳分组变量。当概率 P-值相同时，应选择检验统计量观测值最大的输入变量。

可见，CHAID 与 C5.0 和 CART 算法的区别在于，其分组变量确定的依据是：输入变量与输出变量之间的相关程度。应将与输出变量最相关的输入变量作为最佳分组变量，而不是像 C5.0 和 CART 算法那样，选择使输出变量取值差异性下降最快的变量为最佳分组变量。

CHAID 方法不再重新确定分割点，而自动将分组变量的各个类别作为树的分支，长出多个分叉，处理方式同 C5.0。

上述过程将反复进行，直到决策树生长完毕为止。

7.4.2 Exhaustive CHAID 算法

CHAID 算法中，当前最佳分组变量选择的依据是相关性检验的概率 P-值。应注意到，无论是似然比卡方还是 F 检验，其概率 P-值都与检验统计量分布中的自由度密切相关。多个输入变量经预处理后形成的分组数目不可能全部相同，使得检验统计量所服从分布的自由度不全相同，这将直接影响概率 P-值的大小。所以，在无法确保输入变量的分组数目完全一致的条件下，该方法存在不足。

Exhaustive CHAID 算法是 CHAID 的改进算法，由比格斯（Biggs）、德维拉（de Ville）等人在 1991 年提出。它的改进主要集中在如何避免自由度的影响上。为此，Exhaustive CHAID 算法选择最佳分组变量时采用了将分组进行到底的策略。也就是说，在计算检验统计量的概率 P-值时，将继续合并输入变量的分组，直到最终形成两个组或两个超类，以确保所有输入变量的检验统计量的自由度都相同。最后，比较概率 P-值，取概率 P-值最小的输入变量为当前最佳分组变量。但在决策树分支生长时，仍保持 CHAID

算法的原有分组结果。

可见，Exhaustive CHAID 方法在组的合并上比 CHAID 算法更加彻底，有利于更准确地选择分组变量，但方法的执行效率比较低。

7.4.3　CHAID 的修剪

CHAID 采用预修剪策略，通过参数控制决策树的充分生长。基本参数包括：

（1）决策树最大深度。如果决策树的层数已经达到指定深度，则停止生长。

（2）树中父节点和子节点的最少样本量或比例。对于父节点，如果节点的样本量低于最小样本量或比例，则不再分组；对于子节点，如果分组后生成的子节点的样本量低于最小样本量或比例，则不必进行分组。

（3）当输入变量与输出变量的相关性小于一个指定值时，则不必进行分组。

7.4.4　CHAID 算法的应用示例

这里仍以虚拟的电信客户数据（文件名为 Telephone. sav）为例，讨论 CHAID 的具体操作。

选择【建模】选项卡中的【CHAID】节点，将其连接到数据流的恰当位置上。右击鼠标，选择弹出菜单中的【编辑】选项进行节点的参数设置。【CHAID】节点的参数设置包括字段、构建选项、模型选项和注解选项卡，这里只讨论【构建选项】选项卡。

【构建选项】选项卡用于设置模型的主要参数，包括目标、基本、停止规则、成本、整体、高级六类。除基本和高级之外，其他四类参数的含义同 7.3.4 节，不再赘述。这里只讨论基本和高级这两类参数。

【基本】选项卡如 7—42 所示。其中，【树生长算法】中提供了 CHAID 和 Exhaustive CHAID 两种算法。此外，还可以指定决策树的最大树深度，不包括根节点时的默认值深度是 5。

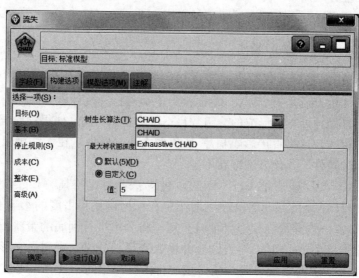

图 7—42　【CHAID】的【构建选项】选项卡（一）

【高级】选项卡如图 7—43 所示。

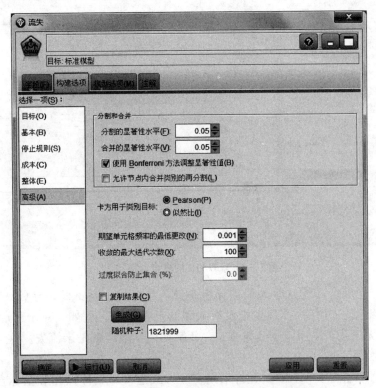

图 7—43　【CHAID】的【构建选项】选项卡（二）

其中：

● 合并的显著性水平：指定输入变量分组合并时的显著性水平，取值范围在 0～1 之间，默认为 0.05，表示当检验统计量的概率 P-值大于 0.05 时，认为输入变量目前的分组对输出变量取值没有显著影响，可以合并，否则不能合并。该参数的值越大，输入变量各类别的合并就越不容易，树就会越庞大。对于 Exhaustive CHAID 方法，由于计算概率 P-值时总是将分组合并成两个组或超类，因此，无论统计检验是否显著，都无须指定该参数，选项呈不可选状态。

● 允许节点内合并类别的再分割：选中表示，新近合并的组中，如果包括 3 个以上的原始分组，允许将它们再拆分成两个组。例如，可以将 [1, 2, 3] 组拆分为 [1, 2] 和 [3] 组，或是 [1] 和 [2, 3] 组。

● 分割的显著性水平：CHAID 方法允许在组合并过程中重新拆分新近合并的包含 3 个以上类别水平的组，此时应指定拆分的显著性水平，取值范围在 0～1 之间，默认为 0.05，表示当检验统计量的概率 P-值小于 0.05 时，认为输入变量目前的分组水平对输出变量取值有显著影响，可以拆分，否则不能拆分。

● 卡方用于类别目标：【Pearson】表示检验统计量采用 Pearson 卡方；也可以采用似然比卡方。

本例的模型计算结果如图 7—44 所示。

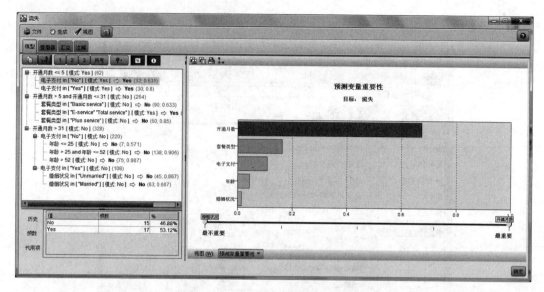

图 7—44　CHAID 的模型计算结果

CHAID 首先确定开通月数为最佳分组变量，并将其分成 3 组。与 CART 算法相比，它的分组更加细致。但有些推理规则没有太多的参考价值。例如，对于开通月数大于 31 个月的客户，无论是否采用电子支付方式，年龄如何，最终都是未流失。这与该算法的修剪方式有一定关系。

对于 CHAID 算法，Modeler 允许采用交互方式建模。具体操作和指标含义，包括决策树的生长和修剪、模型效益的评估、风险的测度等，与【C&R 树】节点相同，不再赘述。另外，损失矩阵也将影响预测值的确定，但不影响决策树分组变量的选择。

§7.5　Modeler 的 QUEST 算法及应用

QUEST 是快速无偏有效统计树（quick unbiased efficient statistical tree）的英文首字母缩写，是 Loh 和 Shih 在 1997 年提出的一种比较新的二叉树建立方法。作为一种决策树方法，QUEST 算法的特点是：

（1）QUEST 的输入变量可以是分类型的，也可是数值型的，输出变量为分类型变量。

（2）QUEST 用于建立二叉树。

（3）QUEST 算法的最佳分组变量和分割点的确定方式吸纳了许多统计学的经典方法。

最后一个特点体现了 QUEST 算法的独到之处，以下将重点讨论。

7.5.1　QUEST 算法确定最佳分组变量和分割点的方法

1. 确定当前最佳分组变量

QUEST 确定最佳分组变量方法的基本思路与 CHAID 算法非常相似，不同点在于，QUEST 不对输入变量进行预处理。基本思路是：

（1）直接采用卡方检验或 F 检验方法，分别检验各输入变量与输出变量的相关性。如果输入变量为分类型，则采用卡方检验；如果输入变量为数值型，则采用 F 检验。

（2）选择检验统计量的概率 P-值最小，且小于显著性水平 α 的输入变量作为当前最佳分组变量。

（3）如果最小的概率 P-值尚不小于显著性水平 α，需分别考虑：

1）卡方检验表明，所有输入变量与输出变量的相关性都不显著，树节点无法继续分支。

2）F 检验表明，在显著性水平 α 下，输出变量不同类别水平下，输入变量的分布不存在显著差异。此时，应再利用 Levene 检验方法，对输出变量不同类别水平下，输入变量的方差进行齐性检验，并选择方差齐性最不显著的变量作为当前最佳分组变量。因为，此时该变量所提供的利于输出变量分析的信息是最多的。如果检验结果是所有输入变量各分组下分布的方差均齐性，则树节点无法继续分支。

2. 输出变量的预处理

在确定最佳分割点之前，QUEST 通常要将输出变量合并成两个超类。在此，QUEST 算法更多运用了多元统计分析方法，解决问题的视角尤为独特。具体为：

（1）分别计算输出变量 k 个类别水平下，p 个输入变量的均值，得到 k 个包含 p 个元素的均值向量。

（2）如果输出变量 k 个均值向量均相等，则将权数最大（即样本量最多）的组作为一组，其余的各组合并为另一组，形成两个超类。

（3）如果输出变量 k 个均值向量不全相等，则将 k 个均值向量看成 p 维空间上的 k 个点，采用 K-Means 聚类方法，将均值点聚成两类。其中，两个类的初始类中心分别是两个极端点。按照距类中心最近的原则，将各均值点分配到两个类中。最终，输出变量分别取相应的类标记值，形成两个超类。关于 K-Means 聚类方法见 13.2 节。

通过这样的方式，输出变量的多个类别合并成了两个类别，目的只是方便后续最佳分割点的选择处理。

3. 确定当前最佳分割点

由于 QUEST 用于建立二叉树，因此在确定分割点时，需将数值型输入变量分成两组，将分类型输入变量合并成两个超类。不同类型的分组变量应采用不同的处理策略。

（1）对于数值型分组变量。首先，计算输出变量两类别下分组变量的均值和方差，分别记为 $\bar{x}_1$ 和 $\bar{x}_2$，$\bar{s}_1$ 和 $\bar{s}_2$；如果 $\bar{s}_1 \leqslant \bar{s}_2$，则分割点记为 d，具体为：

$$d=\begin{cases} \bar{x}_1(1+\varepsilon)，当 \ \bar{x}_1 < \bar{x}_2 \\ \bar{x}_1(1-\varepsilon)，其他 \end{cases} \tag{7.34}$$

式中，$\varepsilon = 10^{-12}$，即以小方差组调整后的均值为分割点。

（2）对于分类型分组变量。仍采用与上述数值型分组变量相同的方法确定分割点。但首先需将分类型分组变量转化为数值型，新变量记为 ξ。具体方法为：

1）将当前最佳分组变量的 m 个类别转换成 $m-1$ 个哑变量形式。

2）利用 Fisher 判别方法，建立关于输出变量的若干个判别函数，并取第一个典型判别函数；计算各观测的第一判别函数值作为 ξ 值。这种通过将数据投影到新坐标轴上，减少输入变量原有类别个数的做法，能够有效综合出对输出变量取值最具影响的类别（ξ 值）。Fisher 判别的详细内容见 11.2 节。

3）依据前述方法确定分割点。

Modeler 中 QUEST 的决策树修剪方法与 CART 算法相同，这里不再重复。

7.5.2 QUEST 算法的应用示例

仍以虚拟的电信客户数据（文件名为 Telephone. sav）为例，讨论 QUEST 的具体操作。

选择【建模】选项卡中的【QUEST】节点，将其连接到数据流的恰当位置上。右击鼠标，选择弹出菜单中的【编辑】选项进行节点的参数设置。【QUEST】节点的参数设置包括字段、构建选项、模型选项和注解选项卡。这里只讨论【构建选项】选项卡。

【QUEST】节点的【构建选项】选项卡包括目标、基本、停止规则、成本和先验、整体、高级六类参数。

其中，【高级】选项卡如图 7—45 所示。

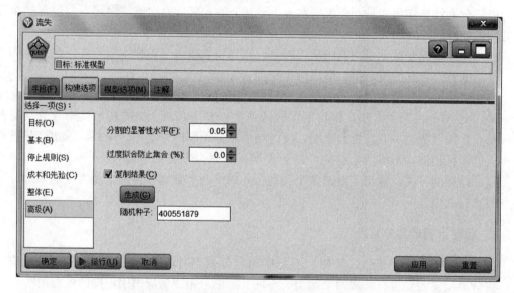

图 7—45 【QUEST】的【构建选项】选项卡

● 分割的显著性水平：指定确定最佳分组变量的显著性水平 α，取值在 0～1 之间，默认为 0.05，表示当卡方统计量或 F 统计量的概率 P-值小于 0.05 时，认为输入变量与输出变量有显著相关性，可以作为最佳分组变量的候选。

本例的模型计算结果如图 7—46 所示。

经过修剪处理后的决策树只有两层，重要影响因素是开通月数。对于 QUEST 算法，Modeler 还允许采用交互方式建模。具体操作和指标含义，包括决策树的生长和修剪、模型效益的评估、风险的测度等，同【C&R 树】节点，不再赘述。另外，损失矩阵也将影响预测值，但不影响决策树分组变量的选择。

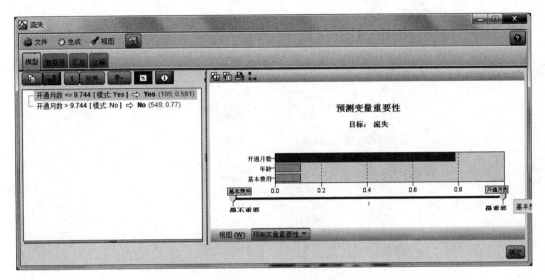

图 7—46　QUEST 的模型计算结果

§7.6　模型的对比分析

以上讨论了四种决策树的算法，每种算法都有各自的特点。C5.0 和 CART 从使输出变量取值差异性快速减少的角度选择最佳分组变量，而 CHAID 和 QUEST 更多从输入变量与输出变量的相关性角度选择。因为算法的研究角度不同，各有千秋，所以不存在哪种好哪种不好的问题。

现实应用中，模型优劣的对比问题是无法回避的。通常的做法是选择一些通用指标，比较不同模型在通用指标上的高低优劣，以帮助确定最终模型。一般通用的评价指标包括：误差、收益率、提升度等。

7.6.1　不同模型的误差对比

在 Modeler 中，当多个模型建立完成后，可通过【输出】选项卡中的【分析】节点，对各种模型进行统一评估。

前面对虚拟的电信客户数据已经建立了 3 个决策树模型，现利用【分析】节点对 3 个模型的误差进行对比，建立的数据流如图 7—47 所示。

图中灰色节点均为模型计算结果节点，将它们连在一起后与【分析】节点相连。

1.【分析】节点

选择【输出】选项卡中的【分析】节点，将其连接到模型计算结果节点的后面。右击鼠标，选择弹出菜单中的【编辑】选项进行参数设置。【分析】节点的【分析】

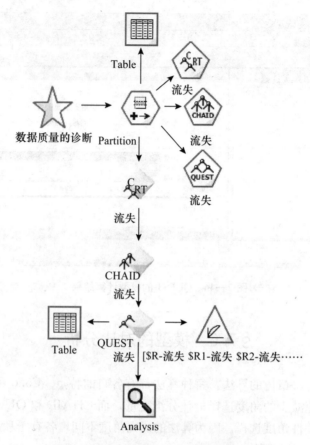

图 7—47　3 个决策树模型及结果的对比分析

选项卡如图 7—48 所示。

其中：

● 分析 ＄R-流失 ＄R1-流失 ＄R2-流失：在本例中，这 3 个变量分别存放 CART，CHAID，QUEST 算法给出的预测结果。

●【重合矩阵（用于字符型目标字段）】：选中表示输出混淆矩阵，该选项只对分类型输出变量有效。

●【置信度图（如果可用）】：选中表示输出有关预测置信度的评价指标。其中，【阈值用于】表示给定一个百分比值，找到一个置信度，高于该置信度的样本中有指定百分比的样本，其预测值是正确的；【改善准确性】表示给定一个折数，找到一个置信度，高于该置信度的样本中，其预测正确率比总正确率提高指定折数。

例如，设总正确率为 90％，则错误率为 10％。如果指定折数为 2，则高于该置信度的样本的预测正确率为 95％（2 折是错误率下降一半，为 5％，则正确率为 95％。同理，3 折是错误率下降 1/3，则正确率为 93.3％）。

● 使用以下内容查找目标/预测变量字段：指定存放输出变量实际值的变量。【模型输出字段元数据】表示模型中的输出变量即为存放实际值的变量；【字段名格式（例如，＇＄＜x＞-＜target field＞＇）】表示变量名形为 ＄＜x＞-＜target field＞ 的变量是存放实际值的变量。

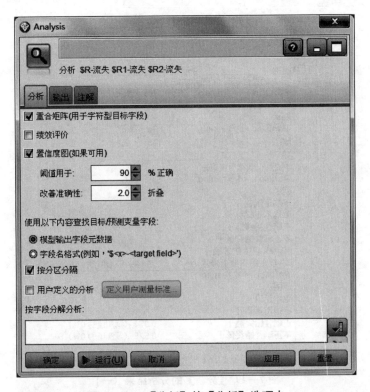

图 7—48 【分析】的【分析】选项卡

- 按分区分隔：选中表示分别显示训练样本集和测试样本集的模型对比结果。
- 按字段分解分析：指定一个分类型变量，分别评价模型在该变量不同类别下的效果。

例如，如果在此指定了居住地，则首先将样本按居住地分组，然后再计算模型在不同组（居住地）中的评价指标。

2.【分析】的分析结果

【分析】的分析结果包括两部分：第一部分是对每个模型的评价；第二部分是对不同模型的对比。

（1）以 CHAID 算法的评价结果为例，如图 7—49 所示，说明【分析】节点输出指标的含义。

1）图中第一部分显示了模型在训练样本集（1_Training）和测试样本集（2_Testing）上的表现。测试样本集中共有 280 个观测，模型正确预测了 214 个，错误预测了 66 个，正确率为 76.43%，错误率为 23.57%。

2）图中第二部分显示了模型在训练样本集（1_Training）和测试样本集（2_Testing）上的混淆矩阵（coincidence matrix）。行向为实际值。在测试样本集上，实际值为 Yes 预测值也为 Yes 的有 36 个样本，实际值为 No 预测值也为 No 的有 178 个样本，实际值为 Yes 预测值为 No 的有 44 个样本，实际值为 No 预测值为 Yes 的有 22 个样本。

3）图中第三部分显示了模型在训练样本集（1_Training）和测试样本集（2_Testing）上的模型置信度。以测试样本集为例。【范围】是样本预测置信度的取值范围，最小置信

比较 $R1-流失 与 流失

'Partition'	1_Training		2_Testing	
正确	493	75.38%	214	76.43%
错误	161	24.62%	66	23.57%
总计	654		280	

$R1-流失 的重合矩阵（行表示实际值）

'Partition' = 1_Training	No	Yes
No	392	75
Yes	86	101
'Partition' = 2_Testing	No	Yes
No	178	22
Yes	44	36

$RC1-流失 的置信度值报告

'Partition' = 1_Training	
范围	0.526 - 0.974
平均正确性	0.783
平均不正确性	0.638
正确性始终高于	0.974 （观测值的 0%）
不正确性始终低于	0.526 （观测值的 0%）
90.88% 以上的准确性	0.781
2.0 以上的折叠正确性	0.899 （观测值的 66.15%）
'Partition' = 2_Testing	
范围	0.526 - 0.974
平均正确性	0.787
平均不正确性	0.703
正确性始终高于	0.974 （观测值的 0%）
不正确性始终低于	0.526 （观测值的 0%）
96.97% 以上的准确性	0.9
2.0 以上的折叠正确性	0.97 （观测值的 90%）

图 7—49 【分析】的分析结果（一）

度为 0.526，最大为 0.974；【平均正确性】0.787 表示，所有正确预测的样本（214 个），其预测置信度的平均值为 0.787；【平均不正确性】0.703 表示，所有错误预测的样本（66 个），其预测置信度的平均值为 0.703；【正确性始终高于】0.974 表示，预测置信度在 0.974 以上的样本，其预测值都是正确的，包含百分之零的样本，说明本例找不出一个置信度，高于该置信度的样本，其预测均正确；【不正确性始终低于】0.526 表示，预测置信度在 0.526 以下的样本，其预测值都是错误的，包含百分之零的样本，说明本例找不出一个置信度，低于该置信度的样本，其预测均错误；【96.97% 以上的准确性】0.9 表示，预测置信度高于 0.9 的样本中，有 96.97% 的样本被预测正确；【2.0 以上的折叠正确性】0.97（观测值的 90%）表示，预测置信度高于 0.97 的样本占总样本的 90%，它们的预测正确率比总体正确率提高了 2 折，应为 88.21%（88.21%＝76.43%＋(100%－76.43%)÷2）。

总之，本例中 CHAID 模型在测试样本集上的整体预测精度不是非常理想，仅为 76.43%。同时，预测置信度均值在正确预测和错误预测的样本上差异不明显，也就是说，高置信度并非获得了高的预测正确率，而低置信度样本其预测错误率并非就高。因此，找到一个恰当的置信度是比较关键的，0.9 较为理想。

需要说明的是：不要将预测置信度混同于倾向性得分。倾向性得分越接近 1，意味着预测为 Yes 的置信度越高，预测为 No 的置信度越低。而预测置信度越接近 1，意味着预测为目标类别的置信度越高，目标类别可能是 Yes 也可能是 No。所以，仅根据预测置信度是无法判断预测类别的。而通常倾向性得分高于 0.5，则可判断其预测类别为 Yes。

（2）不同模型的对比分析结果，如图 7—50 所示。

$R-流失 $R1-流失 $R2-流失 之间的一致性

'Partition'	1_Training		2_Testing	
一致	488	74.62%	216	77.14%
不一致	166	25.38%	64	22.86%
总计	654		280	

比较 一致性 与 流失

'Partition'	1_Training		2_Testing	
正确	408	83.61%	176	81.48%
错误	80	16.39%	40	18.52%
总计	488		216	

一致性 的重合矩阵（行表示实际值）

'Partition' = 1_Training	No	Yes
No	370	14
Yes	66	38

'Partition' = 2_Testing	No	Yes
No	165	4
Yes	36	11

一致性 的置信度值报告

'Partition' = 1_Training	
范围	0.581 - 0.868
平均正确性	0.799
平均不正确性	0.743
正确性始终高于	0.868 （观测值的 0%）
不正确性始终低于	0.603 （观测值的 0%）
91.94% 以上的准确性	0.764
2.0 以上的折叠正确性	0.919 （观测值的 76.42%）

'Partition' = 2_Testing	
范围	0.581 - 0.868
平均正确性	0.804
平均不正确性	0.783
正确性始终高于	0.868 （观测值的 0%）
不正确性始终低于	0.603 （观测值的 0%）
96.97% 以上的准确性	0.844
2.0 以上的折叠正确性	0.97 （观测值的 84.37%）

图 7—50 【分析】的分析结果（二）

1）图中第一部分显示了在训练样本集（1_Training）和测试样本集（2_Testing）上，3 个模型给出一致性预测结果的情况。以测试样本集为例，有 216 个观测，3 个模型给了相同的预测值，占 77.14%；有 64 个观测，3 个模型给出的预测值不同，占 22.86%。

2）图中第二部分显示了在训练样本集（1_Training）和测试样本集（2_Testing）上，3 个模型所给的一致性预测结果中，正确和错误的分布情况。以测试样本集为例，有 216 个观测，3 个模型给了相同的预测值，其中有 176 个预测正确，占 81.48%，有 40 个预测错误，占 18.52%。

3）图中第三部分显示了在训练样本集（1_Training）和测试样本集（2_Testing）上，3 个模型所给一致性预测结果的混淆矩阵。以测试样本集为例，实际值为 No 预测值也为 No 的有 165 个观测，实际值为 Yes 预测值也为 Yes 的有 11 个，实际值为 No 预测值为 Yes 的有 4 个，实际值为 Yes 预测值为 No 的有 36 个。

4）图中第四部分显示了在训练样本集（1_Training）和测试样本集（2_Testing）上，3 个模型所给一致性预测结果的预测置信度情况。以测试样本集为例，有 216 个观测，3 个模型给了相同的预测值。216 个观测的预测置信度的取值范围在 0.581~0.868 之间；预测正确的 176 个观测，其预测置信度的平均值为 0.804；预测错误的 40 个观测，其预测置信度的平均值为 0.783；预测置信度在 0.844 以上的样本，有 96.67％ 的预测都是正确的；预测置信度高于 0.97 的样本，占了 216 个观测的 84.37％，它们的预测正确率比 216 个观测的总体正确率提高了 2 折，应为 88.57％（88.57％＝77.14％＋（100％－77.14％）÷2）。

7.6.2　不同模型的收益对比

模型收益的评价指标前面已经进行了讨论。在多模型对比评价时，单个节点收益的逐一对比意义不大，更多的是模型整体性能的比较，绘制不同模型的收益图形并进行对比，无疑是一个很好的选择。

选择【图形】选项卡中的【评估】节点，将其连接到模型计算结果的节点之后。右击鼠标，选择弹出菜单中的【编辑】选项进行节点的参数设置。【评估】节点的参数设置包括图、选项、外观、输出和注解五张选项卡，这里只讨论【图】选项卡。

【图】选项卡用于设置绘制评价图形的主要参数，如图 7—51 所示。

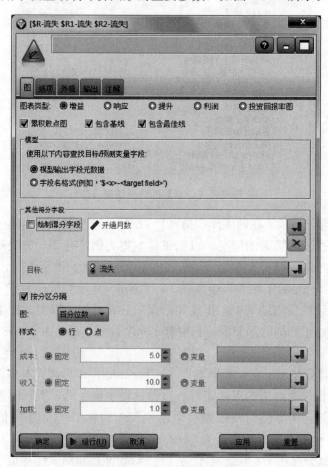

图 7—51　【评估】的【图】选项卡

其中：

● 图表类型：指定绘制关于收益（％）、响应（％）、提升度（％）和利润以及投资回报率的图形。

- 累积散点图：选中表示图形的纵坐标为累计指标。
- 包含基线：选中表示在图中显示样本完全随机分布情况下的参考线。
- 包含最佳线：选中表示在图中显示最佳模型的参考线。
- 图：选择分位点，通常可选百分位点。
- 使用以下内容查找目标/预测变量字段：指定存放输出变量实际值的变量。【模型输出字段元数据】表示模型中的输出变量即为存放实际值的变量；【字段名格式（例如，'$＜x＞-＜target field＞'）】表示变量名形为 $＜x＞-＜target field＞ 的变量是存放实际值的变量。
- 其他得分字段：选中【绘制得分字段】，指定一个评分变量（如 RFM 分析中的顾客 RFM 得分）和输出变量。于是，Modeler 将自动绘制评分变量在输出变量不同类别间的取值变化曲线。
- 按分区分隔：选中表示分别绘制训练样本集和测试样集上的评价图形。
- 样式：可绘制线图或点图。
- 对于利润图和投资回报率图还需要定义成本、收入等数据。这些数据可以为一个固定值，也可以事先存放在节点的某变量中。

本例的收益图如图 7—52 所示。

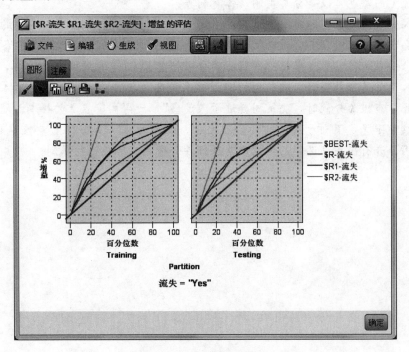

图 7—52 不同模型的效果对比图

在客户流失的分类预测中，3 个模型的总体性能差异不大，且与最优模型都有一定差距，需进一步改善。

总之，分类回归树、CHAID 和 QUEST 三大算法中，分类回归树以减少输出变量取值差异最大化为基本思路。CHAID 算法则以统计检验为基础，利用概率 P-值进行变量筛选，且算法处理分类型输入变量较为理想，对于数值型输入变量只能将其转化为分类型变量再进行分析，有丢失数据信息的遗憾。同时，如果筛选出的最佳分组变量为多分类变量，则长出多个分叉，当样本量有限时，会使得后续节点中的样本量大大减小，可能导致小样本检验的效能损失。QUEST 算法在思路上类似于 CHAID 算法，但弥补了后者的缺陷，对数值型输入变量采用方差分析进行检验，特别是随后又采用方差齐性检验，进一步发现变量在变异程度上的差异。这是其余算法均未考虑的，因而在分组变量选择上充分做到了准确、无偏。同时，在分割点的选择上充分利用了聚类分析和判别分析技术，均以二叉树方式进行分组，客观揭示了多分类变量各类别间的关联性。

　　至此，决策树算法的讨论基本结束。需要说明的是：决策树算法的应用过程中还应注意以下问题：

　　第一，决策树算法是面向单变量的。通过以上讨论可见，决策树在选择最佳分组变量时，每个时刻都只针对单个变量，不能同时根据多个输入变量的取值情况进行判断，这在一定程度上限制了决策树算法的应用。

　　第二，决策树算法在处理不同类型数据时的优势和劣势。决策树所处理的输入变量可以是数值型的，也可以是分类型的，各有利弊。

　　当输入变量是数值型的时，决策树技术的主要优势是：当数据采用不同的计量单位或数据中存在异常值时，不会给决策树带来显著影响，因而不会给数据的准备工作增加额外负担。缺点是：忽略了数据中所蕴涵的分布信息。

　　当输入变量是分类型时，决策树的建树效率较高。但主要问题是：当输入变量的分类值很多且分布极为分散时，决策树会过于"茂盛"，使得树节点上的样本量随着树层数的增加而快速下降，不利于决策树的合理生长。改进的方法是将样本量较少的类合并，但由于类间合并有很多可选择的方案，其可行性会受到实际应用的限制。

第 8 章

分类预测：Modeler 的人工神经网络*

神经网络起源于生物神经元的研究，研究对象是人脑。人脑是一个高度复杂的非线性并行处理系统，具有联想推理和判断决策的能力。对人脑活动机理的研究一直是一个挑战。

研究发现，人脑大约拥有 10^{11} 个相互连接的生物神经元，如图 8—1 所示。

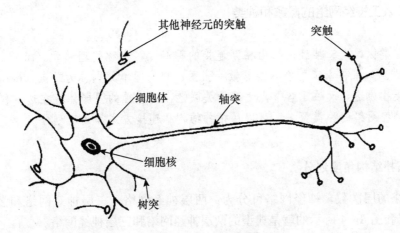

图 8—1　生物神经元

婴儿出生后大脑不断发育，外界刺激信号会不断调整或加强神经元之间的连接及强度，最终形成成熟稳定的连接结构，如图 8—2 所示。

通常认为，人脑智慧的核心在于其连接机制。大量神经元的巧妙连接，使得人脑成为一个高度复杂的大规模非线性自适应系统。

人工神经网络（Artificial Neural Network，ANN）是一种人脑的抽象计算模型，是一种模拟人脑思维的计算机建模方式。自 20 世纪 40 年代开始，人们对人工神经网络的研

---

* 本章的数据流文件：神经网络.str。

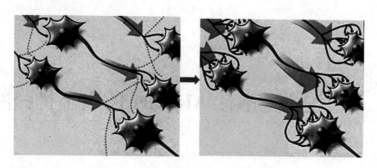

图 8—2　生物神经元之间的相互连接

究已达半个多世纪。随着计算机技术的迅猛发展，人们希望通过计算机程序实现对人脑系统的模拟。通过类似于生物神经元的处理单元，以及处理单元之间的有机连接，解决现实世界的模式识别、联想记忆、优化计算等复杂问题。

目前，人工神经网络的应用研究正从人工智能逐步跨入以数据分析为核心的数据挖掘领域，并大量应用于商业数据的分类预测和聚类分析中。本章将重点讨论分类预测问题，人工神经网络的聚类应用将在 11.4 节讨论。

§8.1　人工神经网络算法概述

8.1.1　人工神经网络的概念和种类

与人脑类似，人工神经网络由相互连接的神经元，也称处理单元（processing element）组成。如果将人工神经网络看做一张图，则处理单元也称为节点（node）。节点之间的连接称为边，反映了各节点之间的关联性，关联性的强弱体现在边的权值上。

人工神经网络的种类繁多，可以从拓扑结构和连接方式等角度划分。

1.　从拓扑结构角度划分

根据网络的层次数，神经网络可分为：两层神经网络、三层神经网络和多层神经网络。图 8—3 和图 8—4 所示的就是典型的两层神经网络和三层神经网络。

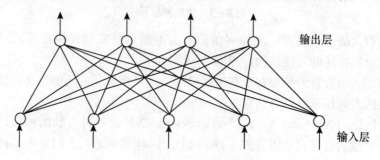

输出层

输入层

图 8—3　两层神经网络

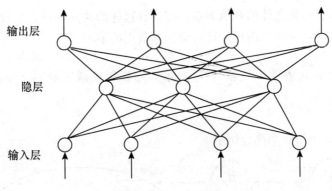

图 8—4 三层神经网络

图中，神经网络的底层称为输入层，顶层称为输出层，中间层称为隐层。神经网络的层数和每层的处理单元的数量，决定了网络的复杂程度。为防止混乱，以后针对多层神经网络，统称接近输入层的为上层，接近输出层的为下层。

人工神经网络中的处理单元通常按层次分布于神经网络的输入层、隐层和输出层中，因而又分别称为输入节点、隐节点和输出节点。其中：

● 输入节点负责接收和处理训练样本集中各输入变量值。输入节点的个数取决于输入变量的个数。

● 隐节点负责实现非线性样本的线性变换，隐层的层数和节点个数可自行指定。

● 输出节点给出关于输出变量的分类预测结果，输出节点个数依具体问题而定。

例如，在神经网络的分类预测应用中，Modeler 规定，如果输出变量为取值 A 和 B 的二分类型（Flag 型），则输出节点个数取 1，输出节点的输出为 1 表示 A 类，0 表示 B 类。如果输出变量为取值 A，B，C 的多分类型（Set 型），则输出节点个数可取 3，每个节点输出 1 或 0。3 个输出节点的结果排列成二进制数，如 100 表示 A，010 表示 B，001 表示 C 等。如果输出变量为数值型，只设置一个输出节点即可。

2. 从连接方式角度划分

神经网络的连接包括层间连接和层内连接，连接强度用权值表示。

根据层间连接方式，神经网络可分为：

（1）前馈式神经网络。前馈式神经网络的连接是单向的，上层节点的输出是下层节点的输入。B-P（Back-Propagation）反向传播网络和 Kohonen 网络都属于前馈式神经网络。目前数据挖掘软件中的神经网络大多为前馈式神经网络。

（2）反馈式神经网络。除单向连接外，输出节点的输出又作为输入节点的输入。如 Hopfield 网络，包括离散型反馈神经网络（Discrete Hopfield Neural Network，DHNN）和连续型反馈神经网络（Continuous Hopfield Neural Network，CHNN）等。

层内连接方式是指神经网络同层节点之间相互连接，如 Kohonen 网络。

8.1.2 人工神经网络中的节点和意义

节点是人工神经网络的重要元素。输入节点只负责数据输入，且没有上层节点与之相连，因而比较特殊。除此之外的其他节点，都具有这样的共同特征，即接收上层节点的输出作为本节点的输入，对输入进行计算后给出本节点的输出。

> 将神经网络放大去看，完整的节点由加法器和激活函数（activation function）组成。

节点为图 8—5 中的圆圈部分所示。

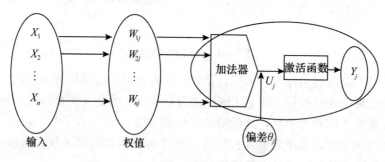

图 8—5　神经网络中的处理单元

1. 加法器

如果节点接收的输入用 X 表示，节点给出的输出用 Y 表示，节点与上层连接的网络权值用 W 表示，节点的偏差用 θ 表示，则第 j 个节点的加法器 U_j 定义为：

$$U_j = \sum_{i=1}^{n} W_{ij}X_i + \theta_j \tag{8.1}$$

式中，n 表示上层节点的个数。X_i 为上层第 i 个节点的输出。由于上层每个节点的输出都作为本节点的输入，因此有 n 个输入。W_{ij} 为上层第 i 个节点与本层第 j 个节点的连接权值。从定义可知，加法器的作用是自身输入的线性组合，θ_j 可看成线性组合中的常数项。其中的关键是线性组合系数 W_{ij} 的确定。

2. 激活函数

第 j 个节点的激活函数定义为：

$$Y_j = f(U_j) \tag{8.2}$$

式中，Y_j 是激活函数值，也是节点的输出。函数 f 的参数是加法器 U_j，f 的具体形式通常为：

- [0, 1] 阶跃函数：

$$f(U_j) = \begin{cases} 1, & U_j > 0 \\ 0, & U_j \leqslant 0 \end{cases} \tag{8.3}$$

- [−1, +1] 阶跃函数：

$$f(U_j) = \begin{cases} 1, & U_j > 0 \\ -1, & U_j \leqslant 0 \end{cases} \tag{8.4}$$

● （0，1）型 Sigmoid 函数：

$$f(U_j) = \frac{1}{1 + e^{-U_j}} \tag{8.5}$$

● （−1，1）型 Sigmoid 函数：

$$f(U_j) = \frac{1 - e^{-U_j}}{1 + e^{-U_j}} \tag{8.6}$$

各激活函数的图形如图 8—6 所示。

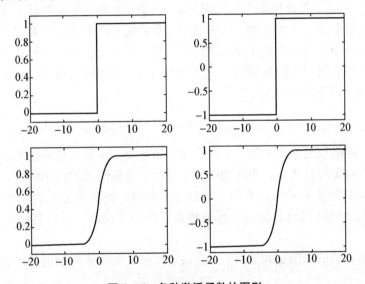

图 8—6　各种激活函数的图形

可见，激活函数的作用是将加法器的结果映射到一定的取值范围内。

用一个简单例子说明上述问题。在图 8—7 中，设节点 1，2，3 的偏差均为 0，激活函数为 （0，1）型 Sigmoid 函数。X_1，X_2 分别为上层节点的输出，均被分成两条连接，值不变但连接权值不同，权值为相应边上的数字，则

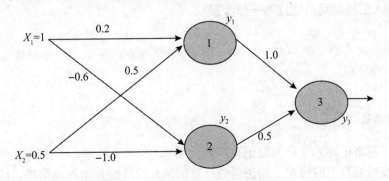

图 8—7　神经网络节点计算示例

节点 1：加法器 U：$1 \times 0.2 + 0.5 \times 0.5 = 0.45$；激活函数：$y_1 = f(0.45) = 0.61$；

节点 2：加法器 U：$1 \times (-0.6) + 0.5 \times (-1.0) = -1.1$；激活函数：$y_2 = f(-1.1) = 0.25$；

节点 3：加法器 U：$0.61 \times 1.0 + 0.25 \times 0.5 = 0.735$；激活函数：$y_3 = f(0.735) = 0.68$。

可见，神经网络在处理单元上的计算很简单。但随着处理单元个数和层数的增多，计算工作量将剧增。因此，神经网络的处理难度取决于网络结构的复杂程度。

3. 节点的意义

在加法器和激活函数的共同作用下，节点将起到一个超平面的作用。

从几何意义上讲，如果将训练样本集中的每个观测看做 n 维特征空间（n 个输入变量）上的点，那么，一个节点就是一个超平面。一个超平面将 n 维特征空间划分成两个部分。理想情况下，处于超平面上部的所有点为一类，超平面下部的点为另一类，可实现二值分类。多个节点是多个超平面，它们相互平行或相交，将 n 维特征空间划分成若干区域。理想情况下，处于不同区域的点均分属不同的类别，可实现多值分类。

为此，将涉及以下两个问题：

(1) 如何定位一个超平面。由前面的讨论可知，超平面是由加法器 $U_j = \sum_{i=1}^{n} W_{ij} X_i + \theta_j$ 确定的。其中，网络权值非常关键，它能够描述超平面，区分不同的超平面。由于超平面的最终目标是正确划分样本点，为此应找到该目标下的最恰当的网络权值。通常，由随机的网络权值所确定的超平面无法实现既定目标，所以，神经网络需要不断向训练样本学习，进而不断调整网络权值，使超平面不断朝正确的方向移动，以最终定位到期望的位置上。

节点中激活函数的作用是数值映射，它决定了超平面两侧的类别值，或者决定了取类别值的概率。

总之，人工神经网络模型的训练过程是一个寻找最佳超平面的过程，也是一个不断调整网络权值的过程。

(2) 如果 n 维特征空间中的样本点线性不可分，也就是说，没有任何一个超平面能够将不同类别的样本点划分开将会怎样。关于这个问题将在 8.2.2 节讨论。

8.1.3 人工神经网络建立的一般步骤

人工神经网络建立的一般步骤是：第一，数据准备；第二，确定网络结构；第三，确定网络权值。

1. 数据准备

人工神经网络中输入变量的取值范围通常要求在 $0 \sim 1$ 之间，否则输入变量的不同数量级别将直接影响权值的确定、加法器的计算结果及最终的分类预测结果。因此，对数值型变量数据的标准化处理是数据准备阶段的主要任务之一。

数据标准化处理采用的一般处理策略是极差法，即

$$x'_i = \frac{x_i - x_{\min}}{x_{\max} - x_{\min}} \qquad (8.7)$$

式中，$x_{\max}$ 和 $x_{\min}$ 分别为输入变量 x 的最大值和最小值。

另外，神经网络只能处理数值型输入变量。对分类型输入变量，Modeler 的处理策略是：将具有 k 个类别的分类型变量（名义型和有序型），转换成 k 个取值为 0 或 1 的数值型变量后再处理，k 个数值型变量的组合将代表原来的分类值。

这样的处理策略会使神经网络的输入节点增加很多，模型训练效率下降。对此，Modeler 采用了二进制编码策略以减少变量的个数，具体做法是：

首先，按照以下公式确定变量的个数：

$$n = \log_2(k+1) \qquad (8.8)$$

然后，将各个类别按照二进制编码。例如，分类变量有 A，B，C，D 四个类别，只需 3 个二进制编码变量，可依次为：001，010，011，100，如表 8—1 所示。

表 8—1　　　　　　　　　　　　分类变量和二进制编码变量

样本号	分类变量	编码变量 1	编码变量 2	编码变量 3
1	A	0	0	1
2	B	0	1	0
3	C	0	1	1
4	D	1	0	0

对于二分类型（名义型）变量，只需转换成 1 个取值为 0 或 1 的数值型变量即可。

> 需要说明的是：合理减少输入变量个数（输入节点个数）对神经网络的训练和分类预测很有意义。二进制编码是一种方式，还可以通过已讨论过的各种方法，筛选出对输出变量有重要作用的输入变量，然后建立神经网络模型。

2. 确定网络结构

通常，神经网络的层数和每层的节点数决定了网络的复杂程度，其中的关键是隐层层数和隐层包含隐节点的个数。隐层层数和隐节点个数越多，网络的复杂程度也越高。

对于隐层层数，层数较少的简单网络结构，学习时收敛速度较快，但分类预测的准确度较低。而层数较多的复杂网络结构，分类预测的准确度较高，但存在无法收敛的可能。因此，网络结构的复杂度和模型训练效率之间的权衡是值得关注的。理论上，虽然多层网络能够获得更精准的分析结果，但实验表明，除非实际问题需要，使用两个以上隐层的网络会使问题的解决变得更为复杂，而且多个隐层的网络有时更不易得到最优解。所以，选择具有一个隐层的网络往往是最合算的。

对于隐节点的个数，目前尚无权威的确定准则。通常，问题越复杂，需要的隐节

点就越多。从另一个角度讲，隐节点越多，越会增加计算量，而且可能产生过拟合问题。

因此，在很多数据挖掘软件中，网络结构不一定在模型建立之前就完全确定下来，可以先给出一个粗略的网络结构，然后在模型训练过程中逐步调整。

3. 确定网络权值

人工神经网络建立的过程是通过恰当的网络结构，探索输入和输出变量间复杂关系的过程，这是实现对新数据对象分类预测的前提。神经网络能够通过对已有样本的反复分析和学习，掌握输入和输出变量间的数量关系规律，并将其体现到网络权值中。因此，网络结构确定后，神经网络训练的核心便是如何确定网络权值。

确定网络权值的基本步骤通常为：

（1）初始化网络权值。一般网络权值的初始值默认为一个随机数，该随机数通常来自均值为 0，取值范围是 $-0.5\sim0.5$ 的正态分布。

网络初始值接近 0 的原因是，对于 Sigmoid 型的激活函数，开始时神经网络会退化为近似线性的模型。因此，模型训练的思路是从简单的接近线性的模型开始，然后随网络权值的增加调整再变成复杂的非线性模型。

给定一个初始权值的小的区间而非较大区间的原因是防止各网络权值的差异过大。如果某些权值很小，则在有限次迭代过程中，相应节点中的激活函数可能只采用线性模型；如果某些权值很大，则相应节点可能只通过很少次的迭代过程权值就基本稳定。于是产生的后果是所有权值无法几乎同时达到最终的稳定，而是有的达到了，对输出变量某类别的预测精度较高，而另一些还没有达到，对输出变量另一些类别的预测精度较低，无法实现各节点的均衡学习。

（2）计算各处理单元的加法器和激活函数值，得到样本的分类预测值。

（3）比较样本的预测值与实际值并计算误差，根据误差值重新调整各网络权值。

（4）返回到第二步。

网络权值的调整和相应的计算过程将反复进行，直到预测结果与输出变量实际值的误差达到一个较小值为止。此时，一组相对合理的网络权值便被确定下来，超平面也被确定下来。因此，网络权值的确定是一个不断迭代的过程。

§8.2　Modeler 的 B-P 反向传播网络

B-P 反向传播网络是一种前馈式多层的感知机。前馈式、多层很容易理解，这里重点讨论感知机问题。

感知机是一种最基本的神经网络模型，其基本思路体现在很多神经网络算法中。为更好地理解 B-P 反向传播网络，首先讨论感知机模型。

8.2.1　感知机模型

感知机模型属于前馈式神经网络，它是一个相对简单的双层网络模型，仅由输入层和输出层构成，所有输入节点和输出节点全部连接在一起。虽然感知机模型处理问题的能力有限，但其核心思想却在神经网络的众多改进模型中得到广泛应用。图 8—8 所示的便是一个最简单的感知机模型。

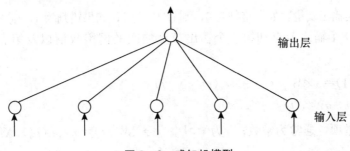

图 8—8　感知机模型

神经网络的训练过程是一个不断向样本学习的过程，学习的目的是通过不断调整网络权值得到较小的预测误差。由于每个样本都会提供关于输入输出变量数量关系的信息，因此神经网络需依次向每个样本学习。当向所有样本学习结束后，如果模型所给出的预测误差仍然较大，这时需开始新一轮的学习。如果经过第二轮的学习仍然不能给出理想的预测精度，则需进行第三轮、第四轮等的学习，直到满足学习的终止条件为止。无论感知机还是 B-P 反向传播网络，都遵循这样的学习模式。

为准确阐述这个过程，做以下符号说明：

● 有 n 个输入节点，n 取决于输入变量的个数。输入节点值记为 $\boldsymbol{X}=(X_1,X_2,\cdots,X_n)$。

● 输出节点实现二分类输出变量的分类或数值型输出变量值的预测。输出节点 j 的实际（期望）值为 Y_j，预测值记为 Y_j'，偏差记为 θ_j。

● 输入节点 i 和输出节点 j 之间的权值用 W_{ij} 表示。图 8—8 中 j 只取 1。

● 由于不同时刻的学习对象不同（即样本不同），因此 t 时刻的输入节点值记为 $\boldsymbol{X}=(X_1(t),X_2(t),\cdots,X_n(t))$，输出节点的期望值记为 $Y_j(t)$，预测值记为 $Y_j'(t)$，偏差记为 $\theta_j(t)$，输入节点 i 和输出节点 j 之间的权值用 $W_{ij}(t)$ 表示。

感知机的学习过程如下：

(1) 开始时（即 0 时刻），初始化各个网络权值和输出节点的偏差，初始默认 $-0.5\sim0.5$ 之间的随机数，即

$$W(0)=\{W_{ij}(0),1\leqslant i\leqslant n,1\leqslant j\leqslant k\};\theta_j(0),1\leqslant j\leqslant k$$

(2) 输入训练样本，t 时刻，根据样本输入变量值 $X=(X_1(t),X_2(t),\cdots,X_n(t))$ 和网络权值 $W(t)=\{W_{ij}(t),1\leqslant i\leqslant n,1\leqslant j\leqslant k\}$，计算输出节点的预测值为：

$$Y_j'(t)=f\left(\sum_{i=1}^{n}W_{ij}(t)X_i(t)+\theta_j(t)\right) \tag{8.9}$$

式中，f 为激活函数。通常，输出变量为数值型采用 Sigmoid 函数，为分类型一般采用 $[0,1]$ 阶跃函数。

（3）t 时刻，样本输出变量对应的输出节点的期望值为 $Y(t)$，计算输出节点的期望值与预测值的误差：

$$e_j(t) = Y_j(t) - Y'_j(t), \ 1 \leqslant j \leqslant k \tag{8.10}$$

显然，对于二分类输出变量，如果错判为 0，则 $e_j(t)$ 为 1；如果错判为 1，则 $e_j(t)$ 为 -1。

（4）调整第 i 个输入节点和第 j 个输出节点之间的网络权值以及第 j 个输出节点的偏差。

$$W_{ij}(t+1) = \alpha \times W_{ij}(t) + \eta \times e_j(t) \times X_i(t)$$
$$\theta_j(t+1) = \alpha \times \theta_j(t) + \eta \times e_j(t) \tag{8.11}$$

式中，α 称为冲量项，通常为常数；η 为学习率。令 $\Delta W_{ij}(t) = \eta \times e_j(t) \times X_i(t)$，表示权值的调整幅度，有

$$W_{ij}(t+1) = \alpha \times W_{ij}(t) + \Delta W_{ij}(t) \tag{8.12}$$

这种权值调整策略遵从 Delta 规则，即权值的调整与误差及所连接的输入成正比。本质上，$t+1$ 时刻权值是 t 时刻权值加上一个误差调整项。

如果将偏差看做一个输入总为 1 的特殊输入节点与输出节点的网络权值，那么偏差的调整方法与网络权值的调整方法相同。

（5）判断是否满足迭代终止条件。如果满足，则算法终止，否则重新回到第二步，直到满足终止条件为止。

迭代终止条件一般为：预测误差达到一个指定的较小值；或正确分类的样本达到一定比例；或已迭代次数等于指定的迭代次数；或网络权值基本稳定。

用一个简单例子说明以上计算过程。表 8—2 中，x_1，x_2，x_3 为输入变量，Y 为数值型输出变量，现有 3 个样本。

表 8—2 网络权值计算示例数据

样本	x_1	x_2	x_3	Y
1	1	1	0.5	0.7
2	-1	0.7	-0.5	0.2
3	0.3	0.3	-0.3	0.5

设 α 为 1，η 为 0.1，θ 为 0，激活函数 $f = U$，则对图 8—9 中的节点，$t=1$ 时刻，网络权值的调整过程为：

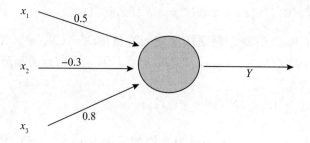

图 8—9 网络权值调整示例

$$U(1)=0.5\times1+(-0.3)\times1+0.8\times0.5=0.6$$

预测值 $Y'(1)=f(0.6)=0.6$

预测误差 $e(1)=Y(1)-Y'(1)=0.7-0.6=0.1$

$$\Delta W_1(1)=0.1\times0.1\times1=0.01;W_1(2)=1\times W_1(1)+\Delta W_1(1)=0.5+0.01=0.51$$

$$\Delta W_2(1)=0.1\times0.1\times1=0.01;W_2(2)=1\times W_2(1)+\Delta W_2(1)=-0.3+0.01=-0.29$$

$$\Delta W_3(1)=0.1\times0.1\times0.5=0.005;W_3(2)=1\times W_3(1)+\Delta W_3(1)=0.8+0.005=0.805$$

同理，可依据第 2，3 个样本进行第 2，3 次迭代，后续可能还需新一轮的学习等。

网络权值的调整是基于预测误差的。网络权值的调整过程是超平面不断移动的过程。对于二分类型输出变量，如果超平面将本应在平面上方的样本点错误地"指派"到平面的下方（错判为 0，输出节点的加法器结果小于等于 0），则应使超平面向上移动靠近错判的点，因此应加上一个误差调整项 $\eta\times(+1)\times X_i(t)$；反之，如果超平面将本应在平面下方的样本点错误地"指派"到平面上方（错判为 1，输出节点的加法器结果大于 0），则应使超平面向下移动靠近错判的点，因此应加上一个负的误差调整项 $\eta\times(-1)\times X_i(t)$。同理，对于数值型输出变量，如果预测误差为正，为减少误差 $e(t)$，应使超平面向上移动，应加上一个误差调整项 ΔW_{ij}；反之，如果预测误差为负，为减少误差 $e(t)$，应使超平面向下移动，应减去一个误差调整项 ΔW_{ij}，也就是加上一个负的误差调整项。

可见，超平面初始位置由网络的初始权值决定，它通常无法实现正确分类。在学习过程中，超平面会不断地向被错判的样本点靠近，也就是朝着正确的方向靠近。虽然过程中正反方向的移动会相互抵消，但只要样本是线性可分的，那么在若干次迭代后，超平面的移动就会减少，即网络权值稳定，算法收敛。此时的超平面就是人们所期望的。

需要说明的是：超平面的移动幅度受到学习率和冲量项的影响，对此将在后面讨论。超平面的移动与样本进入模型的顺序有关，对此也有很多改进算法。这里的感知机只有一个输出节点，其预测误差的计算只体现在一个节点上。如果有多个输出节点，应将所有输出节点的误差合并起来。

8.2.2 B-P 反向传播网络的特点

B-P 反向传播模型属前馈式神经网络，是一种最为常见且较为复杂的神经网络模型。B-P 反向传播模型为多层感知机结构，其中不仅包含输入和输出节点，而且有一个或多个隐层，又称多层感知机模型（Multilayer Perception，MLP）。图 8—4 就是一个标准 B-P 反向传播网络的拓扑图。

B-P 反向传播网络的主要特点是：包含隐层；反向传播；激活函数采用 Sigmoid 函数。

这些特点都使 B-P 反向传播网络比感知机更复杂，下面将针对这些特点进行讨论。

1. 隐层的作用

神经网络中的隐层位于输入层和输出层中间，可以是一层，也可以是多层。隐层在 B-P 反向传播模型中起着非常重要的作用，能够实现非线性样本的线性转化。

所谓线性样本，简单讲是指对 n 维特征空间的两类样本，若能找到一个超平面将两类分开，则样本为线性样本，否则为非线性样本。

实际问题中，非线性样本是普遍存在的。例如，表 8—3 所示就是典型的二维非线性样本。

表 8—3   **二维非线性样本**

输入变量 x_1	输入变量 x_2	输出变量
0	0	0
0	1	1
1	0	1
1	1	0

在 x_1，x_2 特征空间中的样本点如图 8—10 所示，其中实心点为一类（0 类），空心点为另一类（1 类）。

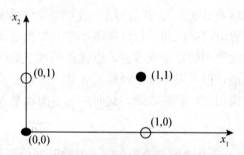

图 8—10 非线性样本示例

解决非线性样本的分类问题，可将样本点放置到更高维的空间中使其转化为线性样本，然后再分类。神经网络的解决方法也是试图首先将原空间中的非线性样本放置到一个新空间中，使其成为线性样本。实现途径是：将多个感知机模型按层次结构连接起来，形成隐层，让隐层节点完成非线性样本到线性样本的转化任务。

为阐明这个问题，仍以表 8—3 的数据为例。设网络结构是：2 个输入节点，分别接收 x_1，x_2；1 个隐层，包含 2 个隐节点，分别以 y_1，y_2 表示；1 个输出节点，以 z 表示，3 个偏差节点，均看做输入为 1 的特殊节点，如图 8—11 所示。

设网络权值是经过若干次迭代以后的结果。以点 $(1，1)$ 为例，有

y_1 节点的输出为：$U_{y1}=1\times(-1)+1\times1+1\times0.5$，因为 $U_{y1}>0$，结果为 1；

y_2 节点的输出为：$U_{y2}=1\times(-1)+1\times1.5+1\times(-1.2)$，因为 $U_{y2}<0$，结果为 0；

z 节点的输出为：$z=1\times(-1.5)+0\times1+1\times1.2$，因为 $z<0$，结果为 0。

所以，点 $(1，1)$ 经过隐节点的作用，最终节点 z 的输出为 0。

根据上述逻辑，隐节点 y_1 和 y_2 分别代表的是两个超平面。经过若干次迭代后，如图 8—12 所示。

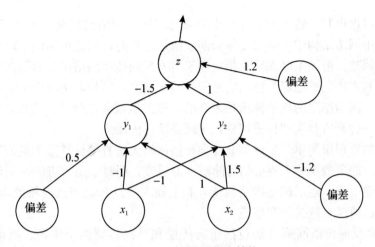

图 8—11 非线性样本转换

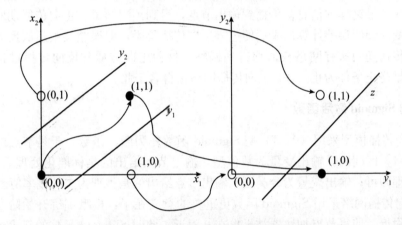

图 8—12 特征空间的变换以及超平面

在 x_1，x_2 特征空间中，直线 y_1，y_2 将 4 个样本点划分在 3 个区域内：

● 点 (0，0) 和点 (1，1) 落在直线 y_1，y_2 的中间区域，两个隐节点的输出为 (1，0)。

● 点 (1，0) 和点 (0，1) 落入直线 y_1，y_2 的外侧区域，两个隐节点的输出分别为 (0，0) 和 (1，1)。

在 y_1，y_2 特征空间中，在 x_1，x_2 特征空间中的点 (0，0) 和点 (1，1) 合并为一个点 (1，0)。直线 z 将两类样本分开：

● 点 (1，0) 落在直线 z 的下方，输出结果为 0；也就是说，x_1，x_2 特征空间中的点 (0，0) 和点 (1，1)，输出结果为 0。

● 点 (0，0) 和点 (1，1) 落在直线 z 的上方，输出结果为 1；也就是说，x_1，x_2 特征空间中的点 (1，0) 和点 (0，1)，输出结果为 1。

依据同样的道理，多个隐节点和隐层可实现更复杂的非线性样本的线性转化。

2. 反向传播

反向传播是 B-P 反向传播网络的重要特点。

由前面的讨论可知，输入节点和输出节点之间网络权值的调整依据之一是预测误差。在无隐层的简单网络结构中，输出变量的期望值是已知的，因此预测误差可直接计算并用于网络权值的调整。但该策略无法直接应用于 B-P 反向传播网络中。原因在于，如果姑且可利用感知机的方法调整隐层与输出层之间的网络权值，但却无法应用于输入层和隐层之间的权值调整，因为隐层的期望输出是未知的，误差也就无法计算。所以，B-P 反向传播网络需要引入一种新机制实现权值调整，这就是反向传播。

反向传播的道理很简单。虽然 B-P 反向传播网络无法直接计算隐节点的预测误差，但可利用输出节点的预测误差来逐层估计隐节点的误差，即将输出节点的预测误差反方向逐层传播到上层隐节点，逐层调整网络权值，直至输入节点和隐节点的权值得到调整为止，最终使网络输出值越来越接近期望值。

由此，B-P 反向传播网络算法包括正向传播和反向传播两个阶段。所谓正向传播阶段，是指样本信息从输入层开始，由上至下逐层经隐节点计算处理，上层节点的输出为下层节点的输入，最终样本信息被传播到输出节点，得到预测结果。正向传播期间所有网络权值保持不变。预测误差计算出来后便进入反向传播阶段，即误差又被逐层反方向传回给输入节点。传播期间所有网络权值均得到调整。这种正向传播和反向传播过程将不断重复，直到满足终止条件为止。B-P 反向传播网络正得名于此。

3. 采用 Sigmoid 激活函数

B-P 反向传播模型采用（0，1）型 Sigmoid 函数作为激活函数，于是节点的输出总被约束在 [0，1] 区间内。输出变量为数值型，输出节点给出的是标准化处理后的预测值，只需还原处理即可；输出变量为分类型，输出节点给出的是类别为 1 的概率值。

B-P 反向传播网络采用 Sigmoid 函数更重要的意义在于：模型训练开始阶段，由于网络权值在 0 附近，使得节点加法器结果也在 0 附近，此时 Sigmoid 函数的斜率近似为一个常数，输入输出间成近似线性关系，模型比较简单。随着模型训练的进行，网络权数不断调整，节点加法器结果逐渐远离 0，输入输出间逐渐成非线性关系，模型相对复杂，且输入的变化对输出的影响逐渐减少。模型训练的后期，节点加法器结果远离 0，此时输入的变化将不再引起输出的明显变动，输出基本趋于稳定，神经网络的分类预测误差不再随网络权值的调整而明显改善，分类预测结果稳定，模型训练结束。可见，Sigmoid 函数较好地体现了网络权值修正过程中，模型从近似线性到非线性的渐进转变进程。

另外，Sigmoid 函数不但具有非线性、单调的特点，还具有无限次可微的特点，这使 B-P 反向传播网络采用梯度下降法调整网络权值成为可能。

8.2.3　B-P 反向传播算法

B-P 反向传播算法的特点是采用梯度下降法，每个时刻都本着使损失函数减小最快的原则调整网络权值。不同类型问题的损失函数形式是不同的。一般预测问题的损失函数主要取决于预测模型和误差函数。

1．参数优化

B-P 反向传播网络采用参数优化方法实现网络权值的调整。参数优化是在一个特定模型结构 M 中，利用数据 D 优化模型参数，目标是求得使损失函数 $L(\boldsymbol{W})=L(\boldsymbol{W} \mid D，M)$ 达到最小时的模型参数 $\boldsymbol{W}$。

不同类型的问题，其损失函数的形式也会不同。一般预测问题中，如果样本是独立的，损失函数通常是样本误差函数和的形式，即

$$L(\boldsymbol{W}) = L(\boldsymbol{W} \mid D,M) = \sum_i E(Y_i, f_i(\boldsymbol{X},\boldsymbol{W})) \tag{8.13}$$

式中，$E(Y_i, f_i(\boldsymbol{X}, \boldsymbol{W}))$ 为误差函数；$f(\boldsymbol{X}, \boldsymbol{W})$ 为预测模型；$\mathbf{X}$ 和 $\mathbf{Y}$ 分别为输入变量和输出变量。因此，损失函数的复杂度主要取决于误差函数和预测模型的复杂度。

B-P 反向传播网络中的基本模型是多个包含加法器和激活函数的节点，其损失函数是 k 个独立输出节点的误差函数之和：$L(\boldsymbol{W}) = \sum_{j=1}^{k} E_j(Y_j, Y'_j(\boldsymbol{W}))$，其中，参数 $\boldsymbol{W}$ 是网络权值向量。第 j 个输出节点 t 时刻的误差函数定义为：

$$E_j(t)=E_j(Y_j(t),Y'_j(\boldsymbol{W}(t)))=\frac{1}{2}(e_j(t))^2=\frac{1}{2}(Y_j(t)-Y'_j(t))^2 \tag{8.14}$$

如果将加法器和激活函数代入式（8.14），则 t 时刻输出节点 j 的误差函数为：

$$E_j(t) = \frac{1}{2}(Y_j(t) - Y'_j(t))^2 = \frac{1}{2}(Y_j(t) - f(U_j(t)))^2$$

$$= \frac{1}{2}(Y_j(t) - f(\sum_{i=1}^{m} W_{ij}(t)O_i(t) + \theta_j(t)))^2 \tag{8.15}$$

式中，$U_j(t)$ 为加法器计算结果；$O_i(t)$ 表示上层第 i 个隐节点的输出，上层共有 m 个隐节点。对多层网络，$O_i(t)$ 可进一步表示成再上层输出的加法器和激活函数的形式等。可见，B-P 反向传播网络中的损失函数是关于参数 $\boldsymbol{W}$ 的高维函数。

损失函数的复杂度取决于模型结构和误差函数的形式。如果模型是关于参数 $\boldsymbol{W}$ 的线性函数，误差函数为误差平方，则损失函数 L 是 $\boldsymbol{W}$ 的二次函数。此时的参数优化问题较为简单，只存在一个极值。但如果模型结构和误差函数的形式较为复杂，则损失函数 L 不一定是关于 $\boldsymbol{W}$ 的简单平滑函数，极可能是多峰的，此时，求解使 $L(\boldsymbol{W})$ 最小时的参数 $\boldsymbol{W}$ 的问题等价于在高维空间中最小化一个多元复杂函数的问题。

B-P 反向传播网络中，由于损失函数 $L(\boldsymbol{W})$ 是参数 $\boldsymbol{W}$ 的平滑非线性复杂函数，没有闭合形式（closed form）的解，因此，其优化是一个以迭代方式，在损失函数 $L(\boldsymbol{W})$ 曲率的局部信息引导下，在 $L(\boldsymbol{W})$ 曲面上局部搜索最小值的问题。迭代算法的步骤如下：

（1）初始化：为参数向量 $\boldsymbol{W}$ 选取初始值 $\boldsymbol{W}^0$。

（2）第 i 次迭代，令：$\boldsymbol{W}^{i+1}=\boldsymbol{W}^i+\lambda^i v^i$。其中，$v^i$ 是相对于参数空间中的 $\boldsymbol{W}^i$ 下一步的方向；λ^i 是移动的步长。

（3）重复上步直到 $L(\boldsymbol{W})$ 达到局部最小值。

（4）多次重复启动，以避免得到局部而非全局最小。

上述过程可用图 8—13 形象表示。

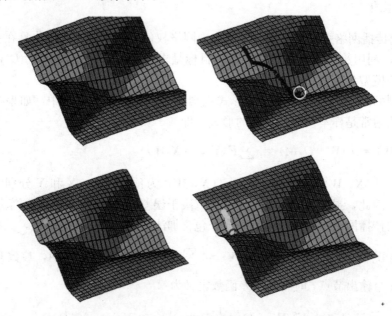

图 8—13　参数求解过程

图 8—13 中，起点位置即参数初始值确定后，每步都沿着曲面朝使损失函数下降最快的方向移动。另外，两次起点位置即参数初始值不同，最终所得的参数解也不同。右上图为全局最优解，右下图只是局部最优解。因此，迭代的重复启动是必要的。

2. B-P 网络权值 W 的调整

t 时刻，B-P 反向传播网络的损失函数为：

$$L(\mathbf{W}) = \sum_{j=1}^{k} E_j(t) - \frac{1}{2} \sum_{j=1}^{k} (e_j(t))^2 \tag{8.16}$$

网络权值调整的目标是使损失函数达到最小。t 时刻网络权值调整应沿着损失函数曲面下降最快的方向，即负梯度方向进行。计算损失函数的方向导数，找到函数下降最快的方向和最大值，确定负梯度方向以及梯度模（梯度方向为方向导数的方向，梯度模为方向导数的最大值）。可以证明，如果 t 时刻网络权值 $\mathbf{W}$ 的偏导数存在，则 $\mathbf{W}$ 的方向导数就是损失函数对 $\mathbf{W}$ 的偏导。由于 Sigmoid 激活函数处处可微，因此满足该条件。

t 时刻上层第 i 个节点与第 j 个输出节点的网络权值调整量 $\Delta W_{ij}(t)$，根据微分链式法则为：

$$\Delta W_{ij}(t) = -\eta \frac{\partial E_j(t)}{\partial W_{ij}(t)} = -\eta \frac{\partial E_j(t)}{\partial e_j(t)} \times \frac{\partial e_j(t)}{\partial Y'_j(t)} \times \frac{\partial Y'_j(t)}{\partial U_j(t)} \times \frac{\partial U_j(t)}{\partial W_{ij}(t)}$$

$$= -\eta \times e_j(t) \times (-1) \times f'(U_j(t)) \times O_i(t) \tag{8.17}$$

式中，η 为学习率，负号表示负梯度方向。由于采用 Sigmoid 激活函数

$$f'(U_j(t)) = f(U_j(t)) \times (1 - f(U_j(t))) \tag{8.18}$$

所以

$$\Delta W_{ij}(t) = \eta \times e_j(t) \times f(U_j(t)) \times (1 - f(U_j(t))) \times O_i(t) \tag{8.19}$$

令 $\delta_j(t) = e_j(t) \times f(U_j(t)) \times (1 - f(U_j(t)))$，称为第 j 个输出节点 t 时刻的局部梯度，则

$$\Delta W_{ij}(t) = \eta \times \delta_j(t) \times O_i(t) \tag{8.20}$$

t 时刻第 l 隐层的第 j 个节点的局部梯度定义为：

$$\delta_j^l(t) = f'(U_j(t)) \sum_{i=1}^{q} \delta_i^{l+1}(t) W_{ji}(t) \tag{8.21}$$

式中，$W_{ji}(t)$ 为 t 时刻 $l+1$ 层第 i 个单元与 l 层第 j 个节点的网络权值；第 j 个节点与 $l+1$ 层的 q 个节点相连；δ_i^{l+1} 为 $l+1$ 层第 i 个节点的局部梯度。

于是，将第 l 隐层第 j 个节点的局部梯度会受到其下层 q 个节点局部梯度的共同影响，定义为第 j 个节点连接的下层所有节点局部梯度的加权总和，再乘以激活函数的导数。于是，仍有式（8.20）成立。

因此，$t+1$ 时刻节点 j 的网络权值调整为：

$$W_{ij}(t+1) = \alpha \times W_{ij}(t) + \eta \times \delta_j(t) \times O_i(t) \tag{8.22}$$

可见，B-P 反向传播网络的网络权值的调整策略与感知机类似。遵循 Delta 规则，权值的调整与局部梯度及所连接的输入成正比，$t+1$ 时刻的网络权值是 t 时刻的网络权值加上一个基于误差的调整项，即 $W_{ij}(t+1) = \alpha \times W_{ij}(t) + \Delta W_{ij}(t)$。

总之，B-P 反向传播网络的最大特点就是反向传播，它体现在：输出误差经过神经网络依次反向传递，体现在每个节点的局部梯度上。网络权值按照 Delta 规则调整，直到所有隐层都被覆盖，所有网络权值都被调整。之后，B-P 反向传播网络继续使用下一个训练样本。当再没有新的训练样本时，第一轮学习结束。对同样的样本数据，可能会进行第二轮、第三轮或更多轮的迭代学习，直至达到收敛标准为止。

8.2.4 B-P 反向传播网络的其他问题

1. 网络结构的确定

网络结构主要取决于隐层数和隐节点。网络结构对神经网络模型至关重要。太简单的网络结构无法得到理想的预测精度，但太复杂的结构也会出现过拟合等问题。

模型建立初期，给定一个合适的网络结构是很难的。通常的做法有两种：第一，经验值法；第二，动态调整法。

（1）经验值法。

1）快速训练法。Modeler 提供的经验值法称为快速训练法。其网络结构中只包含一个隐层，隐节点数默认为：

$$\max(3,(n_i+n_o)/20) \qquad\qquad (8.23)$$

式中，n_i 和 n_o 分别表示输入节点个数和输出节点个数。

2）多层训练法。Modeler 的另外一种经验值法称为多层训练法。该方案可以包含一个或两个隐层。

包含一个隐层时，隐节点个数主要取决于输入节点的个数。如果有 1 个输入节点，隐节点设为 3 个；如果有 2 个输入节点，隐节点设为 4 个；如果有 3 个输入节点，隐节点设为 7 个。即隐节点至少为 3 个（当输入节点为 1 时），多增加一个输入节点，隐节点就在原数量上多增加 $2x-1$ 个（x 为输入节点个数-1），但最多不超过 60 个。

包含两个隐层时，第一层隐节点数的确定方法同上；第二层的隐节点数取决于第一层的隐节点数。如果第一层有 1 个隐节点，第二层的隐节点设为 2 个；如果第一层有 2 个隐节点，第二层的隐节点设为 5 个；如果第一层有 3 个隐节点，第二层的隐节点设为 10 个。即第二层隐节点至少为 2 个（当第一层隐节点为 1 时），第一层多增加一个隐节点，第二层隐节点就在原数量上多增加 $2x+1$ 个（x 为第一层隐节点的个数-1）。

（2）动态调整法。动态调整法是在模型建立初期，仅给出一个粗略的网络结构，然后在模型训练过程中再逐步调整，包括动态削剪法和动态增补法。

1）动态削剪法。动态削剪法，首先采用较为复杂的网络结构，然后依据预测误差逐步精简结构。也就是说，首先选择具有较多隐节点的网络，待进行一轮学习后再随机剔除某个隐节点，考察模型是否因节点的剔除而性能下降。如此反复多次，最后得到精简模型。

2）动态增补法。动态增补法，首先采用最简单的网络结构，然后逐渐增加隐节点数目，提高预测精度，直至达到用户希望的预测精度为止。

Modeler 的具体实现步骤是：

①初始设置。

● 为对比分析，设置两个具有相同网络结构的初始网络，它们都有两个隐层，每个隐层均包括两个隐节点。两个网络分别名为左网络和右网络。

● 设置训练参数：持续参数为 5，冲量项 α 为 0.9，初始学习率 η 为 0.05，权值调整的最大变化率不大于 0.02。其中，持续参数的含义是当模型预测精度不能继续得到明显改善时仍持续学习的周期数，默认 5 轮。

②模型训练，找到恰当的网络结构。

● 首先，向右网络的第二个隐层中增加一个节点；然后，同时训练左网络和右网络各一轮，分别计算此刻两个网络输出节点局部梯度的总和，即度量预测误差。

● 两个网络进行对比。如果左网络的预测误差低于右网络，则继续向右网络的第一个隐层增加一个节点；如果左网络的预测误差高于右网络，则以右网络替换左网络，并继续向右网络的第二个隐层增加一个节点。

● 反复上述步骤，直至迭代终止。最终采用左网络结构。

（3）针对所确定的网络结构，重新设置训练参数：持续参数为 5，冲量项 α 为 0.9，初始学习率 η 为 0.02，权值调整的最大变化率不大于 0.005。显然参数调整幅度减小了。

2. 学习率 η 和冲量项 α

学习率 η 和冲量项 α 对神经网络的权值调整有较为明显的影响。

如前所述，网络权值不断调整的过程可比喻为超平面不断向正确位置移动的过程，而每次移动的距离与学习率 η 有关。通常，人们并不希望超平面一次移动过大或过小，也就是说，学习率 η 不能太大也不能太小。学习率 η 如果过大，网络权值改变量就较大，可能导致网络工作的不稳定，且当问题的解逼近误差最小点时可能会因振荡而永远达不到最小值的位置；学习率 η 如果过小，超平面逼近正确目标的进程可能会很漫长。

以图 8—14 所示的简单损失函数 $L=w^2+1$ 为例。

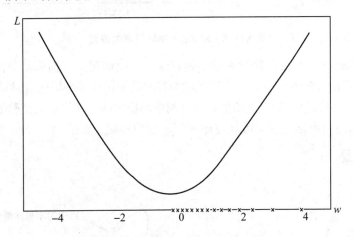

图 8—14　学习率 η 对网络权值调整的影响

如果参数 w 的初始值为 4，即 $w(0)=4$，学习率 η 为 0.1，则 3 次迭代结果为：

$$w(1)=4-0.1\times(2\times4)=3.2$$
$$w(2)=3.2-0.1\times(2\times3.2)=2.56$$
$$w(3)=2.56-0.1\times(2\times2.56)=2.05$$

可见，随着参数 w 的不断调整，损失函数逐渐逼近最低点。

如果将学习率 η 调整为一个较大值，图中参数 w 的点会在 0 左右跳跃，损失函数可能永远达不到最低点；如果将学习率 η 调整为一个较小值，损失函数逼近最低点的速度会很缓慢。

怎样的学习率是合理的？需要在模型训练中不断调整。Modeler 学习率 η 的设置策略是：学习率 η 不是一个常数，会在模型训练过程中自动调整，即第 t 次训练的学习率 η 与第 $t-1$ 次有关。自动调整的计算公式是：

$$\eta(t)=\eta(t-1)\times\exp\left(\ln\left(\frac{\eta_{low}}{\eta_{high}}\right)\Big/d\right) \tag{8.24}$$

式中，η_{low} 和 η_{high} 分别表示学习率取值的最小值和最大值；d 为衰减量。由于式（8.24）的最后一项是一个小于 1 的数，因此第 t 次的学习率总小于第 $t-1$ 次。

学习过程中，学习率 η 将由一个初始值逐渐减小，至最小值后重新设为最大值，完成一个周期的变化；然后，再从最大值逐渐减至最小值。如此反复直到训练完毕。过程如图 8—15 所示。

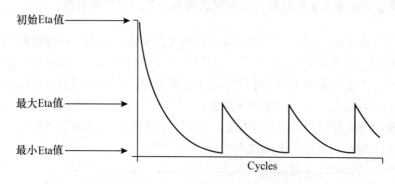

图 8—15　Modeler 中学习率的设置

冲量（momentum）项 α 的概念来源于物理学。一般情况下，损失函数曲面会存在一些平坦区域。B-P 反向传播网络中，引入冲量项的目的是加快处于平坦区域时模型的学习速度，平滑学习过程中网络权值的随机更新值，提升网络的稳定性。冲量项的经验值通常为 0.9。

学习率 η 和冲量项 α 的意义可通过图 8—16 直观理解。

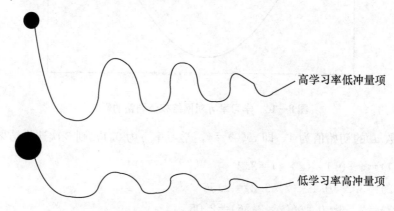

图 8—16　学习率和冲量项对参数调整的影响

图 8—16 中，球的大小表示冲量项的高低，曲线的变化幅度代表不同学习率下的参数变化轨迹。高学习率下的参数增减变化幅度较大，低学习率下变化幅度较小。低冲量项意味着球有较小的动能，高冲量项则意味着球的动能较大，能够快速越过平坦区域。

3. 敏感性分析

　　神经网络中的敏感性分析（sensitivity analysis）用来研究输入变量变动对输出变量的影响程度。通常称影响程度的大小为敏感性系数。敏感性系数越大，则输入变量对输出变量的影响越大，反之影响就越小。敏感性分析的目的是要得到各输入变量对输出变量的敏感性系数，以及敏感性系数的排序结果。

一方面，由于神经网络属直接型数据挖掘算法，其内部计算对用户来讲是一个"黑匣子"，这样的特点会使人们在应用神经网络模型时感到信心不足。敏感性分析的优势在于能够在一定程度上打开这个"黑匣子"，使人们对神经网络模型的分析结果有一些直观的认识。另一方面，敏感性分析能够帮助人们确定对输出变量影响大的输入变量，剔除影响很小的输入变量，从而有效减少输入变量的个数以提高模型精度。

　　有很多敏感性分析的方法，如基于数理统计的分析方法和基于神经网络的分析方法等。同时，敏感性分析有针对单个输入变量的局部敏感性分析，也有同时针对两个和多个输入变量及其交互影响的全局敏感性分析。通常，由于局部敏感性分析的计算相对简单，因而应用较为广泛。神经网络中的局部敏感性分析一般有基于网络权值的敏感性分析方法、基于输出变量对输入变量偏导的敏感性分析方法、与统计方法相结合的敏感性分析方法以及基于输入变量随机噪声的敏感性分析方法。相关的研究包括加森（Garson）在1991 年提出的 Garson 算法，奥尔登（Olden）和杰克逊（Jackson）在 2002 年提出的随机化检验方法，缪里尔·吉弗里（Muriel Gevery）在 2005 年提出的 PaD2 方法等。这里，仅讨论基于网络权值的算法。

　　（1）基于网络权值的 Garson 算法。

　　基于网络权值的 Garson 算法用网络权值的乘积计算输入变量对输出变量的影响程度或者相对贡献值。输入变量 x_i 对输出变量 y_k 的敏感性系数定义为：

$$Q_{ik} = \frac{\sum\limits_{j=1}^{L}\left(|W_{ij}V_{jk}| / \sum\limits_{r=1}^{N}|W_{rj}|\right)}{\sum\limits_{i=1}^{N}\sum\limits_{j=1}^{L}\left(|W_{ij}V_{jk}| / \sum\limits_{r=1}^{N}|W_{rj}|\right)} \tag{8.25}$$

式中，W_{ij} 表示第 i 个输入节点（第 i 个输入变量）与第 j 个隐节点之间的网络权值，共有 L 个隐节点；V_{jk} 表示第 j 个隐节点与第 k 个输出节点之间的网络权值；$\sum\limits_{r=1}^{N}|W_{rj}|$ 表示所有输入节点与第 j 个隐节点之间的网络权值绝对值之和，共有 N 个输入节点（N 个输入变量）。取绝对值的目的是解决网络权值总和计算时正负抵消的问题。

　　分子反映的是第 i 个输入变量与第 k 个输出变量的基于权值的相关程度，分母反映的是所有输入变量与第 k 个输出变量的相关程度的总和，两者相除便得到第 i 个输入变量与第 k 个输出变量的相关程度的相对指标，所有相对指标的总和为 1。该指标越接近 1，说明第 i 个输入变量对第 k 个输出变量越重要。于是，可得到输入变量对输出变量的重要程度的排序。

　　（2）基于网络权值的 Tchaban 算法。

　　基于网络权值的 Garson 算法没有直接使用输入变量值，采用的是最终调整后的网络权值，因而无法确定输出变量对输入变量的哪些点（变量值）或者区域尤为敏感。基于网络权值的 Tchaban 算法将输入变量值引入进来，利用权积（weight product）进行敏感性分析。输入变量 x_i 对输出变量 y_k 的敏感性系数定义为：

$$Q_{ik} = \frac{X_i(t)}{Y_k'(t)}\sum_{j=1}^{L}W_{ij}(t)V_{jk}(t) \tag{8.26}$$

式中，t 表示 t 时刻。为了全面衡量输入变量的敏感性，Modeler 选取 t 的原则是：对于分类型输入变量，取遍所有分类值；对于数值型输入变量，分别取 0，0.25，0.5，0.75 和 1。输出值为模型给出的分类预测值。对输入变量的所有取值组合都可以计算出敏感性系数，最终以其均值作为输入变量的敏感性系数。

§8.3 Modeler 的 B-P 反向传播网络的应用

这里，以虚拟的电信客户数据（文件名为 Telephone. sav）为例，讨论 Modeler 神经网络的具体操作。分析目标：建立客户流失的预测模型。

8.3.1 基本操作

选择【建模】选项卡中的【神经网络】节点，将其连接到数据流的恰当位置上。右击鼠标，选择弹出菜单中的【编辑】选项进行节点的参数设置。【神经网络】节点的参数设置包括字段、模型、选项、专家、分析和注解六张选项卡，这里只讨论模型、选项和专家选项卡。

1.【模型】选项卡

【模型】选项卡用于设置神经网络模型的主要参数，如图 8—17 所示。

图 8—17　【神经网络】的【模型】选项卡

其中：
- 方法：提供了几种网络结构和相应的训练方法。

包括快速训练法、动态增补法、多层训练法、动态削剪法、RBFN。RBFN 为径向基函数网络，详见 8.4 节。

● 预防过度训练：选中表示在训练样本集中再随机抽取指定比例的样本训练模型，以克服过拟合问题。

● 设置随机数种子：神经网络的初始权值是随机数，选中表示网络的随机初始权值可重复出现。

通常，由于最终的网络权值受初始值的影响，为避免得到局部最优解，可重复运行模型，并使网络权值的初始值为可变值，即不选中该选项。

● 停止：用来指定迭代停止的条件。

其中，【默认值】表示 Modeler 自动决定迭代终止条件；【准确性（％）】表示当预测精度达到指定值时停止迭代；【周期】表示迭代周期，即指定向样本学习的轮数；【时间（分钟）】表示当运行时间临近指定时间（分钟）时停止迭代。

● 优化：表示计算过程中的内存利用策略。

其中，【速度】和【内存】分别表示计算过程是否将中间计算结果临时存入磁盘，前者不存，效率较高；后者存放，效率较低。

2. 【选项】选项卡

【选项】选项卡用来设置神经网络模型运行时的其他可选参数，如图 8—18 所示。

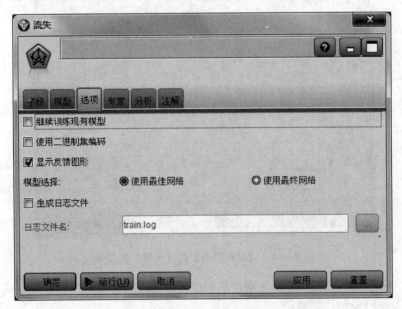

图 8—18 【神经网络】的【选项】选项卡

其中：

● 继续训练现有模型：通常情况下，每次运行节点后都会得到一个完整的神经网络模型。选中表示继续运行上次没有运行完的模型。

● 使用二进制集编码：选中表示分类型输入变量变换处理时，采用二进制编码策略以减少输入变量个数，详见 8.1.3 节。

● 显示反馈图形：选中表示模型训练过程中绘制预测精度曲线图以跟踪模型训练效果。

● 模型选择：【使用最佳网络】表示最终模型是预测精度最理想的模型，可能出现过拟合问题；【使用最终网络】表示最终模型是满足用户指定的结束迭代条件的模型，该模型在预测精度上并不是最优的。

● 生成日志文件：选中表示将模型训练过程汇总的误差数据保存到磁盘上，应指定磁盘文件名。

3.【专家】选项卡

【专家】选项卡用来设置隐层结构以及模型训练中的学习率和冲量项等，如图 8—19 所示。

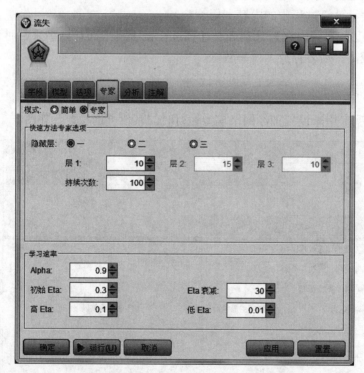

图 8—19   【神经网络】的【专家】选项卡

【专家】选项卡的内容会因前面指定的网络结构和训练方法的不同而不同，图 8—19 是选择快速方法时的窗口，其中：

● 简单：表示初始网络为系统默认，详见 8.2.4 节。

● 专家：表示自行设置网络结构。

其中，【隐藏层】选项用来指定隐层层数，最多三层。同时，还需设置各隐层所包含的隐节点个数。【持续次数】选项表示当模型预测精度不能继续得到明显改善时仍持续再学习的周期数。

●学习速率：其中，Alpha 表示指定冲量项，默认为 0.9；Eta 表示学习率 η，可指定学习率的初始值、最小值 η_{low}、最大值 η_{high} 和衰减量。

8.3.2　结果说明

1．模型计算结果

图 8—19 中选择【简单】选项，模型计算结果如图 8—20 所示。

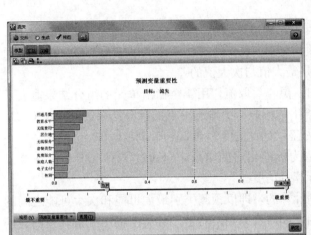
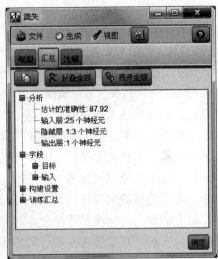

图 8—20　神经网络的模型计算结果

【模型】选项卡给出了敏感性分析后输入变量的重要性排序结果，开通月数是最重要的输入变量，后续依次为教育水平等。

【汇总】选项卡给出了模型的相关信息。

●【估计的准确性】为模型的预测精度。

如果在图 8—17 中选择【使用分区数据】选项，则基于测试样本集计算，否则基于训练样本集计算。本例是基于训练样本集，模型预测精度为 87.92%，是较为乐观的估计。

对于分类型输出变量，预测精度就是模型正确预测的样本占总样本的比例；对于数值型输出变量，预测精度的计算方法是：

$$\frac{1-|Y_i-Y_i'|}{Y_{max}-Y_{min}}\times100\% \tag{8.27}$$

式中，$|Y_i-Y_i'|$ 表示第 i 个观测实际值与模型预测值的绝对误差；Y_{max} 和 Y_{min} 分别表示输出变量的实际最大值和最小值。注意，这里均是标准化处理以后的值。对每个观测都将计算预测精度，它们的平均值为模型总的预测精度。

●网络结构。

输入层有 25 个输入节点（25 个神经元），1 个隐层包含 3 个隐节点，1 个输出层包含 1 个输出节点。本例原有输入变量 14 个，将其中的分类型变量变换为多个数值型变量后，共 25 个输入变量。

2. 样本预测结果

将流管理器的【模型】选项卡中神经网络的模型计算结果添加到数据流编辑区中，与【表】节点相连接，可得到各预测结果。以 $N，$NC 开头的变量分别存放分类预测值和预测置信度。

（1）对于二分类型输出变量，如果输出节点的计算值大于 0.5，则预测分类值为 1；如果小于 0.5，则预测分类值为 0。第 i 个观测的预测置信度的计算方法是：

$$C_i = |0.5 - Y'_i| \times 2 \tag{8.28}$$

式中，Y'_i 为对第 i 个观测输出节点的计算结果（激活函数值）。

（2）对于多分类型输出变量，其预测类别取决于计算结果最大的输出节点，该节点预测分类值为 1，其余为 0。预测置信度是最大值与次大值的差。

例如，如果输出变量有红、蓝、白、黑 4 类取值，用 4 个输出单元的组合结果值表示 4 类。如果 0100 代表蓝，且神经网络给出的相应 4 个输出节点的计算结果为 0.32，0.85，0.04，0.27，则预测分类值 0100，即为蓝，且置信度为 0.85－0.32＝0.53。

（3）对于数值型输出变量，预测值为标准化后的结果，应通过 $Y'_i(Y_{max} - Y_{min}) + Y_{min}$ 还原。对数值型输出变量的预测值不计算置信度。

以上的预测置信度是依据差距原则计算的，即以预测类别最大可能和次大可能之间的差距作为度量。其实还有其他计算原则，如对数原则。对于二分类型输出变量，预测置信度计算方法为：$\dfrac{1}{1 + e^{y'}}$；对于多分类型输出变量，预测置信度计算方法为：$\dfrac{e^{y'}}{\sum\limits_{k} e^{y'}}$。

3. 提高模型预测精度

以上模型的预测精度不十分理想，原因之一是网络结构过于简单。可通过适当增加结构的复杂度来提高预测精度。具体操作是：

（1）选择图 8—18 中的【使用二进制集编码】选项，减少输入节点个数。

（2）在图 8—19 中选择【专家】选项自行设置网络结构。如 1 个隐层，10 个隐节点，在预测精度没有明显改善时仍然持续训练 100 周期等。

其实，还可以选择动态增补法、多层训练法和动态削剪法等，让系统自行调整网络结构。读者可以自行操作比较。模型精度提高了，变量敏感性分析的结果也会发生变化。

§8.4 Modeler 的径向基函数网络及应用

径向基函数（Radical Basic Function，RBF）网络是一种前馈式网络，起源于数值分析中多变量插值的径向基函数方法，是穆迪（Moody）和达肯（Darken）在 1988 年提出的。径向基函数网络具有较快的学习速度和良好的非线性转换能力，在很多领域得到广泛应用。

与 B-P 反向传播网络相比，径向基函数网络有以下特点：

（1）B-P 反向传播网络可以是更多层的网络结构，而径向基函数网络是三层网络结构，除输入层和输出层外，只包含一个隐层，因此网络结构相对简单。

（2）B-P 反向传播网络中，隐节点和输出节点均有相同的加法器和激活函数，而径向基函数网络则不同，其中的隐节点采用径向基函数（因而得名径向基函数网络），输出节点采用线性加法器和 Sigmoid 激活函数，因此两者的分类预测机理有差异。

（3）B-P 反向传播网络的输入层和隐层、隐层和输出层之间的网络权值都需调整，而径向基函数网络的输入层和隐层之间的网络权值固定为 1，无须调整，只有隐层和输出层之间的网络权值需在学习过程中调整，因此学习效率相对要高。

正是由于径向基函数网络的上述特点，其分类预测原理较为独特。

8.4.1　径向基函数网络中的隐节点和输出节点

径向基函数网络中的隐节点采用径向基函数。径向基函数是一种沿径向对称的标量函数，通常定义为空间中任意一点 x 到某中心 x_c 之间欧氏距离的单调函数，记为 $\ker(\parallel x - x_c \parallel)$。径向基函数网络中的隐节点采用高斯核函数，数学定义为：

$$\ker(\parallel x - x_c \parallel) = e^{-\frac{\parallel x - x_c \parallel^2}{2\sigma^2}} \tag{8.29}$$

式中，x 为输入变量；x_c 为核函数的中心；σ 为核函数的宽度，控制函数的径向作用范围；$\parallel x - x_c \parallel^2$ 为点 x 到某中心 x_c 的平方欧氏距离。

Modeler 采用调整的高斯核函数，数学定义为：

$$\ker(\parallel x - x_c \parallel) = e^{-\frac{\parallel x - x_c \parallel^2}{2\sigma^2 h}} \tag{8.30}$$

式中，h 为径向覆盖长度，h 为 1 时即为标准高斯核函数。

可见，径向基函数网络中隐节点采用的是非线性函数，实现了输入层到隐层的非线性映射。同时，样本点 x 距核中心 x_c 越近，隐层的输出就越大。样本点 x 距核中心 x_c 越远，隐层的输出就越小。所以，核函数从本质上看是一个带有某种数学特性的反映相似特征的函数。

径向基函数的关键是核中心 x_c 和宽度 σ 的估计。一旦这两个参数确定，样本空间与隐节点空间的映射关系也就确定了。

径向基函数网络中的输出节点与 B-P 反向传播网络相同，仍包括加法器和激活函数。所不同的是，输出节点的输入，即隐节点的输出是径向基函数。于是，第 j 个输出节点的输出表示为：

$$Y_j = f\left(\sum_{i=1}^{k} W_{ij} e^{-\frac{\parallel x - x_{ic} \parallel^2}{2\sigma_i^2 h}}\right) \tag{8.31}$$

式中，W_{ij} 为第 i 个隐节点与第 j 个输出节点之间的网络权值，有 k 个隐节点，对应有 k 个核中心 x_c 和宽度 σ。激活函数 f 的具体形式是（0，1）型 Sigmoid 函数。

可见，输出节点的加法器反映了隐层到输出层的线性映射关系，Sigmoid 函数实现了对加法器输出的非线性转换。

8.4.2　径向基函数网络的学习过程

径向基函数网络的学习过程涉及两个方面：

第一，隐节点中的核中心 x_c 和宽度 σ 的估计；

第二，隐节点和输出节点间网络权值的调整。

与一般神经网络的学习略有不同的是，核函数参数的确定与网络权值的调整在不同学习阶段中进行，它们分别通过两个独立的学习阶段来实现。

1.　第一个学习阶段

第一个学习阶段的目标是确定隐节点中核函数的中心 x_c 和宽度 σ。

确定核函数的中心 x_c 有许多方法，如随机选取法、正交最小二乘法、有指导法和无指导法等。Modeler 采用的是 K-Means 聚类（无指导）法，核心步骤是：

第一步，指定聚类数目 K，即用户自行给出聚类数目。在径向基函数网络中，就是给定隐节点的个数。

第二步，确定 K 个初始类中心样本点，即由 Modeler 随机指定 K 个观测点作为 K 个初始类中心。

第三步，根据距离最近原则进行分类，即分别计算每个观测点到 K 个类中心点的欧氏距离，然后按照距离最短的原则，将所有观测点分派到距自己最近的类中，形成 K 个类。

第四步，重新确定 K 个类中心，即分别计算 K 类中输入变量的均值，并将类中心调整到 K 个均值点上。完成一次迭代过程。

第五步，判断是否满足终止迭代的条件。

径向基函数网络中 Modeler 规定的终止条件是：目前的迭代次数等于 10 次，或者，新确定的类中心点距上个类中心点的最大偏移率小于 0.000 001。适当的迭代次数或合理的中心点偏移，能够有效克服初始类中心点可能存在的偏差，提高聚类的准确性。两个条件中任意一个满足则结束聚类，如果均不满足，则返回到第三步。

通过 K-Means 聚类，K 个核中心 x_c 被估计出来。值得说明的是，需反复试验才可确定一个合理的 K。

核函数宽度 σ 可采用高斯核函数的标准差，即 $\sigma = \dfrac{d}{\sqrt{2K}}$，其中 d 为本类中心与最近类中心之间的欧氏距离，K 为聚类个数，即隐节点个数。Modeler 中采用的是：

$$\sigma = \sqrt{\frac{d_1 + d_2}{2}} \tag{8.32}$$

式中，d_1 是本类中心与最近类中心之间的欧氏距离；d_2 是本类中心与次近类中心之间的欧氏距离。

可见，第一个学习阶段结束后会得到 K 个核函数的中心和宽度。

2. 第二个学习阶段

第二个学习阶段的目标是根据预测误差调整隐节点和输出节点间的网络权值，即 $W_{ij}(t+1)=\alpha\times W_{ij}(t)+\Delta W_{ij}(t)$。$\Delta W_{ij}(t)$ 仍可沿用 B-P 反向传播网络中梯度下降的方法确定。Modeler 采用的策略与感知机类似，为：

$$\Delta W_{ij}(t)=\eta(Y_j-Y'_j)e^{-\frac{\|x-x_{ic}\|^2}{2\sigma_i^2 h}}+\alpha\Delta W_{ij}(t-1) \tag{8.33}$$

式中，η 为学习率；α 为冲量项。由于引入了 $\alpha\Delta W_{ij}(t-1)$，权值调整的平均作用更明显，网络学习更稳定。

总之，第一个学习阶段给出了 K 个核函数的中心等参数，第二个学习阶段给出了恰当的网络权值。

从应用角度讲，由于 K 个核函数中心是由训练样本输入变量的联合分布决定的，如果输入变量表示企业客户的特征属性，输出变量表示客户的消费行为，那么第一个学习阶段给出的就是 K 个客户群特征的典型代表，第二个学习阶段可看做基于客户特征相似的消费行为规律的探索过程。模型训练过程中，隐节点的输出可作为样本与该类相似性的测度，目的就是要寻找相似程度对输出值的影响规律，并将其体现在网络权值上。

例如，设有两个隐节点，它们对应的聚类结果分别是低收入的老年人群和高收入的青年人群。同时，事实规律是第一类人群购买某商品的可能性低，第二类购买的可能性高。如果某人购买了商品，且属于高收入的青年，则与第二类相似程度高，与第一类相似程度低。

训练初期，网络对该顾客的分类（即输出节点给出的分类）结果很可能是错误的，因为初期阶段网络并没有找到购买决策与两类人群相似程度的关系和规律。通过不断向样本学习，网络会逐渐发现：样本中与第二类相似、与第一类不相似的顾客大多是购买者。也就是说，经过学习，网络最终可掌握相似程度与购买之间的规律性，即不同人群与购买行为之间的规律性，并给出正确的分类结果。

因此，径向基函数网络的学习过程是寻找类与输出间的规律，学习结果体现在网络权值上。如果说 B-P 网络是寻找顾客特征与购买间的规律性，那么径向基函数网络则是寻找顾客类别与购买间的规律性，网络权值体现的是相似性程度变化对输出变量的影响。

在认为 K 个客户群各有一定的消费行为规律的前提下，分类预测时，新客户的分类预测结果完全取决于他与客户群的相似性。与哪个客户群特征接近，他的消费行为就会与哪类客户群相似多些，与其他类客户群相似少些。

8.4.3 径向基函数网络的应用示例

以虚拟的电信客户数据（文件名为 Telephone.sav）为例，讨论 Modeler 径向基函数网络的具体操作。分析目标：对客户所选择的服务套餐类型和基本费用进行预测。

（1）在数据流中添加【神经网络】节点，右击鼠标，选择弹出菜单中的【编辑】选项进行参数设置。【神经网络】的【模型】选项卡如图 8—17 所示。

（2）在【方法】选项中选择 RBFN，表示采用径向基函数网络。

（3）在【字段】选项卡中，选择【使用定制设置】项，表示自行指定输入和输出变量。在【目标】框中指定两个输出变量，在【输入】框中指定多个输入变量（不包括是否流失变量）和分区变量，如图 8—21 所示。

图 8—21　【神经网络】的【字段】选项卡

模型计算结果如图 8—22 所示。

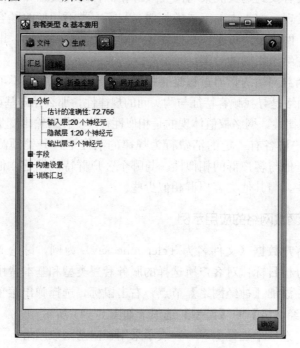

图 8—22　径向基函数网络的计算结果

其中，预测精度为 72.77%，输入节点 20 个，默认隐节点 20 个，输出节点 5 个（套餐类型 4 个类别采用 4 个输出节点，基本费用采用 1 个输出节点）。

　　将模型计算结果添加到数据流中，通过【表】节点可浏览具体的分类和预测结果。

　　如果希望进一步提高模型精度，可选择图 8—19 中的【专家】选项卡，调整隐节点个数、冲量、学习率、径向覆盖长度以及持续学习周期等参数，如图 8—23 所示。

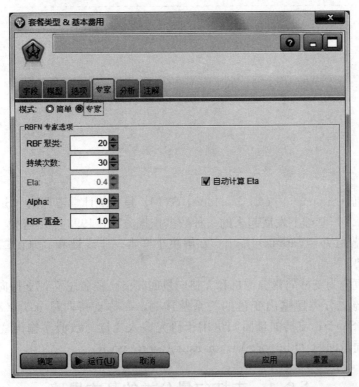

图 8—23　径向基函数网络的【专家】选项卡

　　需要说明的是：神经网络是一个解决多目标预测问题的比较好的策略。多目标预测问题在现实应用中极为普遍。例如，在企业生产能力的评价中，要同时测度生产的数量和质量；在商品需求研究中，应同时考虑商品的销售量和销售价格；在环境研究中，应同时关注污染物的排放量和浓度等。神经网络可以同时评价多个输入变量对多个输出变量的影响，比分别建立多个预测模型更有效。

　　总之，与决策树算法相比，神经网络在研究输入变量和输出变量的关系时，同时兼顾了多个输入变量对输出变量的共同影响。如果说决策树对样本特征空间的划分是平行于坐标轴的，那么神经网络则有效实现了"斜线"划分；另外，神经网络的网络权值虽然没有明确的经济含义，但间接体现了输入变量对输出变量取值的非线性影响程度。例如，如果激活函数采用 Sigmoid 函数，则网络权值表示的是输入变量值变化一个单位，对节点输出 Logit P 的影响程度。

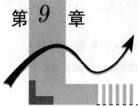

第 9 章

分类预测：Modeler 的支持向量机 *

支持向量机（Support Vector Machine，SVM）是在统计学习理论（Statistical Learning Theory，SLT）基础上发展起来的一种数据挖掘方法，1992 年由博舍（Boser）、盖恩（Guyon）和瓦普尼克（Vapnik）提出，在解决小样本、非线性和高维的二分类和回归问题上有许多优势。

支持向量机分为支持向量分类机和支持向量回归机。顾名思义，支持向量分类机用于研究输入变量与二分类型输出变量的关系及预测，简称支持向量分类（Support Vector Classification，SVC）；支持向量回归机用于研究输入变量与数值型输出变量的关系及预测，简称支持向量回归（Support Vector Regression，SVR）。

§9.1　支持向量分类的基本思路

支持向量分类以训练样本集为数据对象，通过分析输入变量和二分类型输出变量之间的数量关系，对来自训练样本集同分布的新样本的输出变量值进行分类预测。

9.1.1　支持向量分类的数据和目标

设支持向量分类的分析对象是 m 个观测数据，每个观测有 n 个输入（属性）变量和 1 个输出变量。

输入变量以列向量 $X = \begin{bmatrix} x_1 \\ x_2 \\ \vdots \\ x_n \end{bmatrix}$ 表示，第 i 个观测的输入变量值以列向量 $X_i =$

---

* 本章的数据流文件：支持向量机 . str。

$(x_{i1}, x_{i2}, x_{i3}, \cdots, x_{in})^{\mathrm{T}}$ $(i=1, 2, \cdots, m)$ 表示。每个观测的输出变量是取值为 $+1$ 或 -1 的二值变量，记为 y。训练样本集 $\boldsymbol{D}$ 是一个 $m \times (n+1)$ 的矩阵：

$$\boldsymbol{D} = \begin{bmatrix} x_{11} & x_{12} & x_{13} & \cdots & x_{1n} & y_1 \\ x_{21} & x_{22} & x_{23} & \cdots & x_{2n} & y_2 \\ \vdots & \vdots & \vdots & & \vdots & \vdots \\ x_{m1} & x_{m2} & x_{m3} & \cdots & x_{mn} & y_m \end{bmatrix}$$

可将观测数据看成 n 维属性（特征）空间上的 m 个点，以点的不同形状（或颜色）代表样本输出变量 y 的不同取值。以二维特征空间为例，如图 9—1 所示。

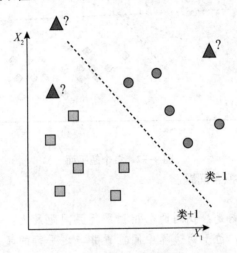

图 9—1　支持向量分类器示意图

　　支持向量分类的建模目的，就是以训练样本为研究对象，在特征空间中找到一个超平面（如图 9—1 中的虚线），将两类样本有效分开。位于超平面两侧的样本，其输出变量值分别取 $+1$ 和 -1。对于新样本，其输出变量的预测值取决于位于超平面的哪一侧。

　　在图 9—1 中，三角形对应的观测为输出变量取值未知的新样本。于是，右上角三角形代表的观测，其输出变量取值预测为 -1，左下角的预测为 $+1$。

　　可见，支持向量分类的最终目标与神经网络中的节点是一致的。

9.1.2　支持向量分类的思路

　　超平面的数学表示为：$b + \boldsymbol{W}^{\mathrm{T}} \boldsymbol{X} = 0$。其中，参数 b 为截距，$\boldsymbol{W} = \begin{bmatrix} w_1 \\ w_2 \\ \vdots \\ w_n \end{bmatrix}$，决定了超平面的位置。

　　参数的确定可按照神经网络的一般方法，通过不断迭代找到最优解。但由此可能产生的问题是：如果样本数据点是线性完全可分的，则可能得到多个超平面，即有多个解，它取决于超平面参数的初始值，如图 9—2 所示。

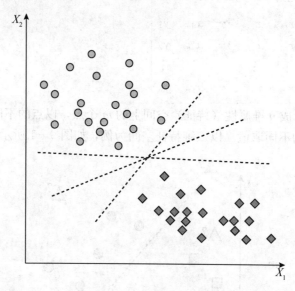

图 9—2　多个超平面

另外，还可能导致过拟合问题。

　　支持向量分类的思路是：找到两个相互平行且间距最大，并能将属于不同类别的样本点正确分开的边界，位于两边界中间位置并与之平行的超平面，称为最大边界超平面，即为最终解。

　　位于两实线中间位置且与之平行的虚线为最终的超平面。对比图 9—3 的左右两张图，虽然图中两个超平面（虚线表示）均可将不同类别的样本分开，但右图两个边界（实线表示）的距离大于左图，右图中的是支持向量分类的最大边界超平面。

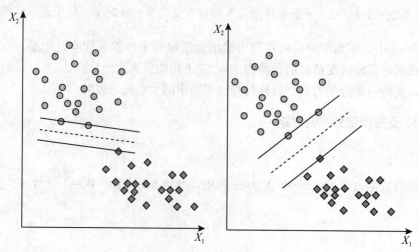

图 9—3　支持向量分类的超平面

支持向量分类的这种研究思路，有效克服了上述多个解的问题，同时还能避免过拟合，这将在后面说明。

下面的问题是如何找到这样的超平面。应针对以下情况分别考虑：

（1）线性可分样本。即样本点可被超平面线性分开。其中，需进一步考虑样本完全线性可分及样本无法完全线性可分两种情况。

前者意味着特征空间中的两类样本点彼此不"交融"，可以找到一个超平面将两类样本 100％ 正确分开，如图 9—3 所示；后者表示特征空间中的两类样本点彼此"交融"，无法找到一个超平面将两类样本 100％ 正确分开，如图 9—4 所示。图中圆圈圈注的均为错分样本点。通常称前者为线性可分问题，后者为广义线性可分问题。

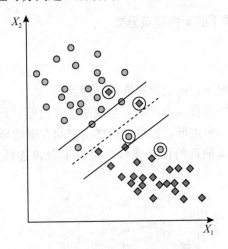

图 9—4　无法完全线性可分情况

（2）线性不可分样本。即样本点不可被超平面线性分开，如图 9—5 所示。

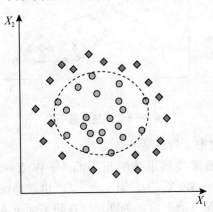

图 9—5　线性不可分情况

在图 9—5 的特征空间中，无论是否允许错分样本存在，均无法找到能将两类样本分开的直线，只能是曲线。

以下就上述三种情况分别讨论。

§9.2 支持向量分类的基本原理

下面分别讨论以下三种情况下支持向量分类的基本原理：

- 线性可分问题。
- 广义线性可分问题。
- 线性不可分问题。

9.2.1 线性可分问题下的支持向量分类

1. 如何确定超平面

在完全线性可分的情况下，确定超平面的步骤为：

（1）分别将两类的最外围样本点连线，形成两个多边形，是各自类的样本点集的凸包（convex hull），即为最小凸多边形，各自类的样本点均在多边形内或边上。

（2）找到两个凸包距离最近的位置连线，垂直平分该连线的直线，即为所求的超平面，如图 9—6 所示。

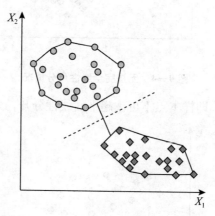

图 9—6　凸包和超平面

由此可见，找到凸多边形上的点是关键。

先回到最初的问题。如果找到正确的超平面 $b+\boldsymbol{W}^{\mathrm{T}}\boldsymbol{X}=0$，对第 i 个观测，若 $b+\boldsymbol{W}^{\mathrm{T}}\boldsymbol{X}_i>0$，则 $y_i=+1$；若 $b+\boldsymbol{W}^{\mathrm{T}}\boldsymbol{X}_i\leqslant0$，则 $y_i=-1$。也就是说，若第 i 个观测的输出变量值为 $+1$，则样本点应位于超平面上方，否则，应在超平面下方。

由于对位于超平面附近点的预测，这种方式产生偏差的可能性较高，因此更稳健的判断条件是，对第 i 个观测：

- 若 $b+\boldsymbol{W}^{\mathrm{T}}\boldsymbol{X}_i>0+d$，则 $y_i=+1$。
- 若 $b+\boldsymbol{W}^{\mathrm{T}}\boldsymbol{X}_i\leqslant0-d$，则 $y_i=-1$。

其中，d 为两个平行边界距离的 $1/2$。

由于输出变量 y 只取 ± 1，对于任意观测 i，应有式（9.1）成立：

$$y_i(b+\boldsymbol{W}^{\mathrm{T}}\boldsymbol{X}_i)\geqslant d \tag{9.1}$$

从支持向量分类的研究思路可知：超平面参数求解的目标是使 d 最大，且满足式（9.1）的约束条件，同时令 $\|\boldsymbol{W}\|=1$，即

$$\max_{b,\boldsymbol{W},\|\boldsymbol{W}\|=1} d$$
$$\text{且 } y_i(b+\boldsymbol{W}^{\mathrm{T}}\boldsymbol{X}_i)\geqslant d,\ i=1,2,\cdots,m \tag{9.2}$$

从另一个角度看，如果能够找到这个超平面，那么凸多边形内或边上的点到超平面的距离 M 应大于等于 d，即 $M=\dfrac{|b+\boldsymbol{W}^{\mathrm{T}}\boldsymbol{X}_i|}{\|\boldsymbol{W}\|}\geqslant d$，有 $y_i\dfrac{b+\boldsymbol{W}^{\mathrm{T}}\boldsymbol{X}_i}{\|\boldsymbol{W}\|}\geqslant d$ 成立。

如果附加 $\|\boldsymbol{W}\|=1$ 的约束，显然式（9.1）成立；通常，可取消 $\|\boldsymbol{W}\|=1$ 的约束，有 $y_i(b+\boldsymbol{W}^{\mathrm{T}}\boldsymbol{X}_i)\geqslant d\|\boldsymbol{W}\|$。由于 d 与 $\|\boldsymbol{W}\|$ 有关，为求解方便，令 $d=\dfrac{1}{\|\boldsymbol{W}\|}$，有式（9.3）成立，即

$$y_i(b+\boldsymbol{W}^{\mathrm{T}}\boldsymbol{X}_i)\geqslant 1 \tag{9.3}$$

式（9.3）可分别表述为：
- 若观测 i 的输出变量 $y_i=1$，则 $b+\boldsymbol{W}^{\mathrm{T}}\boldsymbol{X}_i\geqslant 1$ 成立，且逆命题成立。
- 若观测 i 的输出变量 $y_i=-1$，则 $b+\boldsymbol{W}^{\mathrm{T}}\boldsymbol{X}_i\leqslant -1$ 成立，且逆命题成立。

其中，$b+\boldsymbol{W}^{\mathrm{T}}\boldsymbol{X}=\pm 1$ 分别代表两个平行的边界，如图 9—7 所示。

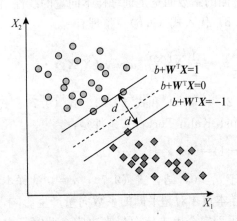

图 9—7　超平面和对应的方程

设 λ 为两个平行边界间的距离，即 $\lambda=2d=\dfrac{2}{\|\boldsymbol{W}\|}$。根据支持向量分类的研究思路，使 λ 最大，即边界最大，则要使 $\|\boldsymbol{W}\|$ 最小。为求解方便，即为 $\tau(\boldsymbol{W})=\dfrac{1}{2}\|\boldsymbol{W}\|^2=\dfrac{1}{2}\boldsymbol{W}^{\mathrm{T}}\boldsymbol{W}$ 最小。

总之，支持向量分类的参数求解目标是边界最大，其目标函数为：

$$\min \tau(\boldsymbol{W}) = \min \frac{1}{2} \|\boldsymbol{W}\|^2 = \min \frac{1}{2} \boldsymbol{W}^{\mathrm{T}} \boldsymbol{W} \tag{9.4}$$

约束条件为：

$$y_i(b + \boldsymbol{W}^{\mathrm{T}} \boldsymbol{X}_i) - 1 \geqslant 0, \quad i = 1, 2, \cdots, m \tag{9.5}$$

上述问题是一个典型的凸二次型规划求解问题。采用拉格朗日乘子法，引入拉格朗日乘子 $a_i \geqslant 0$（$i = 1, 2, \cdots, m$），通过拉格朗日函数将目标函数与约束条件联系起来，有

$$L(\boldsymbol{W}, b, \boldsymbol{a}) = \frac{1}{2} \|W\|^2 - \sum_{i=1}^{m} a_i(y_i(b + \boldsymbol{W}^{\mathrm{T}} \boldsymbol{X}_i) - 1) \tag{9.6}$$

求 L 关于参数 $\boldsymbol{W}$ 和 b 的极小值（这里为鞍点）。

从经济学的角度来看，$\boldsymbol{a}$ 代表当约束条件变动时，目标函数极值的变化。

对参数求偏导，且令偏导数为 0，即 $\dfrac{\partial L(\boldsymbol{W}, b, \boldsymbol{a})}{\partial \boldsymbol{W}} = 0$，$\dfrac{\partial L(\boldsymbol{W}, b, \boldsymbol{a})}{\partial b} = 0$，有式 (9.7) 和式 (9.8) 成立：

$$\sum_{i=1}^{m} a_i y_i \boldsymbol{X}_i = \boldsymbol{W} \tag{9.7}$$

$$\sum_{i=1}^{m} a_i y_i = 0 \tag{9.8}$$

式 (9.7) 表明，超平面的系数向量是训练样本向量的线性组合。

将式 (9.7) 和式 (9.8) 代入式 (9.6)，整理有

$$L(\boldsymbol{W}, b, \boldsymbol{a}) = \sum_{i=1}^{m} a_i - \frac{1}{2} \sum_{i=1}^{m} \sum_{j=1}^{m} a_i a_j y_i y_j (\boldsymbol{X}_i^{\mathrm{T}} \boldsymbol{X}_j) \tag{9.9}$$

在满足 $a_i \geqslant 0$（$i = 1, 2, \cdots, m$）和式 (9.5)、式 (9.7)、式 (9.8) 的条件下，该问题还需满足的 KKT (Karush-Kuhn-Tucker) 条件是：

$$a_i(y_i(b + \boldsymbol{W}^{\mathrm{T}} \boldsymbol{X}_i) - 1) = 0, \quad i = 1, 2, \cdots, m \tag{9.10}$$

式 (9.10) 表明：由于 $a_i \geqslant 0$，结合式 (9.7)，$a_i = 0$ 的样本对超平面是没有作用的，也就是说，只有 $a_i > 0$ 的样本点才对超平面的系数向量产生影响，这样的样本点称为支持向量。可见，最大边界超平面完全由支持向量来决定。此时，由于 $y_i(b + \boldsymbol{W}^{\mathrm{T}} \boldsymbol{X}_i) - 1 = 0$，说明支持向量均落在边界上。

如果有 l 个支持向量，则 $\boldsymbol{W} = \sum\limits_{i=1}^{l} a_i y_i \boldsymbol{X}_i$。可从 l 个支持向量中任选一个，计算得到 $b = y_i - \boldsymbol{W}^{\mathrm{T}} \boldsymbol{X}_i$。

到此，参数求解过程结束，超平面被确定下来。

需要说明的是：事实上，最大边界超平面垂直且平分两凸包的最近距离，支持向量是位于平行边界上的样本。正是由于最大边界超平面完全由支持向量决定，因此，支持向量分类能够有效避免过拟合问题。一方面，过拟合与样本的不稳定性密切相关，样本的微小改变便可能导致超平面的较大变动。但最大边界超平面相对比较稳定，只有当增加或去除支持向量时它才会变动。另一方面，过拟合也体现在超平面对训练样本类别边界的"过分适合"上。但支持向量只是训练样本中的极少部分，可看做训练样本的"全局"代表，虽然位于边界，但因数量极少而不具有"过分适合"性。

2. 对新样本的预测

支持向量分类的决策函数为：

$$
\begin{aligned}
h(\boldsymbol{X}) &= \mathrm{Sign}(b + \boldsymbol{W}^{\mathrm{T}} \boldsymbol{X}) \\
&= \mathrm{Sign}\left[b + \sum_{i=1}^{l} (a_i y_i \boldsymbol{X}_i^{T}) \boldsymbol{X} \right] \\
&= \mathrm{Sign}\left[b + \sum_{i=1}^{l} (a_i y_i \boldsymbol{X}_i^{T} \boldsymbol{X}) \right] = \mathrm{Sign}\left[b + \sum_{i=1}^{l} a_i y_i (\boldsymbol{X}^{T} \boldsymbol{X}_i) \right]
\end{aligned}
\tag{9.11}
$$

式中，$\boldsymbol{X}_i$ 为支持向量。

对于一个新观测 $\boldsymbol{X}_*$，其输出变量的类别取值由计算结果符号决定，如果 $\mathrm{Sign}(b + \boldsymbol{W}^{\mathrm{T}} \boldsymbol{X}_*) = \mathrm{Sign}\left[b + \sum_{i=1}^{l} a_i y_i (\boldsymbol{X}_*^{T} \boldsymbol{X}_i) \right]$ 的符号为正，则输出变量值取 $+1$；如果符号为负，则输出变量值取 -1。

9.2.2　广义线性可分问题下的支持向量分类

在无法完全线性可分的情况下，由于两类样本相互"交融"，两个凸包重叠，超平面无法将它们全部正确分开，此时超平面的确定应采用"宽松"策略。

图 9—8 中，两个边界内部可以有样本点存在，同时也允许样本点位于超平面的另一侧。由此建立的支持向量分类称为广义线性支持向量分类，或线性软间隔支持向量分类。

由于广义线性可分问题无法要求所有训练点都满足线性可分问题中的约束条件，为此引入松弛变量（slack variable）$\xi_i > 0$，含义如图 9—8 所示。于是，将式（9.5）的约束条件调整为：

$$
y_i(b + \boldsymbol{W}^{\mathrm{T}} \boldsymbol{X}_i) \geqslant 1 - \xi_i,\ \xi_i \geqslant 0;\ i = 1, 2, \cdots, m
\tag{9.12}
$$

式中，$\sum_{i}^{m} \xi_i$ 是总的错划程度的度量。由式（9.12）可得 $y_i(b + \boldsymbol{W}^{\mathrm{T}} \boldsymbol{X}_i) + \xi_i \geqslant 1$，于是只要 ξ_i 足够大，总能满足约束条件。事实上应避免 ξ_i 太大，因此需在目标函数中引入惩罚参数 $C > 1$，

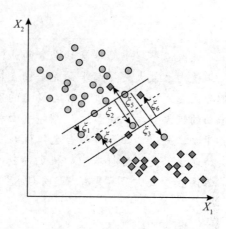

图 9—8　广义线性支持向量分类

以防止 $\sum\limits_{i=1}^{m}\xi_i$ 过大，目标函数为：

$$\min\left[\frac{1}{2}\parallel \boldsymbol{W}\parallel^2+C\sum_{i=1}^{m}\xi_i\right] \tag{9.13}$$

惩罚参数 C 较大时，允许的总错划程度较低，分类的总体精度较高；反之，惩罚参数 C 较小时，允许的总错划程度较高，分类的总体精度较低。事实上，惩罚参数 C 起到了平衡目标函数两个部分大小的作用。C 较大意味着加大对错判的惩罚，由此必然导致目标函数第一部分相对增大，超平面的边界减小。但过大的惩罚参数可能导致过拟合问题。相反，C 较小意味着减小对错判的惩罚，使得目标函数的第一部分相对减少，超平面的边界增大。但过小的惩罚参数会使模型因精度太低而不具实用价值。

关于该问题参数的具体求解过程，不再做进一步讨论，可参见 http://www.svms.org/。

9.2.3　线性不可分问题下的支持向量分类

> 支持向量分类解决线性不可分问题的核心思想是空间的非线性变换，认为低维空间中的线性不可分问题，通过非线性变换，可转化为高维空间中的线性可分问题，即一切线性不可分问题都可通过适当的非线性空间转换成线性可分问题。

图 9—9 中，在原来 x_1，x_2 的二维特征空间中，无法找到一条直线将两类样本分开。但如果放到 y_1，y_2，y_3 的一个三维空间中，便可找到一个平面分开两类样本。

于是，可首先通过特定的非线性映射函数 $\varphi()$，将原低维空间中的样本 $\boldsymbol{X}$ 映射到高维空间 $\boldsymbol{H}$ 中；然后，沿用前述方法，在高维空间 $\boldsymbol{H}$ 中寻找最大边界超平面。由于采用了非线性映射函数，在新空间中的一条直线，在原空间中看起来却是不直的。在新空间中的一个超平面，在原空间中看起来是一条曲线或一个曲面。

最常见的非线性映射，可以是原有输入变量组成的所有 n 阶乘积形式。

例如，原有两个输入变量 x_1，x_2，组成的所有 3 阶乘积项为 x_1^3，$x_1^2x_2$，$x_1x_2^2$，x_2^3，超平面为 $b+w_1x_1^3+w_2x_1^2x_2+w_3x_1x_2^2+w_4x_2^3=0$，是一个 3 阶多项式。

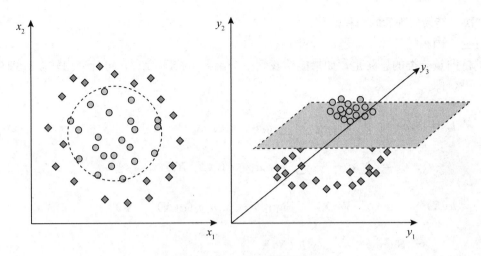

图 9—9　空间转换后的样本点

为此，最直接的做法是：对于所有样本点，需首先计算相应的乘积值将它们映射到新空间中，再进行超平面的参数估计。对新观测进行预测时，也需首先计算其相应的乘积值，再利用式（9.11）的决策函数计算和判断符号。

如果说这种做法在低维空间中姑且可行的话，那么，在高维空间中则无法回避严重的维灾难（curse of dimensionality）问题。

随着多项式阶数的升高，超平面被估参数个数的增长是极其惊人的。对于 n 维特征空间，当产生 d 阶交乘多项式时，模型需估的参数个数为 $\dfrac{(n+d-1)!}{d!\ (n-1)!}$。

例如，在原有两个输入变量 x_1，x_2 的二维特征空间中，超平面的参数个数为 2（不考虑常数项）。当多项式阶数为 3 时，超平面的被估参数个数增加到 4。如果有 10 个输入变量，进行 5 阶交乘，则需估计 2 002 个参数。

可见，高维度将导致计算的复杂度急剧增加，且模型的参数估计在小样本下几乎是无法实现的，这就是人们常说的维灾难。

> 支持向量分类的特色在于通过核函数克服维灾难问题。

由支持向量分类求解的拉格朗日函数 $L(\boldsymbol{W},b,\boldsymbol{a}) = \sum\limits_{i=1}^{m} a_i - \dfrac{1}{2}\sum\limits_{i=1}^{m}\sum\limits_{j=1}^{m} a_i a_j y_i y_j (\boldsymbol{X}_i^{\mathrm{T}}\boldsymbol{X}_j)$ 可知，训练样本输入变量的内积决定了超平面的参数。

同时，由支持向量分类的决策函数 $h(\boldsymbol{X}) = \mathrm{Sign}(b+\boldsymbol{W}^{\mathrm{T}}\boldsymbol{X}) = \mathrm{Sign}\Big[b+\sum\limits_{i=1}^{l} a_i y_i (\boldsymbol{X}^{\mathrm{T}}\boldsymbol{X}_i)\Big]$ 可知，决策结果取决于新观测 $\boldsymbol{X}$ 与支持向量的内积。

由于需利用非线性映射函数 $\varphi()$ 事先对所有观测和新观测做低维空间到高维空间的映射处理，因此，拉格朗日函数表述为：$L(\boldsymbol{W},b,\boldsymbol{a}) = \sum\limits_{i=1}^{m} a_i - \dfrac{1}{2}\sum\limits_{i=1}^{m}\sum\limits_{j=1}^{m} a_i a_j y_i y_j (\varphi(\boldsymbol{X}_i)^{\mathrm{T}}\varphi(\boldsymbol{X}_j))$，

决策函数为：$h(\boldsymbol{X}) = \mathrm{Sign}(b+\boldsymbol{W}^{\mathrm{T}}\boldsymbol{X}) = \mathrm{Sign}\Big[b+\sum\limits_{i=1}^{l} a_i y_i (\varphi(\boldsymbol{X})^{\mathrm{T}}\varphi(\boldsymbol{X}_i))\Big]$。可知，参数和决策

结果取决于转换处理后的内积。

可见，内积的计算是问题的关键。

支持向量分类的思路是，如果能够找到一个函数 $K(\boldsymbol{X}_i, \boldsymbol{X}_j)$，可计算出转换处理后的内积结果，即

$$
\begin{aligned}
L(\boldsymbol{W}, b, \boldsymbol{a}) &= \sum_{i=1}^m a_i - \frac{1}{2} \sum_{i=1}^m \sum_{j=1}^m a_i a_j y_i y_j (\varphi(\boldsymbol{X}_i)^{\mathrm{T}} \varphi(\boldsymbol{X}_j)) \\
&= \sum_{i=1}^m a_i - \frac{1}{2} \sum_{i=1}^m \sum_{j=1}^m a_i a_j y_i y_j K(\boldsymbol{X}_i, \boldsymbol{X}_j)
\end{aligned}
\tag{9.14}
$$

$$
\begin{aligned}
h(\boldsymbol{X}) &= \mathrm{Sign}(b + \boldsymbol{W}^{\mathrm{T}} \boldsymbol{X}) = \mathrm{Sign}\Big[b + \sum_{i=1}^l a_i y_i (\varphi(\boldsymbol{X})^{\mathrm{T}} \varphi(\boldsymbol{X}_i)) \Big] \\
&= \mathrm{Sign}\Big[b + \sum_{i=1}^l a_i y_i K(\boldsymbol{X}, \boldsymbol{X}_i) \Big]
\end{aligned}
\tag{9.15}
$$

则所有的参数估计和预测计算都可在原来的低维空间中进行。

例如：输入变量 x_1，x_2，非线性映射函数 $\varphi(x_1, x_2) = (x_1^2, \sqrt{2} x_1 x_2, x_2^2)^{\mathrm{T}}$。$\boldsymbol{X}_1$ 为支持向量，$\boldsymbol{X}_2$ 为新观测。如果函数 $K(\boldsymbol{X}_2, \boldsymbol{X}_1) = (\boldsymbol{X}_2^{\mathrm{T}} \boldsymbol{X}_1)^2$，是一个 2 阶多项式，$\boldsymbol{X}_1$，$\boldsymbol{X}_2$ 的非线性映射结果为 $\varphi(\boldsymbol{X}_1) = (x_{11}^2, \sqrt{2} x_{11} x_{12}, x_{12}^2)^{\mathrm{T}}$，$\varphi(\boldsymbol{X}_2) = (x_{21}^2, \sqrt{2} x_{21} x_{22}, x_{22}^2)^{\mathrm{T}}$，则经转换处理后的内积为：

$$
\begin{aligned}
\varphi(\boldsymbol{X}_2)^{\mathrm{T}} \varphi(\boldsymbol{X}_1) &= (x_{21}^2 x_{11}^2 + 2 x_{21} x_{22} x_{11} x_{12} + x_{22}^2 x_{12}^2) \\
&= (x_{21} x_{11} + x_{22} x_{12})^2 = \big[(x_{21}, x_{22})(x_{11}, x_{12})^{\mathrm{T}} \big]^2 \\
&= (\boldsymbol{X}_2^{\mathrm{T}} \boldsymbol{X}_1)^2 = K(\boldsymbol{X}_2, \boldsymbol{X}_1)
\end{aligned}
$$

可见，新观测和支持向量经非线性映射函数 $\varphi()$ 转换到高维空间后的内积，恰好等于 2 阶多项式函数 K 的结果。

这里，函数 $K(\boldsymbol{X}_i, \boldsymbol{X}_j)$ 称为核函数。

核函数的定义为：设 $\boldsymbol{X}$ 是 n 维实数空间 R^n 的子集，如果存在 $\boldsymbol{X}$ 到某个 Hibert 空间 $\boldsymbol{H}$ 的映射，$\begin{aligned} \boldsymbol{X} &\mapsto \boldsymbol{H} \\ x &\mapsto \varphi(x) \end{aligned}$，使得定义在 $\boldsymbol{X} \times \boldsymbol{X}$ 上的函数 $K(\boldsymbol{X}, \boldsymbol{X}) = \varphi(\boldsymbol{X})^{\mathrm{T}} \varphi(\boldsymbol{X})$，则 $K(\boldsymbol{X}, \boldsymbol{X})$ 称为核函数。由 Hibert-Schmidt 原理可知，只要核函数满足 Mercer 条件，则与某一空间的内积相对应。

于是，线性不可分问题下的支持向量分类的决策函数为：

$$
h(\boldsymbol{X}) = \mathrm{Sign}(b + \boldsymbol{W}^{\mathrm{T}} \boldsymbol{X}) = \mathrm{Sign}\Big[b + \sum_{i=1}^l a_i y_i K(\boldsymbol{X}, \boldsymbol{X}_i) \Big]
\tag{9.16}
$$

式中，$\boldsymbol{X}$ 为新观测；$\boldsymbol{X}_i$ 为支持向量。$K(\boldsymbol{X}, \boldsymbol{X}_i)$ 为核函数，常见形式有：

（1）线性核函数（Linear Kernel）。

$$
K(\boldsymbol{X}_i, \boldsymbol{X}_j) = (\boldsymbol{X}_i^{\mathrm{T}} \boldsymbol{X}_j)
\tag{9.17}
$$

（2）多项式核函数（Polynomial Kernel）。

$$K(\boldsymbol{X}_i, \boldsymbol{X}_j) = (\gamma \boldsymbol{X}_i^{\mathrm{T}} \boldsymbol{X}_j + r)^d \tag{9.18}$$

式中，r 为偏差（bias），通常为 0；d 为阶数，决定映射新空间的维度，一般不超过 10；增加 γ 可提高预测精度，但可能导致过拟合。

（3）径向基核函数（Radical Basic Function（RBF）Kernel）。

$$K(\boldsymbol{X}_i, \boldsymbol{X}_j) = \mathrm{e}^{-\frac{\|\boldsymbol{X}_i - \boldsymbol{X}_j\|^2}{2\sigma^2}} = \mathrm{e}^{-\gamma \|\boldsymbol{X}_i - \boldsymbol{X}_j\|^2}, \ \gamma = \frac{1}{2\sigma^2} \tag{9.19}$$

式中，γ 也称为 RBF γ，增加 γ 可提高预测精度，但可能导致过拟合。

（4）Sigmoid 核函数。

$$K(\boldsymbol{X}_i, \boldsymbol{X}_j) = \tanh(\gamma \boldsymbol{X}_i^T \boldsymbol{X}_j + r), \ \tanh(x) = \frac{\mathrm{e}^x}{\mathrm{e}^x + 1} \tag{9.20}$$

式中，r 为偏差，通常为 0；增加 γ 可提高预测精度，但可能导致过拟合。

> 　　需要说明的是：支持向量分类中的核函数是极为关键的。一旦核函数确定下来，在参数估计和预测时，就不必事先进行样本的空间映射转化处理，更无需关心非线性映射函数 $\varphi()$ 的具体形式，只需计算相应的核函数，间接实现低维空间向高维空间的映射，即可有效克服维灾难问题。但选择怎样的核函数以及参数并没有唯一确定的准则，需要经验和反复尝试。不恰当的核函数可能将低维空间中原本关系并不复杂的样本，间接映射到维度过高的新空间中，从而导致过拟合等问题。

§9.3　支持向量回归

> 　　支持向量回归以训练样本集为数据对象，通过分析输入变量和数值型输出变量之间的数量关系，对来自训练样本集同分布的新样本的输出变量值进行预测。

9.3.1　支持向量回归的目标

> 　　支持向量回归与统计学的回归分析一脉相承，有共同的分析目标。

　　回归分析以样本数据为对象，分析输入变量（自变量）和输出变量（因变量）之间的数量变化关系，并用回归线直观展示这种数量关系，用回归方程准确刻画这种数量关系。回归分析的目标就是要通过样本估计回归方程的参数，进而确定回归线的位置。

　　支持向量机也是希望基于训练样本，确定反映输入变量和输出变量数量关系的回归线，称其为超平面，如图 9—10 和图 9—11 所示。

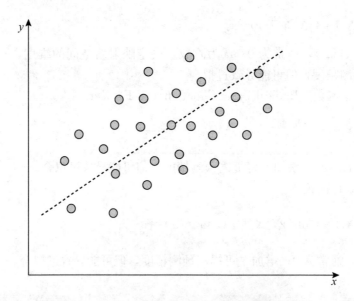

图 9—10　一元线性回归与支持向量回归

图 9—10 展示的是只考虑一个输入变量的情况。图中的虚线即为一元回归分析中的回归直线，支持向量回归中的超平面（这里为直线），一般形式为：$y=b+wx$，其中 y 为输出变量，x 为输入变量，b 为截距，w 为斜率。

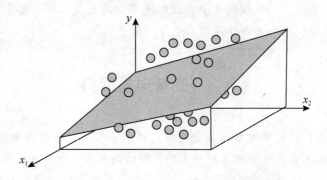

图 9—11　二元线性回归与支持向量回归

图 9—11 展示的是两个输入变量的情况。此时，一元回归中的回归直线变成了回归平面，也就是支持向量回归中的超平面，一般形式为：$y=b+w_1x_1+w_2x_2$。

当有 n 个输入变量时，支持向量回归的超平面为：

$$y=b+\sum_{i=1}^{n}w_ix_i=b+\boldsymbol{W}^{\mathrm{T}}\boldsymbol{X} \tag{9.21}$$

如果在 n 维特征空间中，无法找到一个对样本数据拟合良好的超平面，则需沿用线性不可分问题下的支持向量分类思想，通过核函数间接将样本非线性映射到高维空间中，并在其中寻找超平面，这个平面在原来的低维空间中看起来是一个曲面。

与回归分析的预测类似，支持向量回归中，对于新观测 $\boldsymbol{X}_*$，其输出变量的预测值为 $y_*=b+\boldsymbol{W}^{\mathrm{T}}\boldsymbol{X}_*$。

9.3.2 支持向量回归的基本思路

支持向量回归与统计中的回归分析不仅有相同的分析目标，而且在超平面的参数确定上也有类似的策略。

在满足残差零均值和等方差的前提下，回归方程的参数估计通常采用最小二乘法，以使输出变量（因变量）的实际值（观测值）与估计值（预测值）之间的离差平方和最小为原则求解回归方程的参数，即求解损失函数达到最小值时的参数：

$$\min_{b,w} \sum_{i=1}^{m} e_i^2 = \sum_{i=1}^{m} (y_i - \hat{y}_i)^2 = \sum_{i=1}^{m} (y_i - b - \sum_{j=1}^{n} w_j x_{ij})^2 \tag{9.22}$$

式中，$\hat{y}_i$ 为第 i 个观测的输出变量预测值；$e_i^2 = (y_i - \hat{y}_i)^2$ $(i=1, 2, \cdots, m)$ 是误差函数，是样本输出变量实际值与其预测值（回归线上的点）的离差 $e_i = y_i - \hat{y}_i$ 的平方，离差 e_i 如图 9—12 所示。

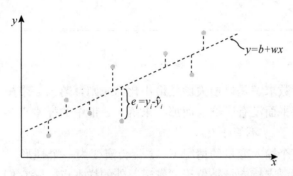

图 9—12 输出变量实际值与预测值的离差

支持向量回归同样遵循损失函数最小原则下的超平面参数估计，但采用 ε-不敏感损失函数。回归分析中，每个观测的误差函数值都计入损失函数，而支持向量回归中，误差函数值小于指定值 $\varepsilon>0$ 的观测，它给损失函数带来的损失将被忽略，不对损失函数做出贡献。这样的损失函数称为 ε-不敏感损失函数。

所谓 ε-不敏感损失函数，是指当观测 X 输出变量的实际值与其预测值的绝对离差不大于事先给定的 ε 时，则认为该观测并不给损失函数贡献损失，虽然离差不为零，但损失函数对此反应不敏感。

图 9—13 中，当绝对离差 $|e_i|$ 大于 ε 时，损失随 $|e_i|$ 呈二次型增加，否则，损失保持为 0，即 $L_i = (\max(0, |e_i| - \varepsilon))^2$。

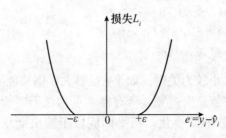

图 9—13 ε-不敏感损失函数的损失

更直观地讲，图 9—14 中，超平面两侧竖直距离为 2ε 的两平行实线的中间区域，称为 ε-带。落入 ε-带中的样本点，其误差将被忽略。ε-带是不为损失函数贡献任何损失的区域。

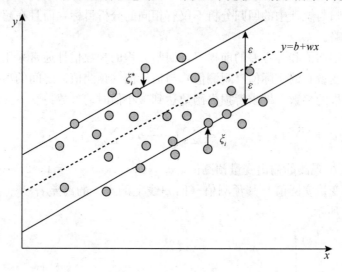

图 9—14 ε-带

由于超平面的参数求解是以损失函数最小化为原则，落入 ε-带中的样本点不计入损失函数，因此它们对超平面没有影响，而那些未落入 ε-带中的样本点将决定超平面，是支持向量，其拉格朗日乘子 a_i 不等于 0。

推而广之，在多个输入变量的情况下，ε-带会演变为一个柱形"管道"，"管道"内样本点的误差将被忽略，支持向量是位于"管道"外的样本点，除它们之外的其他样本的拉格朗日乘子 a_i 均等于 0。

另外，松弛变量 ξ_i 是样本点距管道的竖直方向上的距离，为 $\xi_i = \max(0,\ |e_i| - \varepsilon)$。"管道"内部的样本，松弛变量 ξ_i 为 0。松弛变量 ξ_i 体现了 ε-不敏感损失函数的基本应用思想。

参照广义线性可分问题中的目标函数，支持向量回归的目标函数定义为：

$$\min\left[\frac{1}{2}\|\boldsymbol{W}\|^2 + \frac{C}{2}\sum_{i=1}^{m}(\xi_i^2 + \xi_i^{*2})\right] \tag{9.23}$$

式中，ξ_i 和 ξ_i^* 分别表示当超平面位于第 i 个样本点上方和下方时的松弛变量值。

约束条件是：

$$(b + \boldsymbol{W}^{\mathrm{T}}\boldsymbol{X}_i) - y_i \leqslant \varepsilon + \xi_i,\ i = 1, 2, \cdots, m \tag{9.24}$$

$$y_i - (b + \boldsymbol{W}^{\mathrm{T}}\boldsymbol{X}_i) \leqslant \varepsilon + \xi_i^*,\ i = 1, 2, \cdots, m \tag{9.25}$$

$$\xi_i \geqslant 0, \xi_i^* \geqslant 0,\quad i = 1, 2, \cdots, m \tag{9.26}$$

约束条件中，ε 值的大小较为关键。如果 ε 足够大，则总能满足约束条件。结合图 9—14，ε 过大的极端情况是"管道"过宽，所有样本点均位于"管道"内，没有一个支持向量。此时，为实现目标函数的最小化，超平面应位于输出变量的均值位置上，垂直于 y 轴，是一个最平的超平面。该情况下，无论输入变量如何取值，所有样本的预测值均取训练样本输出变量的均值，超平面不具实用价值。相反，ε 过小的极端情况是"管道"过窄，所有样本点均位于"管道"之外，都是支持向量，即为一般意义上的回归。

§9.4 支持向量机的应用

这里，以虚拟的电信客户数据（文件名为 Telephone.sav）为例，讨论 Modeler 支持向量机的具体操作。分析目标一：建立客户流失的分类预测模型，是支持向量分类的应用；分析目标二：建立保持客户的基本费用预测模型，是支持向量回归的应用。

9.4.1 基本操作

选择【建模】选项卡中的【SVM】节点，将其连接到数据流的恰当位置上。右击鼠标，选择弹出菜单中的 Edit 选项进行节点的参数设置。【SVM】节点的参数设置包括字段、模型、专家、分析和注解五张选项卡，这里只讨论【字段】和【专家】选项卡。

1.【字段】选项卡

【字段】选项卡用于指定模型的输入变量和输出变量。

本例第一个分析目标，由于输入和输出变量均为数据流【类型】节点中指定角色的变量，因此无须设置。

本例第二个分析目标，首先利用【选择】节点选取所有未流失客户，然后连接【SVM】节点，在【字段】选项卡中选择【使用定制设置】，表示自行指定输入和输出变量，并在【目标】框中指定输出变量为基本费用，在【输入】框中指定其余除分区之外的变量为输入变量，如图 9—15 所示。

图 9—15 【SVM】的【字段】选项卡

2.【专家】选项卡

【专家】选项卡用于设置模型的高级参数，如图 9—16 所示。

图 9—16　【SVM】的【专家】选项卡

其中：

● 模式：【简单】表示按照 Modeler 的默认参数建模；【专家】表示手工设置模型参数，以下参数呈可修改状态。

● 追加所有概率（仅对于分类目标有效）：在支持向量分类中，选中该项表示计算输出变量取所有类别值的概率，否则只计算取某个类别值的概率。

● 停止标准：指定参数求解过程中迭代停止的条件。默认为 0.001，最小值为 0.000 001。

由于采用经典的二次规划方法求解参数时，同时求解 m 个拉格朗日乘子将涉及很多次迭代，计算开销很大，因此 Modeler 采用 SMO（Sequential Minimal Optimization）算法求解。其基本思路是每次只更新两个乘子，迭代获得最终解。该选项指定乘子更新小于该值时，迭代停止。减小该值，模型精度将得到改善，但建模时间会延长。

● 正则化参数（C）：指定支持向量机目标函数中参数 C 的值，默认为 10，较为合理的值在 1～10 之间。增加该值将改善模型精度，但可能导致过拟合。

● 回归精确度（epsilon）：指定支持向量回归中的 ε 值。

● 内核类型：指定核函数，默认为 RBF 核函数。

● RBF 伽马：指定 RBF γ，其经验值在 $3/n$～$6/n$ 之间，n 为输入变量个数。增加 γ 可提高预测精度，但可能导致过拟合。

● 伽马：当选择的核函数为多项式核函数或 Sigmoid 核函数时，应指定参数 γ 的值。

● 偏差：当选择的核函数为多项式核函数或 Sigmoid 核函数时，应指定偏差 r 的值。

● 度：当选择的核函数为多项式核函数时，应指定阶数 d 的值，以确定映射空间的维度，通常该值不应大于 10。

9.4.2　结果解读

比较遗憾的是，Modeler 支持向量机的计算结果输出很少，模型计算结果中没有给出具体参数以及模型的预测误差等指标，只给出了输入变量重要性的排序，如图 9—17 和图 9—18 所示。

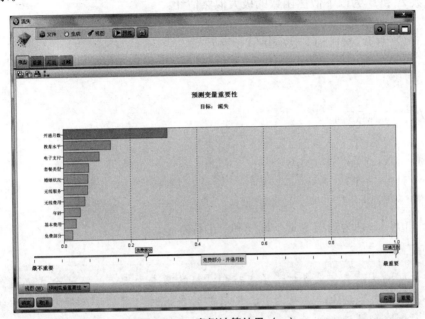

图 9—17　案例计算结果（一）

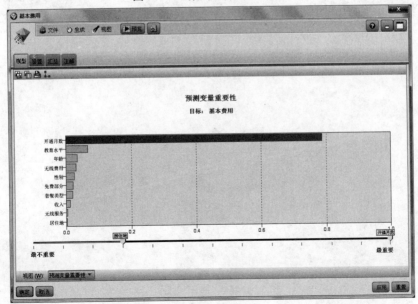

图 9—18　案例计算结果（二）

图 9—17 和图 9—18 分别是预测客户是否流失和基本费用时变量重要性的排序情况。

将模型计算结果节点连接到数据流中，并用【输出】选项卡中的【表】节点浏览。以 $S 开头的变量给出了输出变量的预测值。支持向量分类中，以 $SP 开头的变量给出了类别预测值的置信水平。置信水平采用以下方法计算：

$$p(y=1|\boldsymbol{X})\approx\frac{1}{e^{A(b+\boldsymbol{W}^{\mathrm{T}}\boldsymbol{X})+B}} \tag{9.27}$$

式中，参数 A 和 B 为以下似然函数的极大似然估计：

$$-\sum_{i=1}^{m}(t_i\ln(p_i)+(1-t_i)\ln(1-p_i)) \tag{9.28}$$

式中

$$p_i=\frac{1}{e^{A(b+\boldsymbol{W}^{\mathrm{T}}\boldsymbol{X}_i)+B}} \tag{9.29}$$

$$t_i=\begin{cases}\dfrac{N_++1}{N_++2},y_i=+1\\[2mm]\dfrac{N_-+1}{N_-+2},y_i=-1\end{cases},\ i=1,2,\cdots,m \tag{9.30}$$

式中，N_+ 和 N_- 分别为输出变量 y 取 + 和 - 的样本量。

需要说明的是：本章重点讨论了支持向量机的基本原理，涉及的公式也是为说明基本原理而列出的。事实上，支持向量机还有极为丰富的内容，涉及规划求解中的许多定理和优化算法。如果读者更多关注的是如何应用支持向量机解决实际数据挖掘问题，可略去相关优化算法的细节，否则，请参阅其他相关图书。

第 *10* 章

分类预测：Modeler 的贝叶斯网络*

§10.1　贝叶斯方法基础

贝叶斯方法是一种研究不确定性问题的决策方法。它通过贝叶斯概率描述不确定性，引进效用函数（Utility Function）并选择使期望效用最大的最优决策，实现对不确定性问题的推理。

10.1.1　贝叶斯概率和贝叶斯公式

贝叶斯概率是一种主观概率。有别于经典概率的是，经典概率反映的是事件的客观特征，这个概率不会随人们主观意识的变化而变化。而贝叶斯概率是人们对事件发生概率的主观估计，取决于先验知识的正确性和后验知识的丰富性，会随人们主观意识的改变而改变，随人们掌握信息的变化而变化。

例如，对于投掷硬币问题，经典的统计定义概率反映的是硬币某面朝上的概率，是 n 次重复进行的投币试验中，硬币某面朝上的频率随 n 的增大而在某一常数附近摆动幅度越来越小的那个常数。

可见，经典概率是事物物理属性的体现。但由于经典概率基于多次大量的独立重复试验，对许多现实问题来讲可能是无法实现的。为此，对于投掷硬币问题，贝叶斯概率反映的是人们相信某面朝上的置信度，取决于先验不确定性及数据对先验不确定性的修正。

例如，最初人们对投掷硬币其正面是否朝上是不确定的，因此最直接的做法是投掷若

---

* 本章的数据流文件：贝叶斯网络. str。

干次，希望利用得到的投掷结果降低先前的不确定性。

贝叶斯方法首先通过先于数据的概率描述最初的不确定性，然后将其和试验数据相结合，产生一个后于数据的修订了的概率。因此，贝叶斯概率是一个主观概率，先验知识和后期信息（数据）是贝叶斯概率估计的关键。

更重要的是，贝叶斯方法认为不确定性必须用概率来描述，且不确定性的表述必须与概率论的运算规则相结合。如果设 $P(A)$ 和 $P(B)$ 分别是随机事件 A 和 B 发生的概率，当事件 A 与事件 B 独立时，有 $P(AB)=P(A)P(B)$；当事件 A 与事件 B 不独立时，$P(AB)=P(B)P(A|B)=P(A)P(B|A)$。于是，有贝叶斯公式：

$$P(A\mid B)=\frac{P(AB)}{P(B)}=\frac{P(A)P(B\mid A)}{P(B)}=\frac{P(A)P(B\mid A)}{\sum\limits_{i=1}^{k}P(A_i)P(B\mid A_i)} \tag{10.1}$$

式中，称 $P(A)$ 为先验概率，$P(A\mid B)$ 为后验概率，$P(B\mid A)$ 为条件概率，通常是似然函数。这里，A 为离散分类型随机变量，有 k 个可能取值。

后验概率可看做一种简化的效用函数，最大后验概率假设是贝叶斯决策的依据。

10.1.2 朴素贝叶斯分类法

朴素贝叶斯分类法是一种较为简单且应用极为广泛的贝叶斯方法，其目标是在训练样本集的基础上，学习和归纳输入和输出变量取值之间的规律性，以实现对新数据输出变量值的分类预测。输入变量条件独立是朴素贝叶斯分类法应用的基本前提。

1. 数据说明

设有 n 个输入变量，记为 X_1，X_2，$\cdots$，X_n，它们可以是离散分类型，也可以是连续数值型，输入变量集合记为 $X=\{X_1，X_2，X_3，\cdots，X_n\}$；变量 X_i 有 r_i 个可能取值，其取值集合记为 $x_i=\{x_i^1，x_i^2，\cdots，x_i^{r_i}\}$；输出变量 Y 是分类型变量，有 k 个可能取值，其取值集合记为 $y=\{y_1，y_2，\cdots，y_k\}$。

2. 朴素贝叶斯分类法的基本思路

首先，在给定输入变量值的条件下，预测输出变量的类别，根据贝叶斯公式，有

$$P(y\mid x_1,x_2,\cdots,x_n)=\frac{P(y)P(x_1,x_2,\cdots,x_n\mid y)}{\sum\limits_{j=1}^{k}P(y_j)P(x_1,x_2,\cdots,x_n\mid y_j)} \tag{10.2}$$

其次，由于输入变量之间有条件独立的假设，即 $P(x_1,x_2,\cdots,x_n\mid y)=\prod\limits_{i=1}^{n}P(x_i\mid y)$，代入式（10.2），后验概率为：

$$P(y \mid x_1, x_2, \cdots, x_n) = \frac{P(y) \prod\limits_{i=1}^{n} P(x_i \mid y)}{\sum\limits_{j=1}^{k} \left[P(y_j) \prod\limits_{i=1}^{n} P(x_i \mid y_j) \right]} \tag{10.3}$$

最后,根据最大后验概率原则,输出变量应预测为 k 个后验概率中最大概率值对应的类别。

3. 朴素贝叶斯分类法的计算示例

以第 6 章 14 名超市顾客的数据为例,这里只考虑两个输入变量:性别(X_1)和年龄段(X_2),是否购买(Y)为输出变量,数据如表 10—1 所示。

表 10—1　　　　　　　顾客情况和是否购买的数据(文件名为 Purchase. xls)

性别(X_1)	1	1	0	1	0	0	0	0	1	0	1	1	0	0
年龄段(X_2)	B	A	A	C	B	B	C	C	C	A	B	A	A	C
是否购买(Y)	yes	yes	yes	no	yes	yes	yes	yes	no	no	yes	no	no	yes

现需对性别(X_1)为 1、年龄段(X_2)为 A 的新顾客,利用朴素贝叶斯分类法预测其是否购买。

由于是否购买(Y)包括购买(yes)和不购买(no)两种,究竟是购买还是不购买具有不确定性。为降低这种不确定性,应收集数据,观察顾客的相关特征,并以此修正先前的不确定性,得到后验概率。

根据贝叶斯公式,分别计算该顾客购买和不购买的可能性。

购买的可能性为:

$$P(y = \text{yes} \mid x_1 = 1, x_2 = A)$$
$$= \frac{P(y = \text{yes}) P(x_1 = 1, x_2 = A \mid y = \text{yes})}{P(y = \text{yes}) P(x_1 = 1, x_2 = A \mid y = \text{yes}) + P(y = \text{no}) P(x_1 = 1, x_2 = A \mid y = \text{no})}$$
$$= \frac{P(y = \text{yes}) P(x_1 = 1, x_2 = A \mid y = \text{yes})}{\sum\limits_{j} P(y = y_j) P(x_1 = 1, x_2 = A \mid y = y_j)}$$

在朴素贝叶斯分类法中,由于默认输入变量性别(X_1)和年龄段(X_2)条件独立,于是有

$$P(y = \text{yes} \mid x_1 = 1, x_2 = A)$$
$$= \frac{P(y = \text{yes}) P(x_1 = 1 \mid y = \text{yes}) P(x_2 = A \mid y = \text{yes})}{\sum\limits_{j} P(y = y_j) P(x_1 = 1 \mid y = y_j) P(x_2 = A \mid y = y_j)}$$

同理,不购买的可能性为:

$$P(y = \text{no} \mid x_1 = 1, x_2 = A)$$
$$= \frac{P(y = \text{no}) P(x_1 = 1 \mid y = \text{no}) P(x_2 = A \mid y = \text{no})}{\sum\limits_{j} P(y = y_j) P(x_1 = 1 \mid y = y_j) P(x_2 = A \mid y = y_j)}$$

其中的参数采用极大似然估计：

$$P(y=y_j)=\hat{P}(y=y_j)=\frac{N_{y_j}}{N} \tag{10.4}$$

$$P(x_i=x_i^m\mid y=y_j)=\hat{P}(x_i=x_i^m\mid y=y_j)=\frac{N_{y_jx_i^m}}{N_{y_j}} \tag{10.5}$$

式中，N 为训练样本集的样本量；N_{y_j} 为训练样本集中输出变量取 y_j 的样本量；$N_{y_jx_i^m}$ 为训练样本集中输入变量 $x_i=x_i^m$ 且输出变量取 y_j 的样本量。

根据表 10—1，购买的可能性为：

$$P(y=\text{yes}\mid x_1=1,x_2=\text{A})$$

$$=\frac{P(y=\text{yes})P(x_1=1\mid y=\text{yes})P(x_2=\text{A}\mid y=\text{yes})}{\sum_j P(y=y_j)P(x_1=1\mid y=y_j)P(x_2=\text{A}\mid y=y_j)}$$

$$=\frac{\dfrac{9}{14}\times\dfrac{3}{9}\times\dfrac{2}{9}}{\dfrac{9}{14}\times\dfrac{3}{9}\times\dfrac{2}{9}+\dfrac{5}{14}\times\dfrac{3}{5}\times\dfrac{3}{5}}=\frac{10}{37}$$

不购买的可能性为：

$$P(y=\text{no}\mid x_1=1,x_2=\text{A})$$

$$=\frac{P(y=\text{no})P(x_1=1\mid y=\text{no})P(x_2=\text{A}\mid y=\text{no})}{\sum_j P(y=y_j)P(x_1=1\mid y=y_j)P(x_2=\text{A}\mid y=y_j)}$$

$$=\frac{\dfrac{5}{14}\times\dfrac{3}{5}\times\dfrac{3}{5}}{\dfrac{9}{14}\times\dfrac{3}{9}\times\dfrac{2}{9}+\dfrac{5}{14}\times\dfrac{3}{5}\times\dfrac{3}{5}}=\frac{27}{37}$$

于是，根据最大后验概率原则，该顾客的购买行为预测为 no。

需要说明的是：从计算过程不难发现，如果某个参数估计值为 0，则可能导致后验概率为 0。为此，通常采用 7.2 节介绍的拉普拉斯调整法做如下调整：

$$P(x_i^m\mid y_j)=\hat{P}(x_i^m\mid y_j)=\frac{N_{y_jx_i^m}+1}{N_{y_j}+k}$$

式中，k 表示变量 Y 所有可能取值的个数。

另外，如果输入变量为数值型，则 $P(x_i^m\mid y_j)$ 为条件概率密度。

从上面的讲解不难得到以下结论：$P(y\mid x_1,x_2,\cdots,x_n)$ 与 $P(y,x_1,x_2,\cdots,x_n)$ 成正比，即 $P(y\mid x_1,x_2,\cdots,x_n)\propto P(y,x_1,x_2,\cdots,x_n)=P(y)P(x_1,x_2,\cdots,x_n\mid y)$。由此可知，整个概率计算的核心是给定输出变量条件下，输入变量联合概率的计算。

由概率乘法公式：

$$P(x_1,x_2,x_3,\cdots,x_n)=P(x_1)P(x_2\,|\,x_1)P(x_3\,|\,x_1,x_2)\cdots P(x_n\,|\,x_1,x_2,\cdots,x_{n-1})$$

可知，联合概率的计算与变量的排列顺序有关。由于最坏情况下可有 $n!$ 种排列方式，因此计算复杂度比较高。

朴素贝叶斯分类法中输入变量的条件独立假设，使得相应的计算非常方便。然而，虽然朴素贝叶斯分类法在实际应用中有较为出色的表现，但其假设条件仍显得苛刻。一般情况下，输入变量独立的假设很可能是不成立的，于是无法回避的最大问题仍是联合概率的计算。

为此，人们开始探索各种有效途径，希望既能够直观表示变量的联合分布，又便于分类预测时简化计算，这就是贝叶斯网络。

> 经典的贝叶斯网络包括：朴素贝叶斯网络、TAN 贝叶斯网络和马尔科夫毯（Markov blanket）网络，主要用于数据的分类预测。

§10.2　贝叶斯网络概述

10.2.1　什么是贝叶斯网络

贝叶斯网络也称贝叶斯信念网络，20 世纪 80 年代由劳瑞茨恩（Lauritzen）和斯皮吉尔霍特尔（Spiegelhalter）提出。

贝叶斯网络最初用于人工智能中专家系统的知识表示。它以因果关系图的形式，展现专家知识中各因素的内在因果关系。图 10—1 就是 1988 年劳瑞茨恩和斯皮吉尔霍特尔提出的被称为"Asia"模型的因果关系图中的一部分，用于帮助对新病人病情作出诊断。

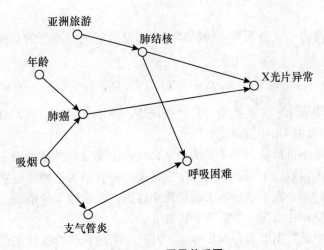

图 10—1　因果关系图

图 10—1 中的圆圈对应各个变量。例如，吸烟节点表示病人是一个吸烟者，亚洲旅游节点表示病人最近到亚洲旅游。有向线段粗略代表因果关系。例如，吸烟会增加发展中国家支气管炎和肺癌的患病率，年龄与患肺癌的可能性有关，支气管炎容易导致呼吸困难，肺结核和肺癌均会导致肺部 X 光片异常，等等。

可见，贝叶斯网络以图形方式直观表示事物之间的因果关系，有利于进行相关的分类预测。由于专家系统中，各因素之间的因果关系和相关程度可从专家的领域知识中获得，是事先可知的，因此，这里的贝叶斯网络的意义更多在于因果关系的展示。

20 世纪 90 年代以后，贝叶斯网络开始应用于数据分析领域。如何从庞大数据中寻找输入变量之间的相关性，输入变量的组合取值将对输出变量有怎样的影响，如何通过恰当的网络结构直观展示这些关系，都是贝叶斯网络研究的重点。

10.2.2　贝叶斯网络的组成及构建

贝叶斯网络由网络结构 S 和参数集合 θ 两个部分组成。

1.　网络结构 S

网络结构 S 用来表示分类型随机变量集合 $X = \{X_1, X_2, X_3, \cdots, X_n\}$ 之间的独立和条件独立关系。网络结构 S 由节点和有向弧线组成，是一个有向无环图。其中，每个节点分别与分类型变量 X_i 一一对应。如果随机变量为数值型，Modeler 将自动进行 5 分位分组，将其转化为分类型变量。

图中的每条弧线代表变量之间存在依赖关系。如果节点之间没有弧线连接，表示它们条件独立。

节点 X_i 的父节点记为 Pa_i，父节点的取值集合用 $pa_i = \{pa_i^1, pa_i^2, pa_i^3, \cdots, pa_i^{r_{Pa_i}}\}$ 表示。

2.　参数集合 θ

参数集合 θ 是与每个变量相对应的局部概率，是给定父节点下的条件概率集合。变量 X_i 的参数集合为：

$$\theta_{x_i} = \{P(x_i^1 \mid pa_i^j), P(x_i^2 \mid pa_i^j), \cdots, P(x_i^r \mid pa_i^j)\}, \quad j = 1, 2, 3, \cdots, r_{Pa_i} \tag{10.6}$$

图 10—2 是基于表 10—1 的典型的贝叶斯网络。图中有三个节点，分别对应输出变量是否购买，输入变量性别和年龄段。

图中的有向弧线不再反映因果关系的指向，仅表示变量间的依赖关系。例如，是否购买与性别之间的有向弧线表示是否购买与性别有关，是否购买依赖于性别；性别和年龄段的父节点均为是否购买，表示是否购买既依赖于性别，也依赖于年龄段。性别和年龄段间没有弧线，表示两变量在给定父节点下条件独立。

图中每个节点中的数据即为参数集合 θ。例如，性别节点的参数集合是父节点（是否购买）取所有可能值（yes，no）时性别取不同值（1，0）的条件概率。

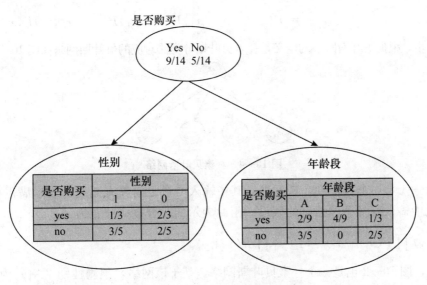

图 10—2 顾客购买行为的贝叶斯网络

10.2.3 贝叶斯网络的分类预测

贝叶斯网络对新数据的分类预测的依据是，贝叶斯网络结构 S 和参数集合 θ，其核心是联合概率的计算。

如果在给定 Y 条件下，变量 X_1 和 X_2 是条件独立的，则对于 X_1，X_2，Y 的任何取值都有 $P(x_1 \mid x_2, y) = P(x_1 \mid y)$。

类似地，$P(x_1, x_2, x_3, \cdots, x_n \mid y) = P(x_1 \mid y)P(x_2 \mid x_1, y)P(x_3 \mid x_1, x_2, y)\cdots$ $P(x_n \mid x_1, x_2, \cdots, x_{n-1}, y)$ 中的每一项都可表示为：$P(x_i \mid x_1, x_2, \cdots, x_{i-1}, y) = P(x_i \mid pa_i)$，即与除父节点外的其他变量条件独立。

于是有，$P(x_1, x_2, x_3, \cdots, x_n \mid y) = \prod_{i=1}^{n} P(x_i \mid pa_i)$，即只需依据网络结构和局部概率集合就可直接计算联合概率，进而实现分类预测。

例如，图 10—3 是一个简单的贝叶斯网络。

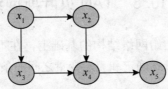

图 10—3 贝叶斯网络示意图

图 10—3 的贝叶斯网络所表示的联合概率分布为：

$$P(x_1, x_2, x_3, x_4, x_5) = \prod_{i=1}^{5} P(x_i \mid pa_i)$$

$$= P(x_1)P(x_2 \mid x_1)P(x_3 \mid x_1)P(x_4 \mid x_2, x_3)P(x_5 \mid x_4)$$

进一步，根据贝叶斯网络的定义，朴素贝叶斯分类法对应的贝叶斯网络如图 10—4 所示。

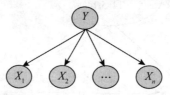

图 10—4 朴素贝叶斯网络

图 10—4 是一个朴素贝叶斯网络，其中输入变量之间没有弧线，表示满足朴素贝叶斯分类法中输入变量条件独立的假设。由此表示的联合概率分布为：$P(y, x_1, x_2, \cdots, x_n) = P(y) \prod_{i=1}^{n} P(x_i \mid pa_i) = P(y) \prod_{i=1}^{n} P(x_i \mid y)$。

例如，图 10—2 也是一个朴素贝叶斯网络。基于该网络，预测性别（X_1）为 1、年龄段（X_2）为 A 的新顾客的购买行为时，很容易计算顾客特征与购买的联合概率为：

$$P(y, x_1, x_2, \cdots, x_n) = P(y) \prod_{i=1}^{n} P(x_i \mid y) = \frac{9}{14} \times \frac{1}{3} \times \frac{2}{9} = \frac{1}{21}$$

顾客特征与不购买的联合概率为：

$$P(y, x_1, x_2, \cdots, x_n) = P(y) \prod_{i=1}^{n} P(x_i \mid y) = \frac{5}{14} \times \frac{3}{5} \times \frac{3}{5} = \frac{9}{70}$$

由于后验概率 $P(y \mid x_1, x_2, \cdots, x_n) \propto P(y, x_1, x_2, \cdots, x_n)$，且 $\frac{9}{70} > \frac{1}{21}$，因此，该顾客的购买行为预测为 no。

 需要说明的是：朴素贝叶斯网络结构简单，不涉及网络结构 S 的学习，只需采用极大似然法估计节点的参数集合即可。

§10.3　TAN 贝叶斯网络

贝叶斯网络的构建就是在初始网络结构的基础上，在不断向训练样本学习的过程中，反复调整网络结构和参数，以最终确定和表示变量之间的条件独立关系，涉及网络结构和参数估计两方面内容。

为此，一般的思路是通过训练样本，在恰当的损失函数（通常为 MDLP）指导下，利用搜索技术，在所有可能的网络结构空间中，寻找一个最佳的且与训练样本最吻合的网络结构 S，并计算其参数集合 θ。

然而，大量数据实验证明，当输入变量多于 15 个时，这种训练方式以及获得的贝叶斯网络，并没有想象中的理想。人们发现如果在贝叶斯网络构建之前，事先对网络结构加以一定的约束，会获得更好的性能效果。

于是，面向不同问题的各种网络结构和训练方法应运而生，如朴素贝叶斯网络、TAN 贝叶斯网络以及马尔科夫毯网络等。

10.3.1　TAN 贝叶斯网络结构

TAN（Tree Augemented Naive）贝叶斯网络是朴素贝叶斯网络的一种拓展，是弗里德曼（Friedman）等人在 1996 年提出的。TAN 贝叶斯网络放宽了朴素贝叶斯网络中输入变量条件独立的假设，其网络结构如图 10—5 所示。

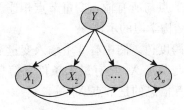

图 10—5　TAN 贝叶斯网络结构

图 10—5 中，节点 Y 是输出变量，其他节点均为输入变量。TAN 贝叶斯网络有以下特点：

（1）所有输入变量节点与输出变量节点间都有弧线连接，这意味着对输出变量的分类预测是基于全体输入变量的，应考虑所有因素，尽管其中的某些输入变量可能对输出变量没有显著影响。

（2）输入变量之间存在弧线，这意味着输入变量之间并非全部条件独立，允许具有相互依赖关系。

（3）对每个输入变量节点，最多允许存在两个父节点，其中一个为输出变量节点，另一个为输入变量节点。

（4）节点 X_i 到节点 X_j 之间的有向弧线表示输入变量 X_i 对输出变量 Y 的影响作用，不仅取决于变量自身，还取决于变量 X_j。

10.3.2　TAN 贝叶斯网络结构的学习

TAN 贝叶斯网络的构建包括网络具体结构的学习以及节点参数集合的估计。TAN 贝叶斯网络结构学习的核心任务是，确定哪个输入变量可以成为哪些输入变量的父节点，即哪些输入变量之间应存在有向弧线。

Modeler 中的结构学习算法是对 1968 年乔（Chow）和利乌（Liu）提出的最大权重跨度树（maximal weighted spanning tree）算法的改进，基本步骤如下：

（1）计算所有输入变量对 X_i 和 X_j 的条件互信息（mutual information）。输入变量对 X_i 和 X_j 的条件互信息定义为：

$$I(X_i; X_j \mid Y) = \sum_{m,n,k} P(x_i^m, x_j^n, y_k) \ln \frac{P(x_i^m, x_j^n \mid y_k)}{P(x_i^m \mid y_k) P(x_j^n \mid y_k)}, \quad i \neq j \qquad (10.7)$$

条件互信息体现了在给定 Y 条件下，变量 X_j 提供了多少关于变量 X_i 的信息。不难发现，如果变量 X_i 和变量 X_j 相互独立，也就是说，如果变量 X_j 没有提供任何关于变量 X_i 的信息，对数结果为 0。因此，条件互信息的值越小，表示变量 X_i 和变量 X_j 的相关性越弱；值越大，表示相关性越强。

（2）依次找到与变量 X_i 具有最大条件互信息的变量 X_j，并以无向弧线连接节点 X_i 和 X_j，得到最大权重跨度树。

（3）将无向弧线转为有向弧线。即任选一个输入变量节点作为根节点，所有弧线方向朝外。

（4）输出变量节点作为父节点与所有输入变量节点相连。

以下是 TAN 贝叶斯网络结构学习的示例。[①]

图 10—6 是一棵最大权重跨度树。图中有 6 个输入变量节点，各个连线上的数字为变量对的条件互信息值。例如，与节点 X_1 具有最大条件互信息，即相关程度最高的是节点 X_6，与节点 X_3 具有最大条件互信息的是节点 X_1 等。

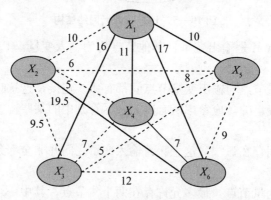

图 10—6　最大权重跨度树示例

根据第二步，最大权重跨度树只包含图中的粗实线；根据第三步，如果选择 X_1 作为根节点，则所有弧线方向朝外；根据第四步，输出节点 Y 作为根节点，与所有输入节点相连。得到的 TAN 贝叶斯网络如图 10—7 所示。

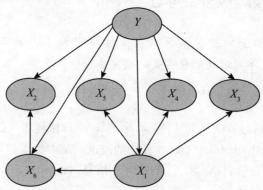

图 10—7　TAN 贝叶斯网络示例

① 参见周颜军等：《基于贝叶斯网络的分类器研究》，载《东北师大学报（自然科学版）》，2003，35（2）。

由图 10—7 可知，变量 X_1 与除 X_2 之外的其他输入变量均有相关关系，作为这些输入变量的父节点，它对输出变量 Y 的影响还取决于除 X_2 之外的其他所有输入变量。变量 X_2 的父节点是 X_6，变量 X_6 对输出变量 Y 的影响还取决于变量 X_2。由此表示的联合概率分布是：

$$
\begin{aligned}
P(Y,X_1,X_2,\cdots,X_n) &= P(Y)\prod_{i=1}^{6} P(X_i \mid pa_i) \\
&= P(Y)P(X_1 \mid Y)P(X_2 \mid Y,X_6)P(X_3 \mid Y,X_1) \\
&\quad P(X_4 \mid Y,X_1)P(X_5 \mid Y,X_1)P(X_6 \mid Y,X_1)
\end{aligned}
$$

当然，第三步也可以指定其他输入变量节点作为根节点，并令所有弧线方向朝外。事实上，选择哪个输入节点作为根节点是无关紧要的。这是因为尽管最终的网络结构有所差异，但它们表示的联合概率分布却是一致的。

例如，图 10—8 表示分别选择 X_1，X_2，X_3 作为根节点的三种情况。

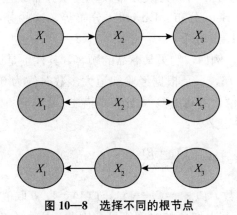

图 10—8 选择不同的根节点

它们依次表示的联合概率分布是：

$$
P(X_1,X_2,X_3) = \prod_{i=1}^{3} P(X_i \mid pa_i) = P(X_1)P(X_2 \mid X_1)P(X_3 \mid X_2)
$$

$$
P(X_1,X_2,X_3) = \prod_{i=1}^{3} P(X_i \mid pa_i) = P(X_1 \mid X_2)P(X_2)P(X_3 \mid X_2)
$$

$$
P(X_1,X_2,X_3) = \prod_{i=1}^{3} P(X_i \mid pa_i) = P(X_1 \mid X_2)P(X_2 \mid X_3)P(X_3)
$$

根据条件概率和乘法公式，不难证明上述三个式子是等效的。

10.3.3 TAN 贝叶斯网络的参数估计

TAN 贝叶斯网络的构建包括网络具体结构的学习以及节点参数集合的估计。TAN 贝叶斯网络参数估计的核心任务是计算条件概率。

TAN 贝叶斯网络的参数估计的前提是，各节点的参数彼此独立，可以分别估计，且训练样本的数据是完整的，不存在缺失值。否则，应首先参照 Gibbs 抽样法（Gibbs Sampling），利用已有数据推断缺失值，使具有缺失值的训练样本集成为相对完整的训练样本集。

TAN 贝叶斯网络的参数通常采用贝叶斯方法进行估计，涉及参数的先验概率、似然函数，以及参数的后验概率三个方面。

先验概率是基于先验概率分布的，先验概率分布在整个贝叶斯方法中有着举足轻重的地位。由于后验概率是基于数据对先验概率的修正，因此，由先验分布函数决定的后验分布应与先验分布属同一分布族，即先验分布与后验分布应是共轭分布。

如果 TAN 贝叶斯网络中的每个节点对应的变量均为二分类型变量，那么可视节点参数集合中的每个参数 θ 为"成功"的概率，它服从二项分布。为此，参数 θ 的先验概率分布应选用二项分布的共轭分布。

由于核[①]为指数函数的分布构成指数分布族，且该分布族包括二项分布、多项分布、正态分布、Poisson 分布、Beta 分布、Dirichlet 分布等，这些分布都是共轭分布，因此，参数 θ 的先验分布可选用 Beta 分布。

对于节点的某个参数，例如，购买某商品的顾客，其性别是男的概率，如果人们无法确定此概率为某值，如 0.76，只是根据经验知道大多数时候为 0.76，但有时可能略高或略低些。此时，这种个人信念可利用 Beta 分布来描述。

标准 Beta 分布的数学定义为：

$$P(\theta|\alpha,\beta)=\text{Beta}(\alpha,\beta)=\frac{\Gamma(\alpha+\beta)}{\Gamma(\alpha)\Gamma(\beta)}\theta^{\alpha-1}(1-\theta)^{\beta-1} \tag{10.8}$$

式中，$\Gamma(\ )$ 为 Gamma 函数，$\Gamma(x)=(x-1)!$，$\Gamma(1)=1$；θ 取值在 0~1 之间。标准 Beta 分布描述的是 θ 在 0~1 区间上取值的概率密度，因此，Beta 分布俗称为关于概率的概率分布。

Beta 分布中的参数 α 和 β 称为超参数，这里规定均大于 0，它们共同决定了 Beta 分布的形态。

例如，α 和 β 均为 1 时，Beta 分布即为均匀分布。图 10—9 反映的是 α 和 β 取不同值时的概率密度分布。

当先验分布为 Beta 分布，似然函数为二项分布的似然函数时，可以证明，参数 θ 的后验分布也服从 Beta 分布：

$$\begin{aligned} P(\theta|\alpha,\beta,D)&=\text{Beta}(\theta|\alpha+n,\beta+N-n) \\ &=\frac{\Gamma(\alpha+\beta+N)}{\Gamma(\alpha+n)\Gamma(\beta+N-n)}\theta^{\alpha+n-1}(1-\theta)^{\beta+N-n-1} \end{aligned} \tag{10.9}$$

式中，n 为"成功"的次数；N 为实验的次数。

基于这个后验分布，参数 θ 的期望为：

---

① 核的定义：如果随机变量的分布函数 $f(x)=cg(x)$，其中，c 是与 x 无关的常数，则称 $g(x)$ 为 $f(x)$ 的核。

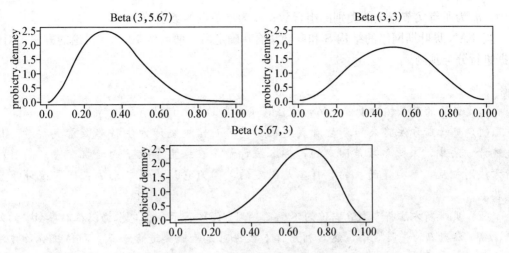

图 10—9　α 和 β 取不同值时的 Beta 分布

$$\theta=\frac{\alpha+n}{\alpha+\beta+N} \tag{10.10}$$

由式（10.10）计算得到的 θ 值即为最终的参数估计值。

通常网络节点对应的变量 X 并非均为二分类型变量，大多为具有 r 个类别的多分类型变量。此时，参数 θ 的先验分布可选用 Dirichlet 分布。

Dirichlet 分布是 Beta 分布的扩展，其数学定义为：

$$\mathrm{Dir}(\theta\mid\alpha_1,\alpha_2,\cdots,\alpha_r)=\frac{\Gamma(\alpha_1+\alpha_2+\cdots+\alpha_r)}{\displaystyle\prod_{k=1}^{r}\Gamma(\alpha_k)}\prod_{k=1}^{r}\theta_k^{\alpha_k-1} \tag{10.11}$$

式中，α_1，α_2，$\cdots$，α_r 为超参数。

参数 θ 的后验分布仍为 Dirichlet 分布，即

$$P(\theta|D)=\mathrm{Dir}(\theta|\alpha_1+N_1,\alpha_2+N_2,\cdots,\alpha_r+N_r) \tag{10.12}$$

式中，N_1，N_2，$\cdots$，N_r 为各类别"成功"的次数。

参数 θ_k 的最终估计值为后验分布的期望：

$$\theta_k=\frac{\alpha_k+N_k}{\alpha_1+\alpha_2+\cdots+\alpha_k+N} \tag{10.13}$$

由于节点 X_i 最多有两个父节点（输入变量节点 Pa_i 和输出变量节点 Y），节点 X_i 的参数集合为：$P(x_i^k\mid pa_i^j)=\theta_{ijk}$ （$j=1$，2，$\cdots$，q_i），q_i 为所有父节点全部类别的组合数。

无论是 Beta 分布还是 Dirichlet 分布，如何确定超参数并没有统一的标准方法，通常可以设置为一个很小的正数。Modeler 采用的是无信息先验策略，节点 X_i 取类别 k 时，相应的超参数为：

$$\alpha_{ijk}=\frac{2}{r_i q_i} \tag{10.14}$$

式中，q_i 为所有父节点全部类别的组合数；r_i 为本节点的类别数。

当 TAN 贝叶斯网络的结构 S 和参数集合 θ 确定后，便可按 10.2.3 讨论的方法，对新数据进行分类预测。

需要说明的是，相对于传统统计方法，贝叶斯的参数估计有如下特点：

（1）贝叶斯方法将未知参数看成随机变量，而传统统计方法将参数看成常量。传统统计方法中，未知参数是固定的，样本统计量是在给定参数下的随机变量。而贝叶斯方法则相反，参数是随机的，样本是固定的，因为它认为样本无法在同等条件下重复获取。

（2）贝叶斯方法将参数 θ 取值的不确定性用 $P(\theta)$ 表示。首先根据以往对参数 θ 的知识，确定参数 θ 的先验概率，然后利用样本数据对先验概率进行修正。而传统统计方法只基于样本，并不引入先验概率的概念。

（3）参数 θ 的最终取值是参数 θ 后验分布的期望。

§10.4　马尔科夫毯网络

作为朴素贝叶斯网络的扩展，TAN 贝叶斯网络仍可能存在问题，主要体现在，TAN 贝叶斯网络对输出变量的分类预测是基于全体输入变量的。事实上，输入变量未必对输出变量的分类预测都有贡献，因此找到对输出变量取值有显著影响的输入变量，并只依据这些变量进行分类预测，应是一种较为理想的解决方案。马尔科夫毯网络的引入正在于此。

10.4.1　马尔科夫毯网络的基本概念

与朴素贝叶斯网络和 TAN 贝叶斯网络不同的是，马尔科夫毯网络不再要求输出变量必须是所有输入变量的父节点，输出变量不再一定为根节点，其上层允许有父节点。换句话说，在马尔科夫毯网络结构中，输入变量和输出变量具有完全相同的地位。

马尔科夫毯变量是马尔科夫毯网络中的一个基本概念。所谓马尔科夫毯变量，是指对于节点 X_i 来说，其父节点、子节点以及子节点的父节点，都属于节点 X_i 的马尔科夫毯变量。

以朴素贝叶斯网络为例，由于输入变量节点均为输出变量节点的子节点，所以，输出变量的马尔科夫毯变量是所有输入变量。

由贝叶斯网络的结构规定可知，有向弧线连接的两个节点，其对应的两个变量之间具有相关性，而如果两个节点之间没有有向弧线连接，则其对应的两个变量之间条件独立。因此，对于马尔科夫毯网络来说，输入变量的马尔科夫毯变量应是与其显著相关的变量。同理，为有效实现分类预测，输出变量的马尔科夫毯变量也应该是与输出变量显著相关的输入变量。于是，分类预测将基于输出变量的马尔科夫毯变量的联合概率，而非全体输入变量。

构建马尔科夫毯网络的主要任务仍是确定网络结构 S 以及估计参数集合 θ。其中，对参数集合 θ 的估计，Modeler 采取了与 TAN 贝叶斯网络相同的方法，本节不再重复，只重点关注如何确定网络结构 S。

确定马尔科夫毯网络结构 S 的核心是寻找各个变量的马尔科夫毯变量。对于节点 X_i，不在其马尔科夫毯变量范围内的变量，是与变量 X_i 条件独立的变量。所以，构建马尔科夫毯网络结构 S 的首要任务就是确定独立变量对，它们均不在彼此的马尔科夫毯变量中。

10.4.2 条件独立检验

马尔科夫毯网络利用条件独立检验方法，发现变量之间的条件独立关系，并以此为基础构建马尔科夫毯网络。

> 条件独立检验是在给定条件变量的条件下，检验两个变量是否独立。常用的方法有：条件卡方（Pearson chi-square）检验和条件对数似然率（log likelihood ratio）检验等。

1. 卡方检验和条件卡方检验

卡方检验和条件卡方检验均属于统计学的假设检验范畴。

（1）卡方检验。卡方检验的原假设（H_0）是：变量 X_i 与变量 X_j 独立。采用的检验统计量为：

$$\chi^2(X_i, X_j) = \sum_{m,n} \frac{(O(x_i^m, x_j^n) - E(x_i^m, x_j^n))^2}{E(x_i^m, x_j^n)}$$
$$= \sum_{m,n} \frac{(N \times N(x_i^m, x_j^n) - N(x_i^m)N(x_j^n))^2}{N(x_i^m)N(x_j^n) \times N} \tag{10.15}$$

式中，O 表示观测频数；E 表示期望频数；$N(x_i^m, x_j^n)$ 表示变量 $X_i = x_i^m$ 且 $X_j = x_j^n$ 的实际观测频数。

在原假设成立时，检验统计量服从 $(|X_i| - 1) \times (|X_j| - 1)$ 个自由度的卡方分布。$|X_i|$，$|X_j|$ 分别表示变量 X_i 和变量 X_j 的类别数。如果检验统计量对应的概率 P-值小于指定的显著性水平 α，则拒绝变量 X_i 与变量 X_j 独立的假设。否则，无法拒绝。

（2）条件卡方检验。条件卡方检验的原假设（H_0）是：在给定条件变量 S 下，变量 X_i 与变量 X_j 独立。采用的检验统计量是定义在三维列联表基础上的条件卡方统计量：

$$\chi^2(X_i, X_j \mid S) = \sum_k \chi^2(X_i, X_j \mid S = s_k)$$
$$= \sum_{m,n,k} \frac{(N(x_i^m, x_j^n, s_k)N(s_k) - N(x_i^m, s_k)N(x_j^n, s_k))^2}{N(x_i^m, s_k)N(x_j^n, s_k)N(s_k)} \tag{10.16}$$

式中，$N(x_i^m, x_j^n, s_k)$ 表示变量 $X_i = x_i^m$ 且 $X_j = x_j^n$ 且 $S = s_k$ 时的实际观测频数。

在原假设成立时，检验统计量服从 $(|X_i|-1) \times (|X_j|-1) \times |S|$ 个自由度的卡方分布。$|S|$ 表示条件变量 S 的类别数。如果检验统计量对应的概率 P-值小于指定的显著性水平 α，则拒绝变量 X_i 与变量 X_j 条件独立的假设。否则，无法拒绝。

2. 对数似然率检验和条件对数似然率检验

对数似然率检验和条件对数似然率检验均属于统计学的假设检验范畴。

（1）对数似然率检验。对数似然率检验的原假设（H_0）是：变量 X_i 与变量 X_j 独立。采用的检验统计量为：

$$G^2(X_i, X_j) = 2 \sum_{m,n} O(x_i^m, x_j^n) \ln \frac{O(x_i^m, x_j^n)}{E(x_i^m, x_j^n)}$$
$$= 2 \sum_{m,n} N(x_i^m, x_j^n) \ln \frac{N(x_i^m, x_j^n) N}{N(x_i^m) N(x_j^n)} \tag{10.17}$$

在原假设成立时，检验统计量服从 $(|X_i|-1) \times (|X_j|-1)$ 个自由度的卡方分布。如果检验统计量对应的概率 P-值小于指定的显著性水平 α，则拒绝变量 X_i 与变量 X_j 独立的假设。否则，无法拒绝。

（2）条件对数似然率检验。条件对数似然率检验的原假设（H_0）是：在给定条件变量 S 下，变量 X_i 与变量 X_j 独立。采用的检验统计量是定义在三维列联表基础上的条件对数似然率：

$$G^2(X_i, X_j \mid S) = 2 \sum_{m,n,k} O(x_i^m, x_j^n \mid S = s_k) \ln \frac{O(x_i^m, x_j^n \mid S = s_k)}{E(x_i^m, x_j^n \mid S = s_k)}$$
$$= 2 \sum_{m,n,k} N(x_i^m, x_j^n, s_k) \ln \frac{N(x_i^m, x_j^n, s_k) N(s_k)}{N(x_i^m, s_k) N(x_j^n, s_k)} \tag{10.18}$$

在原假设成立时，检验统计量服从 $(|X_i|-1) \times (|X_j|-1) \times |S|$ 个自由度的卡方分布。如果检验统计量对应的概率 P-值小于指定的显著性水平 α，则拒绝变量 X_i 与变量 X_j 条件独立的假设。否则，无法拒绝。

10.4.3 马尔科夫毯网络结构的学习

设 $I(X_i, X_j)$ 为变量对 X_i 和 X_j 独立检验的概率 P-值，$I(X_i, X_j \mid S)$ 为给定变量 S 条件下，变量对 X_i 和 X_j 条件独立检验的概率 P-值。马尔科夫毯网络结构学习的基本步骤如下：

第一，起始的网络结构 S 是一个完全连接的无向网络。

第二，如果 $I(X_i, X_j)$ 大于指定的显著性水平 α，则删除节点 X_i 和节点 X_j 间的连接弧线。

第三，对每个节点 X_i，在其剩余弧线中，寻找是否存在 $I(X_i, X_j \mid S)$ 大于显著性水平 α。如果存在，则删除节点 X_i 和节点 X_j 间的连接弧线。

第四，将无向弧线转换为有向弧线。

Modeler 规定按照图 10—10 所示的规则将无向弧线转为有向弧线。

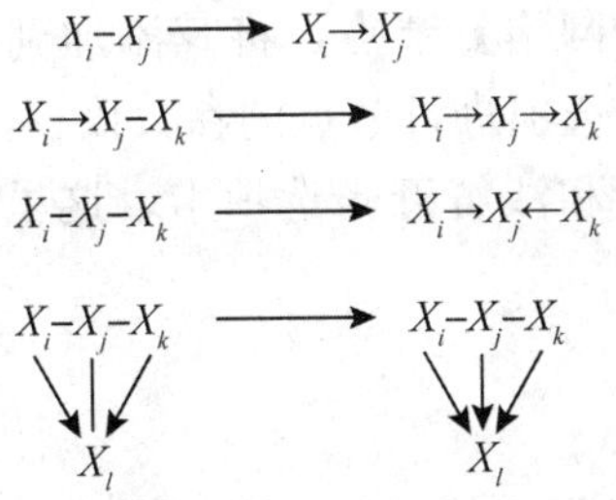

$$X_i - X_j \longrightarrow X_i \to X_j$$

$$X_i \to X_j - X_k \longrightarrow X_i \to X_j \to X_k$$

$$X_i - X_j - X_k \longrightarrow X_i \to X_j \leftarrow X_k$$

图 10—10　Modeler 马尔科夫毯网络中的弧线方向

10.4.4　马尔科夫毯网络的分类预测

利用马尔科夫毯网络进行输出变量的分类预测时，首先找到输出变量的马尔科夫毯变量，并得到马尔科夫毯变量的联合概率，从而完成分类预测。

现对于新观测 X_P 的输出变量值进行分类预测。设马尔科夫毯网络中，输出变量 Y 对应节点的父节点集合记为 π_Y；$\pi_{Y|P}$ 表示给定 X_P 时 π_Y 中各输入变量的具体取值；$X_{C_h} = (X_1, X_2, X_3, \cdots, X_m)$ 是输出变量 Y 的子节点集合（有 m 个子节点）；π_i 表示 X_{C_h} 中第 i 个子节点的父节点（不包括输出变量节点）集合。

根据贝叶斯公式，对于新观测 X_P，输出变量 Y 有 k 个可能的类别取值，输出变量取 y_j 的概率为：

$$P(Y = y_j \mid X_P = x_P) = \frac{P(Y = y_j, X_P = x_P)}{\sum\limits_{j=1}^{k} P(Y = y_j, X_P = x_P)}$$

式中

$$P(Y = y_j, X_P = x_P) = C \times P(Y = y_j \mid \pi_Y = \pi_{Y|P})$$

$$\prod_{i=1}^{m} P(X_i = x_i \mid \pi_i = \pi_{i|P}, Y = y_j)$$

即为输出变量及其马尔科夫毯变量的联合概率。其中，C 为常量，它将与分母中的 C 约掉，并不影响预测结果。这里引入常数 C 的目的是，表示并非输入变量 X 集合中的所有变量都参与计算，参与计算的仅是马尔科夫毯变量。

§10.5　贝叶斯网络的应用

下面以学生参加某次社会公益活动的数据（文件名为 Students. xls）为例，讲解 Modeler 贝叶斯网络的具体操作。分析目标是：分别利用 TAN 贝叶斯网络和马尔科夫毯网络，研究哪些因素是影响学生是否参与社会公益活动的显著因素。其中，是否参加为输出变量，除编号以外的变量为输入变量。

10.5.1　基本操作

首先利用【Excel】节点读入数据，并对数据进行必要的集成和加工处理；然后，选择【建模】选项卡中的【贝叶斯网络】节点，将其添加到数据流的恰当位置上。右击鼠标，选择弹出菜单中的【编辑】选项进行节点的参数设置。【贝叶斯网络】节点的参数设置包括字段、模型、专家、分析和注解五张选项卡，这里只讨论【模型】和【专家】选项卡。

1.【模型】选项卡

【模型】选项卡用于指定贝叶斯网络类型，设置节点参数的估计方法等，如图 10—11 所示。

图 10—11　【贝叶斯网络】的【模型】选项卡

其中：

● 继续训练现有模型：选中表示在上次模型结果的基础上，重新修正和调整模型。它通常不能修改原有网络的结构，如增加或删除节点以及节点之间的弧线等，只用于重新计算节点参数集合等。因此，如果选中该项，无论数据如何变化，所得到的网络结构都不会改变，否则不应选中该项。

● 结构类型：指定贝叶斯网络的类型。其中，【TAN】表示建立 TAN 贝叶斯网络；【Markov Blanket】表示建立马尔科夫毯网络。

● 包括特征选择预处理步骤：选中表示允许利用【专家】选项卡，首先剔除对输出变量无显著意义的输入变量，然后再建模。

● 参数学习方法：用于指定节点参数的估计方法。其中，【最大似然】表示采用极大似然估计；【对小单元格计数的贝叶斯调整】表示，如果采用极大似然估计，很可能因为训练样本集较小造成很多的条件概率估计为 0，为此，可选中该项，表示采用贝叶斯方法进行参数估计。

2.【专家】选项卡

【专家】选项卡用于设置模型的其他参数，如图 10—12 所示。

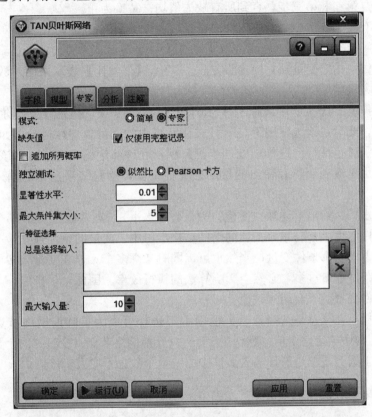

图 10—12　【贝叶斯网络】的【专家】选项卡

其中：

● 模式：【简单】表示按 Modeler 默认参数建立模型；【专家】表示自行指定如下参数建立模型。

● 缺失值：指定训练样本存在缺失值时的处理策略。选中【仅使用完整记录】表示只利用完整样本建立模型，忽略带有缺失值的样本。如果不选，则 Modeler 将首先参照 Gibbs 抽样法填补缺失值，然后再建立模型。

Gibbs 抽样属于马尔科夫蒙特卡洛算法，它以物理学家 J. W. 吉布斯（J. W. Gibbs）命名。参照 Gibbs 抽样法，缺失值处理的基本思路是利用已有数据填补缺失值，使具有缺失值的训练样本集成为相对完整的训练样本集。填补过程如下：

第一，随机化训练样本集 D 中的缺失值，得到一个完整的训练集 D_c。

第二，在 D 中选择第 l 个样本的缺失值 x_{il}，并计算如下概率：

$$P(x'_{il} \mid D_c \backslash x_{il}) = \frac{P(x'_{il}, D_c \backslash x_{il})}{\sum x''_{il} P(x''_{il}, D_c \backslash x_{il})} \tag{10.19}$$

式中，$D_c \backslash x_{il}$ 表示在 D_c 中临时去掉 x_{il} 后剩余的观测值；x'_{il} 表示 x_{il} 的一种可能值；x''_{il} 表示 x_{il} 的所有可能值。

第三，将 x_{il} 替换为式（10.19）取值最大时的 x'_{il}。

第四，重复第二和第三步，直到所有缺失值均被替换为止。

● 追加所有概率：选中表示给出输出变量取各个类别值的概率。否则，只给出预测类别的概率。

● 独立测试：指定变量独立性检验方法。其中，【似然比】表示采用对数似然率检验，还可以采用卡方检验。

如果在【模型】选项卡中选择了【Markov Blanket】项，指定建立马尔科夫毯网络，则该选项有效。此时，该选项用于马尔科夫毯网络中的变量独立性检验。如果在【模型】选项卡中选择了【包括特征选择预处理步骤】项，允许筛选输入变量，则该选项也有效。此时，该选项用于输入变量和输出变量的独立性检验，检验结果显著的输入变量将会被剔除。

● 显著性水平：给出上述独立性检验的显著性水平 α，默认值为 0.01。

● 最大条件集大小：马尔科夫毯网络的结构学习中，变量的条件独立检验会涉及条件变量。通常只考虑一个条件变量，当然也可以同时考虑多个。但在变量较多的情况下，如果同时考虑的条件变量过多，必然会影响算法的执行效率。因此，可指定一个值，条件变量集合中的条件变量数不会超过该值。

● 特征选择：在【总是选择输入】框中手工选择可成为贝叶斯网络节点的变量；在【最大输入量】框中给定一个值（默认为 10），贝叶斯网络节点（变量）的个数不会超过该值。同时，手工选到【总是选择输入】框中的变量个数也不应大于该值。

10.5.2 结果解读

1. 案例的 TAN 贝叶斯网络

本例的 TAN 贝叶斯网络的结果如图 10—13 至图 10—15 所示。

图 10—13 左侧显示的是 TAN 贝叶斯网络。白色节点代表输出变量，是其余各节点的父节点。灰色节点代表输入变量。输入变量的重要程度以灰色的深浅来表示，颜色越深，重要程度越高。同时，变量重要性的排序结果也默认以图形方式显示在窗口的右侧。输入变量重要性的测度指标是输入、输出变量独立性检验的 1－概率 P-值，经归一化处理后的结果。

本例中，影响学生是否参与社会公益活动的最重要因素是家长是否鼓励，其次是家庭人均年收入等。是否无偿献血的作用不大。从 TAN 贝叶斯网络看，是否无偿献血是在校综合评价指数和家庭人均年收入的父节点，说明是否无偿献血主要依赖于这两个变量，它对是否参与社会公益活动的作用并不完全取决于自身，还受到在校综合评价指数和家庭人

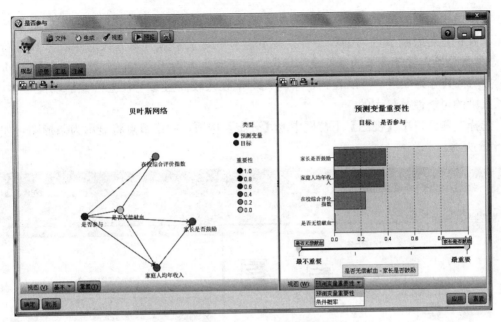

图 10—13　案例的 TAN 贝叶斯网络（一）

均年收入的影响。另外，家庭人均年收入对学生是否参与社会公益活动的作用还取决于家长是否鼓励，也就是说，家庭收入固然重要，但还要看家长的态度。

选择右侧窗口中【视图】下拉框中的【条件概率】选项，可分别浏览各个节点的参数集合，如图 10—14 所示。

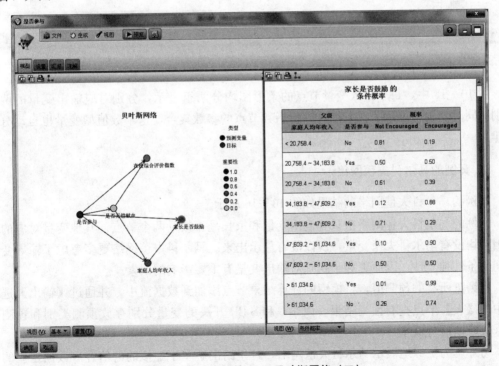

图 10—14　案例的 TAN 贝叶斯网络（二）

鼠标单击窗口左侧中的节点，相应节点的参数集合将自动显示在窗口右侧。图 10—14 显示了家长是否鼓励节点的参数集合。该节点有两个父节点（家庭人均年收入和是否参与），参数是给定父节点下的条件概率集合。对于家庭人均年收入这个数值型变量，Modeler 自动将其分为 5 组。可以看到，家庭人均年收入较高且参与社会公益活动的学生中，家长鼓励的可能性是最大的。

选择左侧窗口中【视图】下拉框中的【分布】选项，网络节点将显示为条形图，如图 10—15 所示。

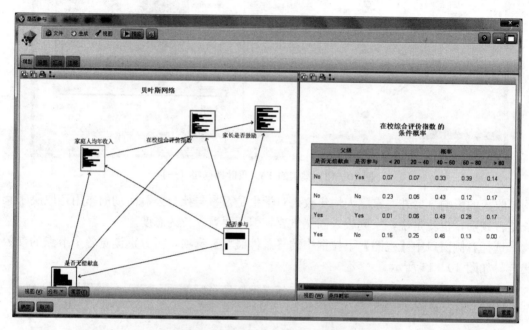

图 10—15　案例的 TAN 贝叶斯网络（三）

图 10—15 中，每个输入变量节点的条形图均分两组显示，分别对应输出变量的两个类别。同时，图中展示了在校综合评价指数节点的参数集合，这个数值型变量也自动分为 5 组。

2. 案例的马尔科夫毯网络

本例的马尔科夫毯网络的结果如图 10—16 所示。

本例的马尔科夫毯网络中只有输出变量和家长是否鼓励两个节点。其他变量对应的节点因为均没有马尔科夫毯变量，所以没有显示出来。马尔科夫毯网络更多考虑了输入变量之间的条件独立性，因而更利于找到对输出变量有重要影响的因素。

为浏览所有的预测值，将模型的计算结果节点添加到数据流中，并通过【输出】选项卡中的【表】节点查看预测结果。以 $B 和 $BP 开头的变量分别存放预测类别和预测概率（贝叶斯后验概率）。

另外，为更好地展示马尔科夫毯网络，这里给出了基于虚拟的电信客户数据建立的马尔科夫毯网络，如图 10—17 所示。

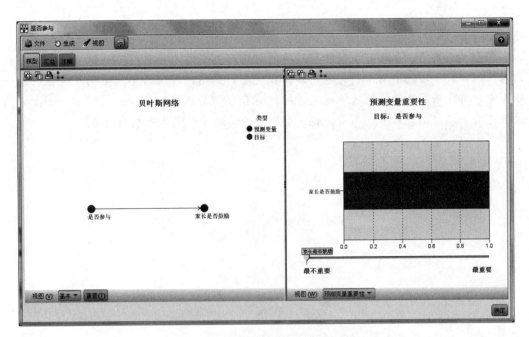

图 10—16　案例的马尔科夫毯网络

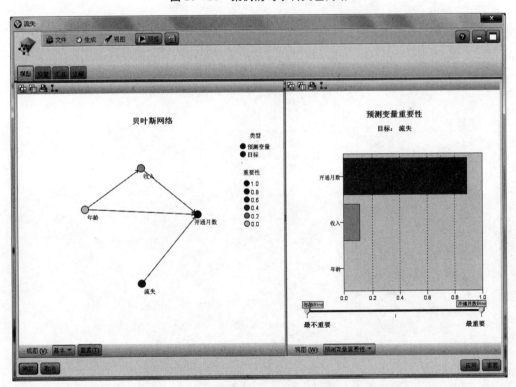

图 10—17　客户流失问题的马尔科夫毯网络

图 10—17 显示，流失的马尔科夫毯变量包括开通月数、收入和年龄。预测一个新客户是否流失时，仅需计算流失与其马尔科夫毯变量的联合概率即可。

需要说明的是，至此关于贝叶斯网络的讨论已基本结束。贝叶斯网络还有很丰富的内容。例如，如何利用马尔科夫毯网络实现变量的聚类，对网络中变量因果关系的进一步探究，贝叶斯网络结构的选择以及学习过程合理性的理论证明等。由于 Modeler 没有涉及这些内容，因此本书也不做讨论，感兴趣的读者可参阅其他相关图书。

第 *11* 章

探索内部结构：**Modeler** 的聚类分析*

§11.1 聚类分析的一般问题

11.1.1 聚类分析的提出

聚类分析是研究"物以类聚"问题的分析方法。"物以类聚"问题在社会经济研究中很常见。

例如，收集到大型商厦的顾客自然特征、消费行为等方面的数据，顾客群细分是最常见的分析需求。可从顾客自然特征和消费行为的分组入手，如根据客户的年龄、职业、收入、消费金额、消费频率、购物偏好等进行单变量分组。或者，进行多变量的交叉分组。这种分组方式是客户群细分中普遍采用的方式，但客户群划分带有明显的主观色彩，表现在以下两方面：

第一，需要明确指定分组变量。这无疑需要分析人员具有丰富的行业经验，否则形成的顾客分组可能是不恰当的。同时，这种分组通常只能侧重反映顾客的某个特征或少数几个特征，而很难反映多方面的综合特征，但基于多方面综合特征的客户细分往往比单个特征的细分更有意义。

第二，需要明确指定分组标准。合理的标准是成功分组的关键，但仍需要行业经验和反复尝试。

通常，人们更希望的是从数据出发的全面和客观的分组，即分组时考虑多方面因素，且无须人工指定分组标准，并确保各方面特征相似的顾客能够分在同一组内，特征不相似的顾客分在不同组中。这是一种全方位的自动分组，它相对更全面、更客观，对帮助企业认识自己的客户更有帮助。

---

* 本章的数据流文件：聚类分析.str。

> 聚类分析是解决这类问题的有效方法。它能够将样本数据，在没有"先验知识"的前提下，根据数据的诸多特征，按照其在性质上的"亲疏程度"进行自动分组，且使组内部个体的结构特征具有较大相似性，组之间个体的特征相似性较小。
>
> 这里，所谓没有"先验知识"，是指没有事先指定分组标准；所谓"亲疏程度"，是指样本在变量取值上的总体相似程度或差异程度。

11.1.2 聚类分析的算法

由于聚类算法在探索数据内在结构方面具有全面性和客观性等特点，因此，在数据挖掘领域得到了广泛应用。目前，聚类算法已经有很多，可从不同角度对它们进行分类。

（1）从聚类结果角度划分。

1）分为覆盖聚类算法与非覆盖聚类算法，即如果每个数据点都至少属于一个类，则称为覆盖聚类，否则称为非覆盖聚类。

2）分为层次聚类和非层次聚类，即如果存在两个类，其中一个类是另一个类的子集，则称为层次聚类，否则称为非层次聚类。

3）分为确定聚类和模糊聚类，即如果任意两个类的交集为空，一个数据点最多只属于一个类，则称为确定聚类（或硬聚类）。否则，如果至少一个数据点属于一个以上的类，则称为模糊聚类。

（2）从聚类变量类型角度划分。聚类算法可分为数值型聚类算法、分类型聚类算法和混合型聚类算法，它们所处理的聚类变量分别是数值型、分类型以及数值分类混合型。

（3）从聚类的原理角度划分。聚类算法可分为划分聚类（partitional clustering）算法、层次聚类（hierarchical clustering）算法、基于密度的聚类（density-based clustering）算法以及网格聚类（rid clustering）算法等。

目前，流行的数据挖掘软件中除包含经典的 K-Means 聚类方法之外，还包括两步聚类方法以及由人工神经网络模型衍生出来的 Kohonen 网络聚类等方法，这些方法都属于无指导学习方法。本章将重点讨论这些方法。

§11.2 Modeler 的 K-Means 聚类及应用

> K-Means 聚类也称快速聚类，属于覆盖型数值划分聚类算法。它得到的聚类结果，每个数据点都唯一属于一个类，而且聚类变量为数值型，并采用划分原理进行聚类。

K-Means 聚类涉及两个主要方面的问题：第一，如何测度样本的"亲疏程度"；第二，如何进行聚类。下面将重点讨论这些问题。

11.2.1 K-Means 对"亲疏程度"的测度

"亲疏程度"的测度一般有两个角度：第一，数据间的相似程度；第二，数据间的差异程度。衡量相似程度一般可采用简单相关系数或等级相关系数等，差异程度则一般通过某种距离来测度。K-Means 聚类方法采用第二个测度角度。

为有效测度数据之间的差异程度，K-Means 将所收集到的具有 p 个变量的样本数据，看成 p 维空间上的点，以此定义某种距离。通常，点与点之间的距离越小，意味着它们越"亲密"，差异程度越小，越有可能聚成一类；相反，点与点之间的距离越大，意味着它们越"疏远"，差异程度越大，越有可能分属不同的类。

由于 K-Means 方法所处理的聚类变量均为数值型，因此，它将点与点之间的距离定义为欧氏距离（Euclidean distance），数据点 x 和 y 间的欧氏距离是两个点的 p 个变量值之差的平方和的平方根，数学定义为：

$$\text{EUCLID}(x, y) = \sqrt{\sum_{i=1}^{p}(x_i - y_i)^2} \tag{11.1}$$

式中，x_i 是点 x 的第 i 个变量值；y_i 是点 y 的第 i 个变量值。

除此之外，常用的距离还包括平方欧氏（Squared Euclidean）距离、切比雪夫（Chebychev）距离、Block 距离、明考斯基（Minkowski）距离等。

11.2.2　K-Means 聚类过程

在上述距离的定义下，K-Means 聚类算法采用划分方式实现聚类。

所谓划分，是指首先将样本空间随意划分为若干个区域（类），然后依据上述定义的距离，将所有样本点分配到与之"亲近"的区域（类）中，形成初始的聚类结果。良好的聚类应使类内部的样本结构相似，类间的样本结构差异显著，而由于初始聚类结果是在空间随意划分的基础上产生的，因而无法确保所给出的聚类解满足上述要求，所以多次反复是必须的。

在这样的设计思路下，K-Means 聚类算法的具体过程是：

（1）指定聚类数目 K。在 K-Means 聚类中，应首先给出需聚成多少类。聚类数目的确定本身并不简单，既要考虑最终的聚类效果，也要考虑研究问题的实际需要。聚类数目太大或太小都将使聚类失去意义。

（2）确定 K 个初始类中心点。类中心是各类特征的典型代表。指定聚类数目 K 后，还应指定 K 个类的初始类中心点。初始类中心点指定的合理性，将直接影响聚类收敛的速度。常用的初始类中心点的指定方法有：

1）经验选择法，即根据以往经验大致了解样本应聚成几类以及如何聚类，只需要选择每个类中具有代表性的点作为初始类中心点即可。

2）随机选择法，即随机指定若干个样本点作为初始类中心点。

3）最小最大法，即先选择所有样本点中相距最远的两个点作为初始类中心点，然后选择第三个样本点，它与已确定的类中心点的距离是其余点中最大的。然后按照同样的原则选择其他的类中心点。

（3）根据最近原则进行聚类。依次计算每个样本点到 K 个类中心点的欧氏距离，并按照与 K 个类中心点距离最近的原则，将所有样本点分派到最近的类中，形成 K 个类。

（4）重新确定 K 个类中心点。重新计算 K 个类的中心点。中心点的确定原则是：依次计算各类中所有数据点变量的均值，并以均值点作为 K 个类的中心点。

（5）判断是否已经满足终止聚类的条件，如果没有满足则返回到第 3 步，不断反复上述过程，直到满足迭代终止条件。

聚类终止的条件通常有两个：第一，迭代次数。当目前的迭代次数等于指定的迭代次数时终止聚类。第二，类中心点偏移程度。本次新确定的各类中心点距上次类中心点所有偏移量中的最大值小于指定值时终止聚类。通过适当增加迭代次数或合理调整中心点偏移量的判定标准，能够有效克服初始类中心点指定时可能存在的偏差。上述两个条件中任意一个满足则结束聚类。

可见，K-Means 聚类是一个反复迭代的过程。在聚类过程中，样本点所属的类会不断调整，直到最终达到稳定为止。

图 11—1 直观反映了 K-Means 聚类的过程。

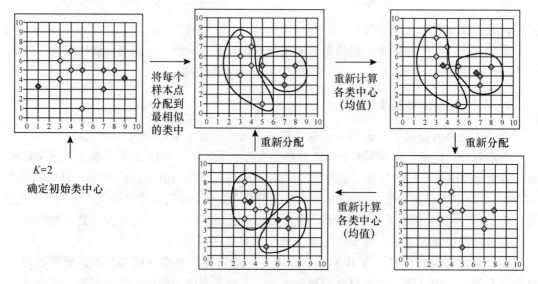

图 11—1　K-Means 聚类过程

首先指定聚成两类，图中黑色点为初始类中心。可以看到，迭代过程中图中最下面的一个点的所属类发生了变化，其原因是类中心进行了调整。

由于距离是 K-Means 聚类的基础，它将直接影响最终的聚类结果，因此，通常在分析之前应剔除影响正确计算距离的因素，包括：

（1）聚类变量值不应有数量级上的差异。聚类分析是以距离度量"亲疏程度"的，数量级将对距离计算产生较大影响。

例如，表 11—1 是银行三个贷款客户的数据。

表 11—1　　　　　　　　　　　　　**银行三个贷款客户的数据**

客户代码	年收入（百元）	贷款（元）	还款月份
1	410	4 380 000	19
2	336	1 730 000	21
3	490	220 000	8

直接计算两两样本点之间的欧氏距离和将贷款金额的计量单位转换成十万元后的欧氏距离，结果如表 11—2 所示。

表 11—2　　　　　　　　　　　　银行三个贷款客户的距离矩阵

	欧氏距离	
	元	十万元
(1，2)	2 650 000	74.07
(1，3)	4 160 000	80.86
(2，3)	1 510 000	154.56

　　由表 11—2 可知，当贷款以元为计量单位时，样本 2 和 3 的距离最近，其次是样本 1 和 2，样本 1 和 3 的距离最远；当以十万元为计量单位时，样本 1 和 2 的距离最近，其次是样本 1 和 3，样本 2 和 3 的距离最远。可见，数量级对距离产生了巨大影响，也直接影响了聚类结果。

　　为解决该问题，聚类分析之前通常应首先消除变量的数量级差异，一般可通过标准化处理实现。Modeler 在进行聚类分析时自动将变量值转换到 0～1 之间。

　　（2）对分类型变量的处理。由于 K-Means 算法的距离计算是基于数值的，为符合计算要求，Modeler 对分类型聚类变量进行了预处理。

　　对于具有 k 个类别的多分类型变量，采用 k 个取值为 0 或 1 的数值型变量（虚拟变量）来共同表示。

　　由此引发的另外一个问题是，分类型变量在欧氏距离计算中的贡献将大于其他数值型变量。

　　例如，计算样本点 x 与样本点 y 的欧氏距离时，如果样本点 x 在一个三分类型变量上取 A，样本点 y 取 B，则该分类型变量在欧氏距离中的贡献为：$(1-0)^2+(0-1)^2+(0-0)^2=2$，大于 1。而数值型变量由于取值在 0～1 之间，贡献不可能大于 1。这就意味着分类型变量的权重要高于数值型变量，显然是有问题的。

　　为此，Modeler 的解决策略是：将 1 调整为 $\sqrt{0.5} \approx 0.707$，以保证分类型变量在欧氏距离中的贡献不大于 1。

　　对于二分类型变量，用取值为 0 或 1 的一个数值型变量替代。

　　另外还应注意的是，聚类变量间不应有较强的线性相关关系。由聚类分析的距离定义可以看出，每个变量都在距离计算中做出贡献。如果聚类变量之间存在较强的线性关系，能够相互替代，那么计算距离时这些同类变量将重复贡献，这意味着它们在距离计算中拥有较高的权重，因此会在很大程度上左右最终的聚类结果。

11.2.3　K-Means 聚类的应用示例

　　这里，以我国 31 个省、直辖市、自治区 2008 年各地区经济发展的数据为例，讨论 Modeler 中 K-Means 的具体操作。文件名为 K-Means. sav，是一个 SPSS 类型文件。变量 $x1 \sim x11$ 依次表示：人口总数及分性别人口数，反映各地的人口水平；出生预期寿命和每万人口医疗机构床位，反映各地区的人民健康水平；大专以上文化程度人口比例，反映各地区的教育水平；人均 GDP、三产增加值占 GDP 比例、人均城市道路面积、省会城市空气质量达到并好于二级的天数以及人均环境污染治理投资额，反映各地区的经济发展和社会环境水平等。分析目标是：根据所给变量，研究我国 31 个省、直辖市、自治区的综合发展水平，分析哪些省、直辖市、自治区处于相同的发展水平。

1. 基本操作

首先，通过【Statistics 文件】节点读入数据；然后，连接【类型】节点，指定地区角色为无，其他聚类变量角色为输入；最后，选择【建模】选项卡中的【K-Means】节点，将其连接到【类型】节点的后面。右击鼠标，选择弹出菜单中的【编辑】选项进行节点的参数设置。【K-Means】节点的参数设置包括字段、模型、专家和注解四张选项卡，这里只讨论【模型】和【专家】选项卡。

（1）【模型】选项卡。【模型】选项卡用于设置聚类过程的主要参数和输出结果，如图11—2 所示。

图 11—2 【K-Means】的【模型】选项卡

其中：
- 聚类数：指定聚类数目。默认为 5，这里指定为 4 类。
- 生成距离字段：选中表示将给出各样本点与所属类中心点的距离。
- 聚类标签：选择【字符串】表示聚类结果以字符形式给出，且以【标签前缀】框中给定的字符开头，后面加表示类的数字，如 Cluster-1，Cluster-2 等；选择【数值】表示聚类结果以数字形式给出。

（2）【专家】选项卡。【专家】选项卡用于设置聚类迭代停止的条件，如图 11—3所示。

其中：
- 模式：【简单】表示按默认的参数进行聚类；【专家】表示可以调整参数。

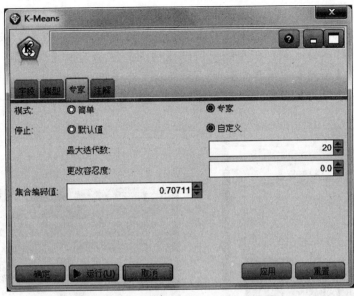

图 11—3　【K-Means】的【专家】选项卡

● 停止：选中【自定义】选项可修改迭代终止的条件。可指定最大迭代次数，当迭代次数等于该值时停止聚类；或在【更改容忍度】框中指定一个值，当最大的类中心偏移量小于该值时停止聚类。满足两个条件中的一个即停止聚类。

● 集合编码值：表示对多分类型变量重新编码后，调整其权重。默认应与数值型变量权重相同，即将虚拟变量取值为 1 调整为 0.5 的平方根，近似 0.707。用户可以调整该值，但不合理的值将使聚类结果产生偏差。

2. 结果解读

本例指定将样本数据聚为 4 类，聚类结果如图 11—4 所示。

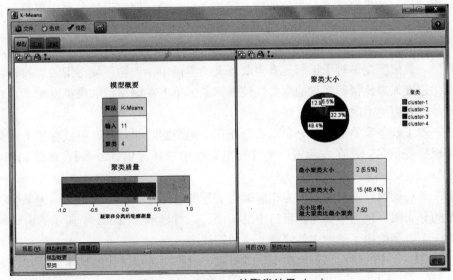

图 11—4　K-Means 的聚类结果（一）

图 11—4 左侧窗口给出了聚类结果的基本描述。参与聚类的变量共 11 个，最终聚为 4 类。右侧窗口给出了 4 个类所包含的样本量的占比，以及最大类（样本量最大）和最小类（样本量最大）的样本量比例。在左侧窗口的【视图】框中选择【聚类】，在右侧窗口的【视图】框中选择【预测变量重要性】，将显示如图 11—5 所示的窗口。

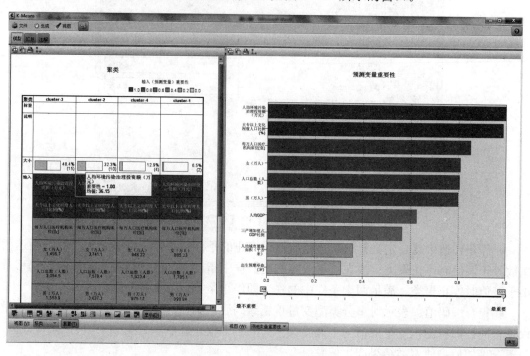

图 11—5　K-Means 聚类结果（二）

图 11—5 通过颜色深浅直观表示了各聚类变量的重要性。重要性取决于统计检验的结果。如果聚类变量为数值型，采用方差分析的 F 检验，原假设是各类中聚类变量的均值不存在显著差异。如果聚类变量为分类型，采用卡方检验，原假设是各类中聚类变量的类别分布无显著差异。对于某个聚类变量，如果其检验统计量的概率 P-值小于 0.05，也即 $1-$概率 P-值大于 0.95（默认值），则认为该聚类变量的均值或类别分布，在不同类中存在显著差异，该聚类变量对于识别类有重要意义。本例中，人均环境污染治理投资额、大专以上文化程度人口比例等变量的重要性较强。鼠标单击左侧窗口的聚类变量名，将显示该聚类变量在相应类上的均值等。

为进一步了解各聚类变量的分布以及分布在不同类别间的差异，可鼠标单击左侧窗口中的某个聚类变量名，并在右侧窗口的【视图】框中选择【单元分布】，出现如图 11—6 所示的窗口。

图 11—6 右侧窗口的浅色图形为相应聚类变量的总体分布图，深色图形为某个类中该聚类变量的分布图。鼠标单击左侧窗口中的某个类，将显示如图 11—7 所示的窗口。

图 11—7 右侧给出了某类中各聚类变量的箱线图。

选择图 11—4 中的【汇总】选项卡，浏览聚类过程中各步迭代的具体情况，如图 11—8 所示。

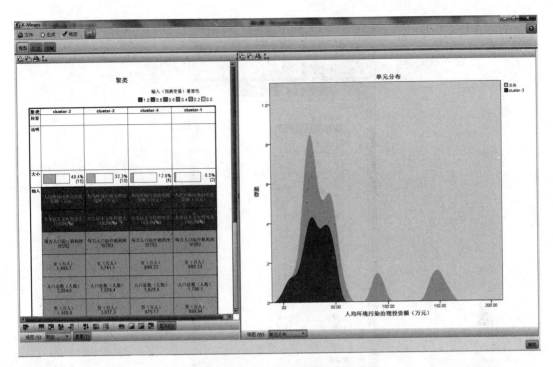

图 11—6　K-Means 聚类结果（三）

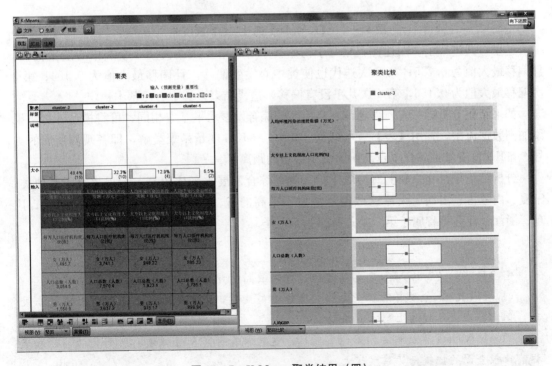

图 11—7　K-Means 聚类结果（四）

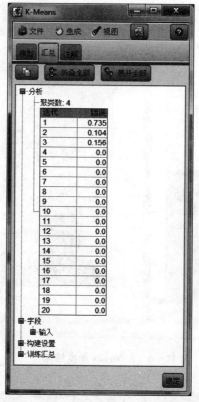

图 11—8 【K-Means】的【汇总】选项卡

这里，共进行了 4 次迭代。相对于初始类中心，第 1 次迭代使 4 个类中心发生偏移，且偏移最大值为 0.735；第 2 次迭代也使类中心发生偏移，且偏移最大值为 0.104；第 3 次偏移最大值为 0.156，第 4 次几乎没有偏移，迭代结束，类中心已基本稳定。

如果希望分析哪些省、直辖市、自治区的综合发展水平基本相同，可将模型计算结果添加到数据流中，并用【表】节点浏览。其中，＄KM 变量是聚类解，即各观测所属的类号；＄KMD 变量是各样本点与所属类中心点的距离。

分析结论是：北京和上海均属于第一类，综合发展水平比较高，远远超过了其他类；宁夏、内蒙古、山西、天津这些经济总量不很高的省、直辖市、自治区属于第四类；广东、浙江、江苏等省属于第二类；其余为第三类。

需要说明的是：K-Means 算法是执行效率最高的聚类算法之一。应注意的问题是：

（1）K-Means 聚类算法本身无法处理分类型变量，虽然 Modeler 对此进行了适当处理，但仍会在一定程度上影响算法的应用。

（2）K-Means 算法需要指定聚类数目，这意味着研究人员必须对所研究的问题和数据有比较全面的把握，其难度较大。

（3）由于类中心的确定采用均值，因而易受数据中极端值的影响。也就是说，K-Means 的聚类结果易受到离群点和噪声数据的影响，且算法本身并没有有效的诊断手段。

§11.3　Modeler 的两步聚类及应用

两步聚类（two step clustering）算法是基乌（Chiu）等人于 2001 年在 BIRCH（balanced iterative reducing and clustering using hierarchies）算法基础上提出的一种改进算法。

> 两步聚类算法尤其适合大型数据集的聚类研究，有效克服了 K-Means 方法存在的问题，主要特点表现在：
> - 既可处理数值型变量，也可同时处理分类型变量。
> - 能够根据一定准则确定聚类数目。
> - 能够诊断样本中的离群点和噪声数据。
> - 通过两步实现数据聚类。

顾名思义，两步聚类需经过两步实现数据的聚类。

（1）预聚类。即采用"贯序"方式将样本粗略划分成若干子类。开始阶段视所有数据为一个大类。读入一个观测数据后，根据"亲疏程度"决定该观测应派生出一个新类，还是应合并到已有的某个子类中。这个过程将反复进行，最终形成 L 个类。预聚类过程是聚类数目不断增加的过程。

（2）聚类。即在预聚类的基础上，再根据"亲疏程度"决定哪些子类可以合并，最终形成 L' 类。该步是聚类数目不断减少的过程，随着聚类的进行，类内部的差异性将不断增大。

算法涉及的两个重要方面是：第一，如何测度"亲疏程度"；第二，以怎样的方式实施第一步的预聚类和第二步的聚类。以下将分别讨论这两个方面。

11.3.1　两步聚类对"亲疏程度"的测度

与 K-Means 算法类似的是，两步聚类也采用距离测度样本或类的"亲疏程度"，并依据距离确定类的划分。不同的是，如果聚类变量均为数值型（标准化后），则仍采用欧氏距离。否则，应同时考虑数值型和分类型变量的计算，采用对数似然（log-likelihood）距离。

两步聚类的对数似然距离设计源于概率聚类的表示方式，通过对数似然函数的形式描述样本的聚类分布特征。它是一个混合分布。设有 K 个聚类变量 x_1, x_2, $\cdots$, x_k，其中包括 K^A 个数值型聚类变量和 K^B 个分类型聚类变量，且数值型聚类变量服从正态分布，分类型聚类变量服从联合正态分布。如果聚成 J 类，则对数似然函数定义为：

$$l = \sum_{j=1}^{J} \sum_{i \in I_j} \ln p(X_i \mid \boldsymbol{\theta}_j) = \sum_{j=1}^{J} l_j \tag{11.2}$$

式中，p 为似然函数；I_j 是第 j 类的样本集合；$\boldsymbol{\theta}_j$ 是第 j 类的参数向量。针对包含若干个类的样本，其对数似然是各类对数似然之和。同理，针对一个由 M 个子类组成的子类，其对数似然等于 M 个子类的对数似然之和。

于是，对已存在的第 j 类和第 s 类，两者合并后的类记为 $<j,s>$，则它们的距离定义为两类合并之前的对数似然 $\hat{l}$ 与合并后的对数似然 $\hat{l}_{new}$ 的差，即对数似然距离，定义为：

$$d(j,s)=\hat{l}-\hat{l}_{new}=\hat{l}_j+\hat{l}_s-\hat{l}_{<j,s>}=\xi_j+\xi_s-\xi_{<j,s>} \tag{11.3}$$

式中，ξ 为对数似然函数的具体形式，定义为：

$$\xi_v=-N_v\Big(\sum_{k=1}^{K^A}\frac{1}{2}\ln(\hat{\sigma}_k^2+\hat{\sigma}_{vk}^2)+\sum_{k=1}^{K^B}\hat{E}_{vk}\Big) \tag{11.4}$$

$$\hat{E}_{vk}=-\sum_{l=1}^{L_k}\frac{N_{vkl}}{N_v}\ln\Big(\frac{N_{vkl}}{N_v}\Big) \tag{11.5}$$

式中，$\hat{\sigma}_k^2$ 和 $\hat{\sigma}_{vk}^2$ 分别为第 k 个数值型变量的总方差和在第 v 类中的方差。N_v 和 N_{vkl} 分别为第 v 类的样本量，以及在第 v 类中第 k 个分类型变量取第 l 个类别的样本量。第 k 个分类型变量有 L_k 个类别。式（11.4）引入 $\hat{\sigma}_k^2$ 的目的是解决第 v 类方差可能为 0，对数无法计算的问题。

可见，这里的对数似然函数反映了类内部变量取值的总体差异性，且数值型变量以方差测度，分类型变量以信息熵测度。

显然，当第 j 类和第 s 类合并后，$-\xi_{<j,s>}$ 大于 $\xi_j+\xi_s$，因此 $d(j,s)$ 大于 0。$d(j,s)$ 比较小，说明第 j 类和第 s 类合并将不会引起类内部的差异性显著增加，当 $d(j,s)$ 小于一定阈值 τ 时，第 j 类和第 s 类可以合并；$d(j,s)$ 比较大，说明第 j 类和第 s 类合并将引起类内部的差异性显著增加，第 j 类和第 s 类不应合并。

11.3.2 两步聚类过程

如前所述，两步聚类分为预聚类和聚类两个步骤。

1. 预聚类

两步聚类算法是对 Zhang，Ramakrishnon 和 Livny 在 1996 年所提出的 BIRCH 算法的改进，其预聚类过程与 BIRCH 算法相似。

BIRCH 算法的一个重要特点是有效解决了大数据集的聚类问题。由于计算机的内存有限，无法存储超过内存容量的大数据集，因此，尽管有些聚类算法在理论上无懈可击，但却无法通过计算机实现。为此，BIRCH 算法提出了一种巧妙的数据存储方案，即 CF 树（clustering feature tree）。

首先，CF 树是一种描述树结构的数据存储方式，它通过指针反映树中节点的上下层次关系。树中的叶节点为子类，具有同一父节点的若干子类合并为一个大类以形成树的中间节点。若干大类可继续合并成更大的类以形成更高层的中间节点，直到根节点，表示所有数据形成一类。

其次，CF 树是一种数据的压缩存储方式。树中每个节点只存储聚类过程计算距离所必需的统计量，即充分统计量。

在两步聚类算法中，关于树节点 j，即第 j 类的充分统计量包括 $CF_j=\{N_j,S_{Aj},S_{Aj}^2,N_{Bj}\}$，依次为节点所包含的样本量、数值型变量值的总和、数值型变量值的平方和、分类型变量各类别的样本量。对于 $<j, s>$ 类，$CF_{<j,s>}=\{N_j+N_s, S_{Aj}+S_{As}, S_{Aj}^2+S_{As}^2,$ $N_{Bj}+N_{Bs}\}$。由这些统计量可以很容易地计算出类的对数似然距离。可见，节点并没有存储原始数据本身，因而大大减少了存储的数据量，使得大数据集聚类具有实现的可能。

在这种数据结构下，预聚类采用"贯序"方式，即数据逐条读入逐条处理，具体过程为：

（1）将所有数据视为一个大类，其充分统计量存储在根节点中。

（2）读入一条数据，从 CF 树的根节点开始，利用节点的充分统计量，计算该数据与中间节点（子类）的对数似然距离，并沿着对数似然距离最小的中间节点依次向下选择路径直到叶节点。

（3）计算与子树中所有叶节点（子类）的对数似然距离，找到距离最近的叶节点。

（4）如果最近距离小于一定阈值 τ，则该数据被相应的叶节点吸收；否则，该数据将"开辟"一个新的叶节点。重新计算叶节点和相应所有父节点的充分统计量。

（5）判断新插入数据的叶节点是否包含足够多的样本，如果是则分裂该节点，一分为二成两个叶节点，该叶节点变成中间节点。分裂时以相距最远的两点为中心，根据距离最近原则分类。重新计算叶节点的充分统计量。

（6）随着 CF 树的生长，聚类数目在不断增加，也就是说，CF 树会越来越"茂盛"。当 CF 树生长到被允许的最"茂盛"程度时，即叶节点个数达到允许的最大聚类数目时，如果此时数据尚未得到全部处理，则应适当增加阈值 τ 重新建树，以得到一棵较小的CF 树。

（7）重复上述过程，直到所有数据均被分配到某个叶节点（子类）为止。

在预聚类过程中，如果用户希望找到数据中的离群点，即找到那些合并到任何一个类中都不恰当的数据点，两步聚类的处理策略是：找到包含样本量较少的小叶节点，如果其中的样本量与最大叶节点所含样本量的比例很小，则视这些叶节点中的数据点为离群点。

2. 聚类

本步聚类在预聚类基础上进行，分析对象是预聚类所形成的"稠密区域"（dense region）。所谓"稠密区域"，是指除离群点以外的叶节点，这些节点所对应的若干子类将作为第二步聚类的输入，且采用层次聚类方法进行聚类。注意，那些包含离群点的"非稠密区域"将不参与本步聚类。

所谓层次聚类，是指聚类过程所形成的某个中间类一定是另一个类的子类，也就是说，聚类过程是逐步将较多的小类合并为较少的大类，再将较少的大类合并成更少的更大类，最终将更少的更大类合并成一个大类，是一个类不断凝聚的过程。

对于 N 个子类，层次聚类需进行 $N-1$ 次迭代。每次迭代过程需分别计算两两子类之间的对数似然距离，并依据距离最小原则，将距离最近的两个子类合并，直至得到一个大类。这里会涉及两个主要问题：第一，内存容量；第二，怎样的聚类数目是合适的。

对于第一个问题，迭代过程中，距离矩阵如果很庞大，则可能会超出内存容量，计算机将不得不利用硬盘空间作为虚拟内存，从而使算法执行效率大大降低。在普通层次聚类算法中，算法的输入是所有数据。算法执行的中前期，距离矩阵是关于样本点和样本点或者样本点和子类的，这必然使得距离矩阵非常庞大，造成算法在大数据集上运行速度极慢。两步聚类有效克服了这个问题。由于算法的输入是第一步预聚类的结果，其子类数目相对较小，距离矩阵不会过大，算法执行效率也就不会过低。这也是两步聚类算法需要两个步骤的重要原因。

对于第二个问题，由于层次聚类算法本身并不给出一个合理的聚类数目，因此通常需要人工参与决定，而两步聚类算法则很好地实现了聚类数目的自动确定。

11.3.3 聚类数目的确定

聚类数目的确定将在上述第二步聚类中完成。采用的是两阶段策略，第一阶段仅给出一个粗略估计，第二阶段给出一个恰当的最终聚类数目，且两个阶段的具体判定标准也不同。

1. 第一阶段

第一阶段以贝叶斯信息准则（Bayesian Information Criterion，BIC）作为判定标准。如果设聚类数目为 J，则有

$$\mathrm{BIC}(J) = -2\sum_{j=1}^{J} \xi_j + m_J \ln(N) \tag{11.6}$$

$$m_J = J\left(2K^A + \sum_{k=1}^{K_B}(L_k - 1)\right) \tag{11.7}$$

贝叶斯信息准则第一项反映的是 J 类对数似然的总和，是对类内差异性的总度量；第二项是一个模型复杂度的惩罚项，当样本确定后，J 越大该项值也就越大。

合适的聚类数目应是 BIC 取最小值时的聚类数目。如果聚类中只追求类内部结构差异小，则聚类数目必然较大，最极端的情况就是一个观测一个类，这当然是不可取的；相反，如果聚类中只追求聚类数目少，则类内部结构的差异必然较大，最极端的情况就是所有观测为一个类，这当然也是不可取的。因此，恰当的聚类应使聚类数目合理，类内部结构差异性在一个可接受的范围内，即 BIC 取值最小的时刻。聚类数目的确定就是找到 BIC 最小时的 J。

如果所有类合并成一个大类，此时 BIC 的第一项最大，第二项最小。当聚类数目增加时，第一项开始减少，第二项开始增大，通常增大幅度小于减少幅度，因此 BIC 总体上是减少的；当聚类数目增加到 J 时，第二项的增大幅度开始大于第一项的减少幅度，BIC 总体上开始增大，此刻的 J 即为所求。

Modeler 利用 BIC 的变化量 $dBIC$ 和变化率 $R_1(J)$ 确定聚类数目，即

$$dBIC(J) = BIC(J) - BIC(J+1) \tag{11.8}$$

$$R_1(J) = \frac{dBIC(J)}{dBIC(1)} \tag{11.9}$$

开始时，如果 $dBIC(1)$ 小于 0，则聚类数目应为 1，后续算法不再执行；反之，依次

找到 $R_1(J)$ 取最小值（Modeler 规定 $R_1(J)$ 应小于 0.04）即 BIC 减少幅度最小时的 J，为聚类数目的粗略估计值，如图 11—9 所示。

2. 第二阶段

第二阶段是对第一阶段粗略估计值 J 的修正，依据对数似然距离，在 2，3，4，…，J 类中选择一个恰当值，不再考虑模型的复杂度。所采用的计算方法是：

$$R_2(J) = \frac{d_{\min}(C_J)}{d_{\min}(C_{J+1})} \tag{11.10}$$

式中，$d_{\min}(C_J)$ 是聚类数目为 J 类时，两两类间对数似然距离的最小值。$R_2(J)$ 是类合并过程中类间差异性最小值变化的相对指标，是一个大于 1 的数。值较大，表明相对于 $J+1$ 类 J 类较合理，不应再继续合并，如图 11—10 所示，其中设 $J=5$，一个多边形表示一个类。

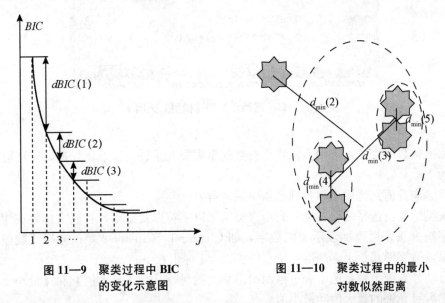

图 11—9　聚类过程中 BIC
的变化示意图

图 11—10　聚类过程中的最小
对数似然距离

依次计算 $R_2(J-1)$，$R_2(J-2)$ 到 $R_2(2)$ 的值，找到其中的最大值和次大值。Modeler 规定，如果最大值是次大值的 1.15 倍以上，则最大值所对应的 J 为最终聚类数；否则，最终聚类数 J 为最大值对应的聚类数目和次大值对应的聚类数目中的较大值。

11.3.4　两步聚类的应用示例

这里，以虚拟的电信客户数据（文件名为 Telephone.sav）为例，讨论 Modeler 两步聚类的具体操作。分析目标是：对保持客户进行细分。

首先，利用【选择】节点选择流失为 No 的样本（保持客户）；其次，利用【类型】节点选择除流失以外的其他变量为【输入】角色参与聚类；最后，选择【建模】选项卡中的【两步】节点，将其连接到数据流的恰当位置上。右击鼠标，选择弹出菜单中的【编辑】选项进行节点的参数设置。【两步】的【模型】选项卡如图 11—11 所示。

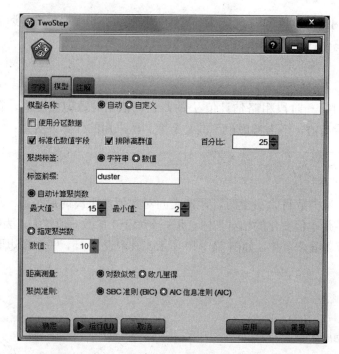

图 11—11 　【两步】的【模型】选项卡

其中：

● 标准化数值字段：选中表示将所有数值型聚类变量进行标准化处理，使其均值为 0，标准差为 1。

● 排除离群值：选中表示找到数据中的离群点。

● 聚类标签：选择【字符串】表示聚类结果以字符形式给出，且以【标签前缀】框中给定的字符开头，后面加表示类的数字，如 Cluster-1，Cluster-2 等；选择【数值】表示聚类结果以数字形式给出。离群点所在的类以－1 标识。

● 自动计算聚类数：选中表示自动确定聚类数目，且在【最大值】和【最小值】框中给出聚类数目允许的最大值和最小值。

● 指定聚类数：如果对数据的聚类数目已有大致把握，可选中该选项，并在【数值】框中自行指定聚类数目。

本例的计算结果如图 11—12 所示。

参与聚类的样本量有 667 个（保持客户），算法自动确定的最佳聚类数目为 2，第一类样本量为 169 个，第二类样本量为 498 个。各变量的基本描述指标有均值、标准差或各类别的百分比，如第一类中，基本费用的均值为 12.14。套餐类型中，选择 Total service 的百分比最高，为 67.46%。两步聚类的其他结果如图 11—13 所示。

可见：

（1）第 1 类客户选择的套餐类型与第 2 类显著不同，第 1 类客户选用 Total service 类型的比例较高。

（2）第 2 类客户都没有选用无线服务业务，无线费用均值为 0，而第 1 类客户选用了；第 2 类客户未采用电子支付的比例高于采用的，而第 1 类客户采用电子支付的比例略高于未采用的。

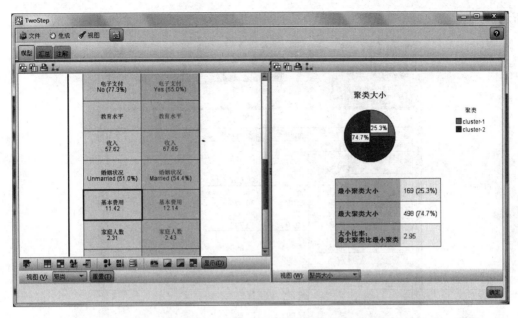

图 11—12　两步聚类的聚类结果（一）

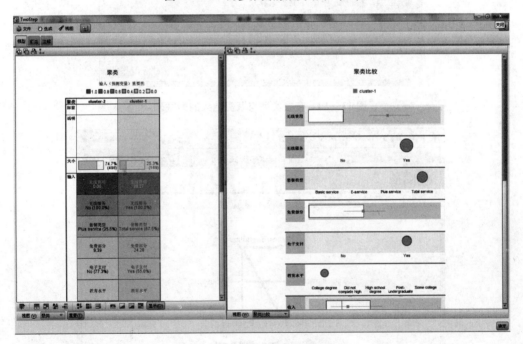

图 11—13　两步聚类的聚类结果（二）

（3）在教育水平和收入方面，两类客户也存在显著差异，在性别、开通月数、年龄、居住地等方面，两类没有显著差异。

如果查看每个客户所属的类别，可将模型计算结果添加到数据流中，并利用【表】节点浏览，以＄T 开头的变量为具体的聚类结果。利用该变量可以做其他分析。如可利用【矩阵】节点和【网络】节点分析套餐类型和聚类结果的关系，如图 11—14 和图 11—15

所示。

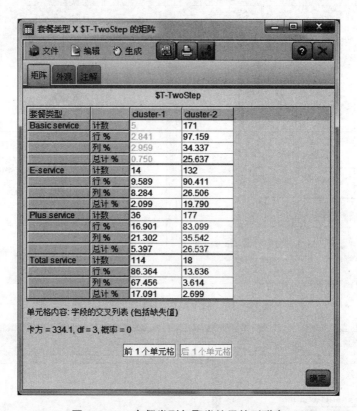

图 11—14 套餐类型与聚类结果的列联表

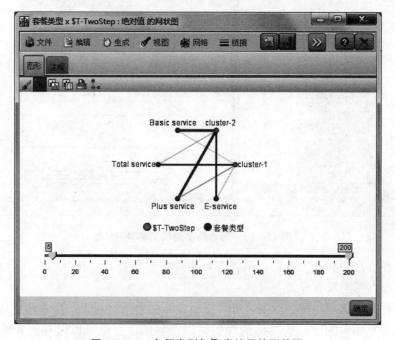

图 11—15 套餐类型与聚类结果的网状图

本例没有发现离群点。

比较遗憾的是，Modeler 不允许用户设置相应的参数，以说明预聚类中怎样的比例应视为包含离群点的叶节点，Modeler 的默认值为 25％。另外，Modeler 也不允许用户自行调整预聚类中最近距离的阈值 τ。

§11.4　Modeler 的 Kohonen 网络聚类及应用

Kohonen 网络是 2001 年芬兰科学家 Teuvo Kohonen[①] 提出的一种称为自组织特征映射（self-organizing feature map，SOM）的网络，属人工神经网络的范畴，是数据挖掘中的无指导学习算法，广泛应用于聚类分析中。

> 聚类算法主要涉及如何测度数据点之间的"亲疏程度"以及以怎样的方式实施聚类。Kohonen 网络解决这两个问题的基本策略是：
>
> 第一，采用欧氏距离作为数据"亲疏程度"的测度，通常适合数值型聚类变量，但也能够处理重新编码后的分类型聚类变量。
>
> 第二，模拟人脑神经细胞的机理，引入竞争机制，巧妙实现聚类过程。

以上第二条是 Kohonen 网络的特色，以下将重点讨论。

11.4.1　Kohonen 网络的聚类机理

Kohonen 网络通过对人脑神经细胞工作机理的模拟实现聚类。

1.　人脑神经细胞的工作机理

大量生物研究表明，人类大脑皮层中拥有大量的神经细胞，这些神经细胞有以下特点：

（1）神经细胞的组织排列是有序的。

（2）处于不同区域的神经细胞控制着人体不同部位的运动。如大脑分左右两个半球，每一半球上分别有运动区、体觉区、视觉区、听觉区、联合区等神经中枢。处于不同区域的神经细胞对来自某个方面的刺激信号，有不同的敏感反应程度。有些神经细胞因其敏感性强而产生较强的反应，有些则因敏感性较弱而几乎不产生反应，各神经细胞协调工作，有条不紊地指挥着人体各个部位的运动。

（3）处于邻近区域的神经细胞之间存在侧向交互性。当一个神经细胞兴奋后，将自动影响（表现出激发或抑制）邻近的其他神经细胞，使它们不会产生同等程度的兴奋。这种侧向交互作用的直接结果是神经细胞之间出现"竞争"。开始阶段，各神经细胞对某个刺激信号有不同程度的兴奋状态，由于侧交互作用，每个细胞都分别影响其邻近细胞的兴奋程度，最终处在某特定区域的兴奋程度最强的神经细胞将"战胜"邻近的其他细胞，表现

---

① 　Teuvo Kohonen：芬兰科学院终身教授，欧洲神经网络学会创会主席。

出不同区域神经细胞对不同刺激信号有不同的敏感性。

（4）处于不同区域的神经细胞对不同刺激信号表现出不同的敏感性，通常与婴儿出生后受到的训练和动作习惯有极大关系。最常见的就是"左撇子"现象。

Kohonen 网络对人脑神经细胞的这种特性和工作机理进行了模拟，表现在网络拓扑结构和算法学习原理设计方面。

2. Kohonen 网络的拓扑结构

Kohonen 网络采用两层、前馈式、全连接的拓扑结构，如图 11—16 所示。

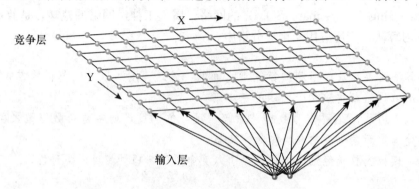

图 11—16 Kohonen 网络的拓扑结构

Kohonen 网络的拓扑结构有以下特点：

（1）网络包含两层，即一个输入层和一个输出层。输入节点的个数取决于聚类变量的个数。输出层也称竞争层，输出节点的个数即为聚类数目。

（2）输入层中的每个输入节点都与输出节点完全相连。

（3）输出节点呈二维结构分布，且节点之间具有侧向连接。于是，对某个输出节点来说，在一定邻域范围内会有一定数量的邻近细胞，即邻接节点。

3. Kohonen 网络的聚类原理

Kohonen 网络的这种拓扑结构很好地模拟了人脑神经细胞的特点和工作机理。输入层模拟不同的刺激信号。输出层中的每个节点模拟为神经细胞。

由于神经细胞兴奋的原因是接收到了信号的刺激，因此，当输入节点接收到样本数据的刺激信号后，将通过网络连接传递给输出节点。输出节点将对不同的输入表现出不同的敏感性，并通过侧向连接影响其邻接节点，最终获胜的输出节点将给出最大的输出值。

输出层空间中哪些区域的输出节点对哪种特征的输入表现出一贯性的敏感，是样本后天训练的结果。也就是说，输出层中的哪些节点对特定的输入总会胜利，即总会有最大输出，是反复向样本学习的结果。学习结束以后，输出层节点所反映的结构特征就是对不同类样本的不同特征的概括。

回到聚类问题中，Kohonen 网络的样本聚类过程就是不断向样本学习，抓住数据内在结构特征，并且通过最终的 Kohonen 网络反映出这种结构特征的过程。

输入节点的个数取决于聚类变量的个数，输出节点的个数表示聚类数目。学习的目标就是要使某个特定的输出节点对于具有某种相同结构特征的样本输入给出一致的输出，学习的过程正是一种不断调整以不断逼近一致性输出的过程。在学习结束后，每个输出节点将对应一组结构特征相似的样本，即对应样本空间的一个区域，构成一组聚类。

输出层是二维的，而输入是多维的，以上的这种对应映射关系能够很好地将多维空间中数据分布的特征反映到二维平面上。因此，研究输出空间的数据分布可以有效发现输入空间的样本分布特征，这也是聚类分析所希望得到的。

11.4.2 Kohonen 网络的聚类过程

Kohonen 网络的聚类机理并不复杂，它要求事先给出一个恰当的聚类数目，即输出节点的个数，然后通过不断迭代完成最终的聚类。

1. 实现步骤

Kohonen 网络聚类的实现步骤如下：

(1) 数据的预处理。由于"亲疏程度"的测度基于欧氏距离，因此需对数据做预处理。对于数值型聚类变量，应消除数量级的差异，即将所有数值型变量值转化到 0~1 之间；对于分类型聚类变量，预处理的方法同 K-Means 聚类。

最终，得到 p 个取值范围在 0~1 内的聚类变量 $x_i(i=1, 2, \cdots, p)$。于是，可将 N 个观测数据看成 p 维空间中的 N 个点。

(2) 确定聚类的初始类中心点。与 K-Means 算法类似，如果事先指定聚类数目为 K，则应给出 K 个类的初始类中心点。通常，第 j 个类的中心位置由 p 个 0~1 范围内的随机数 $w_{ij}(i=1, 2, \cdots, p)$ 确定。这里，K 个类中心点对应 K 个输出节点，每个输出节点对应一个具有 p 个元素的向量 $\boldsymbol{W}$。

(3) t 时刻，随机读入一个观测数据 $\boldsymbol{X}(t)$，分别计算它与 K 个类中心点的欧氏距离 $\boldsymbol{d}(t)$，并找出距离最近的类中心点，即输出节点 $\boldsymbol{W}_c(t)$。此刻，$\boldsymbol{W}_c(t)$ 是获胜节点，是对第 t 个观测最敏感的节点。

(4) 调整获胜节点 $\boldsymbol{W}_c(t)$ 和其邻接节点所代表的各类中心位置。

这里，涉及两个问题：第一，调整算法；第二，什么样的节点应视为获胜节点的邻接·节点。

调整算法类似人工神经网络中网络权值的调整。事实上，t 时刻 p 个输入节点和第 j 个输出节点之间的 p 个网络权值组成了 $\boldsymbol{W}_j(t)=(w_{1j}(t), w_{2j}(t), w_{3j}(t), \cdots, w_{pj}(t))$，即 t 时刻 p 个输入节点与输出节点之间的网络权值决定了 t 时刻第 j 个输出节点对应的类中心的位置。后续网络权值的调整策略与人工神经网络基本类似。不同的是，由于聚类是无指导的学习，也就是没有输出变量，不能像一般神经网络算法中那样以误差为基础调整网络权值。Kohonen 网络以样本点与类中心点的距离为依据进行权值调整。

对获胜节点 $\boldsymbol{W}_c(t)$ 的权值调整为：

$$\boldsymbol{W}_c(t+1)=\boldsymbol{W}_c(t)+\eta(t)[\boldsymbol{X}(t)-\boldsymbol{W}_c(t)] \tag{11.11}$$

式中，$\eta(t)$ 为 t 时刻的学习率。

由于输出节点之间存在侧向连接，还应调整获胜节点 $W_c(t)$ 周围邻接节点的网络权值。通常需要指定一个邻域半径。以 $W_c(t)$ 为中心，与 $W_c(t)$ 的距离在指定范围内的输出节点都视为邻接节点。对邻接节点 $W_j(t)$ 的权值调整的计算方法是：

$$W_j(t+1)=W_j(t)+\eta(t)h_{jc}(t)\big[X(t)-W_j(t)\big] \tag{11.12}$$

式中，$h_{jc}(t)$ 为核函数，反映的是 t 时刻邻接节点 $W_j(t)$ 与获胜节点 $W_c(t)$ 之间距离的测度。常用的核是高斯核函数。Modeler 中采用调整的切比雪夫距离，即

$$h_{jc}(t)=\max(|w_{ij}(t)-w_{ic}(t)|),\ i=1,2,\cdots,p \tag{11.13}$$

即以单个维的距离最大值作为距离的测度。

权值的调整可以形象地比喻为将输出节点朝样本点方向不断拉近的过程，如图 11—17 所示。

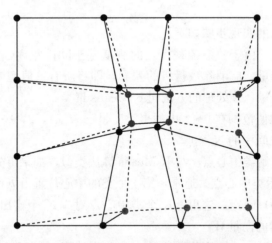

图 11—17　Kohonen 网络的权值调整

如果图中的黑色节点表示输出节点的起始位置，则经过权值调整，它们将不同程度地被拉向某个方向，调整到灰色节点所在的位置上。

（5）判断是否满足迭代结束的条件。如果没有满足，则返回到第 3 步。该过程不断反复直到满足迭代终止条件。迭代终止条件通常是权值基本稳定或者达到指定的迭代次数。

综上所述，当某个观测输入网络时，与其距离最近的一个输出节点获胜，该节点就是对相应观测信号刺激反应最敏感的节点。调整获胜节点及其邻接节点的网络权值，使获胜节点更接近相应观测。当有类似结构的观测再次输入时，该获胜节点可能再次获胜。通过调整权值会使该节点再次接近这（类）观测。当不同结构的其他观测输入网络后，将有其他输出节点分别获胜和进行权值调整。这样的样本输入和权值调整需要反复多次。如果所有观测都输入网络后还不能达到迭代结束的条件，则可进行下一轮（周期）或更多轮的学习。

通过向样本学习，不断调整权值，最终使特定输出节点仅对特定类样本具有高度敏感

性。于是，若干个输出节点分别对应着若干个样本群，且每个样本群内部结构特征相似，不同样本群间结构特征差异明显，进而得到聚类结果。于是，输出层形成一个能够反映各类样本结构（类）特征关联的映射，有效地将数据在高维空间中的聚类特征投影到低维空间中。这个过程称为自组织过程。

2. 说明

> 类中心调整将受邻域半径和学习率的影响，并最终影响聚类结果。

为得到相对稳定的聚类结果，Modeler 的策略是：

（1）分两个阶段学习，执行两次上述聚类过程。第一阶段为粗略学习阶段，指定一个相对较大的邻域半径和初始学习率，以大致概括数据的结构特征；第二阶段为调整学习阶段，指定一个相对较小的邻域半径和初始学习率，对类中心做进一步的细小调整，以保证输出层所体现的数据结构特征更贴近样本的真实结构。

（2）每次迭代过程均调整学习率。合理的学习率 η 能够有效平滑类中心的调整。Modeler 的每次迭代都将自动调整学习率 η。可采用线性或非线性的单调递减函数调整学习率 η。

线性调整方法为：

$$\eta(t+1)=\eta(t)-\frac{\eta(0)-\eta_{low}}{c} \tag{11.14}$$

式中，$\eta(0)$ 和 η_{low} 分别为当前阶段的初始学习率和最小学习率；c 为学习轮（周期）数。

非线性调整方法为：

$$\eta(t+1)=\eta(t)\times\exp\left[\frac{\ln(\frac{\eta_{low}}{\eta(0)})}{c}\right] \tag{11.15}$$

总之，Kohonen 网络是一种通过自组织方式实现数据聚类的无指导学习方法。

11.4.3　Kohonen 网络聚类的应用示例

这里，利用特雷弗·哈塞特（Trevor Hasite）等学者所著的 *The Elements of Statistical Learning：Data Mining，Inference，and Prediction* 中提供的手写邮政编码的扫描数据，讨论 Modeler 的 Kohonen 网络聚类的具体操作。

1. 数据和相关应用问题

该数据为文本格式，文件名为 ZipCode.txt。其样本量为 7 291。每个观测对应 0～9之间的一个手写阿拉伯数字，邮政编码是由这些手写数字组成的。对每个手写阿拉伯数字用 16×16 的点阵灰度值来描述，如图 11—18 所示。

图 11—18 显示了两个手写阿拉伯数字 6 和它们所对应的点阵灰度数据。数据包含 257个变量，其中第一个变量是数字本身，其余 256 个变量为该数字不同手写体的标准化灰

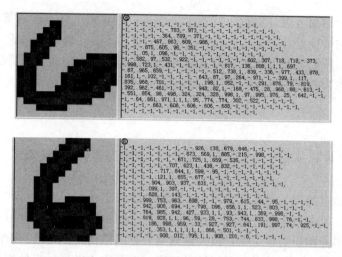

图 11—18　手写阿拉伯数字的 16×16 点阵数据

度值。

由于手写数字是不规范的，计算机通常无法很好地识别，因此考虑在大量已正确标识的点阵数据基础上，利用数据挖掘算法，提取不同阿拉伯数字的点阵灰度值的结构规律，为邮政编码的计算机自动识别提供依据。

这类问题可归属到计算机模式识别范畴内，其相关的技术研究和应用还有很多。OCR技术就是其中之一。

OCR 是英文 optical character recognition 的缩写，意思是光学字符识别。它利用光学技术，将包含文字和数字的纸质原始资料，扫描成黑白点阵的电子图像文件，并通过识别软件将图像转换为计算机内码，以供一般文字编辑等软件处理。

早在 1929 年，德国科学家陶西克（Tausheck）就首先提出了 OCR 的概念。20 世纪六七十年代，世界各国相继开始了 OCR 的研究。我国 OCR 技术的研究起步较晚，初期研究的重点是数字、英文字母及符号的识别。80 年代以后，随着计算机汉字编码和输入技术的不断发展和完善，汉字的识别技术有了长足进步，从单一字体的单体识别到多种字体混排的多体识别，从中文印刷材料的单语识别到中英混排印刷材料的双语识别，从简体汉字的识别到繁体汉字的识别，等等。

OCR 的核心目标是实现从图像文件到文本文件的转化，为此需经过图像输入、预处理、识别、后处理等阶段。其中最核心的问题是预处理和识别阶段的数据特征提取。

目前，OCR 技术研究已经比较成熟，应用面也越来越广。例如，这里讨论的邮政编码自动识别就是一个典型应用，是实现信件自动分拣、提高分拣效率、有效避免分拣错误的有效手段。

再例如，我国第五次全国人口普查中，第一次利用 OCR 技术采用自动手段采集人口普查数据。1949 年以来的第一至第四次全国人口普查中，数据汇总技术从最早的算盘到计算器到计算机，有了长足进步，但数据录入一直以手工输入为主，耗费了大量的人力和物力，且效率低下。仅以 1990 年的第四次人口普查为例，全国共聘用 3 000 个数据处理人员及 1 万个录入员，整整工作了一年。第五次全国人口普查中，数据量较第四次人口普查增加了一倍，全国约有 3.6 亿张短表，4 000 万张长表，500 万张死亡表，500 万张暂住人口调查表。但由于使用了 OCR 技术，一个人就可以承担 100 万户的数据录入工作，全国仅有约 500 人参与数据采集工作，有的省区只用两个月就完成了本省区的数据采集工作，速度提高了 5 倍，且有效避免了手工录入可能出现的错误。

又例如，基于 OCR 技术的高考阅卷系统，能够快速实现答题卡信息的自动采集，是实现客观题计算机自动评判的基础。

除了 OCR 技术和应用之外，模式识别还可用于公安系统的人脸识别及遥感图像的分析。最常见的遥感图像就是人们每天收看天气预报节目时看到的"卫星气象云图"，如图11—19 所示。

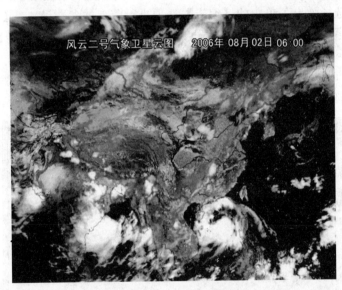

图 11—19　遥感图像示例

遥感图像通过不同的颜色和灰度来表示和描述空间数据。由于不同地物有不同的结构、成分或分布，使得其反射和发射的光谱特性各不相同，反映在遥感图像上即为不同的颜色和灰度差异。遥感图像的清晰程度取决于分辨率的高低。分辨率一般用来描述在显示设备上所能够显示的点的行、列数量，或影像中一个像元点所表示的面积。当然，分辨率越高，图像就越清晰。

正如日常生活中的照片一样，人们可以通过遥感图像辨别地物特征，例如，图像表现的是河流、湖泊等水体还是森林、沼泽等植被，是农田、林地等土地还是丘陵、高山等山地。不仅如此，遥感图像还能够帮助人们辨别地面上较小的物体，例如，一棵树、一个人、一条交通标志线等。因此，对遥感图像的分析和研究有非常重要的实际意义。

事实上，遥感技术和遥感图像分析已经在许多领域得到广泛应用。例如，检测地表资源和环境变化，了解沙漠化和土壤侵蚀程度，监视森林火灾和地质灾害，估计矿产和农作物产量等。

模式识别的研究离不开计算机计算，更离不开有效的数据挖掘方法，通常可采用数据挖掘的分类预测方法，也可以辅助使用聚类方法等。

2. 具体目标和基本操作

回到邮政编码问题。由于相同阿拉伯数字的点阵灰度值，在整体结构上具有相似性，因此，可考虑采用聚类算法尝试将描述相同数字的样本聚在一起，将描述不同数字的样本分开。这里，只抽取阿拉伯数字为 0，1，2 的样本进行聚类。

首先，利用【可变文件】节点读入数据，各变量以 field 开头后跟序号；然后，利用【类型】节点指定变量 field1（数字本身）的类型为名义型，并指定该变量不参与聚类分析；其次，利用【选择】节点只选取数字为 0（1 194 个），1（1 005 个），2（731 个）的样本；最后，选择【建模】选项卡中的【Kohonen】节点，将其连接到数据流的恰当位置上。右击鼠标，选择弹出菜单中的【编辑】选项进行节点的参数设置。【Kohonen】节点的参数设置包括字段、模型、专家和注解四张选项卡，这里只讨论【模型】和【专家】选项卡。

（1）【模型】选项卡。【模型】选项卡用于设置 Kohonen 聚类的迭代终止条件等主要参数，如图 11—20 所示。

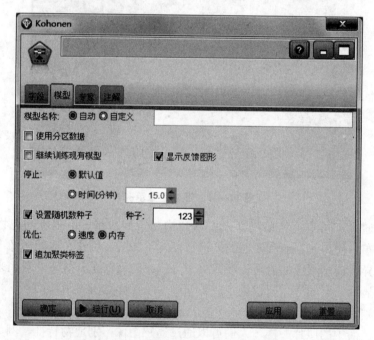

图 11—20 【Kohonen】的【模型】选项卡

其中：

● 继续训练现有模型：通常情况下，每次运行节点后都会得到一个完整的聚类模型。选中表示继续运行上次没有完成运行的模型。

● 显示反馈网形：选中表示在建模过程中，以矩形网格的形式，通过不同的色差模拟展示截至当前迭代为止，哪些输出节点敏感获胜次数多，哪些输出节点不敏感获胜次数少，如图 11—21 所示。

图 11—21 模拟表示的是一个 7×10 的输出层，包含 70 个输出节点。颜色越接近深灰

图 11—21 输出节点的敏感性网格表示

色表示相应的输出节点获胜的机会越多，白色表示该输出节点对样本结构不敏感或敏感度很弱。

● 停止：【默认值】表示以默认参数作为迭代结束的标准，这里主要指学习周期。

Modeler 并没有让用户自行设置类中心最大偏移量的最小值标准，虽然感觉缺少一定的灵活性，但事实上，用户很难给出这个标准。最直观的标准是模型运行时间。用户可以在【时间(分钟)】框中给出模型运行的最长时间（分钟），如果达到该时间则结束建模。

● 设置随机数种子：由于各类的初始类中心是个随机数，如果不选该项，那么初始随机数将不重复出现，使得每次模型计算结果不尽相同。若希望获得一致的计算结果，则应选择该项，并指定一个随机数种子。只要种子一样，计算结果就一样。

(2)【专家】选项卡。【专家】选项卡主要用于设置输出节点的个数（聚类数目）和其他高级参数等，如图 11—22 所示。

其中：

● 模式：选择【专家】表示自行设置参数。

● 分别在【宽度】和【长度】框中指定输出层的宽度和长度，即列数和行数，行数乘以列数就是输出节点个数，也就是聚类数目。输出节点将以行列坐标定位。

这里，希望将数据聚成 3 类，因此【宽度】设为 3，【长度】设为 1。

● 学习速率衰减：【线性】表示在迭代过程中采用线性函数调整学习率；【指数】表示采用非线性函数。

● 分别在【阶段 1】和【阶段 2】框中设置粗略学习阶段和调整学习阶段的相关参数。在【近邻】框中指定邻域半径，这里，邻域半径以输出层节点之间的横纵坐标值的差来计量；在【初始 Eta】框中指定学习率的初始值；在【周期】框中指定学习轮（周期）数。

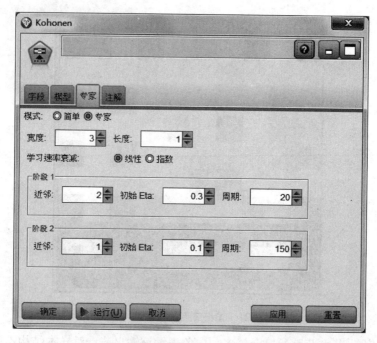

图 11—22　【Kohonen】的【专家】选项卡

3. 结果解读

本例计算结果如图 11—23 所示。

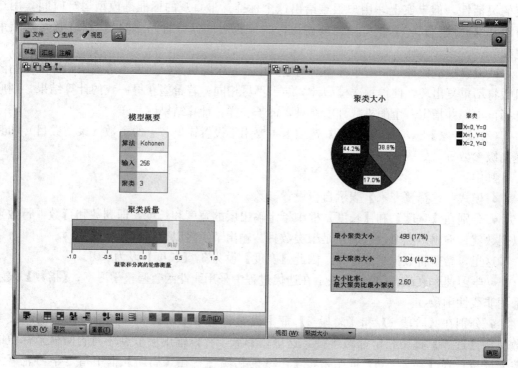

图 11—23　Kohonen 聚类结果

图中，X 和 Y 分别表示输出层的列号和行号。第 0 行第 0 列对应的输出节点（类）包含 38.8% 的观测；第 1 列第 0 行对应的输出节点（类）包含 17.0%；第 2 列第 0 行对应的输出节点（类）包含 44.2%。

将聚类计算结果添加到数据流中，利用【表】节点查看各样本的具体聚类情况。$KX 开头的变量为输出节点的列号，$KY 开头的变量为行号，$KX 和 $KY 变量的组合结果即表明样本从属的类，意味着相应输出节点最终取得了在该样本上的胜利。

为评价聚类效果，利用【分布】节点绘制变量 field1 的条形图，并以变量 $KX 作为交叠变量。进一步，利用【网络】节点绘制变量 field1 和变量 $KX 的网状图，如图 11—24 所示。

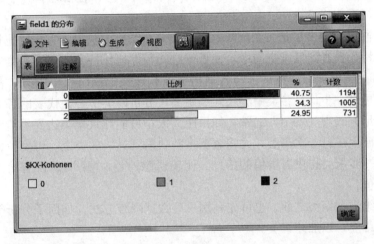

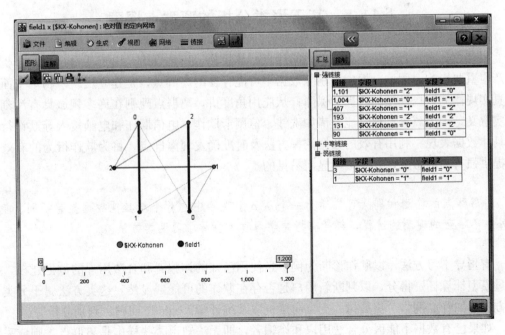

图 11—24　评价聚类效果

可见，邮政编码实际为 0，1，2 的样本量分别为 1 194，1 005 和 731，百分比依次为 40.75％，34.3％和 24.95％。条形图粗略显示了聚类的效果，其中数字 1 的效果最理想，0 次之，最不理想的是数字 2。

参看网状图可知，邮政编码为 1 的 1 005 个观测中，有 1 个被错误地聚到 $KX=1$ 的类中，其余都聚到了 $KX=0$ 的类中，效果最为理想。KX 为 0 代表数字 1。聚类效果次之的数字 0，绝大部分被聚到了 $KX=2$ 的类中，有较少部分被聚到了 $KX=1$ 的类中，有 3 个被聚到了 $KX=0$ 的类中。KX 为 2 代表数字 0。数字 2 的聚类效果最差，KX 为 1 代表数字 2。

输出层横坐标从小到大对应的数字依次为 1，2，0，意味着相对于 1 与 0，1 和 2 的灰度数据结构特征更相似。

Kohonen 网络的输出层是一个反映数据聚类分布结构的映射，它有效地将数据在高维空间中的聚类特征投影到低维空间中，使低维空间很好地保持和体现了高维空间的拓扑结构。在 Kohonen 网络训练结束后，与各输出节点相连接的网络权值收敛，各类中心趋于稳定。此时，可进一步计算各类中心之间的距离，分析以类中心为代表的各类之间的位置关系，并以图形方式直观展示。通常，如果距离太小可能导致聚类边界不清晰，于是可在聚类结果的基础上进行二次聚类，并将数据重新映射到最终的类上。可见，Kohonen 网络聚类能够为下一步聚类提供有价值的信息。比较遗憾的是，Modeler 没有给出各输出节点最终的网络权值。

另外，高维数据聚类之前，也可先利用一些数据降维方法，如因子分析等，适当减少变量个数降低维度，以加速聚类。

§11.5　基于聚类分析的离群点探索

离群点探索一直是数据挖掘关注的热点。从量化分析角度讲，由于离群点会对分析模型产生重要影响，因此，探索并剔除数据中可能存在的离群点，是建立反映事物本来面貌和真实规律的数据模型的前提和保障；从应用角度讲，离群点甄别在许多领域具有深刻的现实意义，因为离群点很可能是诸如洗钱、信用卡欺诈、电信欺诈和电脑侵入等欺诈行为的具体数据表现。利用有效的数据挖掘方法及时准确发现离群点，将为欺诈行为的有效甄别提供强有力的帮助，其意义是显而易见的。

> 离群点的检测和剔除可描述为一个从 n 个观测中选 k 个与其他数据显著不同、例外或不一致的观测的过程，包括有指导学习和无指导学习两类方法。

有指导学习方法，以欺诈诊断为例，是使用已知的诈骗者和合法用户的数据建模，并通过模型计算怀疑得分，以判断新用户是否存在欺诈的可能。显然，这类方法属于分类预测方法，如神经网络、决策树、支持向量机以及统计学 Logistic 回归、判别分析等。

如果已有数据不能区分合法用户和诈骗者，即无法知道哪些样本是离群点，则应采用无指导学习方法。无指导学习方法通常以代表用户正常消费行为的基本分布为基础建模，通过诊断样本数据发现其中最大可能的离群点，包括低维空间中的可视化方法、一维样本的统计探测方法、多维空间基于聚类的诊断方法以及基于偏差的诊断方法等。

这里将重点讨论多维空间基于聚类的诊断方法，即 Modeler 的异常诊断方法。

11.5.1 多维空间基于聚类的离群点诊断方法

多维空间基于聚类的诊断方法从综合分析的角度，通过聚类和计算样本点与数据组群之间的距离，以及距离远近的判断，实现离群点的诊断以及离群点成因的分析。

以图 11—25 为例。显然，有理由怀疑图中圆圈中的点为离群点。从聚类角度看，A，B，C 三个样本点应分别属于距离它们最近的类。但相对类内的其他成员，这三个点又分别远离各自的类，很可能是离群点。

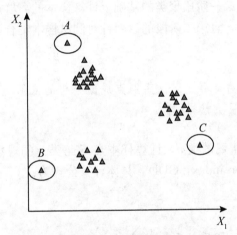

图 11—25 基于聚类的离群点诊断

离群点分析包括三个阶段：第一，聚类，即根据"亲疏程度"将样本点聚成若干类；第二，计算，即在第一阶段聚类的基础上，依据距离，计算所有样本点的异常性测度指标；第三，诊断，即在第二阶段异常性测度指标的基础上，确定最终的离群点，并分析导致样本点异常的原因，即分析离群点在哪个变量方向上呈现异常。

以下就这三个阶段分别讨论。

1. 第一阶段

第一阶段的聚类分析过程主要涉及以下步骤：

（1）数据预处理，主要包括：

1）剔除含有极端值的观测。Modeler 规定的极端值指数值型变量取值大于 1.0×10^{150} 的样本。

2）剔除变量值为常量的变量，这些变量通常没有意义。

3）缺失值替补。对于数值型变量，缺失值用均值替代；对于分类型变量，缺失值将作为一个有效类别。

4）生成一个新变量，记录各观测取缺失值的变量个数占总变量个数的比例。

（2）数据聚类，主要包括：

1）将数据预处理后的所有变量视为聚类变量，利用两步聚类方法聚类，找到各类的类中心。

2）对于所有数据，分别计算 K^A 个数值型聚类变量 k 的均值和方差 $\hat{\sigma}_k^2$。

3）对于各个类，计算类 v 的样本量 N_v；K^A 个数值型聚类变量 k 的均值和方差 $\hat{\sigma}_{vk}^2$；K^B 个分类型变量第 l 个类别的样本量 N_{vkl}。这些计算将为后续分析奠定基础。

2. 第二阶段

第二阶段的任务是在第一阶段聚类的基础上计算样本的离群点测度指标。如果第一阶段的聚类基于训练样本集，且第二阶段的诊断针对测试样本集合，则应首先对测试样本进行预处理，处理方法同上。

判断样本点 S 是否为离群点以及离群点成因分析的依据是：组差异指标、变量差异指标、异常指标和变量贡献指标。

（1）找到样本点 S 所属的类 v。计算样本点 S 与类 v 的对数似然距离，这里称为组差异指标（group deviation index，GDI）。具体计算公式为：

$$\text{GDI}_S = d(v,s) = \xi_v + \xi_s - \xi_{<v,s>} = \xi_v - \xi_{<v,s>}$$

$$\xi_v = -N_v \Big(\sum_{k=1}^{K^A} \frac{1}{2}\ln(\hat{\sigma}_k^2 + \hat{\sigma}_{vk}^2) + \sum_{k=1}^{K^B} \hat{E}_{vk} \Big)$$

$$\hat{E}_{vk} = -\sum_{l=1}^{L_k} \frac{N_{vkl}}{N_v}\ln\Big(\frac{N_{vkl}}{N_v}\Big)$$

S 是一个样本点，其内部差异为 0，即 ξ_s 为 0。GDI 反映了样本点 S 加入类 v 所引起的类 v 内部差异的增大量。

（2）对于样本点 S，计算聚类变量 k 的变量差异指标（variable deviation index，VDI）。对于数值型聚类变量 k，VDI 定义为：

$$\text{VDI}_k = \frac{1}{2}\ln(\hat{\sigma}_k^2 + \hat{\sigma}_{vk}^2) \tag{11.16}$$

对于分类型聚类变量 k，VDI 定义为信息熵：

$$\text{VDI}_k = -\sum_{l=1}^{L_k} \frac{N_{vkl}}{N_v}\ln(\frac{N_{vkl}}{N_v}) \tag{11.17}$$

VDI 是样本点 S 进入类 v 后与进入类 v 前，GDI（对数似然距离）中各加数部分的差，反映了样本点 S 加入类 v 所引起的类 v 内部差异增大量中，各聚类变量的贡献大小。

（3）计算异常指标（anomaly index，AI）。

对于样本点 S，AI 定义为：

$$AI_S = \frac{GDI_S}{\frac{1}{N_v}\sum_{i=1}^{N_v} GDI_i} \tag{11.18}$$

AI 是一个相对指标，比 GDI 更直观，是样本点 S 所引起的类内差异与类 v 内其他样本点所引起差异的平均值的比。该值越大，认为样本点 S 是离群点的把握就越大。

（4）计算变量贡献指标（variable contribution measures，VCM）。

对于样本点 S，变量 k 的贡献指标定义为：

$$VCM_S = \frac{VDI_k}{GDI_S} \tag{11.19}$$

VCM 也是一个相对指标，比 VDI_k 更直观，反映的是各聚类变量对差异贡献的比例。该值越大，则相应变量是导致样本点 S 离群的原因的可能性越大。

3. 第三阶段

第二阶段计算得到了所有样本点的 GDI，VDI，AI 和 VCM，本阶段将依据这些指标的排序结果，确定离群点并分析导致异常的原因。具体包括：

（1）将 AI 按照降序排列，排在前 m 位的样本点可能为离群点。同时，m 位置的 AI 就是离群点的判断标准，大于该值的为离群点，小于该值的为非离群点。

（2）对于离群点，将 VDI 按照降序排列，排在前 l 位的变量是导致该点可能异常的主要原因。

11.5.2 多维空间基于聚类的离群点诊断应用示例

这里，以虚拟的电信客户数据（文件名为 Telephone.sav）为例，讨论 Modeler 离群点诊断的具体操作。分析目标：找到保持客户中可能的异常客户。

首先，利用【选择】节点选择流失为 No 的样本；其次，利用【类型】节点指定除流失以外的其他变量为输入角色参与分析；最后，选择【建模】选项卡中的【异常】节点，将其连接到数据流的恰当位置上。右击鼠标，选择弹出菜单中的【编辑】选项进行节点的参数设置。【异常】节点的参数设置包括字段、模型、专家和注解四张选项卡，这里只讨论【模型】和【专家】选项卡。

1.【模型】选项卡

【模型】选项卡用于设置离群点指标判断的标准等参数，如图 11—26 所示。

其中：

● 最小异常指数水平：指定 AI 的最小值，大于该值的样本点可能是离群点。

● 训练数据中最异常的记录百分比：给定一个百分比，找到指定百分比的可能为离群点的样本。

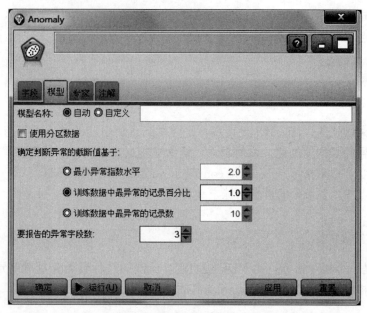

图 11—26　【异常】的【模型】选项卡

- 训练数据中最异常的记录数：指定找到多少个可能为离群点的样本。
- 要报告的异常字段数：默认输出前 3 个导致样本点可能异常的重要变量。

2. 【专家】选项卡

【专家】选项卡用于设置关于聚类等其他高级参数，如图 11—27 所示。

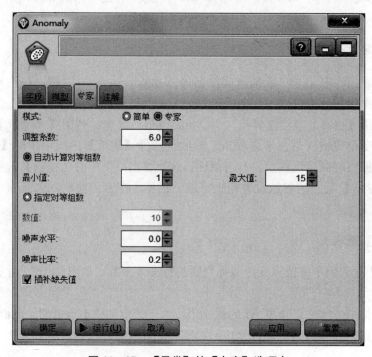

图 11—27　【异常】的【专家】选项卡

其中：

● 模式：选择【专家】表示可自行设置相关参数。

● 调整系数：指定一个大于 0 的数，用于调整数值型聚类变量和分类型变量在分析中的权数。该值越大，数值型变量的权数越大。

● 自动计算对等组数：表示自动判断样本点应聚成几个类，聚类数目的最小值和最大值分别在【最小值】和【最大值】框中指定。

● 指定对等组数：如果对聚类数目有一定把握或假设，可在【数值】框中给出聚类数目。

● 噪声水平：指定允许的噪声水平，是两步聚类中异常类的判断标准。正如在两步聚类算法中讨论的那样，如果一个叶节点包含的样本量与最大叶节点包含的样本量的比值很小，可认为该叶节点的样本为异常样本，它代表的类为异常类，其判断标准即为 0.5－噪声水平。显然，噪声水平取值在 0～0.5 之间，越接近 0，意味着聚类过程越可能找到异常类；该值越接近 0.5，意味着算法越可能视异常类为正常类。

● 插补缺失值：选中表示对缺失值进行替补，方法同前；如果不选，则数据预处理时将剔除所有包含缺失值的观测。

3. 结果解读

本例的计算结果如图 11—28 所示。

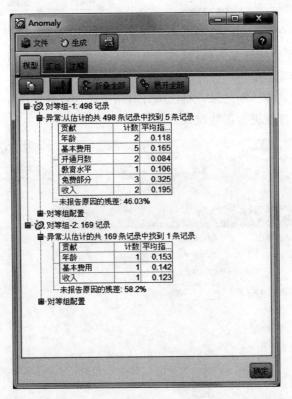

图 11—28　【异常】的计算结果（一）

图 11—28 表明，所有数据聚成了两类，第 1 类包含 498 个观测，发现 5 个离群点；

第 2 类包含 169 个观测，发现 1 个离群点。

进一步，分析导致离群的原因。以第 1 类为例，总体来讲，异常主要是由免费部分、收入、教育水平、基本费用、开通月数和年龄 5 个变量引起的。5 个离群点中有 5 个是由基本费用引起的，它们在基本费用变量上取值异常，且基本费用的平均 VDI 为 0.165。同理，有 3 个是由免费部分引起的，等等。

选择图 11—28 的【汇总】选项卡，如图 11—29 所示。

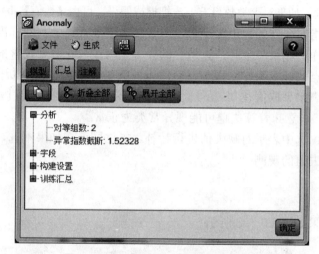

图 11—29　【异常】的计算结果（二）

图 11—29 给出了判断异常的 AI 标准为 1.52。如果样本点的 AI 大于 1.52，则该样本点可能是离群点，否则不是。

为查看各观测的具体诊断结果，将模型计算结果添加到数据流中。右击鼠标，选择弹出菜单中的【编辑】选项进行参数设置，如图 11—30 所示。

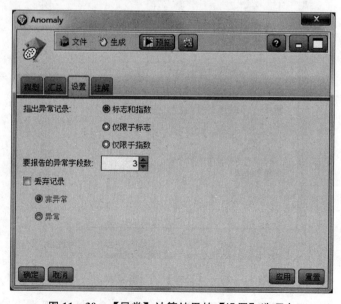

图 11—30　【异常】计算结果的【设置】选项卡

其中：

● 标志和指数：表示输出各个观测的诊断结果以及 AI 值。

● 仅限于标志和仅限于指数：分别表示只输出诊断结果和仅输出 AI 值。

● 要报告的异常字段数：默认输出前 3 个导致样本异常的变量。

● 丢弃记录：选中表示剔除相应样本。【非异常】表示剔除非离群点；【异常】表示剔除离群点。

利用【表】节点浏览具体结果。其中，默认变量名为 $O-Anomaly 的变量存放诊断结果，T 表示是离群点，F 表示不是；$O-Anomalyindex 变量给出了每个观测的 AI 值；$O-Peergroup 变量记录各观测所属的类；$O-Field 和 $O-Fieldimpact 变量分别给出了 VDI 值排在前 3（默认）位的变量名和 VDI 值。

为进一步直观观察离群点，可利用【图】节点绘制散点图。例如，收入和基本费用的散点图，其图形结果如图 11—31 所示。

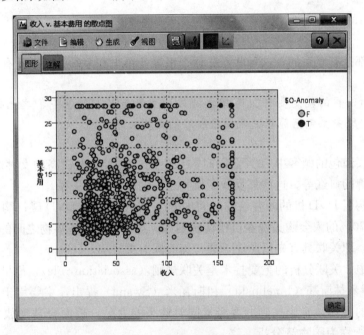

图 11—31　利用散点图观察离群点

图 11—31 中黑色点为离群点，是一些收入中等水平但基本费用很高的点。

　　需要说明的是，从操作过程看，【异常】节点总能找到离群点，因此这些点只能视为疑似异常点。是否确实为离群点，还需要进一步的分析。

　　另外，由于基于聚类的离群点诊断方法是一种无指导的学习方法，并没有针对输出变量，对此，可首先利用【特征选择】节点，找到与输出变量相关的几个重要输入变量，然后再利用【异常】节点诊断异常，从而在对输出变量有重要影响的输入变量范围内，查找导致样本离群的变量。

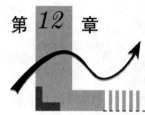

第 12 章

探索内部结构：Modeler 的关联分析[*]

世间万物都是有联系的，这种联系让这个世界变得丰富多彩而又生动有趣。

关联分析的目的就是要寻找事物之间的联系和规律，发现它们之间的关联关系。事物之间的关联关系包括简单关联关系和序列关联关系。

例如，购买面包的顾客中 80％会同时购买牛奶；收入水平较高的女性顾客中 90％会选择某知名品牌的口红等。这些都反映了事物之间的简单关联关系。

再例如，购买 DVD 机的顾客一段时间内 80％的人会购买 DVD 碟；购买洗衣机的顾客一段时间内 70％的人会购买洗衣机槽清洗剂等。这些也反映了事物之间的关联关系，但属于序列关联，即关联具有先后顺序，通常与时间有关。

数据挖掘中，关联分析的主要技术是关联规则（association rule），最早由阿格拉瓦尔（Agrawal）、伊米林斯基（Imielinski）和斯瓦米（Swami）提出，主要用于研究超市顾客购买商品之间的规律，希望找到顾客经常同时购买的商品，进而合理摆放货架，方便顾客选取，该分析称为购物篮分析。

分析简单关联关系的技术称为简单关联规则；分析序列关联关系的技术称为序列关联规则。

随着关联规则技术的不断丰富和完善，该技术已广泛应用于众多领域。

例如，在零售业中，关联规则技术可以帮助企业经营者发现顾客的购买偏好，准确定位顾客特征，给顾客提供购买建议；可以帮助企业经营者制定合理的交叉销售方案，促进产品销售；可以帮助分析顾客消费的周期性规律，合理规划库存和

---

[*] 本章的数据流文件：关联规则．str。

进货。

再例如，在保险公司业务中，关联规则可以帮助企业分析保险索赔的原因，及时甄别欺诈等。

以下将分别讨论简单关联规则和序列关联规则。

§12.1 简单关联规则及其有效性

简单关联规则是数据挖掘的主要工具之一，属于无指导学习方法，能够有效揭示数据中隐含的关联特征，一般不直接用于分类预测。

简单关联规则的算法有很多，大致分为两类：一类主要集中在如何提高关联规则的分析效率；另一类则注重如何使关联规则分析有更广泛的应用，包括如何处理数值型变量，如何将单一概念层次的关联推广到多概念层次的关联等。

Modeler 提供了 Apriori，GRI，Carma 等经典算法。其中，Apriori 和 Carma 算法属于第一类算法，GRI 算法属于第二类算法。由于 Carma 算法与 Apriori 算法属同类算法，因此这里只重点讨论 Apriori 算法和 GRI 算法。

12.1.1 简单关联规则的基本概念

1. 事务和项集

简单关联规则的分析对象是事务（transaction）。事务可以理解为一种商业行为，含义极为宽泛。

例如，超市顾客的购买行为是一种事务；网页用户的页面浏览行为是一种事务；一份保险公司的人寿保单也是一种事务。

事务（T）通常由事务标识（TID）和项目集合（简称项集 X）组成。事务标识唯一确定一个事务；I 为包含 k 个项目的全体，即 $I = \{i_1, i_2, \cdots, i_k\}$。事务 $T \subseteq I$，项集 $X \subseteq I$。如果项集 X 中包含 p 个项目，则称项集 X 为 p-项集。

例如，超市中可能有 10 000 种商品，则 I 包含 10 000 个项目，即 k 为 10 000。一名顾客一次性购买了 10 种商品，则关于顾客购买行为的事务 T 中一定包含该顾客的事务，其中 TID 唯一标识该顾客，其项集 X 为 10-项集，即 p 为 10。$T \subseteq I$ 和 $X \subseteq I$ 总成立。

事务数据的存储主要有事务表和事实表两种格式。

例如，表 12—1 是 4 名顾客某天的购买数据，其中 A，B，C，D，E 分别为商品代码，相应的事务表和事实表如表 12—2 和表 12—3 所示。

表 12—1　　　　　　　　　　　　　　　顾客购买数据示例

TID	项集 X
001	ACD
002	BCE
003	ABCE
004	BE

表 12—1 中，TID 表示顾客编号，这里一名顾客对应一个事务。X（ACD）表示 001 号顾客的购买情况。其中，X 为项集，括号中为项集所包含的具体项目。

表 12—2　　　　　　　　　　　　　　　事务表示例

TID	项集 X
001	A
001	C
001	D
002	B
002	C
002	E
003	A
003	B
003	C
003	E
004	B
004	E

事务表中，变量名为项集，变量值为项集所包含的具体项目。

表 12—3　　　　　　　　　　　　　　　事实表示例

TID	项目 A	项目 B	项目 C	项目 D	项目 E
001	1	0	1	1	0
002	0	1	1	0	1
003	1	1	1	0	1
004	0	1	0	0	1

事实表中，变量名为具体项目，变量值取 1 或 0，1 代表购买，0 代表没有购买。

2. 简单关联规则的形式

简单关联规则是简单关联分析的重要手段，同时，简单关联规则的分析结果也表示为简单关联规则的形式。简单关联规则的一般表示形式是：

$$X \rightarrow Y(\text{规则支持度}, \text{规则置信度})$$

式中，X 称为规则的前项，可以是一个项目或项集，也可以是一个包含逻辑与（$\cap$）、逻辑或（$\cup$）、逻辑非（$\neg$）的逻辑表达式；Y 称为规则的后项，一般为一个项目，表示某种结论或事实。

例如，面包→牛奶，前项和后项均为一个项目。这种规则表示方式适用于事务数据组织成事实表的情况，表示购买面包和购买牛奶。该规则的含义是，购买面包则会购买牛奶。

再例如，性别（女）$\bigcap$ 收入（$>5\,000$）→品牌（A），前项为一个包括逻辑与的逻辑表达式，表示两个项集（性别和收入）之间为并且关系。项集性别中的具体项目为女，项集收入中的具体项目是大于 $5\,000$ 的所有项目。后项为一个品牌项集，具体项目为 A。这种规则表示方式适用于事务数据组织成事务表的情况。该关联规则的含义是，收入大于 $5\,000$ 的女性倾向于 A 品牌。

规则圆括号中为百分比数字，是规则的评价指标，具体见以下内容。

12.1.2 简单关联规则的有效性和实用性

依据样本数据可以得到很多关联规则，但并非所有关联规则都有效。也就是说，有的规则可能令人信服的水平不高，有的规则适用的范围很有限，这些规则都不具有有效性。判断一条关联规则是否有效，应依据各种测度指标，其中最常用的指标是关联规则的置信度和支持度。

1. 简单关联规则有效性的测度指标

（1）规则置信度。规则置信度（confidence）是对简单关联规则准确度的测量，描述了包含项目 X 的事务中同时包含项目 Y 的概率，反映 X 出现的条件下 Y 出现的可能性，其数学表示为：

$$C_{X\to Y}=\frac{|T(X\bigcap Y)|}{|T(X)|} \tag{12.1}$$

式中，$|T(X)|$ 表示包含项目 X 的事务数；$|T(X\bigcap Y)|$ 表示同时包含项目 X 和项目 Y 的事务数。如果置信度高，则说明 X 出现则 Y 出现的可能性高，反映的是在给定 X 情况下 Y 的条件概率。例如，如果面包→牛奶（$S=85\%$，$C=90\%$），那么表示购买面包则同时购买牛奶的可能性为 90%。

（2）规则支持度。规则支持度（support）测度了简单关联规则的普遍性，表示项目 X 和项目 Y 同时出现的概率，其数学表示为：

$$S_{X\to Y}=\frac{|T(X\bigcap Y)|}{|T|} \tag{12.2}$$

式中，$|T|$ 表示总事务数。支持度太低，说明规则不具有一般性。

另外，还可以计算简单关联规则中的前项支持度和后项支持度，它们分别是：$S_X=\frac{|T(X)|}{|T|}$ 和 $S_Y=\frac{|T(Y)|}{|T|}$。

规则支持度和规则置信度具有内在联系，分析它们的数学定义，可得

$$C_{X\to Y}=\frac{|T(X\bigcap Y)|}{|T(X)|}=\frac{S_{X\to Y}}{S_X} \tag{12.3}$$

也就是说，包含项目 X 的事务中可能同时包含项目 Y，也可能不包含，规则置信度反映的是其包含项目 Y 的概率，是规则支持度与前项支持度的比。

一个理想的简单关联规则应具有较高的置信度和较高的支持度。如果规则支持度较高但置信度较低，则说明规则的可信度差。同时，如果规则置信度较高但支持度较低，则说明规则的应用机会很少。一个置信度较高但普遍性较低的规则并没有太多的实际应用价值。

例如，在 1 000 个关于顾客购买行为的事务中，只有 1 个顾客购买了野炊用的烧烤炉，同时也只有他购买了炭。虽然规则"烧烤炉→炭"的置信度很高，为 100%，但其支持度只有 0.1%，很低，说明该规则缺乏普遍性，仍然不适用。

所以，简单关联规则分析的目的应是在众多简单关联规则中筛选出那些具有一定置信度和支持度的规则。对此，用户应给定一个最小置信度 C_{min} 和最小支持度 S_{min} 的阈值。只有大于最小置信度和支持度阈值，即 $(S_{X \to Y} \geqslant S_{min}) \bigcap (C_{X \to Y} \geqslant C_{min})$ 的规则才是有效规则。

当然，阈值的设置要合理。如果支持度阈值太小，生成的规则会失去代表性，而如果支持度阈值太大，则可能无法找到满足阈值要求的规则；同样，如果置信度阈值太小，生成的规则的可信度就不高，而如果阈值太大，同样可能无法找到满足阈值要求的规则。

事实上，规则置信度和支持度的计算与统计中的列联表密切相关。表 12—4 是一个典型的列联表。

表 12—4　　　　　　　　　　一个典型的列联表

		Y		合计
		1	0	
X	1	A	B	R_1
	0	C	D	R_2
合计		C_1	C_2	T

表中，行表示前项；列表示后项；A，B，C，D 为交叉分组下的频数；R_1，R_2，C_1，C_2 分别为各行合计以及各列合计；T 为总计。对于关联规则 $X \to Y$，规则置信度为 A/R_1，规则支持度为 A/T，前项支持度为 R_1/T，后项支持度为 C_1/T。

2. 简单关联规则实用性的测度指标

通常情况下，如果规则置信度和支持度大于用户指定的最小置信度和支持度阈值，那么这个规则就是一条有效规则。事实上，有效规则在实际应用中并不一定实用。例如，对于简单关联规则：怀孕→女性，并没有多少实用价值。换句话说，有效规则未必具有实际意义和正确的指导意义。

（1）简单关联规则所揭示的简单关联关系可能仅仅是一种随机关联关系。

例如，超市通过简单关联规则分析发现，购买牛奶的顾客 40% 为男性，即牛奶→性别（男）（$S=40\%$，$C=40\%$），相应的列联表如表 12—5 所示。

表 12—5　　　　　　　　　　　　　**示意列联表（一）**

	男	女	合计
买	40	60	100
未买	0	0	0
合计	40	60	100

如果用户指定的最小置信度和支持度为 20%，表面看该规则是一条有效规则，但进一步计算发现，此时顾客中男性的比例也为 40%，即后项支持度为 40%。也就是说，购买牛奶顾客的男性比例与所有顾客的男性比例是一致的。此时，该规则所反映的只是一种前后项无关联下的随机性关联，并没有提供更有意义的指导性信息，因而不具有实用性。

（2）简单关联规则所揭示的简单关联关系可能是反向关联关系。

例如，市场调查机构通过简单关联规则分析发现，某市学习优异的中学生中有 60% 的人早晨吃鸡蛋，即成绩（优异）→吃（鸡蛋）（$S=30\%$，$C=60\%$），相应的列联表如表 12—6 所示。

表 12—6　　　　　　　　　　　　　**示意列联表（二）**

	吃	不吃	合计
优异	60	40	100
不优异	66	14	80
合计	126	54	180

同理，如果用户指定的最小置信度和支持度为 20%，表面看该规则仍是一条有效规则，但进一步计算发现，该市 70% 的中学生早晨吃鸡蛋，即后项支持度为 70%。也就是说，成绩优异的学生中吃鸡蛋的比例低于吃鸡蛋学生的总体比例。此时，成绩优异与吃鸡蛋的关联是反向的，该规则并没有提供一定的指导作用，反而有误导性，因为只有成绩优异的学生中吃鸡蛋的比例高于 70% 的规则才对决策有指导意义。

总之，规则置信度和支持度只能测度一条关联规则的有效性，但并不能衡量其是否具有实用性和实际意义，为此还应参考关联规则的其他测度指标。

（1）规则提升度。规则提升度（lift）是置信度与后项支持度的比，其数学定义为：

$$L_{X\to Y}=\frac{C_{X\to Y}}{S_Y}=\frac{|T(X\bigcap Y)|}{|T(X)|}\bigg/\frac{|T(Y)|}{|T|} \tag{12.4}$$

事实上，后项支持度是没有模型时研究项（后项）的先验概率。规则提升度反映了项目 X 的出现对项目 Y（研究项）出现的影响程度。一般大于 1 才有意义，意味着 X 的出现对 Y 的出现有促进作用。规则提升度越大越好。

对于上述两个问题，规则提升度分别为：40%/40%=1 和 60%/70%<1。可见，虽

然上述两条规则是有效的，但没有意义。

（2）置信差（confidence difference）。与规则提升度类似，置信差也利用了后项支持度，是规则置信度与后项支持度的绝对差，其数学定义为：

$$D = |C_{X \to Y} - S_Y| \tag{12.5}$$

例如，在没有任何模型的条件下，后项支持度是 80%，即 80% 的顾客购买牛奶，如果规则置信度是 82%，即通过学习知道购买面包的顾客购买牛奶的概率是 82%，那么置信差为 2%，应该说该学习所获得的关联规则提供的信息量并不多，只有 2%，其相应的提升度也仅为 1.025。

置信差应高于某个最小值，所得到的关联规则才有意义。

（3）置信率（confidence ratio）。置信率的数学定义为：

$$R = 1 - \min \left(\frac{C_{X \to Y}}{S_Y}, \frac{S_Y}{C_{X \to Y}} \right) \tag{12.6}$$

式中，括号中的第一项为提升度，第二项是提升度的倒数。由于提升度越大越好，所以，R 也是越大越好。

置信率适用于稀有样本的分析。例如，某种病症的发生概率很低，假设为 1%。如果关联规则表示某种特征的人得此种病症的概率为 10%，尽管它置信差不高，仅为 9%，但置信率却较高，为 90%。于是，该规则可能会从依据置信差判定的无效规则变为由置信率判定的有效规则。

同样，置信率应高于某个最小值，所得到的关联规则才有意义。

（4）正态卡方（normalized chi-square）。正态卡方从分析前项与后项的统计相关性角度评价规则的有效性，其数学定义为：

$$N = \frac{(S_X S_Y - S_{S \to Y})^2}{S_X \bar{S}_X S_Y \bar{S}_Y} \tag{12.7}$$

不难得出，当项目 X 和项目 Y 独立时，$S_X S_Y = S_{S \to Y}$，N 为 0；当项目 X 和项目 Y 完全相关时，N 为 1。因此 N 越接近 1，说明前项和后项的关联性越强。

同样，正态卡方应高于某个最小值，所得到的关联规则才有意义。

（5）信息差（information difference）。信息差是在交互熵的基础上计算出来的。交互熵（cross entropy）也称相对熵，在香农的信息论中具有非常重要的地位，主要用于度量两个概率分布间的差异性。

设 $\boldsymbol{P} = (p_1, p_2, \cdots, p_n)$ 和 $\boldsymbol{Q} = (q_1, q_2, \cdots, q_n)$ 是两个离散型随机变量的概率分布向量，则 $H(\boldsymbol{P} \mid \boldsymbol{Q})$ 称为 $\boldsymbol{P}$ 对 $\boldsymbol{Q}$ 的交互熵，其数学定义为：

$$H(\boldsymbol{P} \mid \boldsymbol{Q}) = \sum_{i=1}^{n} p_i log_2 p_i - \sum_{i=1}^{n} q_i log_2 q_i \tag{12.8}$$

关联规则中，式（12.8）的第一项换成 X 条件下 Y 的分布，第二项换成 X 独立于 Y 下的期望分布。

为说明信息差的含义，仍以购买面包和牛奶为例，见表 12—7 的数据。

表 12—7 面包和牛奶的概率分布表

		Y（牛奶）		概率
		1	0	
X（面包）	1	ac r	$a\bar{c}$ $a-r$	a
	0	$\bar{a}c$ $c-r$	$\bar{a}\bar{c}$ $1-(a+c-r)$	$\bar{a}$
	概率	c	$\bar{c}$	1

表 12—7 中，a 为前项支持度，c 为后项支持度，r 为关联规则的支持度。所有单元格的第一个数据形成的分布为 X 和 Y 独立条件下的期望概率分布，也就是购买面包和购买牛奶没有任何联系情况下的分布。所有单元格的第二个数据形成的分布为实际概率分布。为计算这两个概率分布的差异，根据交互熵的定义，信息差定义为：

$$E = \frac{r\ln\dfrac{r}{ac} + (a-r)\ln\dfrac{a-r}{a\bar{c}} + (c-r)\ln\dfrac{c-r}{\bar{a}c} + (1-a-c+r)\ln\dfrac{1-a-c+r}{\bar{a}\bar{c}}}{\ln2}$$

$$(12.9)$$

可见，信息差越大说明实际前后项的关联性越强。同样，信息差应高于某个最小值，所得到的关联规则才有意义。

当然，以上指标仅仅是数字上的参考。一条推理规则是否真正具有现实意义，还应该从所研究问题的实际出发，多方面考虑。

§12.2 Modeler 的 Apriori 算法及应用

最早的 Apriori 算法是阿格拉瓦尔和斯里坎特（Srikant）于 1994 年提出的，经过不断完善，现已成为数据挖掘中简单关联规则技术的核心算法。Modeler 采用的是克里斯蒂安·博格尔特（Christian Borgelt）对 Apriori 算法的改进算法。其特点是：

（1）只能处理分类型变量，无法处理数值型变量。

（2）数据可以按事务表方式存储，也可以按事实表方式存储。

（3）算法是为提高关联规则的产生效率而设计的。

对样本集的简单搜索可能产生大量的无效规则，执行效率比较低，尤其在大样本集的情况下更是如此。为提高有效关联规则的产生效率，Apriori 算法包括两大部分：第一，产生频繁项集；第二，依据频繁项集产生简单关联规则。

12.2.1 产生频繁项集

1. 频繁项集

所谓频繁项集，是指对包含项目 A 的项集 C，如果其支持度大于等于用户指定的最小

支持度，即

$$\frac{|T(A)|}{|T|} \geqslant S_{\min} \tag{12.10}$$

则称 $C(A)$ 为频繁项集。包含 1 个项目的频繁项集称为频繁 1-项集，记为 L_1；包含 k 个项目的频繁项集称为频繁 k-项集，记为 L_k。确定频繁项集的目的是确保后续生成的关联规则是在具有普遍代表性的项集上生成的。否则，所生成的关联规则不可能具有较高的支持度。

2. 寻找频繁项集

频繁项集是 Apriori 算法提高关联规则效率的关键。Apriori 寻找频繁项集的策略是自下而上，即从包含少量项目的项集开始依次向包含多个项目的项集搜索。

以图 12—1 为例，其基本原则是，如果最底层中只包含 D 项的 1-项集不是频繁项集，则包含 D 项的其他所有项集（图中灰色圆圈）都不可能是频繁项集，后续无须再对这些项集进行判断。

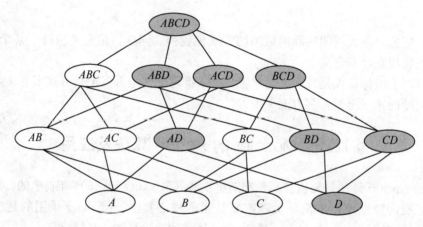

图 12—1　寻找频繁项集

Apriori 寻找频繁项集的过程是一个不断迭代的过程，每次迭代都包含两个步骤：第一，产生候选集 C_k。所谓候选集，就是有可能成为频繁项集的项目集合。第二，基于候选集 C_k，计算支持度并确定频繁项集 L_k。

(1) 第一次迭代过程中，候选集为所有 1-项集 C_1；在 C_1 中寻找频繁项集，即计算 C_1 中所有 1-项集的支持度。支持度大于等于用户指定的最小支持度阈值的 1-项集成为频繁 1-项集 L_1。对于没有成为频繁项集的其他 1-项集，根据上述基本原则，包含它们的其他多项集不可能成为频繁项集，后续不必再考虑。

(2) 第二次迭代过程在 L_1 基础上进行，首先产生候选集 C_2。Apriori 算法通过 $L_k *$ L_k 产生候选集；在 C_2 中寻找频繁项集，即计算 C_2 中所有 2-项集的支持度。支持度大于等于用户指定的最小支持度阈值的 2-项集成为频繁 2-项集 L_2。

(3) 重复上述过程，直到无法产生候选项集为止。

用表 12—1 中的数据说明这个迭代过程。设用户指定的最小支持度阈值为 0.5。其 3

次迭代过程如图 12—2 所示。

第一次迭代	1-项集C_1		项集C_1	计数	S[%]		频繁1-项集L_1	计数	S[%]
	{A}		{A}	2	50		{A}	2	50
	{C}		{C}	3	75		{C}	3	75
	{D}		{D}	1	25				
	{B}		{B}	3	75		{B}	3	75
	{E}		{E}	3	75		{E}	3	75

第二次迭代	2-项集C_2		项集C_2	计数	S[%]		频繁2-项集L_2	计数	S[%]
	{A,B}		{A,B}	1	25				
	{A,C}		{A,C}	2	50		{A,C}	2	50
	{A,E}		{A,E}	1	25				
	{B,C}		{B,C}	2	50		{B,C}	2	50
	{B,E}		{B,E}	3	75		{B,E}	3	75
	{C,E}		{C,E}	2	50		{C,E}	2	50

第三次迭代	3-项集C_3		项集C_3	计数	S[%]		频繁3-项集L_3	计数	S[%]
	{B,C,E}		{B,C,E}	2	50		{B,C,E}	2	50

图 12—2　Apriori 产生频繁项集的过程示例

图 12—2 中，计数为相应项目在所有事务中出现的次数，S［%］为支持度。

第一次迭代中，项目 D 的支持度小于 0.5，没有进入频繁项集，其他均进入频繁项集。第二次迭代中，候选集 C_2 是 L_1 中所有项目的组合。计算各项目的支持度，$C_2(AC)$，$C_2(BC)$，$C_2(BE)$，$C_2(CE)$ 组成频繁项集 L_2。第三次迭代中，$C(ABC)$，$C(ABE)$，$C(AEC)$ 没有进入候选集 C_3，原因是 $C(AB)$ 和 $C(AE)$ 不是频繁项集，根据基本原则，包含 $C(AB)$ 和 $C(AE)$ 的项集不可能成为频繁项集。L_3 中只包括 $C_3(BCE)$。由于 L_3 不能继续构成候选集 C_4，迭代结束。最终得到的频繁项集为 L_1，L_2，L_3。

12.2.2　依据频繁项集产生简单关联规则

从频繁项集中产生所有简单关联规则，选择置信度大于用户指定最小置信度阈值的关联规则，组成有效规则集合。

对每个频繁项集 L，计算 L 所有非空子集 L' 的置信度，即

$$C_{L'\rightarrow(L-L')}=\frac{|T(L)|}{|T(L')|}=\frac{S_{L'\rightarrow(L-L')}}{S_{L'}} \tag{12.11}$$

如果 $C_{L'\rightarrow(L-L')}$ 大于用户指定的最小置信度阈值，则生成关联规则 $L'\rightarrow(L-L')$。

对于上面的例子，频繁项集 L 包含项目 B，C，E。如果 L 的子集 L' 包含项目 B 和 C，则 $L-L'$ 包含项目 E。计算 $C_{C(B,C)\rightarrow C(E)}=S_{C(B,C)\rightarrow C(E)}/S_{C(B,C)}=0.50/0.50=100\%$，置信度最大，大于用户指定的任何阈值，关联规则 $C(B,C)\rightarrow C(E)$（$S=50\%$，$C=100\%$）为有效规则。

总之，由于 Apriori 的关联规则是在频繁项集基础上产生的，因此有效保证了这些规则的支持度达到用户指定的水平，具有一定的适用性。再加上置信度的限制，使得所产生的关联规则具有有效性。当然，还应从其他方面进一步考察关联规则的实用性。

12.2.3 Apriori 算法的应用示例

这里，利用 Modeler 提供的超市顾客个人信息和他们的一次购买商品数据，讲解 Apriori 算法的具体操作。

数据文件名为 BASKETS.txt，为文本文件。数据包括两大部分的内容，第一部分是 1 000 名顾客的个人信息，主要变量有：会员卡号（cardid）、消费金额（value）、支付方式（pmethod）、性别（sex）、是否户主（homeown）、年龄（age）、收入（income）；第二部分是这 1 000 名顾客一次购买商品的信息，主要变量有：果蔬（fruitveg）、鲜肉（freshmeat）、奶制品（dairy）、蔬菜罐头（cannedveg）、肉罐头（cannedmeat）、冷冻食品（frozenmeal）、啤酒（beer）、葡萄酒（wine）、软饮料（softdrink）、鱼（fish）、糖果（confectionery），均为二分类型变量，取值 T 表示购买，F 表示未购买，采用事实表的数据组织格式。分析目标是：哪些商品最有可能同时购买。

首先，通过【可变文件】节点读入数据；然后，选择【建模】选项卡中的【Apriori】节点，将其连接到数据流的恰当位置上。右击鼠标，选择弹出菜单中的【编辑】选项进行节点的参数设置。【Apriori】节点的参数设置包括字段、模型、专家和注解四张选项卡，这里只讨论【字段】、【模型】和【专家】选项卡。

1.【字段】选项卡

【字段】选项卡用来指定简单关联规则中的前项和后项变量，如图 12—3 所示。

图 12—3 【Apriori】的【字段】选项卡

其中：

● 【使用类型节点设置】选项表示采用数据流中【类型】节点所指定的变量角色建立

模型；【使用定制设置】选项表示自行指定建模变量。应分别在【后项】和【前项】框中选择关联规则的后项和前项变量。

本例的分析目标是找到连带销售商品，应选择【使用定制设置】项，且所有商品均被选入后项和前项。

● 使用事务处理格式：如果数据是按照事务表格式组织的，则应选择该选项。

2.【模型】选项卡

【模型】选项卡用于指定阈值，以及和关联规则相关的其他参数，如图 12—4 所示。

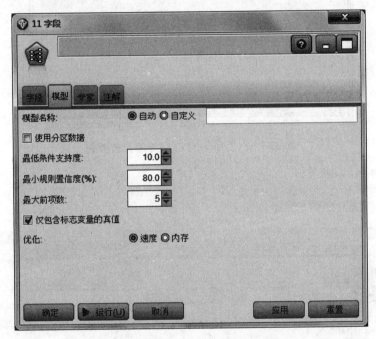

图 12—4 【Apriori】的【模型】选项卡

其中：

● 最低条件支持度（%）：指定前项最小支持度，默认为 10%；最小规则置信度（%）：指定规则的最小置信度，默认为 80%；最大前项数：为防止关联规则过于复杂，可指定前项包含的最大项目数，默认为 5。

● 仅包含标志变量的真值：选中表示只显示项目出现时的规则，而不显示项目不出现时的规则。本例关心的是商品的连带购买，因此选择该选项。

3.【专家】选项卡

【专家】选项卡用于指定关联规则的评价指标，如图 12—5 所示。

其中：

● 评估测量：提供了评价关联规则的测度指标。此外，还应在【评估尺度下限】框中给定相应的最小值。

● 允许没有前项的规则：表示允许关联规则没有前项，意味着只输出频繁项集。

11 字段
字段 模型 专家 注解
模式:
简单 专家
评估测量:
规则置信度
评估尺度下限:
允许没有前项的规则
规则置信度
置信度差
置信度比率
信息差
标准化卡方
确定 运行(U) 取消 应用 重置

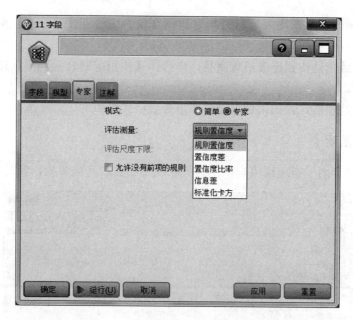

图 12—5 【Apriori】的【专家】选项卡

4. 结果解读

本例的分析结果如图 12—6 所示。

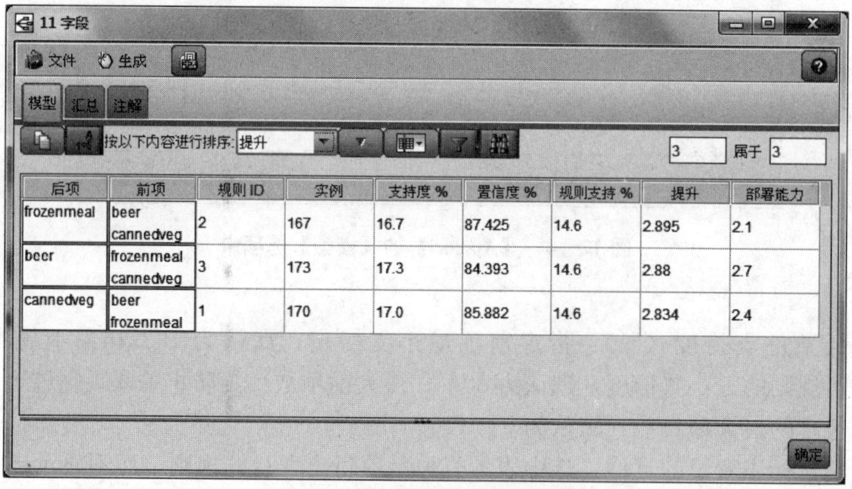

11 字段
文件 生成
模型 汇总 注解
按以下内容进行排序: 提升
3 属于 3
后项 前项 规则 ID 实例 支持度 % 置信度 % 规则支持 % 提升 部署能力
frozenmeal beer cannedveg 2 167 16.7 87.425 14.6 2.895 2.1
beer frozenmeal cannedveg 3 173 17.3 84.393 14.6 2.88 2.7
cannedveg beer frozenmeal 1 170 17.0 85.882 14.6 2.834 2.4
确定

图 12—6 Apriori 的计算结果

Modeler 以列表形式列出计算所得的简单关联规则。

例如，2 号关联规则是：购买啤酒和蔬菜罐头则会同时购买冷冻食品，购买啤酒和蔬菜罐头的样本量为 167。

购买啤酒和蔬菜罐头的顾客有 87.4%的可能购买冷冻食品，该规则的支持度为 14.6%。

- 2 号规则的提升度为 2.895，其实际指导意义相对较大。

● 【部署能力】测度了样本中满足前项但不满足后项的情况。该指标定义为：前项支持度－规则支持度。

本例产生了三条关联规则：啤酒和蔬菜罐头→冷冻食品（$S=14.6\%$，$C=87.4\%$）；啤酒和冷冻食品→蔬菜罐头（$S=14.6\%$，$C=85.9\%$）；冷冻食品和蔬菜罐头→啤酒（$S=14.6\%$，$C=84.4\%$）。同时，三条关联规则的提升度都可以接受。因此，啤酒、蔬菜罐头、冷冻食品是最可能连带销售的商品。

另外，可利用图 12—6 中的工具栏对关联规则进行必要的管理。例如，选择【按以下内容进行排序】下拉框中的选项，可将规则按指定指标值的升序或降序排列；按 钮指定在列表中显示哪些测度指标；如果产生的关联规则比较多，或只关注某特定情况下的规则，可按 钮指定只显示满足条件的规则，窗口如图 12—7 所示。

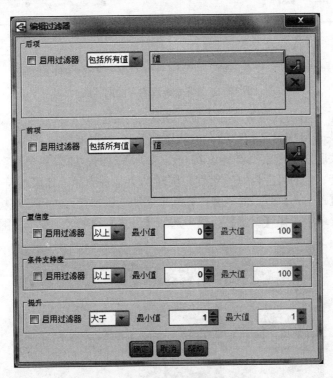

图 12—7 指定显示关联规则的条件

其中：
● 在【后项】框的【值】框中指定变量（本例是商品），表示只显示后项包含被选中变量（本例是商品）的关联规则。同时，还应选中前面的【启用过滤器】，使指定的筛选条件生效，否则不生效。
● 在【前项】框的【值】框中指定变量（本例是商品），表示只显示前项包含被选中变量（本例是商品）的关联规则。同时，还应选中前面的【启用过滤器】，使指定的筛选条件生效，否则不生效。
● 置信度：表示只显示规则置信度在指定范围内的关联规则。
● 条件支持度：表示只显示前项支持度在指定范围内的关联规则。

● 提升：表示只显示提升度在指定范围内的关联规则。

此外，还可绘制商品连带购买的网状图，如图 12—8 所示。

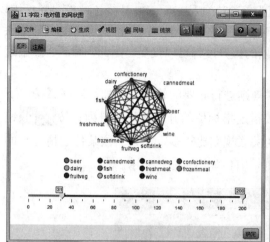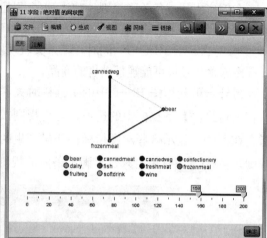

图 12—8　商品连带购买的网状图

随着移动图下方滑块到频数较高区域，网状图中的线段不断减少，最终连带购买最高的商品是蔬菜罐头、冷冻食品和啤酒。网状图和关联规则的结论一致。

可利用简单关联规则考察哪类顾客符合哪条关联规则。如果某个顾客符合某条关联规则，则可推测其有一定的可能性（置信度）同时购买某种商品。如果不符合任何关联规则，则无法推测。将【Apriori】节点的模型计算结果添加到数据流编辑区，鼠标右击模型计算结果节点，在弹出菜单中选择【编辑】选项，选择【设置】选项卡，窗口如图 12—9 所示。

图 12—9　【Apriori】模型结果的【设置】选项卡

其中：

- 在【最大预测数】框中输入数值，默认为 3，表示应用规则置信度最高的前 3 个规则，还可在【规则标准】框中选择其他指标。
- 允许重复预测：表示允许对同一后项结果应用多条关联规则。

例如，如果规则：面包和芝士→葡萄酒，芝士和水果→葡萄酒都为有效规则，那么选中该项后，则允许分别应用这两条规则。

- 忽略不匹配篮项目：选中表示如果样本应用规则时不能按顺序完全匹配前项的所有项目，允许采用非精确匹配，忽略后面一些无法匹配的项目。当关联规则较少时，这不失为一个好策略。
- 检查预测不在篮中：选中表示样本应用关联规则时，给出的后项结果不应出现在前项中。

例如，如果顾客在家居城已经订购了餐桌，也就是他的购物篮中已有餐桌，那么无论关联规则多么有效和有价值，也不可能建议顾客再去订购一张餐桌。因此，是否选择该项应看研究的实际问题。

- 检查预测在篮中：选中表示样本应用关联规则时，给出的后项结果应在前项中出现过。该选项在应用时往往不是给出购买的建议，而是为了发现商品购买之间的内在联系。本例应选择该项。
- 不要检测预测篮：选中表示样本应用关联规则时，给出后项结果时不考虑是否在前项中出现过。

例如，即使顾客在超市里已经购买了牛奶，仍然可以建议他再购买一份牛奶，因为对于日用消费品多买一些无妨。所以，是否选择该项也应看研究的实际问题。

可通过【表】节点浏览具体结果。Modeler 将给出每个观测应用关联规则的推测结果、置信度和规则编号，变量名分别以 $A，$AC，$A-Rule 开头。在默认情况下将给出置信度最高的前 3 个规则的推测结果。当然，如果观测不符合任何关联规则，也就是没有一条关联规则中出现的商品出现在顾客购买清单中，则推测结果为系统缺失值 $null$。

需要说明的是：关联规则是对样本隐含规律的一种归纳和总结。

对本例来说，它是对 1 000 名顾客购买行为规律的总结。这些规律体现了大部分顾客的购买习惯和结构模式，均大致有 80% 的可信度。但值得注意的是，这些关联规则是基于特定训练样本集得出的，它们是否具有推广性要考察诸如超市周边环境是否改变、季节是否改变、顾客是否有大批迁徙、物价和收入水平是否有较大波动等很多因素。

同时，由于关联规则本身仅是一种归纳分析结果，并没有关于预测误差的评价指标，因此通常不直接用于预测。

§12.3　Modeler 的序列关联及应用

前面的关联分析反映的是事务之间的简单关联关系，本节将讨论序列关联，即关联具有前后顺序，通常与时间有关。

> 序列关联研究的目的是从所收集到的众多序列中，找到事务发展的前后关联性，进而推断其后续发生的可能性。

数据挖掘中，序列关联分析的研究和应用是极为活跃的，最初由发现和描述一个事务序列连续发生所遵循的规律开始，发展至今已经有很多算法，Sequence 算法就是其中之一。它是由阿格拉瓦尔和斯里坎特在 1995 年提出的，目前已成为序列关联分析的经典算法，被许多数据挖掘软件采纳。

12.3.1 序列关联中的基本概念

1. 序列和序列测度指标

> 序列关联研究的对象是事务序列，简称序列。

用一个简单的例子说明序列。表 12—8 是一份虚拟的超市顾客的购买记录数据。

表 12—8 序列关联的简单数据

会员卡号	时间 1	时间 2	时间 3	时间 4
001	（香肠，花生米）	（饮料）	（啤酒）	
002	（饮料）	（啤酒）	（香肠）	
003	（面包）	（饮料）	（香肠，啤酒）	
004	（花生米）	（饮料）	（啤酒）	（香肠）
005	（啤酒）	（香肠，花生米）	（面包）	
006	（花生米）	（面包）		

表中记录了 6 名顾客在不同时间购买的商品。会员卡号唯一标识了每名顾客，也唯一标识了每个事务序列。时间 1 至时间 4 代表一定的前后顺序，时间 1 在最前，时间 4 在最后。同一列上的商品并不意味着一定在同一时间购买。不同顾客购买的具体时间或日期可以不同，这里的时间仅仅表示一种购买的先后顺序。括号中的商品为同次购买的商品。

例如，001 号顾客，第一次购买了香肠和花生米，然后又购买了饮料，最后又购买了啤酒。他的 3 次购买行为形成了一个购买序列，这里有 6 个购买序列。

> 序列由项集和顺序标志组成，项集用 C 表示，顺序标志用＞表示。

例如，001 号顾客的购买序列可以表示为：C（香肠，花生米）＞C（饮料）＞C（啤酒）；004 号顾客的购买序列可以表示为：C（花生米）＞C（饮料）＞C（啤酒）＞C（香肠）。

序列可拆分为若干个子序列。子序列还可继续拆分成项集，项集可看成最小子序列。

例如，001 号顾客的购买序列 C(香肠，花生米)＞C(饮料)＞C(啤酒)，可拆分为C(香肠,花生米)＞C(饮料)，C(饮料)＞C(啤酒)，C(香肠,花生米)＞C(啤酒)3 个子序列。

表 12—8 的数据组织形式仅仅是为了方便浏览。Modeler 要求数据按事务表格式组织，并多添加一列以表示事务发生的先后顺序或时间点。

序列长度和序列大小是准确描述一个序列的重要测度指标。序列长度是序列所包含的项集个数。序列大小是序列所包含的项目个数。

例如，001 号顾客的购买序列，包含 3 个项集，序列长度为 3。同时，该序列共包括 4 个具体项目，因此序列大小为 4。004 号顾客的购买序列，长度为 4，大小为 4。

序列支持度是反映序列普遍性的测度指标，定义为包含某序列的事务序列数占总事务序列数的比例。

例如，表 12—5 中，C(饮料)＞C(啤酒) 的序列支持度为 4/6＝0.67。

2. 序列关联规则和测度指标

序列关联研究的最终目标是生成序列关联规则。序列关联规则能够反映事务发展的前后关联关系，可用于推断事务后续发生的可能性。

序列关联规则的一般形式通常为：

$$X \Rightarrow Y(支持度,置信度)$$

其中，X 称为序列关联规则的前项，可以是一个序列、项目或项集，也可以是一个包含逻辑与（$\cap$）、逻辑或（$\cup$）、逻辑非（$\neg$）的逻辑表达式。Y 称为序列关联规则的后项，一般为一个项目或项集，表示某种结论或事实。$\Rightarrow$表示后续发展。

例如，C(香肠，花生米)＞C(饮料)$\Rightarrow$$C$(啤酒)就是一条序列关联规则，表示如果同时购买香肠和花生米后又购买饮料，则将购买啤酒；C(饮料)$\Rightarrow$$C$(啤酒)也是一条序列关联规则，表示购买饮料后将购买啤酒。

序列关联规则的支持度定义为包含某序列规则的事务数占总事务数的比例。

例如，表 12—5 中，C(香肠，花生米)＞C(饮料)$\Rightarrow$$C$(啤酒)的支持度为 1/6＝0.17；$C$(饮料)$\Rightarrow$$C$(啤酒) 的支持度为 4/6＝0.67。

序列关联规则的置信度定义为同时包含前项和后项的事务数与仅包含前项的事务数的比，也是规则支持度与前项支持度的比。

例如，表 12—5 中，C（香肠，花生米）$>C$（饮料）$\Rightarrow C$（啤酒）的置信度为 $1/1=1$。

再例如，表 12—5 中，C（香肠）$\Rightarrow C$（饮料）的置信度为 $1/5=0.2$，C（饮料）$\Rightarrow C$（香肠）的置信度为 $3/4=0.75$。可见，购买饮料后将购买香肠的可能性高于购买香肠后将购买饮料的可能性。

大于用户指定的最小支持度和置信度的序列关联规则才是有效规则。

12.3.2　Sequence 算法

与 Apriori 算法类似，Sequence 算法也包括两大部分：第一，产生频繁序列集；第二，依据频繁序列集生成序列关联规则。

1.　产生频繁序列集

频繁序列集是包含所有频繁序列的集合。所谓频繁序列，是指序列的支持度大于等于用户指定的最小支持度的序列。

为提高算法的执行效率，Sequence 算法的基本出发点是：只有最小频繁子序列（频繁项集）才可能构成频繁子序列，应首先寻找最小频繁子序列（频繁项集）。只有频繁子序列才可能构成频繁序列，应继续寻找频繁子序列。当序列所包含的子序列为频繁序列时，序列才可能成为频繁序列。

与 Apriori 算法类似的是，Sequence 也设置了候选集合，在候选集合基础上确定频繁项集、频繁子序列和频繁序列；与 Apriori 算法不同的是，Sequence 采用的是一种动态处理策略，即边读入边计算，批量筛选。

以表 12—8 中的数据为例说明该策略。各步的计算结果如表 12—9 所示。

表 12—9　　　　　　　　　　　　　Sequence 算法的计算过程示例

编号	序列	事务 1	事务 2	事务 3	事务 4	事务 5	事务 6
1	C（香肠）	1	1	1	1	1	**0.83**
2	C（花生米）	1	0.5	0.33	0.5	0.6	**0.67**
3	C（饮料）	1	1	1	1	0.8	**0.67**
4	C（啤酒）	1	1	1	1	1	**0.83**
5	C（饮料）$>C$（啤酒）		1	1	1	0.8	**0.67**
6	C（啤酒）$>C$（香肠）		0.5	0.33	0.5	0.6	**0.5**
7	C（饮料）$>C$（香肠）		0.5	0.67	0.75	0.6	**0.5**
8	C（面包）			0.33	0.25	0.4	**0.5**
9	C（香肠，啤酒）			0.33	0.25	0.2	0.17
10	C（花生米）$>C$（饮料）				0.5	0.4	0.33
11	C（花生米）$>C$（啤酒）				0.5	0.4	0.33

续前表

编号	序列	事务 1	事务 2	事务 3	事务 4	事务 5	事务 6
12	C（花生米）＞C（香肠）				0.25	0.2	0.17
13	C（饮料）＞C（啤酒）＞C（香肠）				0.5	0.4	0.33
14	C（香肠，花生米）					0.4	0.33
15	C（啤酒）＞C（花生米）					0.2	0.17
16	C（啤酒）＞C（面包）					0.2	0.17
17	C（香肠）＞C（面包）					0.2	0.17
18	C（花生米）＞C（面包）					0.2	0.33

表 12—9 从左至右反映了在事务数据读入过程中，候选集合中各序列支持度的变化情况。设用户指定的最小支持度为 40%。

读入第一个事务序列，由于候选集为空，所以将序列拆分成最小子序列，插入候选集合中，计算各子序列支持度，均为 1 且均大于最小支持度。虽然该序列还包括其他子序列，如 C(饮料)＞C(啤酒)，但由于在该步之前（第 0 步），饮料和啤酒尚不是频繁子序列，因此，由饮料和啤酒构成的子序列不可能成为频繁子序列，所以不能插入候选集合中。

读入第二个事务序列，由于该序列所包含的最小子序列均存在于候选集合中，无须再插入。该序列还包括子序列：C(饮料)＞C(啤酒)、C(啤酒)＞C(香肠)、C(饮料)＞C(香肠)。由于在该步之前（第 1 步），香肠、饮料和啤酒已为频繁最小序列，它们组成的子序列可能成为频繁子序列，应插入候选集合中。计算它们的支持度，支持度均大于最小支持度。

读入第三个事务序列，由于该序列包含的最小子序列 C(面包) 以及 C(香肠，啤酒) 不在候选集合中，应将它们插入。该序列还包括子序列：C(饮料)＞C(香肠，啤酒)、C(饮料)＞C(香肠)、C(饮料)＞C(啤酒)以及和面包相关联的子序列。但由于在该步之前（第 2 步），C(面包) 和 C(香肠，啤酒) 尚不是频繁子序列，因此与 C(面包) 和 C(香肠，啤酒) 相关联的子序列不可能成为频繁子序列，不能插入候选集合中。C(饮料)＞C(香肠)和 C(饮料)＞C(啤酒)无须再插入。计算它们的支持度，支持度均大于最小支持度。

后续处理同上。

计算过程中，对于支持度小于用户指定的最小支持度的子序列（不包括最小子序列），应剔除出候选集合。但出于计算效率的考虑，Sequence 算法并没有在每一步都做删减处理，而是待处理完若干个事务数据后再成批删减。

最后得到的候选集合为表 12—9 最右列对应的子序列，剔除支持度小于指定值（40%）后的序列即为频繁序列集，即黑体字对应的序列集。

> 需要说明的是，从产生频繁序列集的过程中可以看出，频繁序列在时间点上不一定是连续的，中间允许有间隔。

例如，序列 C(花生米)＞C(饮料)在时间上是连续的，但序列 C(花生米)＞C(啤酒)、C(花生米)＞C(香肠) 在时间点上则是不连续的。由此预测出的事务的未来结果，不一定就发生在下个时间点上，也可能会在后续的某个时间点上发生。

另外，Sequence 算法是一种动态数据的处理方法，它不必等所有数据都读入后才计算，因而减少了内存的开销，尤其适合大数据集和动态数据集的处理，在很多在线数据分析中有广泛的应用。

2. 依据频繁序列集生成序列关联规则

由于频繁序列集中的序列长度不尽相同，且序列的前后次序取决于事务数据的前后顺序，因而序列之间的内在关系没有得到有效体现。

例如，C（饮料）$>C$（啤酒）序列和 C（饮料）序列本是序列与子序列的关系，但表格却无法体现这种关系。

因此，在此基础上生成关联规则会很烦琐，尤其当频繁序列集非常庞大时更是如此。

> Sequence 算法的解决方法是将频繁序列组织成邻接格（adjacency lattice）的形式。所谓邻接，是指如果对序列 A 增加一个最小子序列后就能够得到另一个序列 B，则称序列 A 和序列 B 是邻接的。邻接格能够有效反映频繁序列的内在关系，它使序列关联规则的生成更加准确和快捷。

如果指定序列最小支持度为 40%，则图 12—10 是上例频繁序列邻接格的图形表示，其中有向连线连接的矩形之间有邻接关系，括号中的数字为支持度。

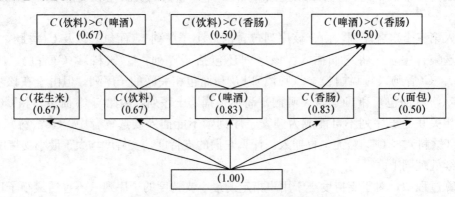

图 12—10　Sequence 算法中邻接格的图形表示

在邻接格的基础上计算规则置信度并生成序列关联规则。如果指定最小规则置信度为 0.3，则生成的序列关联规则为：

C（饮料）$\Rightarrow C$（啤酒）（66.7%，100%）

C（饮料）$\Rightarrow C$（香肠）（50%，75%）

C（啤酒）$\Rightarrow C$（香肠）（50%，60%）

12.3.3　序列关联的时间约束

由于序列关联分析涉及时间问题，因此有必要限定在什么时间范围内实施的行为或发生的事务，属于同一时间点或分属于不同的时间点。仍以顾客购买为例，应指明在什么时间范围内的购买行为属于一次购买，什么样的购买行为属于两次购买。

例如，如果一个顾客购买了饮料，回到停车场准备回家时想起还应再买些面包和香肠，于是又回去购买。现在的问题是，该购买行为是属于一次购买还是两次购买。因为它将直接关系到购买序列的表示，即是 C（饮料）＞C（面包，香肠）还是 C（饮料，面包，香肠），也将直接影响到后续一系列的分析计算。因此，给出序列的时间约束是很必要的。

序列关联分析中的时间约束主要包括以下两类。

1．持续时间

持续时间也称时间窗口，或交易有效时间。

上例中，如果指定购买持续时间为 30 分钟，则该顾客在第一次购买发生以后的 30 分钟内的所有购买行为，无论是从停车场返回后的再次购买，还是从家返回的再次购买，即使是在第 30 分钟上的购买，与第一次购买的时间相差了 29 分钟，也均视为同一次购买。超过 30 分钟之后的购买则视为下一次购买，即使是在第 31 分钟上的购买，与在第 30 分钟上的购买仅间隔了 1 分钟，也算做第二次购买。

持续时间可以很短，如秒、分钟或小时等；也可以很长，如月、季度或年等。

2．时间间隔

时间间隔是指序列中相邻子序列之间的时间间隔，应给定一个间隔区间 $[a, b]$，其中 $a<b$，表示相邻行为或事务发生的时间间隔不小于 a，且不大于 b。

上例中，如果指定间隔时间为 $[10$ 分钟，30 分钟$]$，那么，如果视返回后的购买为第二次购买，则它与第一次购买的时间间隔不应小于 10 分钟，且不应大于 30 分钟。

同时给出时间间隔的最小值和最大值是必要的。因为如果某次购买与第一次购买之间的时间间隔远远大于 10 分钟，当然不能视为第一次购买，至少是属于第二次购买以后的。但它究竟属于第二次还是第三次或是第四次，若没有时间间隔的最大值限制就无法确定。同样，如果没有最小值的限制，仅仅指定时间间隔小于 30 分钟，也无法确定属于上一次购买还是上上次购买。

12.3.4　Sequence 算法的应用示例

这里，以客户浏览网页的历史记录数据（文件名为 WebData. mdb，表名为 Click-Path）为例，讨论 Modeler 序列关联分析的具体操作。

数据中的 CustomerGuid 为网民编号，如果用 IP 地址标识更合理；URLcategory 为浏览网页的类型；SequenceID 为浏览的前后次序。分析目标是：研究网民浏览网页的行为规律。

首先，利用【数据库】节点读入 WebData. mdb 中的 ClickPath 表；然后，对数据进行合并集成处理；最后，选择【建模】选项卡中的【序列】节点，将其连接到数据流的恰当位置上。右击鼠标，选择弹出菜单中的【编辑】选项进行节点的参数设置。【序列】节点的参数设置包括字段、模型、专家和注解四张选项卡，这里只讨论【字段】、【模型】和

【专家】选项卡。

1.【字段】选项卡

【字段】选项卡用于设置序列关联分析的主要参数，如图 12—11 所示。

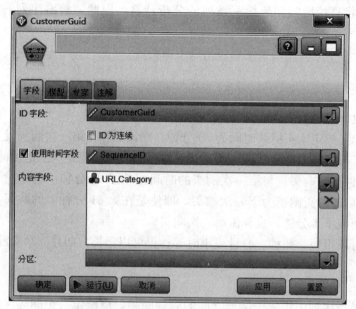

图 12—11　【序列】的【字段】选项卡

其中：

- ID 字段：指定唯一标识事务序列的变量。
- ID 为连续：如果样本已按照【ID 字段】框中指定的变量排序，则选中该项。
- 使用时间字段：选中表示在后面的框中指定某个表示时间点或时间先后顺序的变量，不选中则将样本编号作为顺序标志。
- 内容字段：指定存放事务的变量。

2.【模型】选项卡

【模型】选项卡用于设置序列关联规则的支持度和置信度等参数，如图 12—12 所示。其中：

- 最小规则支持度（%）：指定序列关联规则的最小支持度。
- 最小规则置信度（%）：指定序列关联规则的最小置信度。
- 最大序列大小：指定序列大小允许的最大值。
- 要添加到流的预测：指定利用置信度最高的前几个序列关联规则对样本进行推测，默认值为 3。

3.【专家】选项卡

【专家】选项卡用于设置序列关联分析的其他参数，如图 12—13 所示。

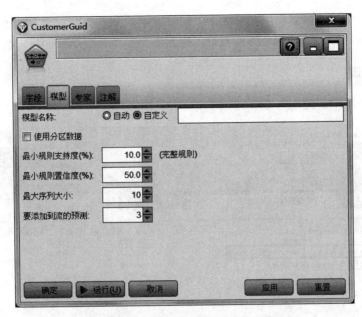

图 12—12　【序列】的【模型】选项卡

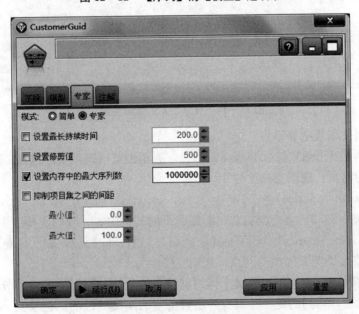

图 12—13　【序列】的【专家】选项卡

其中：

● 模式：【简单】表示采用 Modeler 默认的参数建立模型；【专家】表示用户自行设置参数。

● 设置最长持续时间：指定最大持续时间。

● 设置修剪值：指定处理完几个事务序列后剔除频繁序列候选集合中小于最小支持度的序列。

● 抑制项目集之间的间距：选中表示指定时间间隔，应分别在【最小值】和【最大值】框中指定时间间隔的最小值和最大值。如果表示时间点的变量为日期或时间戳类型变量，则间隔以秒计算；如果为数值型变量，则间隔为同样计量单位的指定数字。

4. 结果解读

本例的分析结果如图 12—14 所示。

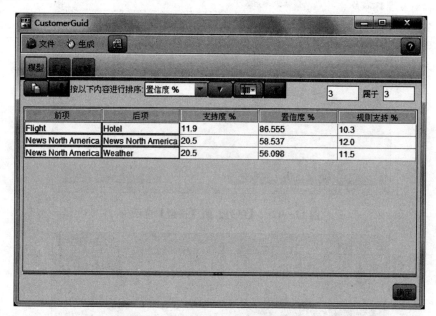

图 12—14 【序列】的计算结果

得到的序列关联规则如下：

C(Flight)$\Rightarrow C$(Hotel)（10.3%，86.6%），表示浏览航班网页的网民 86.6% 将会浏览关于宾馆住宿的网页，规则支持度为 10.3%。

C(News North America)$\Rightarrow C$(News North America)（12.0%，58.5%），表示浏览北美新闻网页的网民 58.5% 将会浏览北美新闻网页的其他内容，规则支持度为 12.0%。

C(News North America)$\Rightarrow C$(Weather)（11.5%，56.1%），表示浏览北美新闻网页的网民 56.1% 将会浏览天气类的网页，规则支持度为 11.5%。

上述序列关联规则是基于对网民个体浏览行为的分析，得到的是大部分网民的网页浏览规律，换句话说，得到的是一种具有一定可信度的网民共性的浏览模式。其实，这种行为模式的分析还可以针对网民的年龄、教育水平、地理位置等，即在图 12—11 所示的窗口中，指定 ID 字段为年龄或教育水平或地理位置等，于是将产生不同的浏览序列。例如，如果有 8 个教育水平，则将产生 8 个浏览序列，在时间上取相同值的浏览视为同一次浏览。这样，就可以得到不同年龄或不同教育水平或不同地理位置等网民的一般浏览模式并用于预测。

依据这个道理，在商业领域中，序列关联中的事务标识可以是顾客的会员卡号，但从宏观角度分析，事务标识也可以是商品种类、地区、城市甚至国家等，它可以帮助研究者分析商品的销售模式、地区或城市的营销特点，乃至全球的供应链管理等问题。

在应用序列关联规则时，需将【序列】的模型计算结果添加到数据流中，并与【表】节点相连，于是将看到具体的推测结果。默认给出置信度最高的 3 个规则的推测结果和置信度，变量名分别以 $S 和 $SC 开头。推测结果并不与特定的时间相连，只是意味着在未来的某个时间点上将发生。

> 需要说明的是，无论简单关联分析还是序列关联分析，都存在同层关联分析及层间关联分析的问题。仍以商品购买为例，有时分析的对象是具体的商品，而有时又要针对商品类别，如食品、服装、日用卫生品等。为此，事前对商品进行类别编码是必需的。相关问题不再展开讨论。

参考文献

1. Robert Nisbet, John Elder, Gary Miner. Handbook of Statistical Analysis and Data Mining Applications. Elsevier, Inc., 2009

2. David Heckerman. A Tutorial on Learning with Bayesian Networks. Springer-Verlag Berlin Heidelberg, 2008

3. SPSS Inc., Clementine® 12.0 Node Reference. Integral Solutions Limited, 2007

4. SPSS Inc., Clementine® 12.0 Algorithms Guide. Integral Solutions Limited, 2007

5. SPSS Inc., Clementine® 12.0 Applications Guide. Integral Solutions Limited, 2007

6. ZhaoHui Tang, Jamie MachLennan. Data Mining with SQL Server 2005. John Wiley & Sons, Inc., 2005

7. Ian H. Witten, Eibe Frank. Data Mining: Practical Machine Learning Tools and Techniques. Second Edition. Morgan Kaufmann Publishers, Inc., 2005

8. James M. Lattin, J. Douglas Carroll. Analyzing Multivariate Data. Brooks/Cole, 2003

9. Mehmed Kantardzic. Data Minning: Concepts, Models, Methods, and Algorithms. IEEE Press, 2002

10. David Hand. Principles of Data Mining. MIT Press, 2001

11. Jiawei Han, Micheline Kamber. Data Mining: Concepts and Techniques. Morgan Kaufmann Publishers, Inc., 2001

12. Tom Chiu, DongPing Fang. A Robust and Scalable Clustering Algorithm for Mixed Type Attributes in Large Database Environment. ACM, 2001

13. Michael J. A. Berry, Gordon Linoff. Master Data Mining: The Art and Science of Customer Relationship Management. John Wiley & Sons, Inc., 2000

14. Alex Berson, Stephen Smith, Kurt Thearling. Building Data Mining Applications for CRM. McGraw-Hill, 2000

15. Nir Frideman, Dan Geiger. Bayesian Network Classifiers. Kluwer Academic Publishers, 2000

16. Thuraisingham, Bhavani M. . Data mining: Technologies, Techniques, Tools and Trends. CRC Press, 1999

17. Christian Hidber. Online Association Rule Mining. ACM, 1999

18. Michael J. A. Berry, Gordon Linoff. Data Mining Techniques for Marketing, Sales, and Customer Support. John Wiley & Sons, Inc., 1997

19. Tian Zhang, Raghu Ramakrishnan, Miron Livny. BRICH: An Efficient Data Clustering Method for Very Large Databases. ACM, 1996

20. 薛薇，陈欢歌. Clementine 数据挖掘方法及应用. 北京：电子工业出版社，2010

21. 纪希禹. 数据挖掘技术应用实例. 北京：机械工业出版社，2009

22. 元昌安. 数据挖掘原理与 SPSS Clementine 应用宝典. 北京：电子工业出版社，2009

23. 薛薇. SPSS 统计分析方法及应用. 北京：电子工业出版社，2009

24. 薛薇. 基于信息技术的统计信息系统. 北京：中国人民大学出版社，2007

25. 梁循. 数据挖掘算法与应用. 北京：北京大学出版社，2006

26. 陈安，陈宁，周龙骧. 数据挖掘技术及应用. 北京：科学出版社，2006

27. 吴喜之. 统计学：从数据到结论. 北京：中国统计出版社，2006

28. 高洪深. 决策支持系统（DSS）理论方法案例（第 3 版）. 北京：清华大学出版社，2005

29. 史忠植. 知识发现. 北京：清华大学出版社，2002

30. 陈文伟. 智能决策技术. 北京：电子工业出版社，1998

31. 于秀林. 多元统计分析及程序. 北京：中国统计出版社，1993

教师教学服务说明

　　中国人民大学出版社工商管理分社以出版经典、高品质的工商管理、财务会计、统计、市场营销、人力资源管理、运营管理、物流管理、旅游管理等领域的各层次教材为宗旨。

　　为了更好地为一线教师服务，近年来工商管理分社着力建设了一批数字化、立体化的网络教学资源。教师可以通过以下方式获得免费下载教学资源的权限：

　　在中国人民大学出版社网站 www.crup.com.cn 进行注册，注册后进入"会员中心"，在左侧点击"我的教师认证"，填写相关信息，提交后等待审核。我们将在一个工作日内为您开通相关资源的下载权限。

　　如您急需教学资源或需要其他帮助，请在工作时间与我们联络：

中国人民大学出版社　　工商管理分社

联系电话：010-62515735，82501048，62515782，62515987

电子邮箱：rdcbsjg@crup.com.cn

通讯地址：北京市海淀区中关村大街甲 59 号文化大厦 1501 室 （100872）